Luka LUSALA lu ne NKUKA

De l'origine égyptienne des Bakongo

Étude syntaxique et lexicologique comparative des langues r n Kmt et kikongo

L'Érablière

Luka LUSALA lu ne NKUKA, SJ

De l'origine égyptienne des Bakongo

Étude syntaxique et lexicologique comparative des languesr n Kmt et kikongo

L'Érablière

Dépôt légal : 2020
Bibliothèque et Archives nationales du Québec
Bibliothèque et Archives Canada
© Editions de l'Érablière
C.P. 8886, succ. Centre-ville
Québec, Canada (H3C 3P8)
Droits de traduction et de reproduction réservés pour tous les pays.
Toute reproduction, même partielle, de cet ouvrage est interdite
ISBN 978-2-981799654
Photo de couverture : Scribes dans la tombe d'Horemheb (18ᵉ dynastie, 1550-1292 av. J.-C.)
© Jean-Claude Kuhn. Source : http://www.mafto.fr/2010/03/les-scribes-a-marseille/ (17/02/2019).

« Sans la contribution éclairante de la langue égyptienne, pharaonique et copte, qui demeure le sanscrit de la linguistique générale africaine, il est radicalement impossible d'entrevoir la profonde unité génétique des langues négro-africaines, leur dimension historique, temporelle » (Théophile OBENGA, *Origine commune de l'égyptien ancien, du copte et des langues négro-africaines modernes. Introduction à la linguistique historique africaine*, Paris, L'Harmattan, 1993, p. 373).

« Les langues donnent une cartographie des origines des peuples et de leurs cultures » ("Langues", disponible sur https://www.peuplesdumonde.voyagesaventures.com/linguistique.html (consulté le 15/10/2018)).

Nous dédions ce livre
à notre père Arthur Lusala lu Nkuka,
à notre mère Stéphanie Nzuzi Mbuata,
au Père Henri Matota Masinda, SJ,
au Frère Paul Binankabidi Bwanga, SJ,
au Père Edouard Ndundu Masamba, SJ,
au Frère Paul Nianda Dila Kungangu, SJ,
à l'Abbé Albert Ndandou (Diocèse de Matadi),
à l'Abbé Mampila Mambu (Diocèse de Kisantu),
à l'Abbé Benoît Mabungu Benua (Diocèse de Matadi),
à l'Abbé Philippe Dinzolele Nzambi (Diocèse de Matadi),
à l'Abbé Alphonse Kavenadiambuko (Diocèse de Matadi),
à l'Abbé Pierre Mayivangwa Balela (Diocèse de Matadi),
au Prof. Marimba Ani,
au Prof. Gyavira Mushizi,
au Prof. José Badika Wane,
au Prof. Molefi Kete Asante
et au Prof. Constantin Bashi Murhi-Orhakube.

REMERCIEMENTS

Nous n'avons jamais pensé en premier lieu à écrire ce livre. Mais durant l'année 2000, suite à une santé un peu fragile, nous devions quitter Rome où nous faisions des études de missiologie à l'Université pontificale grégorienne pour regagner notre pays natal, la République démocratique du Congo. Une fois, à Kinshasa, au cours d'une conversation, notre compatriote congolais et confrère jésuite, le Père Edouard Ndundu Masamba nous demanda si l'on pouvait identifier des ressemblances entre l'égyptien ancien et le kikongo comme c'était le cas, suivant les recherches de Cheikh Anta Diop, entre l'égyptien ancien et le wolof. Notre réponse fut oui ! Comme il nous répétait souvent cette demande, nous avons fini par comprendre qu'il y accordait une grande importance et qu'il nous donnait poliment un ordre. Notre ouvrage, qui est aussi le sien, présente aux lecteurs le fruit des recherches que nous avons menées quasi quotidiennement pendant vingt ans.

Outre le Père Edouard Ndundu, nous voulons remercier toutes les personnes qui nous ont encouragé, directement ou indirectement, à poursuivre la rédaction de cet ouvrage. Nous nommons entre autres : Mgr Donat Bafuidinsoni Maloko-Mana, SJ, Mgr Joseph Gwamuhanya, Abbé Jean-Marie Balegamire, Abbé Herman Muzindusi, Abbé Crispin Bunyakiri, Abbé Paul Nzinga, Abbé Alphonse Kavandako, Abbé Yambula Mbanzila, Abbé Daniel Kitsa, Abbé Charles Badesire, Abbé Emmanuel Cishugi, Abbé Jean de Dieu Karhabalala, Abbé Jean-Marie Vianney Kitumaini, Abbé Justin Nkunzi, Abbé Emmanuel Murhebwa, Abbé Georges Barhimusirwe, Don Bortolo Gastaldello, Père Simon-Pierre Metena M'nteba, SJ, Père Georges Katumba, SJ, Père Ntima Nkanza, SJ, Père José Minaku, SJ, Père Wenceslas Kiaka, SJ, Père Vincent Van Haelst, SJ, Père Juan Haidar, SJ, Père Robert Deiters, SJ, Père Donal Doyle, SJ, Père Nobukuni Suzuki, SJ, Père Gérard Triaille, SJ, Père Théoneste Nkeramihigo, SJ, Père Tite Mutemangando, SJ, Père Martin Bahati, SJ, Père Alain Nkisi, SJ, Père Yvon Elenga, SJ, Père Mpay Kemboli, SJ, Père Gauthier Malulu, SJ, Père Hubert Mvula, SJ, Père Alain Nzadi-a-Nzadi, SJ, Père Germain Kambale, SJ, Père Philippe Nzoimbengene, SJ, Père Xavier Bugeme, SJ, Père Jean-Pierre Bodjoko, SJ, Père Modeste Modekamba, SJ, Père Donald Hinfey, SJ, Père Octave Kapita, SJ, Père Ngenzi Lonta, SJ, Père Léon de Saint-Moulin, SJ, Père Yvan Fuček, SJ, Père Ugo Vanni, SJ, Père Magdi Nazmi, SJ, Père Guillaume Konda di Mbala, SJ, Père Nguyên Tinh, SJ, Père Anicet N'Teba, SJ, Père Gustave Lobunda, SJ, Père Michel Lobunda SJ, Père Vata Diambanza, SJ, Père Yves Gipalanga, SJ, Père Nzuzi Bibaki, SJ, Père Simon Nsielanga, SJ, Père Claudien Bagayamukwe, SJ, Père Christian Mukadi, SJ, Père Adélard Tite Insoni, SJ, Père Leo Amani, SJ, Père John Ghansah, SJ, Père Minani Bihuzo, SJ, Père Victor Setibo, SJ, Père Tekadiomona Nima, SJ, Père Bienvenu Mayemba, SJ, Père Bienvenu Matanzonga, SJ, Père Pierre Luhata, SJ, Père Augustin Kalubi, SJ, Père Paulin Manwelo, SJ, Père Dieudonné Mbiribindi, SJ, Père Bernard Awazi, M.Afr, Père John Bukelembe, M.Afr, Père Joachim Kalonga, OCD, Frère Gérard Landu, SJ, Frère François Mukini, SJ, Frère Innocent Kibangu, SJ, Frère Walter de Vreese, SJ, Frère Michael Milward, SJ, Frère Gérard Mukoko Ntete Nkatu, FSJK, Sœur Charline Mihigo, Sœur Lucie Sené Bahati, FSCJ, Sœur Annette Nsukula, SCJ, Sœur Patricia Maria Oliveira dos Santos, ASF, Sœur Anastasie Kubota, FR, Sœur Eugénie Bahati, FR, Sœur Ernestine Ciza, FR, Sœur Sylvie Ilunga, Sœur Anne-Marie N'niwe, Sœur Antoinette Mapendo, Sœur Valériane Namutumu, FR, Sœur Devota Kabuo, Sœur Edwige Nshokano, Sœur Blanche Neige Basilwango, Sœur Régine Bora, Sœur Julienne Kishumbi, Sœur Noella Habamungu, Sœur Marie-Salomé Sebumba, Sœur Clotilde Uwamahoro, Sœur Véronique Asumani, Sœur Bélise Niyongere, Sœur Riziki Kinyanza, Sœur Pilar Delgado Baeza, Sœur Simonetta Caboni, Sœur Jackie Mankenda, Sœur Jacqueline Ntakobajira, Sœur Monica Impraim, OLA, Sœur Irène Binia, OLA, Sœur Claire Wama, Sœur Sarah Korkor, OLA, Mlle Régine Manzongani, Mlle Léocadie Lushombo, Paul Songo Ntulu, Prof. Anthony de Souza, C.T. Gervais Chirhalwirwa, C.T. Asclé Mufungizi, Dr Achille Monegato, Emanuela Loro, Viviane Ansah, Prof. Zigashane Bugeme, Porf Charles Bashige, Prof. Pascal Sundi, Prof. Magloire Mpembi, Dr Victoria

Masamba, Dr Claude Madaka, Dr Géronce Balegamire, Dr Huguette Boroto, Dr Marie-Noël Wameso, Dr Muyandi Wameso, Monika Taranteijn, Dibeti Bobo, Betsy Kabena, Flavie Dorothée Ngah Nnono, Carine Mpolo Matumona, Matthieu Bunda, Prof. Gaston Mpiutu ne Mbodi, Prof. Dieudonné Muhinduka, Prof. Hippolyte Mimbu, Prof. Kamala Kaghoma, Prof. Kasereka Kavwahirehi, Prof. Justin Cikomola, Prof. Igor Matonda Nsakala, Jean Mpembele, Jean-Luc Malango, Vincent Kishali, Peter Mutsvairi, Eunice Kingenga, Désiré Kaguku, Jean Mboyi, Dr Guillaume Mapendo, Dr Alain Sumaili, Dr Achille Bapolisi, Dr Furaha Bonheur, Dr Déo Ngoma, Dr Raissa Nsensele, Dr Nadine Muhune, Julienne Ombeni, Marie-Laure Nsimire, Léon Bisengambi, Aimé-Claude Libakata, Bijou Konda, Elie Yanga, Philomène Uwambajimana, Bénédicte Kavira, Espérance Marhabale, Isabel Ferreira, Florence Cikuru, Brigitte Nyembo, Maryse Cirhuza, Me Maxence Kiyana, Me Aude Linda, Betty Mpiutu, B. J. Jaymes, Julia Kabowaki, Anna Bordignon, Charlotte Diakanua, Jean-Paul Nsongo Ntulu, Angèle Nsimba, Guy-Firmin Nzuzi, Annie Nlandu Tika, Carlin Lukombo, Esaïe Bazangika, Elvis Amoateng, Angel Bukomare, Irène Bigabwa, Julie Matabaro, Elsie Adjei, Kelly-Grâce Molinganya, Ella Mindja, Douce Nabintu, Ghislain Mugisho, Dombel Sylva, Liévin Naniakweti, Dr Isaya Zahiga, Dr Matondo Miakasisa, Mary Bugambwa, Nicole Kinkela, Safi Aluma, Arsène Ntamusige, Shukuru Malyanga, Freddy Mpembele, Antoine Nsibu, Zeus Mandangi, Sylvain Mulabaka, Toté Ndodioko, Astrid Binja, Elisée Ombeni, Clémence Bany, Pila Bindele, Popo Lambert de Paul Klah, Rose Wahome, Mao Inubushi, Rena Aoyama, Mizuki Shindo, Mariko Tadokoro, Ryohei Okamura et Me Nadine Muderhwa Nzigire.

Nous ne pouvons pas passer sous silence nos professeurs d'égyptien ancien à l'Institut biblique pontifical de Rome, notamment la Prof. Loderana Sist et le Père Pierre-Vincent Laisney, O.S.B, ainsi que les créateurs des programmes hiéroglyphiques **JSesh** et **tkesh** que nous avons utilisés gratuitement dans l'élaboration de notre livre. C'est au Père Anton Ploem, SJ et au Père Jan Evers, SJ que nous devons la plus grande partie de la documentation - grammaires et dictionnaires - de la langue kikongo. Enfin, le Père Arij Roest Crollius, SJ nous avait procuré les moyens pour l'achat de l'ordinateur avec lequel notre infatigable collaboratrice Nathalie Mpolo Ndengila a saisi pendant quatre ans cet ouvrage écrit originellement à la main. Aux uns et autres, nous exprimons notre profonde et sincère gratitude.

En novembre 2006, après notre retour à Rome, nous avons eu l'occasion de rencontrer le Prof. Théophile Obenga en marge d'un colloque sur la philosophie africaine organisé par l'Université pontificale urbanienne. Il avait accepté volontiers de dédicacer pour nous son livre *Origine commune de l'égyptien ancien, du copte et des langues négro-africaines modernes. Introduction à la linguistique historique africaine* (Paris, L'Harmattan, 1993). On pouvait lire ce qui suit dans cette dédicace : « Au Père Lusala / Avec toute mon admiration et tous mes meilleurs encouragements. Merci. / Th. Obenga ». Cette dédicace nous a effectivement servi d'encouragement pour continuer ce travail. A notre tour de lui dire : Merci Prof. Théophile Obenga !

Pour finir, nous voulons rendre hommage au feu Prof. Badika Wane. Au début de nos études philosophiques au grand séminaire de Mayidi dans le Kongo central, il fut le premier et l'unique enseignant à attirer notre attention sur l'importance de la connaissance de l'Égypte ancienne pour la compréhension des civilisations africaines. Le Prof. Badika Wane, homme très intelligent et très affable, est à la base de notre passion pour les recherches africologiques.

PRÉFACE

Il revient aux Africains eux-mêmes de se prononcer en premier lieu sur leur propre histoire millénaire, d'en être les meilleurs spécialistes ; en tant qu'héritiers directs de cette prodigieuse histoire, qui inaugure celle de toute l'humanité. En effet, l'humanité ayant été exclusivement africaine pendant des centaines de millénaires, l'histoire de cette humanité est d'abord l'histoire de l'Afrique, et l'histoire de l'Afrique est incontournable pour connaître véritablement celle de toute l'humanité.

Or, les archives de l'Égypte ancienne constituent la base documentaire la plus volumineuse et la plus riche de cette histoire africaine ancestrale. C'est pourquoi, lesdites archives Mdw Ntjr tiennent une place centrale, inexpugnable, dans la recherche historiographique afrocentrée ; celle initiée par Cheikh Anta DIOP, poursuivie par Mwene Nzale OBENGA, Asante Kete MOLEFI et leurs épigones ; soit la prestigieuse école africaine dite des « humanités fondamentales »…

L'une des innovations épistémologiques majeures réalisées par ce courant historiographique consiste dans la place prépondérante faite à l'étude de la langue – en tant que « boîte noire de toute civilisation » - pour la compréhension radicale des institutions et pratiques culturelles ancestrales. La linguistique historique africaine, inaugurée par Cheikh Anta DIOP et Mwene Nzale OBENGA, consolidée récemment par Jean-Claude MBOLI, demeure assurément l'édifice théorique contemporain le plus imposant jamais construit par les Africains pour les Africains ; sur le chemin de la connaissance de soi juste et vraie.

Aussi, la présente contribution de mon cher frère Luka LUSALA lu ne NKUKA constitue-t-elle une très belle pièce venue enrichir cet édifice théorique, dont le chantier est ouvert à tous ceux qui ont à cœur de remobiliser nos incommensurables ressources linguistiques comme matériau anthropologique primordial. Ce travail, mettant en évidence des propriétés linguistiques décisives sur la parenté génétique du kikongo avec l'égyptien ancien, vient donc prendre toute sa place dans la suite des études comparatives de l'égyptien ancien avec d'autres langues africaines : celles de Cheikh Anta DIOP avec le wolof, Mwene Nzale OBENGA avec le mbochi, Oum NDIGI avec le bassa, Mubabinge BILOLO avec le ciluba, Jean-Claude MBOLI avec le sango, zande, hausa et somali ; sans oublier Jean-Luc Djolo DIVIALLE avec le « woucikam ».

Cela dit, établir un lien de parenté génétique linguistique est une chose ; caractériser ce lien par les moyens appropriés en est une autre. Luka LUSALA lu ne NKUKA pense que la relation de parenté entre l'égyptien ancien et le kikongo est telle que la dernière procède de la première. Une prise de position audacieuse, si l'on songe que l'humanité est apparue dans la région des Grands-Lacs et que les ancêtres des anciens Égyptiens sont originaires des confins du bassin du fleuve Kongo. Mais une position soutenue par l'auteur avec forces arguments, qu'il verse ainsi au débat stimulant de la linguistique historique africaine.

Un tel effort gigantesque (vingt années de recherches !) mérite toutes les plus chaleureuses félicitations et les plus vifs remerciements, qu'il me plaît particulièrement d'exprimer ici à mon frère Luka LUSALA lu ne NKUKA. Assurément, cet ouvrage sur « l'origine égyptienne des Bakongo » est une pièce maîtresse des contributions, de plus en plus nombreuses, à l'historiographie antadiopienne des « humanités fondamentales ». Il ouvre ainsi magistralement la voie à la rédaction d'un dictionnaire étymologique du kikongo tant attendu.

Popo KLAH
Réseau Actif Panafricain (RAP)
Sainte-Luce (Martinique)
31 mars 2020

𓈎𓃀𓎛𓅪𓏤 **qbHw**, CDME, 278 : ciel

ngémbo, DKF, 686 : faîtage d'une maison, sommet, pointe en haut du faîtage

𓈎𓃀𓏭𓏭𓏭𓎤 **qby**, CDME, 277 : pot (pour conserver la bière)

nkúba, DKF, 729 : petite cruche à eau, cruchon de terre

𓂧𓊑𓏤 **qd**, CDME, 281 : pot

nkálu, DKF, 706 : cruche, jarre (d'argile) ; courge ou calebasse (**Lagenaria vulgaris**)

n'kóndo, DKF, 726 : calebasse à long col ; pipe creusée dans le fruit **nkondo** ou **mbinda**

𓂧𓊑𓉐 **qd**, EG, 596 : construire, fabriquer

tūa, DKF, 987 : entreprendre de construire un nouveau village; enfoncer ses pilotis : camper, bâtir, édifier

tūa : camp

túnga, DKF, 998 : coudre ; faire de la dentelle ; tresser (des tapis, etc.) ; faire un ourlet, un ourlet, un bord sur un vêtement ; attacher (un filet) ; tricoter ou faire qqch en filochant avec de la ficelle, du fil, etc. ; attacher ensemble (les herbes d'une maison) ; bâtir, construire (une maison) ; fonder, former (p. ex. une congrégation), habiter, séjourner ; fig. édifier, enseigner, exhorter pour l'édification ; se presser ; se rassembler, s'amasser (comme le pus, le sang des varices) ; se fixer pour demeurer quelque part, s'installer

túnga, kit. : pieu, colonne ; poteau de mur ; maison ; cabane, hangar

tūnguna, DKF, 1000 : sculpter, mettre en relief, soulever au levier

twā ou **tūa**, DKF, 1005 : couvrir (de peinture) ; être bien, beau, joli, superbe, convenable (au but) ; aiguisé, tranchant

twā : construire ; camp

𓅱𓊌 **qd**, EG, 596 : forme, caractère ; bon caractère, vertu

bi-kála, ~ bya Samba : DKF, 36 : le défunt S., ci-devant S. On le met devant le nom d'un décédé, quand on veut le nommer

kā, DKF, 197 : être, avoir

kābuka, DKF, 199 : être audacieux

kābula : enhardir

kādulu, DKF, 200 : nature, usage, coutume, manière, habitude, forme, structure, éducation, instruction

khadulu : manière d'être

kākalà, DKF, 202 : cadavre, chose morte

kakungu, DKF, 204 : spectre, monstre

kála, DKF, 204 : être, vivre, demeurer (domicile) ; exister ; rester ; être de reste, s'arrêter, demeurer (rester en arrière) ; avoir, posséder (dans ce sens **kala** est le plus souvent de **ye** ou **ya**) ; avoir mal, souffrir ; asseoir

kála : défunt

máka, DKF, 479 : esprit, spectacle étonnant, erreur d'optique, fantôme, revenant, spectre ; chose merveilleuse, incroyable, inouïe

nkadita, DKF, 705 : patience, tolérance.

nkādulu : forme, façon, apparence, air ; existence, qualité, état ; position, situation ; manière d'être

𓅱𓊌𓂻 **qd**, CDME, 282 : faire un tour ; aller en contournant

ngodi, DKF, 689 : lien en cercle fait d'un rotin grimpant (**mbamba**) pour grimper sur les palmiers ; lien de rotin

𓅱𓊌𓁸 **qd**, CDME, 282 : dormir ; sommeil

ki-lu, DKF, 246 : sommeil

𓅱𓊌𓂻 **qdd** : sommeil

lò, DKF, 400 : court sommeil, méridienne, moment tranquille pour le sommeil ; de jour ou de nuit (même si l'on ne dort pas)

𓈎𓂧𓅱𓏏𓏥 **qdwt**, SI, 38 : dessins

𓈎𓆑𓄿𓏏 **qfAt**, CDME, 278 : renommée

𓈎𓆑𓈖 **qfn**, EG, 596 : cuire au feu, gâteau, biscuit

qi, BEC, 95 : manière, méthode

qi, CDME, 276 : forme, aspect

n'kólo, DKF, 724 : fatigue, lassitude ; envie de déliaisser son travail, etc. ; très rassasié

kanda, DKF, 212 : style, façon, modèle, dessin

khwála, DKF, 349 : natte, tapis

nkwála, DKF, 738 : tapis indigènes faits avec la plante **mvubi**

nkàala, DKF, 706 : couleur en général, teinture

kúfi, DKF, 324 : battement des mains, salut

kāfuka, DKF, 201 : prendre feu, s'enflammer (p. ex. la poudre, l'amorce dans le fusil)

kāfuna : mettre le feu à (faire partir) l'amorce du fusil

kēfele, ~ **mbau**, DKF, 227 : faire feu en battant le briquet

kéfo : qui a une saveur piquante (poire, etc.), brûlant, âpre, âcre, acerbe, fort, piquant

kéfo : forte odeur, mauvaise odeur ; puanteur, odeur cadavérique

kēfo-kefo : poivrier

kēefuna : manger beaucoup

nkéfo, 714 : une herbe forte (comme le poivre)

nkéfo : mauvaise odeur de la terre (après la pluie)

kīiku, DKF, 245 : mesure (de longueur etc.)

n'kàaka, DKF, 705 : loi, décret, arrêté ; règle ; alliance

453

𓂝𓇋𓊃𓀁 **qis**, CDME, 276 : vomir

𓂝𓌴𓄿𓅂 **qmA**, DGED, 66 : verser, déverser

𓂝𓌴𓄿𓅂𓂡 **qmA**, EG, 596 : lancer, jeter (un bâton) ; var. 𓂝𓌴𓄿𓄿𓅂𓂡 **qm(A)** : créer ; nature, forme

nkaka : image qui est faite à la fin de la fabrication du **nkisi Lemba**

n'kīiku, DKF, 719 : coutume régulière, habituelle, mœurs ; règle (de grammaire), loi (naturelle ou du pays)

n'kàsa, DKF, 712 : arbre très grand à bois dur (**Erythrophleum guineense**)

nkàsa : écorce vénéneuse de l'arbre **nkasa** que l'on écrase et mêle ç l'eau que boivent les personnes accusées de sorcellerie, etc. afin de découvrir si elles sont vraiment coupables

n'kombombo : DKF, 725 qui est pendant, incliné vers la terre

kìma, DKF, 247 : venter, souffler fort, être renversé, couché par un fort coup de vent ; être chargé de pluie ; temps couvert

kìma : orage, tempête

kàama, DKF, 207 : gémir, se plaindre, pousser des cris de douleur, hurler, crier, se lamenter ; beugler ; mugir ; glousser (poules), bégayer ; dire ah ; bénir

kéma, DKF, 230 : souffler (d'un bœuf) ; haleter, gémir, soupirer, faire des efforts ; enfanter (personne accouchée) péniblement ; crier, pousser des cris sous l'empire des douleurs de l'enfantement ; pousser des petits cris comme les oiseaux qui s'envolent par frayeur ; être enceinte

kēmanana : lever qqch avec balancement ; s'appuyer fort, haleter

kēmisa : engendrer

kúma, DKF, 331 : engendrer, féconder

qmAw, EGEA, 239 : joncs, papyrus

nkámu, DKF, 708 : une sorte d'herbe (de mauvaises herbes) ; sorte d'herbe (**Cyperus esculentus**)

qmd, EG, 596 : imaginer, concevoir

kămpè, DKF, 210 : peut-être

kēmuka, kēmukina, DKF, 231 : désir, avoir envie de

qmH, CDME, 279 : un pain

ngūmanì, DKF, 694 : un petit gâteau de poudre = deux mesures de poudre

qn, EBD, 75 : mauvais, mal

kámba, DKF, 208 : inimitié

kàna, DKF, 211 : menacer, faire (ruminer, méditer, combiner) de méchants projets, plans, faire exprès ; conspirer, comploter, ourdir, tramer, machiner contre ; haïr ; circonstancier

kani, DKF, 215 : ruse, malice, rouerie

khani ou **ki-khaani**, DKF, 216 : mauvais vouloir

kembakasa, DKF, 230 : vexer

qn, CDME, 279 : gros, gras ; graisse

ngòni, ngònya, DKF, 692 : grand rat des forêts ou rat domestique de la plus grosse espèce

qn, CDME, 279 : compléter, accomplir ; cesser (avec + infinitif) ; être équipé (de) ; première qualité

kòma, DKF, 308 : mettre sur, augmenter, être en quantité, obliger, contraindre, donner en retour, forcer ; être en quantité, en tas, en masse, en foule, bande, troupe, multitude, se réunir en essaim (abeilles) ; monter en graines, porter des graines, des fruits, fructifier, mûrir, venir à maturité (**nsafu**)

nkáma, ~ **kulu**, DKF, 707 : tout, complet ; tous ensemble ; tout ensemble, tout le tas

qn, CDME, 279 : tapis, paillasson

qnbt, EG, 596 : coin, angle ; magistrats

qnd, EG, 596 : être furieux, fâché

qnH, CDME, 286 : sombre

qni, EG, 596 : (être) fort, l'emporter sur, homme fort ; **qkt**, valeur ; **sqni**, endurcir, rendre fort ; **qnqn** dét. frapper

nkáni, DKF, 710 : qualité de donner beaucoup (vin de palme)

nkáni, ~ **pe** : précis, juste, exact

nkama, DKF, 707 : lit, couche

kōmvika, DKF, 310 : courber, plier

kóna: plier, ployer ensemble, replier, recourber, aplatir ; fermer, serrer (un piège) ; être serré, pressé ensemble, comprimé ; rassembler

kōndama, DKF, 311 : être courbé, recourbé, plié, crochu

kondeleka : accrocher, prendre avec un hameçon ou un crochet

nkanu, DKF, 711 : chose, affaire, affaire litigieuse, procès

nkáanu, DKF, 712 : pli, sillon, ride

nkánza : ride

kénnda, DKF, 231 : quereller, bavarder sans arrêt

kúnda, DKF, 336 : vengeance

nkángu, DKF, 710 : lumière, lampe de style indigène ; noix qui contiennent de l'huile (noix de ricin) ou **mpuluka** embrochées sur un bâton

nkéngo, DKF, 717 : lampe, chandelle

khéme, DKF, 231 : cruauté

kòma, DKF, 308 : frapper résolument, en plein

▱𒀭 (Le déterminatif [un grand habit ?] est absent du Sign-list de Gardiner) **qni**, CDME, 279 : vêtement de cérémonie

▱𒀭𒉐 **qni**, CDME, 279 : liasse, paquet

▱𒀭𒀸 **qni**, CDME, 280 : embrasser ; poitrine d'une mère

▱𒀭𒀸 **qnit**, CDME, 280 : un pigment jaune

▱▱𒀭 **qq**, EBD, 147 : manger

n'keke, DKF, 715 : colère forte en sorte que les mots restent dans la gorge

nkéme, DKF, 716 : cruauté, dureté de cœur, haine

nkémi : cruauté, méchanceté, folie, violence, rage, courage de tuer

nkémo : cruauté

nkēnene : rivalité

nkéni, DKF, 717 : cruauté

nkóma, DKF, 724 : coup frappé sur sa propre main pour manifester son étonnement

nkóme, DKF, p. 275 : poing (le pouce se met en dessus, entre le médium et l'annulaire) ; coup de point

ngándu, DKF, 683 : étoffe **kimaza**

ngēdi, DKF, 686 : étoffe **mpusu**

ngīidi, DKF, 688 : étoffe de raphia

nge-ngenge, na ~, DKF, 687 : attaché (nouement d'une corde)

ngènza : caillot, paquet, grumeau d'une bouillie à la farine ou au cassave

ngangala, DKF, 684 : embrassement ; **kwenda ~** : embrasser

ngőnguluka, na ~, DKF, 692 : rougeâtre

ngőnza : rougeur, maturité ; patate rouge ; **na ~** : rouge, mûr

mu-kànka, DKF, 597 : morceau à manger, morceau d'aliment ; bouchée, cuiller, main pleine de qqch

nká, DKF, 704 : goût du vase, de la marmite, de l'ustensile, amertume, goût fort ; qui est amer, âpre, (orange)

n'kànka, DKF, 711 : morceau à manger

nkéka, DKF, 715 : esp. de tomate ; un buisson dont on mange les feuilles comme des épinards ; une plante ornementale (**Solanum Pynaertii**)

nkēnkete, DKF, 717 : des haricots tachetés ; esp. d'haricots

qrHt, EG, 596 : divinité locale, esprit ancestral

Nkita, DKF, 721: **nkisi**,des eaux, dieu des eaux, nymphe d'eau, dieu de la mer, l'âme du défunt, qui a établi sa demeure dans l'eau, dans des ravins, vermines diverses dans l'eau ou à la surface de l'eau qui représentent **Nkita** ; qqch qui provoque des douleurs dans les membres, les dents et les jambes, le ver filaire; sentiment d'un mouvement rampant, de douleur brûlante, lancinante, mal aux dents causé par **nkita**

nkíta:insecte d'eau; mante religieuse (**Tarachodes maura**) ; insecte de genre **Dymantis** (**D. plana**) ; un scarabée de genre **Sphenoptera**, etc.

Nkíta: nom propre

Nkíta : adepte

n'kíta : paralysie

qrHt, EG, 596 : récipient

nkálu, DKF, 706 : cruche, jarre (d'argile) ; courge ou calebasse (**Lagenaria vulgaris**)

n'kúdu, DKF, 730 : cruche en grès, pot, (ironiquement) cruche de vin de palme donnée à celui qui est désigné pour être **ndoki** et manger **nkasa**

𓂆𓂋𓅪 **qri**, EG, 596 : nuage, orage, tempête, ouragan

ngùna, DKF, 695 : grognement, grondement sourd, marmottement, grommellement

táki, kit., na ~, DKF, 946 : sombre (de ciel), **ki ~**, indigène très noir

𓂆𓂋𓅪𓃥 **qriw**, EBD, 142 : châsse

𓂆𓂋𓐎 **qrs**, EBD, 30 : cadavre

𓂆𓂋𓊃𓁀 **qrs**, EG, 596 : enterrer ; 𓂆𓂋𓅪𓊃𓁀 **qrsw**, EG, 608 : cercueil

nkáta, DKF, 713 : caisse (d'eau-de-vie)

nkéedi, DKF, 714 : odeur cadavérique

nkéla, DKF, 715 : caisse, coffre, valise

nkele : caisse

nkéelo : caisse, coffre

𓂆𓂋𓆏 **qrr**, EG, 596 : grenouille

ki-nkádi, DKF, 271 : grenouille commestible

ky-úla ou **yúula**, DKF, 373 : grenouille ; elle dit : ã-ã-ã-ã-ã-ã rrr

nkádi, DKF, 704: grenouille comestible

𓂆𓂋𓊮 **qrr**, CDME, 281 : brûler (la poterie)

kéla, DKF, 229 : être tout rouge, brûler ; briller (lune) ; rayonner (les yeux)

ngāluka, ngāluluka, DKF, 682 : chaleur brûlante, blanche ; chauffer à blanc

ngànyanga, na ~, DKF, 685 : rouge

ngànyanya, na ~ : rouge

ngányina : rouge

ngánza, na ~ : rouge (comme du feu) ; (patate) à clair rouge

ngánzala-ngánzala : fait d'être brûlant (le corps), de trop grande chaleur du soleil ; indisposé de ce fait (et il faut se baigner)

ngánzanza, na ~ : rouge (comme du feu)

ngánzu, na ~ : rouge (comme du feu)

qrrt, EG, 596 : caverne

qrt, avant **qArt**, EG, 596 : verrou (de porte)

qs, EG, 596 : os, harpon

qsn, CDME, 281: pénible, péniblement, troublé, difficile, dangereux

qw, CDME, 277 : un pain ou un gâteau

nkālalà, DKF, 706 : qqch que l'on réchauffe beaucoup et qui devient sec comme une feuille morte

nkéla, DKF, 715 : feu à flammes hautes et rouges ; soleil

n'kéle : fusil, arme à feu ; projetile, flèche

nkéle, DKF, 715 : tuyau de terre entre le soufflet et le foyer au travers duquel passe l'air, le vent

n'kélo : tuyau de terre pour le soufflet dans la forge, soufflet de forge

kàalu, DKF, 206: corde, câble, amarre (ordinairement fait de lianes) pour les canots

nkála, DKF, 706 : serrure, cadenas

n'kónzi, DKF, 728 : les os du corps

vísi, DKF, 1067 : os (du corps)

kāsula, DKF, 220 : rendre courageux

nkásu, DKF, 712 : force, vigueur, forte boisson ; mots durs ; maladie grave ; vérification de qqch qui exige une dette ; mort subite

nkénzo, DKF, 717 : besoin, misère, lamentation, difficulté, douleur, souffrance, sensibilité (d'un abcès) ; ardeur, application au travail

nkónzo, DKF, 728 : force, vigueur, énergie, qui fait mouvoir les muscles et les membres pour leur travail

n'kusu, DKF, 736 : hémorroïdes

kwànga, DKF, 351 : racine de manioc

kwànga : pain de manioc ; pain

nkàwa, DKF, 713 : manioc ; cassave cuit

r, EG, 577 : prép. à ; EG, 29 : « 1 to, into, towards (of direction towards things); 2 in respect of »

li, kili, DKF, 399: près

tē yè (ya) kuna ou nate ye (ya) kuna, DKF, 958: conj., prép. ; jusqu'à ce que, jusqu'à, y compris

r (originellement rA), EG, 577 : bouche, paroles, sortilège, charme, langue, langage, porte

déba, DKF, 109 : exhorter

ky-élo, DKF, 368 : porte, grille, portail, issue, passage

lába, DKF, 375 : jaser, parler

lābika : être glouton ; boire dans sa main

lāaza, DKF, 385 : causer, parler sans cesse ; parler sans raison

lāaza : bavardages, non-sens, absurdités

lēbita, DKF, 386 : goûter, lécher qqch, déguster légèrement

lēdika : semoncer, critiquer avec prudence

léfo, DKF, 387 : insulte, outrage

lèha : soif

lèko-lèko, vova ~,DKF : 389, parler tout bas

léla : être appelé, nommer, dire

léla : mensonge, vain bavardage

lēele, DKF, 390 : dire, nommer, désigner

461

lēle-lele : état d'être bouché, fermé, sans trou dans l'hymen ; sans trou, sans percée ; une fosse bien courte ; qqch bien caché

léelo : tranquille et muet

lelu : bouche

lò, **lòo**, **na ~**, DKF, 400 : fig. au sens d'être muet, calme, en paix, tranquille, dépeuplé, minuit; ne pas répondre ou donner un son

lòba, DKF, 401 : sanctifier, guérir avec **nkisi** (fétiche)

lòoba : offenser, mépriser, insulter

lōbalala : tirer la langue, montrer le bout de sa langue entre les lèvres (habitude de certains individus)

lōbolo : cracher

lōdyana : crier, se lamenter, se quereller

lòka, DKF, 402 : ensorceler de sorcellerie, tuer, faire du tort (par sorcellerie) ; pratiquer l'art magique, magie noire, frapper d'anathème, excommunier

lòka : faire une chose bien, soigneusement, clairement

lōoka : aboyer, crier, pleurer ; pousser des cris, hennir, beugler

lōoka : glapir, avaler

lóoka : envie de parler, commérage ; babillard

lokola, **na ~** : silencieux, tranquille

lokumuna : boire beaucoup ou vite

lóla : gronder, crier ; aboyer ; glapir (comme un chacal) ; faire un bruit d'aboiement, murmurer, grogner

lōola : vomir, cracher sur la tête ou sur le corps de quelqu'un pour le guérir (au moyen d'un fétiche)

lōlubuta, DKF, 404 : raconter qqch tout au long, sans cesse

lōlula : pardonner, absoudre, remettre

lómba, DKF, 404 : prier, mendier, demander, exiger ; désirer

ndínga, DKF, 670 : voix, parole, son, cri ; langue, dialecte, discours ; accent

ndwā, DKF, 677 : boisson, boire ; usage des boisson

nínga, DKF, 703 : bruire, bourdonner, susurrer, gémir, murmurer, frémir (comme une balle) ; chanter (moucherons) ; fredonner, chantonner, parler en soi-même ; geindre ; pépier, piauler (chat) ; crier comme les petits cochons

nīngi-ningi : petite mouche qui s'agite dans les endroits humides

n'nū, DKF, 806 : buveur

nūa : boire

n'nūa : bouche, embouchure, ouverture, trou (de souris) ; orifice quelconque ; lèvres

nwā ou **nūa**, DKF, 808 : boire ; aspirer, sucer, absorber, bumer ; avaler ; fumer ; être frappé (de coups de feu)

nwā, DKF, 809 : boisson, quelque chose à boire ; **nwa** : dose

n'nwa: bouche

nwa : nasse

tuba, 987 : parler, mentionner, raconter

r, CDME, 146 : bord de l'eau

lála, DKF, 378 : flotter, être à flot, surnager

lālula, DKF, 379 : sauver ou prendre qqch qui flotte sur l'eau ou qui est tombé dans l'eau, sauver qqn qui allait se noyer

 r, CDME, 146 : oie

n'nínga, ta ~, DKF, 703 : nager ; nager sans se servir des bras

li-luuli, DKF, 400 : pou de poule

lima : caille

lőlo, kil., DKF, 403 : petit oiseau

nèna, DKF, 680 : un oiseau qu'on dit suivre les buffles

núni, DKF, 808 : oiseau, volaille ; oiseaux de basse-cour

ra, EG, 577 : soleil; ra nb : chaque jour

déede, DKF, 109 : jour, temps reculé, pas aujourd'hui ; ba ~ :avant-hier ; kya ~, après-demain

ka-lóndo, DKF, 206 : depuis longtemps (il y a une éternité)

ki-ná, (kí-na) DKF, 262 : saison, année

lè, na ~, DKF, 385 : rouge ; tôt le matin, à l'aurore

léelo, DKF, 390 : de suite, aujourd'hui, maintenant, enfin, vraiment, finalement

Léelo : nom de l'enfant quand les autres sont morts = enfin

lò, lòo, DKF, 400 : rougeur, rougeur ardente ; na ~ : rouge ardent, éblouissant, écarlate

lò, na ~ : subitement, soudain, tout à coup

ló ou lló : temps, occasion de faire qqch (de chasser, etc.)

lúmmbu, DKF, 431 : jour, journée, temps ; fois

mùnya, DKF, 620 : étinceler

munyya, mùnyia : lumière du soleil

mw-élo, DKF, 648 : pers. blonde ; clarté (de la peau) ; **bamyelo** : indigènes au teint clair, rouge clair

mw-ini, DKF, 650 : jour, lumière du jour, lumière et chaleur du soleil, rayonnement du soleil

nana, DKF, 656 : rouge

nòna, DKF, 749 : reluire, briller, luire, p. ex. de la graisse sur la peau ; paraître, se montrer, être visibel (sic)

nòna : qui est luisant comme la peau graissée

nu, **na** ~ ou **na-nu-nanu**, DKF, 806 : luisant, graisseux (d'huile de palme sur le visage)

nyānya, DKF, 813 : briller

nyēnya, DKF, 816 : briller, luire, scintiller, refléter, chatoyer (lumière, étoffe) ; éblouir (soleil) ; étinceler, lancer des éclairs ; papilloter (les yeux) ; être ébloui par l'éclat du soleil

n'nyēnya : rayonnement, rayons solaires, éclats, reflet (du fer) ; éclair ; météore, comète, pluie d'étoiles ; étoile filante

nzà, **na** ~, DKF, 819 : rouge clair, rouge-gris, rougeâtre, brun

nzá : mouche rouge tsétsé

sarila, ~ **kwabwisi**, DKF, 879 : l'aurore, aube

sèe, **tsèe**, DKF, 882 : fig. au sens de luire, briller

sò ou **tsò**, **na** ~, DKF, 907 : rouge

wa-ndele, DKF, 109 : soleil doux et tamisé

wa-lèza : soleil doux et tamisé

yèe, **na** ~, DKF, 1122 : fig. au sens de brillant, chaud, chaleur

zè, **na** ~, DKF, 1157 : rouge

r-a-xt, CDME, 146 : combat

rd, EBD, 105 : croître

rd, PAPP, 81 et 86 : pousser

rd, PAPP, 152 et 155 : ample moisson

rd, EG, 579 : grandir

làkisa, DKF, 377 : vexer, duper qqch dans la colère, querelle (souvent pour rire)

nìnga, DKF, 703 : dureté, cruauté, manque de compalisance (défi, grande misère) ; avarice, parcimonie

dūudu, DKF, 131 : qqch qui n'a pas toute sa croissance ; qui croît lentement ; personne indolente ; qui a la conception lente

dūduka : croître, repousser, pousser (après avoir été arrêté)

dūukila, DKF, 132 : croître, pousser (d'herbes)

lúdi, DKF, 414 : trompe, cornet ; ~**kimunu** : longue bouche

lūdikila, DKF, 415 : s'allonger

tèndalala, DKF, 965 : se tenant debout, penché en avant, de côté (un arbre) ; qui avance (une dent) ; pencher (prêt à tomber)

tùlumuka, DKF, 992 : croître rapidement

yèla, DKF, 1124 : être mûr, mûrir, être entièrement développé, grand et fort, devenir adulte, avoir le poids voulu, être lourd, être satisfait, être parfait, exactement comme il faut (même au point de vue moral), commencer à engraisser, prendre de l'embonpoint, être ferme, sûr, tout à fait applicable (au point de vue légal, etc.), passer pour, suffire, faire loi, être intelligent, adroit, entendu, avisé

rd, EG, 579 : pied

dènda, DKF, 112 : marcher comme un petit enfant

rdi, CDME, 154 : donner ; mettre, placer, mettre en place ; causer, permettre, faire en sorte que

tūula, DKF, 992 : poser, déposer, placer, mettre sur, dans, sous ; exposer, mettre en avant, en évidence (sur une table) ; représenter

rdi, CDME, 155 : parler

lúdi, DKF, 414 : vérité, réalité, fait, clarté, évidence ; certitude, sûreté, bonté ; loi, le droit, justice, équité ; vrai, certain, clair, évident, sûr, digne de foi ; sans doute, certainement, justement, avec justice, à proprement parler

lūdika, DKF, 415 : affirmer, conseiller ; veiller sur

rhn, EG, 578 : pencher (to lean)

hōndalala, DKF, 191 : aller penché en avant (femmes) afin que les mamelles se secouent

hùngila, DKF, 192 : aller penché et courbé ; se pencher de côté (comme les branches, les arbres par le vent)

léka, DKF, 387 : être chargé de fruits (branche)

lēkita, DKF, 388 : se plier, se courber (qqch de long et souple) ; agiter, flotter (par le vent), osciller

lōkalala, DKF, 402 : pencher, s'incliner, être prêt de tomber (bananier)

lōkula, DKF, 403 : tomber, se pencher (se dit d'un bananier dont le régime pousse)

r-ib, CDME, 146 : estomac

dába, DKF, 106 : aller au W.-C. (cabinets)

rit, CDME, 147 : côté

díidi, DKF, 115 : côté

rk, EG, 578 : temps, période

n'kùlu, DKF, 732 : temps, instant

mu-kùlu, mu-kúulu, DKF, 600 : moment, heure

nyeka, DKF, 814 : être en âge (grande fille) ; convenable pour se marier ; être nubile

rkH, EG, 578 : brûlant, chaleur

làkata, DKF, 377 : se brûler, se brûler à, carboniser, être brûlé

làkitisa : brûler

làkuka : brûler à grandes flammes ; flamboyer

làkula, DKF, 378 : faire brûler, enflammer, flamboyer

làkumuka : flamboyer de toute part

làkumuna : faire flamboyer fort, faire brûler avec flammes

lōoka, DKF, 402 : devenir, être rouge, devenir sec (feuilles rouges)

lōkoto, na ~, DKF, 403 : tout à fait brûlé

lōkuta : se brûler à, se brûler, consumer ; charbonner ; flétrir (par feu, éclair)

lūkuta, DKF, 426 : se brûler à, roussir, charbonner

yòka, DKF, 1139 : brûler, détruire (par le feu) ; consumer ; griller, rôtir ; faire mal (blessure)

rkrk, CDME, 153 : ramper, se glisser

lánga, DKF, 382 : espionner ; observer, être à l'affût de, en quête de ; guetter ; aller à la chasse sans chien ; chercher par ruse à se glisser, à gagner, à tromper ; épier, surveiller, veiller sur, attendre d'entendre qqch ; aller aux renseignements ; diriger, inspecter, examiner, expertiser, sonder ; étendre qqch, p. ex. la main pour avoir, pour prendre qqch

nyòngoto, na ~, DKF, 817 : qui se tord (serpent, ver)

nyònguta : pulluler, grouiller, fourmiller, ramper (comme les vers de viande)

nyònguzuka : se tourner

rkrk, CDME, 153 : serpent

nyóka, DKF, 817 : serpent (en général) ; qui serpente (ruisseau)

Nyóka : nom propre (personne)

nyóko: serpent

rkrk, CDME, 153 : une plante rampante

di-nyōka-nyoka, DKF, 124 : herbe employée comme remède

nkéle ngenze, DKF, 715 : une plante grimpante qui est employée sur les enflures

rm, EG, 578 : poisson

dōndolò, DKF, 129 : piège à poisson, nasse avec trappe, nasse pour la pêche aux anguilles

dūmbika,~ntu, DKF, 133 : sortir un peu la tête de l'eau pour manger (poisson)

dyá, DKF,138 : écaille de poisson

dyala-dyala : un poisson (**Barbus Roylii**)

lémbo, DKF, 392 : petite nasse, sorte de plus grande nasse qui est placée au milieu du courant (dans le grand fleuve)

lu-sàngi, DKF, 446 : un petit poisson

Lu-sàngi : nom propre (pers.) = un petit poisson

nsímu (am'vyozi), DKF, 767 : poisson (**Mormyrus Proboscirostris**)

sèngi, DKF, 890 : un petit poisson

rmi, EBD, 102 : pleurer

dímbu, DKF, 119 : colle, liquide gluant, sève, glu, gomme, résire, colle forte, cire, qqch de collant ressemblant à la colle

dí-me, dí-mi ou **díimi** : rosée, bruine

dí-nsanga, dínsangaza, DKF, 123 : larme (des yeux)

〰️ rmn, EG, 578 : bras, épaule ; côté (un de deux côtés) ; porter sur les épaules ; rmn : mesure d'un endroit

rmni, CDME, 149 : porter, supporter ; être d'accord, égaler ; porteur, supporteur

tempama, DKF, 964 : être pourri, tendre, dilué, liquide

dìmmba, DKF, 118 : mesurer, prendre les dimensions de ; marger, noter ; bien viser

làmmba, DKF, 379 : s'étendre, s'allonger (aussi une histoire) ; durer longtemps ; croître en longueur (p. ex. une plante grimpante) ; ramper, s'élever, s'enrouler en hauteur, reposer : être étendu pour dormir ; dormir chez une femme (coït) ; aller, errer ça et là

lámba : espace (de temps) ; mesure, rythme, mélodie ; habilité

lámba, DKF, 380 : ramer (pirogue, canot)

lámba : réfléchir profondément, méditer ; faire combiner dans son esprit (un plan ou la manière dont on devra parler de qqch) ; guetter ; peser exactement ; jauger, estimer

ndámbu, DKF, 663 : partie, moitié, morceau (indéterminé) ; région, division, section, fragment, demi, moitié, paragraphe ; gr. complément

n'làmba, DKF, 742 : longueur, étendue ; partie du ventre d'une pièce de gibier

n'lámba : un fragment d'étoffe simple et insuffisant

n'làmbu, DKF, 743 : région, district, zone

dìmba, DKF, 118 : écouter, tendre l'oreille, être attentif, entendre ; éprouver la fidélité de qqn

dìmba, DKF, 119 : marque, signe distinctif ; marquer au fer rouge ; pavillon, drapeau, bannière ; indication (de divers genres) du grade

rmrm, CDME, 149 : châtier, battre, corriger

rmT, EG, 61 : homme (latin homo)

rmT, EG, 578 : hommes, peuple

rn, EG, 578 : nom

rn, EG, 578 : jeune, petit (de bœuf, antilopes, etc.)

rnn, CDME, 150 : réjouir, louer avec enthousiasme

limata, DKF, 400 : frapper

dinza, DKF, 124 : lâcher sa semence (virile)

lúma, DKF, 430 : lâcher sa semence, s'unir, s'accoupler

lumi, DKF, 433 : pollution, semence virile

n'lúmi, DKF, 748 : personne mariée, mari légitime, homme, organes génitaux (de l'homme)

n'nùni, DKF, 808 : mari, homme ; doigt du milieu ; le tambour « mâle » plus grand au son profond

díina, DKF, 120 : nom (qu'on est né avec)

zína, DKF, 1165 : nom propre, nom qui vous a été donné à la naissance ; mot, terme, parole, réputation, nombre

zína, **ezína** : le défunt (on évite ainsi de prononcer son nom)

n'súmba, DKF, 777 : animal qui n'a pas encore mis bas

n'súndi, DKF, 778 : petitesse ; jeune femmelle qui n'a pas encore mis bas ; qqch qui n'a atteint sa croissance (poule, porc, etc.) ; vierge

zānzabala, **zānzabalala**, DKF, 1156 : commencer à parvenir à l'âge adulte (une personne, etc.), prendre toute sa croissance

lénza, DKF, 398 : injurier, dédaigner, critiquer ; déshonorer, déprécier ; mépriser

rnn, EG, 578 : bercer, élever

rnn, OEP, 413 : allaiter

rnpi, EG, 578 : (être) jeune, vigoureux

rnpt, OC, 318 : année

rq, CDME, 153 : incliner, tourner de côté, défier

nsúndi, DKF, 778 : une danse dans laquelle le vêtement des hanches est soulevé par un mouvement brusque de pied

nsúndi, dila ~ : chants plaintifs près de son mari

zànza, DKF, 1156 : parler mal de, discourir méchamment

zína, DKF, 1165 : être beau, agréable, désirable, précieux, surfin, gentil

zóna, DKF, 1171 : être modéré, tempérant, faire, agir avec prudence, lentement ; donner un peu

zònza, DKF, 1172 : agir, croître ou manger lentement, etc.

dùmwa, DKF, 134 : de petite taille

dúmva : croître, pousser (dents, herbe, mamelle)

ki-vú, DKF, 296 : an, saison

làmba, DKF, 379 : espace (de temps), mesure, rythme, mélodie

m'vú, DKF, 636 : an, année, période

vā, DKF, 1018 et 1043 : temps, époque, période, siècle, date, heure, moment

vú, DKF, 1021 : temps, époque, saison, période, laps de temps ; moisson ; an, année

vúla, DKF, 1025 : temps, période, laps, espace de temps ; saison, époque

dóka, DKF, 128 : être courbé, pendant

dōkalala : se tenir penché, courbé, penché en avant, en bas ; fig. être exhorté, repris ; être obstiné, entêté

léka, DKF, 387 : agiter, flotter doucement (au gré des vents) ; être chargé des fruits (branche)

lēkisa, EG, DKF, 388 : agiter, flotter brandir

lèekita : celui qui veut prolonger un procès en parlant de toutes sortes de choses pour faire rire les autres

lēkita : se plier, se courber (qqch de long et souple), agiter, flotter (par le vent) ; osciller

lōkalala, DKF, 402 : pencher, s'incliner ; être prêt de tomber

lòkula, DKF, 403 : tomber, se pencher (se dit d'un bananier dont le régime pousse)

lūkula, DKF, 425 : pousser de côté, faire descendre, tomber, bousculer, jeter dehors, pousser au large (p. ex. un bateau qui est sur le rivage) ; précipiter, faire basculer

rqH, CDME, 154 : lumière (feu)

dèeka, DKF, 110 : luire, rayonner (soleil) ; percer (les nuages) ; faire une éclarcie

lèkita, DKF, 388 : briller, scintiller, luire

lékoto, na ~, DKF, 389 : brillant, luisant

nkéngo, DKF, 717 : lampe, chandelle

rr, EBD, 93 : faire un tour ou un détour

làluka, DKF, 379 : s'en aller secrètement, silencieux, sans permission ; s'évader, s'écarter, s'éloigner

lò, DKF, 400 : endroit où l'on passe ; contrée, région

rr, PSM, 43 : bercer

làla, DKF, 378 : étendre qqch sur qqch ; enduire avec (huile)

lála : flotter, être à flot, surnager

lāala: dormir, sommeiller ; coïter avec qqn

lēeka, DKF, 387 : dormir, s'endormir, sommeiller ; faire la méridienne ; se coucher, se reposer ; gésir à terre ; être au lit ; passer la nuit, se délasser, rester debout la nuit

lèla, DKF, 389 : soigner, prendre soin, embrasser (dans ses bras) ; endormir, dodiner, faire qqch prudemment, avoir peur de (gâter), soigner le corps en le graissant

lèla, **kil.**, **ki ~ wonga** : qqch à quoi ou doit prendre garde, que l'on doit renoncer à faire ; avoir crainte de faire car il peut en résulter des difficultés, p. ex. des jumeaux qu'on doit bien soigner

lèla, **~ mbeevo** : hôpital

lò, DKF, 400 : court sommeil, méridienne, moment tranquille pour le sommeil ; de jour ou de nuit (même si l'on ne dort pas)

rri, EG, 578 : cochon, porc

dáada, DKF, 106 : qui est très gras, huileux

rSwt, OC, 317 : joie, contentement

kyēsa, DKF, 370 : réjouir, causer de la joie à, procurer de la joie à qqn avec qqch

ky-ése : joie, chance, fortune, bonheur, plaisir, ravissement, enchantement, extase, allégresse ; bonne humeur, enjouement, vivacité, pétulance ; chez une personne ivre ou folle ; forte colère, furie

lòoso, **sika ~**, DKF, 408 : crier de joie ou d'étonnement, tapoter les lèvres et crier : **o-o-o**

loozi : un grand cri, qui appelle en se frappant sur la bouche (dans certaines occasions comme lors de la nouvelle lune), cri de joie

rs, EG, 578 : être éveillé

lòta, DKF, 408 : rêver

lòta, kil., : délire

lòoto : rêver

lòotwa : rêver

lu-sé, DKF, 446 : figure, visage, face, air, mine, apparence ; présence ; physionomie ; endroit (d'étoffe) ; page (d'un livre)

ndose, DKF, 673 : visage

ndòosi : rêve

ndòozi, DKF, 673 : rêve, songe, fantaisie

ntádi, **na ~**, DKF, 785 : regarder attentivement, dans l'attente de

n'tádi ; qqn qui regarde, qui surveille ; garde du corps ; garde, berger qui marche pour garder ; explorateur

Ntádi, ~ a Kongo : nom de famille, de tribu = surveillant du Kongo ; aussi nom de **nkisi**

tála, DKF, 946 : voir, guigner, regarder de près ; rechercher ; prendre garde à ; inspecter ; surveiller ; observer ; contempler, examiner, remarquer ; constater ; paraître ; prévoir, s'attendre à ; être tourné vers ; lever les yeux, s'éveiller, regarder avec un regard pénétrant

◯𓏛𓏥 **rssy**, CDME, 153 : presque, entièrement, en tout

dīnzama, DKF, 124 : être plein, en abondance

𓂋𓅱𓇳 **rsw**, CDME, 152 : le pays du sud

nsúndi, DKF, 778 : pays, village de **basundi**

Nsúndi : nom d'une tribu qui est fixée au Nord du fleuve Congo sur les hauteurs, parmi d'autres tribus

𓂋𓏏𓄿 **rta**, EBD, 97 : permettre

lènda, DKF, 394 : v. aux. exprimant la possibilité, l'aveu, être capable

lénda : avoir la faculté de, être capable, en état de pouvoir

rtH, EG, 578 : « restrain »

lu-tēngo, DKF, 453 : envie de parler

lu-tēngolo : qui cède ses droits, qui renonce, repousse qqch dont il n'a pas besoin, qu'il n'apprécie pas

rtw, EBD, 86 : cuisse

tó, DKF, 977 : jambe de devant avec l'épaule ; épaule ; cuissot, derrière ; croupe (animal) ; cuisse, jambon, partie du corps, membre, quartier d'animal ; des os (de poule) ; pl. le corps ; prépuce

rwA, CDME, 147 : considérer faire qqch

nduwa, DKF, 677 : appel lorsqu'on se rencontre en un endroit secret ; réponse : **wove**, pour laquelle la lèvre est tendue comme on fait à **Kingoyi**

r-wAt, OEP, 407 : chemin

twala, DKF, 1005 : course (de l'homme)

rwD, EG, 577 : contrôler, administrer ; contrôleur, exécuteur

lèndo, DKF, 394 : autorité, puissance, les autorités ; force, énergie (pour exécuter qqch)

lu-lèndo, DKF, 428 : force, possibilité puissance, pouvoir, juridiction, capacité, autorité, faculté, violence, puissance absolue, despotisme, orgueil, arrogance, vanité, insolence, bravade, mauvais vouloir, indépendance, insubordination, fier, despotique, orgueilleux provoquant

Lu-lèndo, DKF, 428 : dieu d'empire, de contrée, qui gouverne tout le pays ; nom propre

lùnda, DKF, 435 : soigner, cacher, préserver, observer ; garder, protéger ; économiser, ménager ; mettre, placer de côté, à part, en réserve ; déposer, enlever (des biens) ; réserver ; amasser (des provisions)

𓏲𓂋𓏥 **rwd**, Ancient Empire **rwD**, EG, 577 : corde « bow-string »

lūdikila, DKF, 415 : s'allonger

túnta, DKF, 1000 : tirer, tirer sur

túntalala : se tenant étiré, tendu, haut, saillant, élevé, bombé

𓏲𓂋𓏥 **rwd**, EG, 577 : (être) dur, vigoureux, florissant

lūula, DKF, 427: fermenter, gonfler ; devenir plein, trop plein, déborder ; croître

tònda, DKF, 983 : jeter, lancer p. ex. une pierre loin

tòndula : vigueur, force de jeter une pierre loin

𓏲𓂋𓏥 **rwi**, EG, 577 : cesser, faire cesser, partir, **r** : de (place, quelque chose), s'écarter de ; var. dét. 𓀁 : errer

lūbuka, DKF, 413 : venir, sortir de (herbe, etc) ; apparaître, être mis au monde, venir à (village) passer

𓏲𓂋𓏏 **rwt**, EG, 577 : fuite, dehors ; plus tard 𓏲𓂋𓏏 **rwyt** : fuite, place du jugement

lúdi, DKF, 414 : vérité, réalité, fait, clarté, évidence, certitude, sûreté, bonté ; loi, le droit, justice, équité ; vrai, certain, clair, évident, sûr, digne de foi ; sans doute, certainement, justement, avec justice, à proprement parler

lūdika : redresser ; faire droit ; mettre en ordre, sur la bonne voie ; montrer le chemin ; conduire, diriger, gouverner ; administrer ; rectifier ; juger, estimer que qqn ou qqch est juste, exact, bon ; embellir ; mettre d'équerre ou d'aplomb

lūdika, DKF, 415 : affirmer, conseiller ; veiller sur

lūdikila, ~**mambu**, DKF, 415 : palais de justice

lūdikilwa : règle, loi, norme

lūdisa : chasser, faire sortir vite

lūuka, DKF, 420 : venir, sortir, aller de l'avant, avec élan, rapidement, précéder, prendre les devants, pousser par la colère ;

filer, voler, courir (animal), être mis au monde vite

lūkuka, DKF, 425 : sortir vite, être bousculé, renversé ; poussé au large (un bateau) ; chavirer, mourir, se casser tout (un bananier)

lūkula : pousser de côté, faire descendre, tomber, bousculer, jeter dehors, pousser au large (p. ex. un bateau qui est sur le rivage) ; précipiter, faire basculer

lúla, DKF, 247 : être zélé, insistant, pressant ; vouloir faire qqch hâtivement ; s'en aller en courant ; se vanter, habler ; rager, être furieux

lúla : se détacher, se lâcher

lūlama, DKF, 428 : entrer

lūlika, DKF, 429 : ajuster, ranger, régler (une affaire) ; débrouiller

lúluka : avoir raison, être innocent, être libéré (des poursuites, etc.) ; irréprochable

lu-lūduku, DKF, 429 : action de conduire, conduite, direction, gouvernement, ordre, rang, etc.

lūlumuka, DKF, 429 : marcher

lūlumuna, DKF, 430 : pousser, jeter en avant, dehors ; pousser en avant, au large (un bateau) ; pousser, jeter de côté (dans la lutte)

lúnnda, DKF, 435 : venir, passer devant en groupes, en masse ; essaimer, passer, s'enfuir en masse (des abeilles, etc.) ; exécuter qqch rapidement

lūndalala : tirer hors de

lùta, DKF, 451 : passer, dépasser, aller devant ; aller, couler à côté, le long de ; augmenter, s'améliorer, surpasser

ndola, DKF, 672 : châtiment, punition

ndudikilwa, DKF, 673 : règle, loi

ndūnda-ndunda, DKF, 675 : zèle, qui ne calcule pas ; rapidité (à exécuter qqch) ; fait de voler vers, de se rendre, de se mettre en route sans réfléchir ; hâtivement, rapidement, vivement, en essaimant, en pullulant

tūula, DKF, 992 : arriver, aborder, atteindre, entrer au port

túlu, DKF, 992: fig. au sens d'avoir lieu en hâte, avec surprise

rwi, CDME, 147 : danser

dwàba, DKF, 136 : danser, tournoyer ça et là

rwt, CDME : danse

dwèba : danse en tournant les hanches et le derrière

rwty, OEP, 406 : étranger

nzénza, DKF, 826 : étranger, pers. étrangère ; visite ; hôte ; païen ; étranger, d'un autre pays, rare, étrange

rx, EBD, 195 : connaître

láku, DKF, 377 : ruse, finesse des esprits

lèeka, DKF, 387 : faire bien qqch, couvenablement, soigneusement

lèeko, DKF, 388 : beauté, finesse, exécution harmonieuse

lònga, DKF, 405 : enseigner, apprendre, prêcher, instruire ; conseiller, exhorter ; administrer, avertir, mettre en garde, corriger, reprendre ; punir, blâmer, gronder, reprocher, élever, dresser, apprivoiser

lòngi, DKF, 406 : maître (d'école), précepteur

lòngo ou **lőngo** : médecine, plantes médicinales, etc. dont les médecins font usage ; ingrédient d'un **nkisi**

longo, DKF, 407 : besoin, envie ; sensualité

lōnguta : interroger ; scruter, fouiller ; rechercher ; apprendre à connaître par grande prudence en se glissant ; suivre une affaire soigneusement, la développer, l'expiquer

lūuka, DKF, 420 : être intelligent, fin, ruse, astucieux, prudent, attentif à, calculateur ; être sur ses gardes ; être précautionneux ; se méfier

ndéeko, DKF, 665 : manière, méthode, ressource, issue (pour faire qqch)

ndònga, DKF, 672 : qui enseigne ; enseignement, correction

ndóngi, DKF, 673 : instruction, leçon ; discipline, répréhension, punition, condamnation

Ndóngi : nom propre = qui est discipliné

ndòngokolo : science, qui s'instruit

ndòngolo : instruction, qui enseigne, science

ndōnguta : exploration, recherches philosphiques, en philosophant ; investigation

n'donguti : qqn qui explore, qui fait des recherches, philosophe

ndūuka, DKF, 674 : prudence, intelligence ; précaution, esprit prévoyant, ruse, finesse ; malin, prudent, fin, rusé, prévoyant, calculateur, habile

ndùnga, DKF, 675 : société secrète comme le **nkimba**. Les initiés se blachissent le corps, s'habillent de feuilles de bananes et parcourent le pays en dansant et en recueillant des étoffes, de la nourriture, etc.

n'lòngo, DKF, 747 : qqch de sacré, séparé, mis à part, interdit ; qqch de dangereux, d'ensorcelé ; qqch qu'on ose pas manger ou faire vu l'ordre du **nkisi** lorsqu'on veut se consacrer à lui ; tabou, ordre, interdiction, médecine, remède, poison, fétiche ; saint, mis à part, défendu, illégal, ensorcelé

nōnguta, DKF, 750 : mentionner prudemment et suivre avec intérêt les développements d'une affaire ; bien suivre les traces des animaux ; aller à la recherche de ; flairer ; marcher péniblement, ragardder et voir difficilement

rxs, EG, 578 : tuer

rxt, CDME, 152 : laver (les habits)

rxt, GE, 46 et 123 : volume, (au sens de) mesure de volume

rxxy, CDME, 152 : célébré

tánga, DKF, 952 : lire, calculer, compter, étudier, apprendre

yōkuka, DKF, 1139 : connaître, savoir bien ; être instruit, très familier avec

lēkama, DKF, 388 : mourir en quantité

lòkuka, DKF, 403 : déchirer, arracher à force de tirer ; être rompu et tomber en bas (comme un bananier), tomber par soi-même, être châtré

lòkula : enlever, supprimer, retourner la tête, tirer les doigts pour les faire craquer, châtrer

n'làngu, DKF, 743 : eau, liquide ; qui est aqueux

làka, DKF, 376 : être en abondance, beaucoup, être bon, grand, plusieurs, en abondance

lēkama, DKF, 388 : mourir en quantité, en foule

lŏnga, kil., DKF, 406 : foule, multitude, caravane en marche

ndónga, DKF, 672 : tas, quantité, foule de gens, grande assemblée, grand rassemblement, multitude ; en suite, à la file, de même famille, de même race (membres plus jeunes et plus âgés) ; ligne, règle

ndòngeleka, DKF, 673 : longue file, foule, qui est en rang, ligne, l'un après l'autre

n'lŏnga, DKF, 747 : toute espèce de ligne ; rangée, rand, raie, barre ; une foule de fourmis voyageuses (qui marchent sur plusieurs rangs) ; quantité, grand nombre (de porteurs) ; caravane

dāngila, DKF, 108 : se fier de, se réjouir de

𓂋𓐍𓏭𓅆𓏥 **rxyt**, EG, 578 : peuple, gens, personnes, gens du commun

n'nànga, DKF, 657 : esclave ; serviteur, domestique, officier

n'dònngi, DKF, 673 : esclave, personne achetée

nōkoso, na ~, DKF, 749 : un certain

S

S, EG, 593 : bassin, lac

káki, DKF, 203 : eau, bassin qui sert à se baigner, à savonner et à chercher de l'eau

ki-zá ou kíiza, DKF, 297 : piège d'eau, source pour prendre de l'eau

sá, kisá, DKF, 861 : très grande pièce d'eau, étang

sánga, DKF, 874 : bassin, étang

zá, DKF, 1150 : gué, passage

zá : étang, flaque d'eau (après la pluie) ; bassin profond

zā : dillution, adjonction d'eau dans la cuisson du riz, des pois, etc.

zīa ou zyá, DKF, 1163 : étang

zīa ou zyá : abîme, gouffre, fond de la mer

zìba ou zíiba : bassin, pièce d'eau où l'on peut se baigner ; puits, trou, source

zóbe, DKF, 1169 : cruche de grès, de terre, d'argile, cruche à eau

zōboko : tomber dans l'eau

SA, EG, 593 : « lotus pool », « meadow », « country (as opposed to **niwt** town) »

kàkala, DKF, 202 : esp. d'herbe, mauvaises herbes en général

𓅊𓄿𓀁 SA, CDME, 260 : commander, prédestiner, assigner, arranger, décider

𓅊𓄿𓅊𓀁 var. 𓅊𓄿𓏭 SAy, BEC, 110: le destin

𓅊𓄿𓊃 SAa, EG, 594 : commencement

𓅊𓄿𓊃𓎅 SAa, CDME, 261 : conteneur des céréales

𓅊𓄿𓊃 ○ ○ ○ SAa : espace, volume

kēkete, DKF, 228 : espèce de mauvaise herbe (**Bidens pilosa**)

vìnzi, DKF, 1067 : champ, terre cultivée, campagne, province (= territoire en dehors de villes et des villages) ; vallée, steppe où on plante, cultive

yìnga, DKF, 1136 : champ cultivé, champ semé ; proprieté rurale, ferme, campagne, en oppossition avec la ville

zánga, DKF, 1154 : lac, étang, mare où l'on fait tremper du manioc

káya, DKF, 224 : se risquer, oser qqch ; s'exposer à, s'aventurer à

nsála, DKF, 754 : principe de vie ; vie ; la vie intérieure et cachée

sā, DKF, 861 : faire, dire, s'acquitter de, poser, mettre, placer, déterminer, choisir (un jour), etc. (suivant les substantifs juxtaposés)

sūusu, DKF, 929 : action de fixer, etc.

sādika, DKF, 863 : commencer un travail

sadikwa : commencement, origine, principe

sàasa, DKF, 880 : fin, bout de la queue ; queue, houppe de la queue

sóso, sóoso, DKF, commencement, bout, fin ; pointe, coin de qqch (p. ex. d'une jungle, d'une brousse d'herbes) ; cime (d'un arbre) ; pointe, cap, faîte ; cône, pic d'une coiffe (bonnet) qui pend

káya, ~ meeso, DKF, 223 : être éveillé, sans sommeil, ne pas dormir ; avoir des insomnies, ne pas pouvoir fermer les yeux

𓅓𓅱𓂧𓊖 SAat : vide (?)

káya, DKF, 224 : recueillir (récolter) des plantes médicinales ; déterrer des tubercules comestibles, etc.

káya : faim, époque, saison où il est difficile de se procurer de la nourriture ; petite, maigre provision (médiocre) de qqch

kīsuka, DKF, 292 : venir, être réduit à rien

koyo, DKF, 320 : nul ! rien !

nkáya, DKF, 713 : peu d'assortiment de qqch ; poivre sans sel ; ~ **meeso** : sans sommeil, insomnie, veille nocturne

sasa, DKF, 880 : grand trou, cavité, à l'intérieur

sí, **na ~**, **kwa ~**, DKF, 894 : rien, à vide

𓅓𓃀𓏤𓏥 SAbw, EG, 594 : nourriture, repas

𓊃𓃀𓏤𓏥 Sbw : nourriture : manger

kába, DKF, 198 : manger bruyamment

kāvula, **kavuna**, DKF, 223 : manger beaucoup de bonnes choses ; manger avec la bouche pleine, engloutir

kí-nsumbà, DKF, 281 : plante dont les feuilles peuvent se cuire et être mangées comme des épinards (**Fleurya podocarpa**) ; une plante aquatique à feuilles qui brûlent, est comestible

kòba, DKF, 299 : être épais, fort, massif, volumineux, replet, obèse, corpulent, serré, compacte ; (y avoir) beaucoup ; être nombreux, être en tas, en masse, serré ensemble, herbe épaisse, entrelacée ; ~ **mooyo** : peu importe la nourriture (c.à.d. l'espèce de nourriture) pourvu qu'elle remplisse l'estomac (qu'elle nourrisse), vulg. : tout fait ventre ! se bourrer (l'estomac, le ventre)

kòva, ~ **mooyo**, DKF, 319 : bourrer l'estomac de nourriture inappropriée

lu-sába, DKF, 445 : graine d'orange

lu-sábi, **lu-sábu** : graine d'orange

nkòvi, nkòvia, DKF, 729 : feuille de chou, de cassave ; un tronc, une feuille de chou

n'sàbila, DKF, 752 : corbeille tressée, cornet de feuilles de palmier pour y porter des fruits

nsá-bóola : oignon

nsábu : grain de papaye

nsābungù : graine pépin (des origines)

sába, DKF, 862 : être mou, tendre décomposé, défait, dissous, peu compact, spongieux, poreux, presque pourri, putréfié, bien cuit ou trop cuit

sábi : quantité de nourriture, etc.

sáabi : salade, une plante qu'on mange

sábidi, na ~ : un goût fade (de nourriture)

sàbila : espèce de cornet ou de palmier fait de feuilles de palmier et servant à porter des fruits, la nourriture

sābila : (être mou), douceur, mollesse, délicatesse, souplesse, défaut de consistance

sābisa : bouillir et tomber en pièces, en morceaux

sābi-sabi, na ~ : trop liquide, trop mou, trop cuit

síba, DKF, 894 : manger copieusement

𓋴𓄿𓂧𓀜 **SAd**, var. 𓂧𓀜 **Sd**, EG, 594 : creuser, bêcher

kúudu, kik., DKF, 324 : vieille houe

sèdinga, DKF, 884 : piocher, bêcher avec force, faire qqch avec force

𓋴𓄿𓃘 **SAi**, aussi **SAw**, EG, 594 : cochon

kúha, DKF, 325 : croître librement, avec exubérance ; être gras

kūvanga, kūvisa, DKF, 345 : être gras ; grandir

485

ngùlu, DKF, 694 : porc, cochon

ngùlubu : sanglier

sawowa, ~ muntu, DKF, 882 : homme laid et pâle (injure)

𓋴𓄿𓅓 SAm, BECS, 161 : parents par alliance

kámba, DKF, 208 : tas, monceau, troupeau, bande, troupe, vol (d'oiseau) ; groupe, tribu (d'indigènes) ; essaim (d'abeilles)

kamba : membre, affilié (à un parti)

sáma, DKF, 870 : famille, société, groupe ; essaim

nkómba, DKF, 725 : frère, frère cadet ; ~ nkyento : sœur ; le père de la mariée ; ami, frère en général

nkúmbi, DKF, 733 : beau-frère (généralement)

nkumbi : essaim de termites ailés

𓋴𓄿𓅓 SAm, CDME, 261 : être chaud ; brûler

káma, kik., DKF, 207 : poisson rôti ou fumé deux à deux ou trois à trois et mis sur une baguette

sémba, DKF, 887 : chauffer, brûler (soleil)

sēmbila, DKF, 888 : chaleur excessive, forte, ardeur (de soleil)

zīmuna, DKF, 1165 : écobuer, brûler avec un fer rouge au feu ; brûler un peu

𓋴𓄿𓅓𓏴𓏤𓏤𓏤 SAmw, EG, 594 : linge à laver

kōmvuna, DKF, 310 : sécher, dessécher, essuyer, épousseter

sáma, DKF, 870 : propreté

𓋴𓄿𓈎 SAq, CDME, 262 : sac (?)

kāngalà, DKF, 214 : cage ou grande corbeille servant pour transporter des poules, etc. ;

𓇋𓇋𓈖𓅡𓈎 SAS, CDME, 261 : éviter (?)

chose en groupe, p. ex. des oiseaux liés par une ficelle ; bouchée ; grappe

nsàaku, DKD, 753 : sac en jonc, en fibres de borassus

nsàngala, DKF, 757 : vieille corbeille **mpidi** usée

kaika, DKF, 201 : délaisser, négliger, abandonner

kéka, DKF, 227 : répondre évasivement, inconsciemment, sans bien savoir qqch ; mentir avec ardeur ; témoigner avec incertitude

sànsama, DKF, 870 : s'en aller ; partir, s'écarter ; faire place, se ranger

sàsangana, DKF, 880 : se disperser

sonsa, DKF, 915 : changer de place (de maître) ; partir ; déplacer, transférer, transporter

sonsozyoka : quitter, abandonner continuellement son travail ; être très distrait

𓇋𓇋𓇋𓇋𓈖 SASAt, CDME, 261 : collier

kokekwa, kik., DKF, 302 : cercle, anneau

sasa, DKF, 880 : cercle ; anneau de cuivre jaune, de laiton

zizi, DKF, 1168 : collier de laiton

𓇋𓇋𓅡𓈖 SAs, CDME, 261 : voyager

kìta, DKF, 292 : trafiquer, acheter, négocier, faire le commerce, faire acquisition de ; marchander

kíta : figure au sens de passant vite, allant, volant, sautant, rapide disparition

sànsama, DKF, 870 : s'en aller ; partir, s'écarter ; faire place, se ranger

sàsangana, DKF, 880 : se disperser

𓐍𓅭𓈉 SAsw, CDME, 261 : désert au nord-est de l'Egypte

𓐍𓄿𓅱 SAw, CDME, 261 : poids, valeur

𓐍𓄿𓇋𓏏𓏤𓏤 SAyt, CDME, 260 : taxes, devoir

𓊃𓏤𓏤 Sa, EBD, 102 : nourriture

sonsa, DKF, 915 : changer de place (de maître) ; partir ; déplacer, transférer, transporter

sonsozyoka : quitter, abandonner continuellement son travail ; être très distrait

zíta, DKF, 1167 : visiter

nkàtu, DKF, 713 : sec

nkátu : rien, point, vide, zéro, pas un mot ; vide, inoccupé, désert, vain, sans utilité, en vain, pour rien, pour s'amuser, pour plaisanter, pour passer le temps

sésu, DKF, 893 : endroit dénudé

kāwudi, na ~, DKF, 223 : maigre

kúva, DKF, 345 : grand couteau à couper l'herbe, faucille ; un poisson du genre **lenge**

kuva : grand panier, grande corbeille

nsúmbu, DKF, 777 : valeur ; de valeur ; avantageux

sávudi, na ~, DKF, 882 : léger, pas lourd

kàya, DKF, 223 : faire, donner en cadeau, en présent ; partager, faire part de

nkàya, DKF, 713 : partage, distribution

kàka, DKF, 201 : sorte d'herbe que mangent les porcs-épics

sà, DKF, 861 : maïs

sàngu, DKF, 876 : maïs, épi de maïs

sási, DKF, 880 : sauterelle

sàsi, bu ~ : touffe de champignon

sási : maïs

Sa, EG, 594 : couper (têtes, etc.)

dà, na ~, DKF, 106 : fig. au sens de rompre, briser, déchirer

káka, DKF, 201 : couper, trancher ; frapper, fondre sur (à coups de hache) ; fendre en deux, blesser, asséner un coup à qqn

keke, DKF, 879 : couper

sàasa, DKF, 879 : couper, découper, dépecer, massacrer, mettre en pièces, en morceaux, en lambeaux, en deux (un animal, de la viande, etc. ; abattre, tuer)

ma-sāasama, DKF, 503 : frange

sāsama, DKF, 880 : frange

tā, DKF, 942 : couper, trancher ; être tranchant

zāa, DKF, 1150 : fig. au sens de couper rapidement, de circoncire

Sad, OEP, 386 : couper, trancher

kāata, DKF, 221 : couper, couper pour tomber

káti : morceaux de viande découpés pour être vendus (unis sur des baguettes et rôtis)

kátu, DKF, 222 : morceaux de viande, portion de cuisse, gigot, cuissot à vendre (généralement enfilé sur des baguettes et rôti)

kéda, DKF, 226 : frapper, abattre à coups de (bâton, hache, etc.) ; dépecer (un animal) ; couper avec les dents, couper de l'herbe (cheveux, etc.) ; rompre en deux ; frapper qqch (avec un ciseau à froid) ; fermer en frappant, clouer ; claquer la langue ; circoncire

kēde-kede : onomatopée de coups, de ce qui frappe

kèla, DKF, 228 : couper, tailler, découper, tailler, découper, retrancher, enlever en

489

coupant, couper en morceaux, partager, ronger (mettre en morceaux en rongeant)

kèla nguba : couper

kēnda, DKF, 231 : abattre (un arbre) ; jeter à terre, renverser ; décapiter ; fendre (du bois) ; couper, tailler, amputer

n'sítu, DKF, 769 : champ nettoyé ; nettoyage, défrichement, nouvelle culture (dans la forêt) ; bois, forêt

sàdangana, DKF, 863 : être répandu, disséminé, jonché autour, être séparé, coupé en deux, mis ici et là, répandu, dispersé autour

sáala-na-mwana, DKF, 869 : esp. de couteau (de table)

sála nkanka : grand couteau pour nettoyer les palmiers

séde, DKF, 883 : morceau

sédinga, DKF, 884 : ronger, grignoter, couper avec les dents

séla, DKF, 886: dépecer, découper en morceaux, couper en petits morceaux, p. ex. des bananes

séla, DKF, 886 : morceau

séle : morceau, portion, partie, bout de viande, tranche

sénda, DKF, 889 : houer, piocher de l'herbe loin, d'un autre côté, bêcher (l'herbe) ; faucher

sŏdi, DKF, 908 : champ défriché ; grand déblai dans une forêt

sòla, DKF, 910 : faire place, écarter, aplanir ; déblayer, défricher, cultiver, cultiver au milieu des bois, dans un terrain boisé ou parmi les herbes

zènda, DKF, 1160 : abattre (des arbres)

Sat, SEMEP, 27 : shat, étalon monétaire

Sat, CDME, 262 : document ; EG, 594 : lettre

Say, CDME, 262: sable

n'kúta, DKF, 736 : dix ou douze pièces d'étoffes de **mpusu** ; on en échange dix ou douze dans le commerce, étoffe cousue d'une dizaine ou d'une douzaine de morceaux ; un sou

n'sèndo, DKF, 763 : salaire, paiement, récompense, compensation

sènda, DKF, 889 : payer, récompenser, remunérer, indemniser, appointer ; donner ou payer de nouveau, une seconde fois ; donner en ou de retour (p. ex. quand on a vécu un présent)

Senda : nom d'une personne qui paye

nkūdi-nkudi, DKF, 730 : convention, arrangement

n'sàtu, DKF, 760 : enveloppe, étui de chrisalide

nkéngisila, DKF, 717 : gravier

nsèngele, **nsèngelele**, DKF, 763 : gravier ; sable blanc

nsèngenene : gros gravier, caillou

nsèngezele: gros gravier, petites pierres; lieu pierreux

nséngisila : gravier

nséngizila : gros gravier

n'soya, DKF, 775 : terre apportée pour surélever une maison

sàya, DKF, 882 : piocher, bêcher, cultiver

sàya : tas d'ordures, de vieilleries où on cultive le sol ; plate-bande, couche

sàya : de terre, d'argile ; pot de terre, d'argile, poterie

saya : moule (coquillage)

Sayt, CDME, 262 : un gâteau ou un biscuit

Sbb, CDME, 1159 : gosier

Sbd, OEP, 412 : bâton

Sbi, EG, 594 : changer, modifier : Sbt dét. ×||| échange, prix ; SbSb dét. × réguler, transformer

Sbi, CDME, 263 : mélanger, mêler avec, faire une confusion de message, des mots

SbSb, CDME, 264 : ajuster, diviser correctement

sòya, DKF, 918 : faire le mortier

sòya : argile, terre glaise, mortier

káya, DKF, 224 : faim, époque, saison où il est difficile de se procurer de la nourriture ; petite, maigre provision (médiocre) de qqch

khàyi : manioc

nkàayi, DKF, 714 : racines de manioc

nsátu, DKF, 760 : faim, appétit ; désir, aspiration ; temps de famine ; qui est rare

kābudì, na ~, DKF, 199 : le gosier tout sec ; dur (**yuuma**) ; maigre, manque de corpulence

síba, DKF, 894 : manger copieusement

síba : trou pour la capsule, etc. dans un fusil ; trou de poudre dans un fusil se chargeant par la bouche ; entonnoir, passoire

n'kīdibita, DKF, 719 : un gros morceau de bois ; rondin qui ne peut pas se fendre

sabi, DKF, 862 : crosse de fusil

sadada, DKF, 863 : badine baguette

kàba, DKF, 198 : partager, diviser, sectionner ; distribuer, donner, faire cadeau

nsōba, DKF, 769 : mélange, assemblage de différentes choses

nsōba-nsoba : de deux en deux, hommes et femmes, pour tirer un canot

nzàmbu, DKF, 821 : cadeau

sába, DKF, 862 : jour de marché (**nkenge**)

⸺𝄃×||| **Sbw**, CDME, 264 : offrandes de nourriture

sāabalà : samedi, payement du salaire d'une semaine ; **kya** ~ : samedi, jour de paye (hebdomadaire) ; pl. **zi-** : semaine

sámba, DKF, 871 : payement (une dette) ; amende ; **kis.** : préteur, dignité de préteur

séba, DKF, 883 : couper, découper, débiter en petits morceaux ; hacher menu

sēbe-sebe, na ~, DKF, 883 : en morceaux, en fragments, en miettes

sébo, sēbozola : morceau, fragment de qqch ; pl. **bi** ~ : qui est bien émietté ; miette de pain

sòba, DKF, 907 : remuer, tourner (dans la casserole) ; moudre, broyer, triturer, réduire en morceaux ; détruire, ravager ; pétrir ensemble, faire une miche, un pain rond de qqch ; mélanger, gâcher (du mortier)

sóba : changer, déranger, permuter ; modifier, alterner ; muer (perdre, changer ses plumes), commencer à mûrir, à changer de couleur, à rougir, à jaunir, etc. (se dit du **nsafu**) ; remplacer, rendre une chose pour une autre (**toma**) ; être d'une autre espèce, d'une autre sorte ; être différent, pas ressemblant, inégal

súmba, DKF, 923 : acheter, faire des emplettes, des achats ; négocier ; acquérir ; faire l'acquisition de ; se procurer (par voie d'achat) ; louer des porteurs

zàmba, DKF, 1153 : donner qqch à qqn pour un instant seulement, en échange, comme secours ou repos, ou récréation ; faire un cadeau, donner ; payer pour introduire qqch, p. ex. pour passer une rivière en bac

⸺𝄃 (le déterminatif de ce mot est absent du Sign-List de Gardiner) **Sbw**, CDME, 264 : collier

n'kamba, DKF, 707 : amulettes qu'une femme se prend autour du cou après s'être mise sous l'influence d'un **nkisi**

nzébe, DKF, 824 : collier de perles dont on se pare les hanches

Sd, CDME, 274 : vulve

nzédi, DKF, 824 : collier de perles (autour du cou) ; vrilles des plantes grimpantes

zémmba, DKF, 1159 : pendre en bas ; être suspendu et pendant ; balancer, pendiller

ki-ndíndi, DKF, 264: clitoris

kódi, DKF, 300: vulve ou clitoris

ndíndi, DKF, 669 : bâton (d'une trappe) ; clitoris

ngènza, DKF, 687 : vagin ou clitoris

ngīndi-ngindi, DKF, 688 : clitoris

nkóla, DKF, 723: anus, vulve

nzìni, DKF, 829: organes du sexe féminin

sóndo, DKF, 913 : clitoris

Sd, CDME, 274 : mortier pour écraser les médicaments

kada, DKF, 199 : broyer (nourriture)

kúdi, DKF, 323 : nourriture réduite en bouillie, hachée, coupée fin (pour vieillards)

kùla, DKF, 327 : moudre, broyer, triturer, concasser, piler, réduire en poudre, râper en hachis (des fueilles) ; racler, frotter

nsíndu, DKF, 767 : pierre, pierre roulée (avec laquelle on écrase les noix, le poivre, les arachides) ; grosse pierre ronde, casse-noisette

Sd, CDME, 274 : lac artificiel

n'kānda-nkanda, DKF, 709 : surface de l'eau

zondo, DKF, 1171 : ruisseau

Sdi, EG, 595 : « draw forth », sauver, éduquer ; dét. : réciter, lire à haute voix

dàkula, DKF, 107 : répéter, redire, dire tout, parler jusqu'au bout (généralement en colère)

dākalala : parler sans se fatiguer, parler longtemps

Sdi, PAPP, 211 : éduquer

dēeka, DKF, 110 : commencer à parler sans y être invité

dēkalala: causer, être bavard

dìkalala, DKF, 116 : être immobile, silencieux, tranquille

dìkama : être silencieux, tranquille, immobile

díki : tranquillité

dikitila : déconseiller, dissuader

dōdikila, DKF, 128 : exhorter

dúka, DKF, 131 : bégayer ; être muet

dìnga, DKF, 120 : être tranquille, silencieux

dínga, DKF, 121 : faire attention, écouter.

dinguluka, DKF, 122 : taire, se taire sur ; être tout à fait tranquille, immobile

lu-dēeke-deeke, DKF, 414 : éloquence, promptitude ; aisance à parler ou à exécuter qqch, p. ex. à faire **nkisi**

kìdikila, DKF, 241 : protéger d'une manière magique

sàda, DKF, 863 : faire qqch avec force, avec puissance

síndumuka, DKF, 903 : résonner, faire du bruit, du tapage (p. ex. un tambour)

SdSd, CDME, 274 : protubérance sur un standard

kódo, **kóodo**, DKF, 300 : nœud

kódya, DKF, 301 : pied, jambe, sabot ; marque de pied fourchu, trace ; jointure, articulation (plantes, animaux)

kódya: nœud (de roseau)

kólo, DKF, 306 : nœud, œillet, boucle, bosse, protubérance, condyle (nœud du doigt) ; articulation, jointure, phalange, membre, patte

kólo : hauteur, taille (d'un animal) ; longueur de la patte (d'un animal) ; pattes en général (porc, poule)

kólo : dos, échine ; bout, fessier ; fin ; quartier de gibier

kólo : houpe de cheveux ; touffe, petite grappe (de perles)

kólo ngonzo, DKF, 307 : qui est très maigre, décharné

kolobo : maigrir vite

kōlobōndo : chose courte, pas développée

kòlofi : crâne

kōlokoso : crâne, tête ; grandeur

kòoto, DKF, 319 : bosse, saillie, protubérance, nœud ; hanche, os de la hanche (os iliaque) ; os occipital

kúnda, DKF, 335 : monter, émerger

kúnda, DKF, 336 : pile, tas de bois (planches, branches) ; meule (charbonnière) ; étage, chaire ; terme d'addition, d'une soustraction

kúnda : hauteur, colline

sèdidika, DKF, 884 : montrer, exposer ; faire voir, rendre visible ; laisser voir (ce qu'on voulait tenir caché ou gardé secret)

sela, DKF, 886 : sommet plat ; plateau d'une éminence, d'une colline

sénda, DKF, 889 : hauteur, colline, éminence, monticule ; versant, pente, penchant, revers d'une colline (spécialement le bas, le pied, le point où la pente finit)

séndalala, DKF, 889 : être élevé, soulevé

sèndalala, être placé, être visible (de beaucoup de choses plein de, multitude, quantité)

sididika, DKF, 895 : avançant la poitrine

Sdt, SI, 41: découper

sódya, DKF, 908 : ventre avancé qui ne s'affaisse pas, qui ne retombe pas (comme chez une femme qui a mis au monde des enfants) ; aussi un gros ventre chez un enfant

kāata, DKF, 221 : couper, couper pour faire tomber

káti, DKF, 221 : morceaux de viande découpés pour être vendus (unis sur des baguettes et rôtis)

kátu, DKF, 222 : morceaux de viande, portion de cuisse, gigot, cuissot à vendre (généraement enfilé sur des baguettes et rôti)

kéda, DKF, 226 : frapper, abattre à coups de (bâton, hache, etc.) ; dépecer (un animal) ; couper avec les dents, couper de l'herbe (cheveux, etc.) ; rompre en deux ; frapper qqch (avec un ciseau à froid) ; fermer en frappant, clouer ; claquer la langue ; circoncire

kēde-kede : onomatopée de coups, de ce qui frappe

kèla, DKF, 228 : couper, tailler, découper, tailler, découper, retrancher, enlever en coupant, couper en morceaux, partager, ronger (mettre en morceaux en rongeant)

kèla nguba : couper

sàdangana, DKF, 863 : être répandu, disséminé, jonché autour, être séparé, coupé en deux, mis ici et là, répandu, dispersé autour

séde, DKF, 883 : morceau

sédinga, DKF, 884 : ronger, grignoter, couper avec les dents

séla, DKF, 886 : dépecer, découper en morceaux, couper en petits morceaux, p. ex. des bananes

séla, DKF, 886 : morceau

Sdt, CDME, 274 : « crocodipolis »

séle : morceau, portion, partie, bout de viande, tranche

ngándu, DKF, 683 : crocodile

Sdw, EG, 595 : « water-skin », coussin

káada, DKF, 199 : coussin (pour les pieds)

nkùbi, DKD, 729 : sac, poche

súlu, DKF, 922 : plus grande enveloppe, paquet, colis, trousse ; sac aux provisions, musette

Sdw, EG, 596 : lopin de terre

khanda, ~ buuka, DKF, 212 : endroit où poussent les champignons

nsènda, DKF, 762 :

sènda, DKF, 889 : lopin de terre, champ dans une forêt

senda : ronce, broussaille

Sdw, CDME, 274 : « waterfowl?»

dúka, DKF, 131 : oiseau (**Chalcopedia afra**)

kada, kik., DKF, 199 : sorte de perdrix

kāda-kada ou **dik.** : oiseau semblable à **tyokula**

kutu mpandi, DKF, 344 : petit oiseau

n'kídi-ndongo, DKF, 719 : un petit oiseau

nsodila, DKF, 770 : un petit oiseau

Sdy, CDME, 274 : fossé, rigole

kànnda, DKF, 211 : fouiller, piocher, creuser pour découvrir

sùnda, DKF, 925 : être profond, creux, bas, enfoncé ; être profond, sérieux, difficile à comprendre ; peser, considérer, réfléchir à, sur, songer à

 **Sdyt**, EG, 596 : monticule, aussi **Sdy**

kódo, kóodo, DKF, 3000 : nœud

kódya, DKF, 301 : pied, jambe, sabot ; marque de pied fourchu, trace ; jointure, articulation (plantes, animaux)

kódya: nœud (de roseau)

kólo, DKF, 306 : nœud, œillet, boucle, bosse, protubérance, condyle (nœud du doigt) ; articulation, jointure, phalange, membre, patte

kólo : hauteur, taille (d'un animal) ; longueur de la patte (d'un animal) ; pattes en général (porc, poule)

kólo : dos, échine ; bout, fessier ; fin ; quartier de gibier

kólo : houpe de cheveux ; touffe, petite grappe (de perles)

kólo ngonzo, DKF, 307 : qui est très maigre, décharné

kolobo : maigrir vite

kōlobōndo : chose courte, pas développée

kòlofi : crâne

kōlokoso : crâne, tête ; grandeur

kòoto, DKF, 319 : bosse, saillie, protubérance, nœud ; hanche, os de la hanche (os iliaque) ; os occipital

kúnda, DKF, 335 : monter, émerger

kúnda, DKF, 336 : pile, tas de bois (planches, branches) ; meule (charbonnière) ; étage, chaire ; terme d'addition, d'une soustraction

kúnda : hauteur, colline

sèdidika, DKF, 884 : montrer, exposer ; faire voir, rendre visible ; laisser voir (ce qu'on voulait tenir caché ou gardé secret)

sela, DKF, 886 : sommet plat ; plateau d'une éminence, d'une colline

Sf, CDME, 265 : respect (?), honneur (?)

Sfi : respecter

Sfyt : magesté, respect

Sfyt, PAPP, 81 et 86 : prestige

sénda, DKF, 889 : hauteur, colline, éminence, monticule ; versant, pente, penchant, revers d'une colline (spécialement le bas, le pied, le point où la pente finit)

séndalala, DKF, 889 : être élevé, soulevé

sèndalala, être placé, être visible (de beaucoup de choses plein de, multitude, quantité)

sididika, DKF, 895 : avançant la poitrine

sódya, DKF, 908 : ventre avancé qui ne s'affaisse pas, qui ne retombe pas (comme chez une femme qui a mis au monde des enfants) ; aussi un gros ventre chez un enfant

kofoko, DKF, 301 : qui est grand (personne, etc.)

kúfi, DKF, 325 : battement des mains, salut

nsámpi, DKF, 756 : salutation de qqn ; **haana** ~ : saisir la main de qqn et se frapper la poitrine en signe de salutation

sīvama, DKF, 906 : être bien connu, renommé; prisé, apprécié

sívi : louage, éloge, chose aimée, populaire, renommée, connue ; vanterie, ostentation, qqn ou qqch dont on parle beaucoup (dans un bon ou un mauvais sens)

sīvika, DKF, 907 : louer, louanger, célébrer, flatter, cajoler, apprécier, estimer

sīvika: habitude d'apprécier, de priser, de supputer le prix d'estimer

sīvika : être stupéfait, étonné de ; s'étonner, s'émerveiller

sīvi-sivi, na ~ : très renommé

sívu : louange

sívudila : railler, se moquer de qqn

Sf, CDME, 265 : enfler, augmenter

khúfu, DKF, 324 : maladie avec enflure, ventre enflée

kufu : qui est gros

sēbana, DKF, 883 : s'étendre, s'élargir (blessure, plaie) ; être étendu, élargi, béant, évasé, grand (blessure, etc.)

Sfdw, EG, 594 : rouleau de papyrus

di-wú, DKF, 126 : papyrus

Sfdyt, CDME, 266 : cercueil

nkímbi, DKF, 719 : baril, pot, caque d'écorce ou de bois

nsábi, DKF, 751 : caisse indigène, coffre

Skry (Xkry), CDME, 272 : coiffeur (?)

n'sáku, DKF, 753 : couteau à très longue lame

Sm, EG, 594 : aller, partir

kāngala, DKF, 214 : marcher, cheminer, s'en aller, voyager (pour son plaisir, pour faire du commerce) ; se promener ; partir en voyage, faire un tour ; être en congé ; roder, errer, vagabonder, flaner ; se traîner

sèema, DKF, p. 887 : venir, arriver ; être, arriver, parvenir (à destination) ; avancer, pousser, passer à la surface de l'eau (un bateau)

SmAw, CDME, 266 : douleur, détresse ; maladie

kōmvuna, DKF, 310: faire l'expérience de qqch de difficile

nkamfu, DKF, 708 : insensibilité à la douleur, apathie

nsàmbi, DKF, 755 : instrument de musique, orgue, harmonium, guitare, cithare; l'instrument de musique **diti**

síma, DKF, 899 : s'engourdir, s'endormir

sīma-sima: avoir une douleur continue

sōmiki, na ~, DKF, 912 : effrayé ; avoir peur

súma, DKF, 923 : déception

tsambi, DKF, 1013 : instrument de musique

Sma, CDME, 266 : jouer la musique

kúmbi, DKF, 332 : petit grelot de bois, sonnaille

sànga, DKF, 874 : danser, sauter, bondir de joie ; triompher, pousser des cris de joie, d'allégresse, de jubilation ; pousser le cri de guerre, de combat ; sauter et crier son nom de clan (du père ou de la mère) ; dans la guerre afin qu'on ne soit pas visé

sèngibita, ~ makinu, DKF, 890 : danser

zoma, kiz., DKF, 1170 : sorte de danse

Smm, EG, 594 : être chaud ; **Sm**, var. **xm**, chaleur ; **sSmm**, chauffer

káma, kik., DKF, 207 : poisson rôti ou fumé deux à deux ou trois à trois et mis sur une baguette

n'kambula, DKF, 708 : bois de chauffage, long et non fendu

sémba, DKF, 887 : chauffer, brûler (soleil)

sēmbila, DKF, 888 : chaleur excessive, forte, ardeur (de soleil)

Sms, CDME, 267 : accompagner, suivre

kúma, DKF, 331 : courir, suivre, poursuivre, courir après, pour chasser

zòoka, DKF, 1169 : fuir, se sauver, courir.

zóma, DKF, 1170 : poursuivre, courir après ; chasser devant soi, chasser, tendre vers, chercher à atteindre

zōmina, DKF, 1171 : courir et saisir (p. ex. une poule) ; s'élancer sur qqn pour mordre (chien)

𓐍𓅓𓃻 **Smw**, CDME, 266 : une classe d'incantations (?)

𓌢𓈖 **Sn**, EBD, 55 : cheveux

𓌢𓈖𓏭 **Sny**, EG, 595 : cheveux

𓌢𓈖𓆊 **Sn**, CDME, 268 : être infecté des crocodiles

𓌢𓈖𓂡 **Sna**, OC, 320 : repousser, révoquer, éloigner

sāmvula, DKF, 873 : maudire, injurier, jurier, pester

kolata, na ~, DKF, 305 : rude (cheveux)

lu-zèvo, DKF, 463 : poil de barbe, antenne ; moustache ; partie sous la bouche et le cou d'un poisson

ma-sànya, DKF, 503 : franges, houpe

ma-súnya, ma-zúnya, DKF, 505 : cheveux qui poussent très bas sur le front ; qualité de commencer à avoir les tempes nues, commencement de calvitie

nzèfo, DKF, 824 : barbe

nzèvo, pluriel de **luzèvo**, DKF, 827 : barbe, antennes (des insectes) ; fleurs femelles du maïs

sàna, DKF, 873 : peigner, carder, faire une raie (les cheveux)

sànu, DKF, 878 : peigne, carde

sànuka : être peigné, cardé

sànuna : démêler (en peignant, etc.)

sànya : faire une raie (les cheveux)

sànya : frange sur une étoffe, qu'on met autour de la hanche

sànanana, DKF, 873 : être en désordre ; retomber en mèches (les cheveux), se dresser (les cheveux)

zòndo, DKF, 1171 : tresse

ngándu, DKF, 683 : crocodile

kànka, DKF, 216 : nier, ne pas reconnaître

kèna, DKF, 231 : marchander (impoliment) ; refuser, ne pas vouloir recevoir, mépriser, dédaigner, critiquer ; examiner, déprécier (ce qui appartient à autrui, etc.)

kènukuna, DKF, 233 : ricaner, faire (la moue, des grimaces) de mépris à qqn ; se moquer de, crier **he** et faire des grimaces ; éprouver de l'horreur, du dégoût, de la répulsion pour ; avoir des nausées de ; mépriser, haïr, dédaigner, ne pas vouloir de

kènya : mépriser, rabaisser, faire fi de (ce qui ne vous appartient pas) ; dédaigner, refuser, ne pas vouloir (nourriture) ; grimacer

ngàna, DKF, 683 : colère

ngánga, DKF, 684 : causer de la douleur, faire mal ; être en colère, gronder, ne pas vouloir donner, refuser de faire qqch ; frémir, trembler

ngànya, DKF, 685 : force ; pas très fort au combat corps à corps ; légèrement vaincu ; hargneux, fait de donner des coups de dents très vite (chien)

ngànya : sensibilité, douceur, tendresse (corps) ; colère

ngánya : contredire, braver, mépriser

ngányi : aigre

nganzi : peine, mal ; irritation, colère, éloignement, répugnance, obstination ; souffrance, douleur, sensibilité physique, force, violence ; fierté, orgueil ; en colère, fâché, douloureux, dur (de cœur)

ngánzi : sensention de qqch d'horrible qui fait frémir ; acidité

nganzi-nganzi : dégoûtant, horrible (du fumier)

nkana, DKF, 708 : colère rouge

Nsánya, DKF, 759 : nom propre = dédaigner l'aliment donné

nsita, DKF, 768 : colère, fureur, méchanceté, haine, mauvais vouloir, irritation, haine extrême, barbarie, atrocité, cruauté ; violence, férocité ; opiniâtreté, entêtement, cruel, impitoyable, barbare haineux, vindicatif

sàna, DKF, 873 : choisir ; faire choix de ; élire, choisir librement ; dédaigner, refuser, faire fi de (p. ex. la nourriture)

sànda, DKF, 873 : mépriser, dédaigner, refuser ; ne pas vouloir (se marier avec qqn, etc.) ; haïr, ne pas répondre à qqn ; désapprouver ; blâmer, critiquer, redire à, reprendre ; injurier, détracter, diffamer ; se moquer de, conspuer, insulter à, tourner en ridicule

sàndula, DKF, 874 : mépriser, dédaigner ; injurier, détracter

sína, DKF, 901 : pousser, repousser

sōola, DKF, 910 : choisir, faire choix de ; élire, nommer ; retirer, ôter, enlever, ramasser, recueillir, récolter ; débiter, se choisir (choisir pour soi) ; préférer qqch, aimer mieux qqch

sònda, DKF, 913 : outrager, insulter, injurier

sàata, DKF, 881 : être en colère, méchant, haïr, ne pas aimer, se moquer de

sàtakana : être en colère, fâché, irrité, avoir de l'amertume

sínda, DKF, 901 : donner un coup ou des coups de pied à

zànza, DKF, 1156 : parler mal de, discourir méchamment ; faire qqch mal, coudre mal ; bâtir, faufiler, faire de longs points ; lier les lattes de palmier largement écartées l'une de l'autre sur le toit ; jeter, poser lourdement, brusquement, laisser tomber, frapper fort, violemment

Sna, CDME, 269 : travailleur (?)

nsàdi, DKF, 752 : travailleur, ouvrier, amour du travail, activité

sàdi, DKF, 863 : homme diligent, ouvrier, travailleur

sàla, DKF, 868 : gratter, défaire, arracher, rafler, fouiller (comme les poules)

sàla : faire, exécuter ; accomplir, agir, travailler ; cultiver, fabriquer, s'acquitter de, tirer profit, avantage de ; se servir de, employer, utiliser ; être occupé (à) ; travailleur, actif, empêché, retenu ; bénéficier de, acquérir des richesses, devenir riche (par son travail assidu) ; bien avancer, réussir (dans son travail) ; avoir du succès ; travail, assuduité, application (au travail)

sála : c. v. aux., signifie que l'on reste pour exécuter un travail, ou un acte avant un autre, ou qu'on s'éloigne après avoir exécuté un travail, fait une action

sàlabūuna, DKF, 869 : figure : travailler en vain (en pensant qu'on mourra, etc.)

sàlu, DKF, 870 : atelier, endroit où l'on remise les instruments de travail

sèna, DKF, 889 : être fécond ; donner du fruit en abondance ; porter beaucoup de fruits

seneta, DKF, 889 : travailler durement, de toutes ses forces, peiner, s'efforcer de

𓈖𓂝𓆓𓏏 SnDwt, var. 𓈖𓆓𓏏 SnDt, 𓈖𓆓𓏭𓏏 Sndyt, 𓈖𓆓𓏭 Sndy, BEC, 98 : pagne

nsáana, DKF, 756 : étoffe en général

n'sànda, DKF, 756 : frange d'étoffe

nsànda : habits déchirés, déguenillés ; guenilles, chiffons, petites étoffes pour vêtements de devant et de derrière

nsánda : étoffe en général, voile (du temple)

sálamènta, DKF, 869 : espèce d'étoffe très large

sandi, DKF, 874 : loque, chiffon

𓈖𓊃𓈖𓆭 **Sndt**, EGEA, 240 : acacia

kanela, DKF, 213 : bois de cassier (**Xylorasia**)

n'sàana, DKF, 756 : un arbre

n'sànda : grand arbre très branchu, esp de figuier (**Ficus Dusenii** ; figuier sauvage)

n'sanu, DKF, 759 : un arbre (**Ongokea Klaineana**) ; courge sauvage

n'sanya : essence d'arbre, qui donne de bonnes perches

sánzi, DKF, 879 : petit bois de chauffage

sánnzu : petits bois, menu bois (pour une flambéeà ; brindilles, bois sec, mort

zánzu, DKF, 1156 : petits bois de chauffage

𓈖𓂋𓊃, var. dét. 𓊃 **Sni**, EG, 595 : entourer, encercler ;

𓈖𓂋𓅱𓊃 var. dét. 𓊗, 𓊖 **Snw**, circuit, cartouche

kínda, DKF, 263 : bracelet de perles ; nœud pour grimper aux palmiers

kínda : morceau d'étoffe tordu ou roulé, employé comme ceinture ; ceinture

nkānkula, DKF, 711 : tresse à nœud coulant dont se sert pour grimper sur un arbre (palmier)

nsinunu, DKF, 768 : frontière

zenda, DKF, 1160 : être, pousser de travers, tordu, enroulé

zèta, DKF, 1162 : faire un cercle, un cercle autour, tordre autour ; se rouler, s'arrondir, s'enrouler autour ; parcourir, tourner

zète : cordon d'ornement, ruban, ceinture autour de la taille

zetwela : horizon ; rond, circulaire

zyèta, DKF, 1181 : faire de la corde, filer (le lin) ; faire le tour de qqn ; tortiller ; tourner, faire un détour, aller circulairement, en un mouvement rotatif, ce qui tourne (dans la tête) ; avoir le vertige ; ce qui est difficile à

Sni, EG, 595 : exorciser, conjurer, demander au sujet (de qqch) ; Snt « enchantment, spell »

comprendre, à saisir, embrouillé ; se détourner (des animaux que l'on garde)

kánda, DKF, 211 : supplier, exorciser pour empêcher la pluie de tomber au moyen d'un **nkisi**

kándila, DKF, 212 : excommunier, maîtriser le diable

kándu : interdiction, interdit, défense ; loi, règlement, testament comportant une formule, une clause solennelle de révocation(ou serment d'interdiction) contre celui qui l'enfreindra, qui y contreviendra ; malédiction ; outrage, injure

kándu, DKF, 213 : **nkisi** ou chose consacré (objet de sorcellerie) mis comme défense de voler des fruits, d'entrer dans la maison d'un autre, etc.

sana, DKF, 873 : blasphémer

sánda, DKF, 874 : rechercher (qqch ou après qqch) ; fouiller ; faire attention à ; suivre à la trace ; souhaiter, désirer, vouloir ; avoir besoin de

sùnda, DKF, 925 : fig. être profond, sérieux, difficile à comprendre ; peser, considérer, réfléchir à, sur, songer à

sùndakana : glisser sur les lèvres, mal garder un secret ; dire qqch qui devrait être tû

sùndikisa : nommer, révéler, parler par inadvertance de qqch, inconsidérément, sans réfléchir, étourdiment

sùndisa, ~ misundu : expliquer, éclaircir, déclarer ; faire connaître ou savoir ; commenter, élucider qqch

sùndula, DKF, 926 : dire, parler franchement

sundumuka : soigner

Sni, CDME, 268 : souffrir en (soi-même) ; souffrir de (qqch)

nkánda, DKF, 709 : dureté, méchanceté ; maladie grave

sèluka, DKF, 887 : souffrir, avoir des fourmillements (p. ex. dans les yeux) ; des douleurs sourdes

sènguluka, DKF, 891 : sentir une douleur de fourmillement dans p. ex. les yeux

zùmuna, DKF, 1176 : qui fait souffrir, qui fait mal

zūngula, DKF, 117 : opprimer ; être cruel avec ; causer de la misère, la souffrance, des difficultés ; répandre l'effroi ; offrir, promettre, mais ne pas tenir sa parole

Sni, CDME, 268 : dissiper (un conflit)

kónda, DKF, 311 : dormir

kóndi : convention, accord, règles établies d'un commun accord (pour les villages, les personnes, etc.)

zóna, DKF, 1171: être modéré, tempérant, faire, agir avec prudence, lentement ; donner un peu

(le déterminatif est absent du Sign-list de Gardiner) **Snp**, CDME, 269 : vêtement (?)

ngémvo, DKF, 686 : frange, barbe du maïs, rames, franges d'un vêtement ; épousseter des arbres à tilles ; végétaux gluants ou algues dans l'eau stagnante ; bouquet de fleurs (du papyrus, etc.) ; bouchon pour une calebasse de vin de palme

ngìmba, DKF, 688 : grosseur d'une corde

sòmpula, DKF, 913 : cordon de **mpusu** qui est placé autour de chaque poignet et de chaque cou quand **nkimba** est sorti de l'école ; figure de cordon

zàmba, DKF, 1153 : frange, houpe, touffe, châle, étoffe à franges ; petit pagne (des femmes) ; graines, etc. qui s'attachent aux habits ; 2 mètres d'étoffe avec franges ; houpe, touffe de cheveux

zàmbaka : étoffe d'une toise de longueur

SnS, CDME, 269 : déchirer (des papiers)

kanya, DKF, 218 : déchirer

kénka, DKF, 233 : frapper, couper, entailler, blesser ; renverser, abattre

sénsa, DKF, 891 : diviser, morceler, détailler ; couper en morceau, en tranches, hacher fin ; ôter, enlever (couper) avec le bout des doigts, p. ex. du manioc

záni, **zánya**, ~ **ameeno**, DKF, 1155 : tranchant, affilé

zānyi-zanyi, DKF, 1156 : très tranchant ; affilé

zánza : être tranchant, affilé

zènga, DKF, 1160 : couper, trancher, découper, abattre, émonder, étêter, trancher autour, circoncire ; fig/décider, trancher une question

zènza, DKF, 1161 : couper

Sns, CDME, 269 : gâteau, pain

kándi, DKF, 212 : espèce de gros pain de manioc ; pouding ou pain de maïs (dans des feuilles)

kénde, DKF, 232 : très gros pounding de manioc ou maïs frais

nzénza, DKF, 826 : douceur, bon goût (se dit aussi quand un aliment est salé à point) ; qui est doux

nzēnzenze : doux, salé, agréable au goût

n'zénzo ou **nzénzo** : douceur, chose sucrée ; qui a bon goût (salé à point) ; épices (toutes espèces) ; sel

SnT, EG, 595: ressentir, avoir de l'hostilité envers

zénza, DKF, 1161 : être doux (comme du sucre) ; avoir bon goût, du goût ; être bien assaisonné (même avec du sel)

kànka, DKF, 216 : nier, ne pas reconnaître

kèna, DKF, 231 : marchander (impoliment) ; refuser, ne pas vouloir recevoir, mépriser, dédaigner, critiquer ; examiner, déprécier (ce qui appartient à autrui, etc.)

kènukuna, DKF, 233 : ricaner, faire (la moue, des grimaces) de mépris à qqn ; se moquer de, crier **he** et faire des grimaces ; éprouver de l'horreur, du dégoût, de la répulsion pour ; avoir des nausées de ; mépriser, haïr, dédaigner, ne pas vouloir de

kènya : mépriser, rabaisser, faire fi de (ce qui ne vous appartient pas) ; dédaigner, refuser, ne pas vouloir (nourriture) ; grimacer

ngàna, DKF, 683 : colère

ngánga, DKF, 684 : causer de la douleur, faire mal ; être en colère, gronder, ne pas vouloir donner, refuser de faire qqch ; frémir, trembler

ngànya, DKF, 685 : force ; pas très fort au combat corps à corps ; légèrement vaincu ; hargneux, fait de donner des coups de dents très vite (chien)

ngànya : sensibilité, douceur, tendresse (corps) ; colère

ngánya : contredire, braver, mépriser

ngányi : aigre

nganzi : peine, mal ; irritation, colère, éloignement, répugnance, obstination ; souffrance, douleur, sensibilité physique, force, violence ; fierté, orgueil ; en colère, fâché, douloureux, dur (de cœur)

ngánzi : sensention de qqch d'horrible qui fait frémir ; acidité

nganzi-nganzi : dégoûtant, horrible (du fumier)

nkana, DKF, 708 : colère rouge

Nsánya, DKF, 759 : nom propre = dédaigner l'aliment donné

n'sìngu, DKF, 768 : guerre, conflit, querelle

nsita : colère, fureur, méchanceté, haine, mauvais vouloir, irritation, haine extrême, barbarie, atrocité, cruauté ; violence, férocité ; opiniâtreté, entêtement, cruel, impitoyable, barbare haineux, vindicatif

n'zìngu, DKF, 828 : querelle, combat, lutte, rixe, bataille, bagarre

sàna, DKF, 873 : choisir ; faire choix de ; élire, choisir librement ; dédaigner, refuser, faire fi de (p. ex. la nourriture)

sànda, DKF, 873 : mépriser, dédaigner, refuser ; ne pas vouloir (se marier avec qqn, etc.) ; haïr, ne pas répondre à qqn ; désapprouver ; blâmer, critiquer, redire à, reprendre ; injurier, détracter, diffamer ; se moquer de, conspuer, insulter à, tourner en ridicule

sàndula, DKF, 874 : mépriser, dédaigner ; injurier, détracter

sína, DKF, 901 : pousser, repousser

sōola, DKF, 910 : choisir, faire choix de ; élire, nommer ; retirer, ôter, enlever, ramasser, recueillir, récolter ; débiter, se choisir (choisir pour soi) ; préférer qqch, aimer mieux qqch

sònda, DKF, 913 : outrager, insulter, injurier

sàata, DKF, 881 : être en colère, méchant, haïr, ne pas aimer, se moquer de

sàtakana : être en colère, fâché, irrité, avoir de l'amertume

sínda, DKF, 901 : donner un coup ou des coups de pied à

Snty, CDME, 269 : héron

zànza, DKF, 1156 : parler mal de, discourir méchamment ; faire qqch mal, coudre mal ; bâtir, faufiler, faire de longs points ; lier les lattes de palmier largement écartées l'une de l'autre sur le toit ; jeter, poser lourdement, brusquement, laisser tomber, frapper fort, violemment

khósi mvwandi, DKF, 317 : grand oiseau avec huppe à la tête

nkósi, ~ **amokena**, DKF, 728 : milan considéré comme très stupide ; ~ **mvanda** : très grand milan ; un oiseau avec une houppe sur la nuque

nsùdi, DKF, 775 : oiseau, petit merle réputé très intelligent ; de là : homme malin

sánzi, DKF, 879 : un oiseau

zanze-balu, DKF, 1156 : oiseau qui ressemble **nkuka**

Snyt, EG, 595 : « rain-storm »

kendumuna, DKF, 232 : répandre, verser (des larmes abondantes)

sénya-sénya, EG 892 : éclairs incessants, qui se suivent

Sp, EG, 594 : (être) aveugle

kēbeke, DKF, 225 : regarder, etc.

kēboke, DKF, 226 : regarder de côté, en arrière

sāmpuka, DKF, 872 : faire attention ; observer, lever les yeux, le visage ; voir, regarder de côté et d'autre, tout autour, chercher à voir rapidement qqch ; être attentif, sur ses gardes

sāmpukulu, DKF, 873 : vue (de qqch) en imagination ; illusion, vision ; voyant ou se représentant qqch de vivant devant soi

sāmpu-sampu : aptitude à se montrer vivement, tout autour, de tous côtés, regardant de deux côtés intensément ; imagination ; pressentiment d'un danger ou de qqch d'inattendu ; inquiétude, agitation, trouble

Sp, CDME, 264 : couler dehors ; sortir (d'un mauvais liquide ou d'un mauvais esprit)

kúba, DKF, 321 : conduire dehors, faire sortir, jeter dehors, ruer mettre dehors, à la porte

kúmba, DKF, 332 : couler (de l'eau, du sang, etc.) ; courir vite ; se traîner, glisser, ramper ; se faufiler

sābumuka, DKF, 863 : couler à flots, ruisseler, s'écouler

Spnt, CDME, 264 : une mesure de bière

kávu, DKF, 223 : calebasse sans col (cou, goulot) ; caraffe de terre cuite ; une petite calebasse de vin de palme (se dit aussi d'une grande pour se montrer modeste)

n'kádi, DKF, 704 : calebasse à long goulot

nsámba, DKF, 755 : vin de palme tiré de la tige de la fleur ; vin, bananes qui sont portés comme cadeau de mariage

Spsi, EG, 594 : (être) noble, riche ; enrichir

Ka-bata, DKF, 198 : titre de noblesse

kāpitau, DKF, 219 : homme de cour (de **Ntotila**) ; celui qui est envoyé pour exécuter des affaires de **Ntotila**

sába, DKF, 862 : être en abondance, beaucoup de qqch (p. ex. au marché), être riche, abondant, avoir beaucoup de biens, surpasser

sābalala : être fier, orgueilleux, en vêtements jolis, fins

Spt, CDME, 265 : un poisson (**Tetrodon fahaka**)

mbízi, DKF, 532 : vertébré, viande, chair, animal dont on mange la chair

mu-nsàmbu, DKF, 616 : poisson salé

n'kámba, DKF, 707 : esp. de petites anguilles (foncées)

n'sómfi, DKF, 771 : anguille

n'sámbu, DKF, 755 : poisson salé

nsùmba, DKF, 777 : le poisson **ngola**

nzómbo, DKF, 831 : un très grand poisson (**Protapterus Dolloi**) ; poisson de genre **dipusi** ; lamentin, python ou le grand serpent **mpidi** ou serpent en général quand il est dépécé ; le lézard varan

sámbu, DKF, 871 : poisson salé (de sel) d'Europe

sībizì, DKF, 894 : un poisson (**Myomyrus Macrodon**)

zībizì, DKF, 1163 : un poisson

zómbo, DKF, 1171 : un poisson

Spt, CDME, 265 : être mécontent, fâché

káfu, na ~, DKF, 201 : en colère, furieux

kàfuna : fâcher, blesser, offenser

nkāabilà, DKF, 704 : colère, irritation

n'káda : ennui, irritation

nsābi-nsabi, DKF, 752 : peu complaisant ; être de travers

nzómbo, DKF, 831 : affaire, palabre, procès

zomina, DKF, 1171 : injurier

Sptyt, OEP, 381 : vessie

kōvolo, DKF, 320 : vessie natatoire (poisson) ; bulle d'air

kūbukulu, DKF, 323 : petit réservoir, réceptacle

sùba, DKF, 918 : pisser, uriner, aller aux cabinets, au W.-C.

sùba, súuba : vessie

[hieroglyphs] **Sri**, EG, 595 : cesser, fermer

[hieroglyphs] **Srr**, plus tard [hieroglyphs] **Sri**, EG, 595 : (être) petit ; **Sri**, det. [hieroglyph] : enfant, fils ; **Srit**, dét. [hieroglyph] : fille ; **sSrr** : diminuer

[hieroglyphs] **Sri**, OEP, 406 : petit enfant

sùba-sùba : vessie

sùbi-sùbi : vessie

subu lumpuku : aine

kàla, DKF, 204 : nier, dénier, renier, contredire ; éviter, esquiver, éluder, rejeter, refuser

kása, DKF, 219 : fermer, serrer, tirer sur ; lier, fixer qqch qui est détché ; se sécher, durcir ; être dur, cruel ; faire qqch sérieusement ; frapper, maltraiter

nsánsa, DKF, 758 : chose, cause ; une chose ancienne non exécutée, affaire, tradition

kàsa, DKF, 219 : être maigre, mince, petit, arrêté dans sa crossance ; rabougri

kēlele, DKF, 230 : (le) plus petit, moindre

ndèzi, DKF, 667 : petit garçon, petite fille

nsansabala, DKF, 758 : homme chétif, avorton

nsédya, DKF, 761 : un enfant nouveau né, à la mamelle

sáda, DKF, 863 : enfant frêle, fluet, nouveau-né

sádya, DKF, 864 : enfant frêle, fluet, malingre : nouveau-né

sāluka, DKF, 870 : diminuer, rapetisser ; n'être plus riche, honoré ; être mort, inanimé, sans vie

sédya, kis., DKF, 884 : tendre enfance ; bas âge

séla, DKF, 886 : dépecer, découper en morceaux, couper en petits morceaux, p. ex. des bananes

séla : morceau

séle : morceau, portion, partie, bout de viande, tranche

sēla-sele, DKF, 887 : petite miette (du pain, etc.)

 **SrS**, CDME, 270 : hâte (?) ; verrou (?) (pour cheveaux)

kèsila, DKF, 234 : empêcher qqn de marcher, de passer, d'aller (en se mettant devant lui en lui barrant le chemin)

nsāsu ou **nsasu-nsasu**, DKF, 760 : qui est rapide, alerte ; rapidement, promptement

nsēlelè, DKF, 762 : une sorte de termite (**Acanthotermes militaris** ou **A. spiniger**)

nsēlongò : fourmis voyageuses

n'sēndebele, DKF, 763 : qui est glissant

nséngani : petite espèce de fourmis voyageuses

nsēresì, DKF, 764 : fourmis voyageuses

nsīsilà, DKF, 769 : rapidité

n'swálu, DKF, 781 : rapidité, vitesse, vivacité, hâte ; précipitation ; légèreté, souplesse (dans l'exécution) ; promptitude, facilité ; leste, vif, prompt, léger, souple ; lestement, avec élan, rapidement, promptement, hâtivement, hardiment, facilement, incessament

nzúnza, DKF, 833 : vivacité, p. ex. à tirer ; agilité, pétulence ; ardeur, feu

nzúnzu :joie, gaîté, vivacité, humeur joyeuse, bonne humeur, insouciance, jovialité, santé, force, vigueur ; vivacité, p. ex. à tirer ; joyeux, gai, vif, dégourdi, jovial, doux, amusant, bien portant, fort, vigoureux

sáasu, DKF, 880 : agilité, rapidité

sáazu, DKF, 882 : agilité, rapidité, hâte, vitesse ; facilité (à se mouvoir) ; facile, agile, leste, léger, aisé, libre ; à la hâte, de suite, agilement, lestement

sāazula : presser qqn ; dire à qqn de se presser, de se dépêcher ; hâter ; pousser, aiguillonner, presser, exciter ; se préparer, se disposer, prendre ses dispositions pour aller vite, se presser

zánza, DKF, 1156 : qch qui est né, qui est passé le même jour ; qui est en chiffre rond, de prix rond

zanza : caravane

zānzaba, ~ **mu lamba** : faire cuire de la nourriture trop vite

zānzabala, **zānzabalala** : commencer à parvenir à l'âge adulte (personne, etc.), prendre toute sa croissance

zànzala : ramper, se glisser (un insecte) ; grimper, se hisser, s'enrouler (comme une plante, etc.) ; circuler (le sang) ; grimper (en se soutenant de ses mains) ; courir (un lézard, etc.) ; coudre à points espacés ; marcher à grands pas

zánzu : vitesse, vivacité

zànzumuka : se retirer en hâte ; se sauver comme un rat ; déménager vite ; se mettre en route pour

zànzumuna : secouer, ébranler, trembler, élancer (une jambe) ; s'engourdir, frémir

zānzumuna : changer de place, séparer, écarter (un objet de l'autre)

zãazu, DKF, 1157 : promptitude dans l'action, le travail, etc. ; présence d'esprit ; docilité ; vitesse

zãazuka : devenir mieux portant, meilleur

zãazula : presser qqn ; dire à qqn de se dépêcher

zúnza, DKF, 1178 : être leste, vif dans ses mouvements

zúnzu : vivacité

Srt, EG, 595 : nez, narine

kūluta, DKF, 330 : ronfler, râler, gronder ; ronronner

sālana, DKF, 869: sentir, exhaler, dégager

Srt, CDME, 270 : sorte de graine

kélwa, DKF, 230 : graine du fruit du calebassier

soodo ou **ts.**, DKF, 908 : grains de maïs

Ss, CDME, 270 : corde

kòse, DKF, 317 : filet

n'sasa, DKF, 759 : filet rectangulaire pour rivière

n'sásu, DKF, 760 : liane dont les gousses servent de crécelle

nsòto, DKF, 774 : lacets, baguette pour un piège à rats

n'súnga, DKF, 778 : anneau magique, bracelet de paille trssée ; cordon, ruban de fibres de raphia, de feuilles de bananier ou un nœud semblable noué sur le bras ou sur la jambe du **nganga** ou sur le poignet d'un malade pour le faire guérir ou être l'objet d'une bénédiction, ou pour empêcher de laisser mourir une personne très malade ; pièce, morceau d'étoffe, bande ; anneau de rotin dans le groin d'un cochon

n'súngu, DKF, 779 : anneau magique, ruban, nœud de fibres de raphia sur le bras

n'súngwa : anneau magique, cordon de **mpusu** autour du bras

n'zaaza, DKF, 823 : cordon de coton, feuille de banane sèche, plumes de poule, etc. que l'on enveloppe et qu'on pose sur la mère jusqu'à ce que son enfant puisse marcher

nzínzi, DKF, 829 : cordon (de perles)

SsA, CDME, 271 : être sage ; s'y connaître (**m** : en) ; être capable, connaître ; sagesse, capacité

sāsabalà, DKF, 880 : cordon, tresse, ruban ; tapis de papyrus

sóka, DKF, 909 : anneau de bras, bracelet ; anneau de perles, ruban ; cordon de perles qu'on emploie comme anneau de bras

sőkolo, DKF, 910 : nœud coulant, lacet, piège, lazzo (lasso) ; cordon, vrille

súki, DKF, 920 : liane à caoutchouc de nom, latex qu'on en retire (**Landolphia Gentilii**)

súku : bracelet, cordon, anneau, cercle de bras

syőkolo, DKF, 939 : piège, attrape, lacet, embûche, appât ; piège avec un nœud coulant

kāasa, DKF, 219 : ne pas entendre, désobéir

zisu, DKF, 1167 : sagesse

SSi, CDME, 272 : raffiner (?) (l'or)

kénsa, DKF, 233 : passer

kénza : passer, filtrer, tamiser, écumer (ôter l'écume) ; être bavard, indiscret, ne pas pouvoir se taire ; imputer

zénzi, DKF, 1161 : filtre réticulaire dans lequel on exprime l'huile de palme ; filet, mousseline, étoffe à jour servant à presser l'huile de palme

SsAw, CDME, 271 : prescription médicale

kòso, DKF, 317 : la médecine **bonzo**

nzeolwelu, DKF, 826 : remède

Ssm, CDME, 272 : « be bloodshot, of eye »

nkánza, DKF, 712: eau sanguinolente qui sort d'une blessure; croûte de bléssure ; blessure des oreilles

n'súnza, DKF, 779 : sang en caillots

Ssm, CDME, 272 : rouleau de cuir (?)

n'kánda, DKF, 708 : peau, cuir, écorce, croûte, enveloppe, couverture ; peau de bête dont on enveloppe les étoffes, le tabac, etc., de là : cuir, parchemin, papier, livre, lettre, contrat, document, note, facture, lettre de change

n'saasa, DKF, 759 : une étoffe rayée, transparente (autrefois)

Ssmt, CDME, 272 : malachite

ka-séka, DKF, 219 : pierre rouge

nsèka, DKF, 761 : sorte de pierre rouge dont on se sert pour les **nkisi** ou pour teindre et se farder ; aussi grès ; pierre pointue sur laquelle on frotte (en poudre) la teinture rouge

nsèki-nsèki : terre ou pierre rouge

Ssp(Szp), CDME, 271 : prendre, accepter, recevoir, assumer (une couronne) ; attraper (des poissons) ; acheter

kùsula, DKF, 342 : lâcher prise, laisser échapper ; glisser ; lâcher, faire cession de, céder, abandonner

sìmba, DKF, 899 : tenir de la main ; empoigner, saisir, s'agriper à ; tâter, toucher à, se mêler de ; retenir, contenir, comprendre, concevoir, entendre ; être averti de, recevoir un message, un ordre, soutenir, appuyer, opposer, mettre vis-à-vis

sìmba : arrêter, faire cesser, stopper ; retenir par le frein, refréner

sīmpula, DKF, 901 : donner, faire un beau, un riche présent

sompila, DKF, 913 : s'attacher à

súmba, DKF, 923 : acheter, faire des emplettes, des achats ; négocier ; acquérir ; faire l'acquisition de ; se procurer (par voie d'achat) louer les porteurs

𓏭𓊗 (le déterminatif est absent du Sign-list de Gardiner) **Ssp**, CDME, 271 : paume de la main

kánzi, DKF, 218 : paume de la main

kànzungu : le plat de la main

sēnzangana, DKF, 892 : être large, évasé, étendu, étiré

sēnzebele, na ~ : uni, plat

𓏭𓊗𓁐 **Ssp**, CDME, 272 : blanc ; brillant ; l'aube, lumière

kānzula, ~meeso, DKF, 218 : essyer les yeux le matin, les nettoyer pour voir

kéya, DKF, 236 : luire, sortir (le soleil) ; briller, rayonner

nkesi-nkesi, DKF, 718 : lueur, rayon de soleil ; les derniers rayons de soleil ; un rayon au travers d'un trou, etc.

nsēnsense, nsēnse-nsense, DKF, 763 : propre, brillant, distingué (comme pour les fêtes en vêtements propres)

nsēese, DKF, 764 : qui est blanc, éclatant

n'syèsina, DKF, 784 : rayon de soleil

sàkila, DKF, 867 : luire, être radieux

sàkima : luire (la lune) ; briller

sēkele, ki., DKF, 885 : soleil brûlant, forte chaleur (du soleil, du feu)

sènsa, DKF, 891 : être en vue, visible, venir au jour ; se présenter, aller droit, être dévoilé, révélé, devenir visible, manifeste, distinct, se répandre

sènsi, DKF, 892 : terre rouge (argile) rejetée à la surface par les fournis

sènsika : manifester

sènsuka : venir, monter à la surface, venir à la lumière, au jour, se montrer, être visible

sèsuka, DKF, 893 : être, devenir clair de teint

sesuka : brûler, flamber

sèzima, DKF, 894 : faire des éclairs, luire, reluire, biller de façon à aveugler, à éblouir.

sèzi-sèzi, na ~,(sèzya-sèzya) : éblouissement, lumière aveuglante, éblouissante, éblouissant, aveuglante

sísila, na ~, DKF, 906 : très obscur, sombre, noir comme du charbon

sònso, DKF, 915 : torche, poignée d'herbes, servant à allumer un feu d'herbes ; endroit, lieu où 'lon allume le feu d'herbes ; le feu d'herbes lui-même et sa tendance à se propager

Sspt, EG, 595 : pièce, chambre, salle

kàaza, DKF, 224 : lieu à l'écart pour un entretien ; convention, accord de lieu à l'écart

sàsa, DKF, 879 : nzo ya ~ : maison qui est bâtie sans herbe de nkobo, murs, cloisons qui sont bâties des branches de rameaux de palmier et de lattes fendues de palmier ou avec l'herbe de nkobo

sàsa : vieille maison, masure (abandonnée)

sàsa, DKF, 880 : chambre extérieur

Sspw, PAPP,205 et 206 : chasser

kuza, DKF, 346 : pourchasser

sòsa, DKF, 916 : frapper les herbes, chasser pour faire peur à; effrayer poursuivre (p ex les rats)

Ssr, EG, 595 : flèche

kánsa ou kānsa-kansa, DKF, 217 : être très maigre, s'étioler, dépérir

kānsansa : maigre

kàsa, DKF, 219 : être maigre, mince, petit, arrêté dans sa croissance ; rabougri

kàsila, na ~, DKF, 220 : très maigre ; avoir la vie dure

kàsila, **ki-** : pers. maigrelette, mince, petite, chétive

kōnsi-konsi, DKF, 315 : très maigre

lu-sònso, DKF, 450 : cheville de bois, broche, clou, pointe

Lu-sònso : nom de femme = cheville de bois

lu-sooso : clou, etc.

nsònso, DKF, 774 : clou, vis; tige métallique, tringle; bâtons pointus (généralement enfoncés dans les chemins contre les ennemis)

n'súlu, DKF, 776 : bâton pointu, pieu, épieu, fouine ; pieu pointu dans un piège

sonsuna, DKF, 916 : rendre pointu, effilé, aiguisé

sòoso : clou, pique

súnsu, DKF, 928 : pointe, cap, promontoire

súsu, DKF, 929 : tige de la noix de palmier, base, support, queue, pédoncule par lequel les noix de palmier sont fixées à la grappe

Ssr, CDME, 272 : langue

Ssr : exprimer

káasa, DKF, 219 : serment, tabou de **kandu**

káasi : vérité, c'est la vérité ; sûr, pour sûr, certainement, assurément

káza, DKF, 225 : délibérer

kóza, DKF, 320 : avertir, exhorter, persuader, engager à ; exiger ; parler beaucoup, babiller

n'zonza ou **nz.**, DKF, 831 : paroles, propos ; parlant, qui parle, querelle, procès ; fable, récit

nzònzi : avocat, intermédiaire dans un conflit, arbitre, etc., représentant

Nzònzi : nom propre = avocat

sáasa, DKF, 879 : expliquer, éclaircir, rendre clair, préciser, définir, exposer le point de vue, le sens de qqn

⌂𓄿𓅃 **SstA**, CDME, 249 : faire secret, mystérieux, rendre inaccessible ; secret, matière confidentiel, mystère religieux ; problème ;

𓁷𓂋𓐰 **HrsStA** : maître des secrets

𓋴𓏏𓄿𓅱𓐰 **StAw**, MEA, 15 : mystères, secrets

zònza, DKF, 1172 : quereller, (se) disputer ; être en désaccord ; parler, discuter, plaider, discourir, s'entretenir de qqch, débattre

kéta, DKF, 234 : se cacher (pour surprendre qqn) ; se faufiler dans, se glisser au travers de ; poursuivre un gibier en se tenant prêt à tirer ; épier, faire attention à ; être sur ses gardes, se retirer, se garder de ; garder

kùuta, DKF, 342 : mettre de côté ; épargner, ménager, garder, économiser, respecter, protéger, sauvegarder, sauver, conserver

kùuta : avare

kùuta : nom d'un **nkisi**, idole ; mausolée

kútu, DKF, 344 : gaine (de couteau) ; étui, fourreau (de sabre) ; cocon de la chenille

nsála, DKF, 754 : principe de vie ; la vie intérieure et cachée

sàata, DKF, 881 : s'ouvrir, éclater, se défaire (pendant la cuisson, p. ex. **mboozi**)

sāata : gratter, racler, découvrir (des poules)

sata : chercher avec soin ; rechercher, surveiller

sata : chercher avec soin

sàla, DKF, 868 : gratter

sèdidika, DKF, 884 : montrer, exposer ; faire voir, rendre visible ; laisser voir (ce qu'on voulait tenir caché ou garder secret)

𓋴𓏏𓐰 **ST**, CDME, 273 : équiper

n'kodo, DKF, 722 : travail facile

sīnata, DKF, 901 : faire une chose grande, longue (maison, chemin, etc.)

𓋴𓏏𓄿𓐰 **StA**, CDME, 273 : broussailles

kanda dyadya, DKF, 212 : une herbe (**Panicum maximum**)

kandanya : l'herbe aimée par les animaux (**Vilfa capensis**)

nsōlokoto DKF, 771 : mauvaises herbes dont les fruits et les graines armés de pointes s'attachent aux habits ; mauvaise herbe ressemblant à l'ortie (**Bidens pilosa**)

sínda, DKF, 902 : (motte de, touffe de) gazon ; masse de chaume (dans les touffes de hautes graminées) ; herbes épaisses

sinde : paille

sōlokoto, DKF, 911 : mauvaise herbe

zóto, DKF, 1173 : touffe d'herbes, de chaume ; qqch de coupé, d'interrompu

Stm, EG, 595 : (être) insolent, dét. abuser (de qqn)

kútu, DKF, 343 : prétexte, mauvaise raison ; mensonge, fausseté

nsíta, DKF, 768 : colère, fureur, méchanceté, haine, mauvais vouloir, irritation, haine extrême, barbarie, atrocité, cruauté, violence, férocité ; opiniâtreté, entêtement ; cruel, impitoyable, barbare, haineux, vindicatif

sàata, DKF, 881 : être en colère, méchant ; haïr, ne pas aimer ; se moquer de

sàata : bêtise, déraison

sàtakana : être en colère, fâché, irrité ; avoir de l'amertume

sendumuna, DKF, 913 : parler sèchement ; avoir un langage mordant, incisif, sarcastique ; être ironique, mordant ; critiquer

sínda, DKF, 901 : conseiller, exhorter à, persuader, provoquer

sindakanya, DKF, 902 : encourager

Stw, PGED, 43 : tortue

mfúlu, ou ~ **kitutu**, DKF, 556 : tortue

mfūlututu : tortue

𓅓𓇳 var. dét. 𓁹 **Sw**, EG, 594 : soleil, lumière solaire

cúku, DKF, 102 : jour, journée

kīa (**kyā, kīya**), DKF, 236 : faire jour, devenir clair, poindre ; s'éclaircir (le ciel, le temps) ; être clair, pur, brillant ; paraître (le jour) ; commencer (l'année, la saison) ; y avoir clair, revenir à soi, reprendre ses sens (après un évanouissement)

kia, DKF, 237 : lumière, clarté du jour, jour ; limpidité, pureté, netteté, transparence

n'sūuka, DKF, 775 : tôt le matin

n'syūka, DKF, 784 : matin

sūuka, DKF, 919 : percer de la lumière

syūka, DKF, 940 : percer (de la lumière) ; poindre (le jour)

wēnzubula, DKF, 1096 : brûler

wēnzula : éclairer, faire jour

wusya, na ~, DKF, 1107 : clair, luisant

wuya, na ~, DKF, 1108 : clair, lumineux, transparent

𓅓𓏛 **Sw**, CDME, 263 : rouleau de papyrus vierge

nkúuba, DKF, 729 : botte, balle, paquet ; **n'kuba** : rouleau de plusieurs nattes

n'sónzi, DKF, 774 : botte, fagot de maïs ; la partie inférieure de la cuisse

𓅓 **Sw**, CDME, 263 : monter

n'kúnka, DKF, 735 : faîte de la maison, sommet, hauteur

n'kùtu, DKF, 736 : colline saillante, sommet de montagne où l'on bâtit souvent le village

nsúku, DKF, 776 : abondance, grandeur (en longueur) ; mesure d'une brasse, corde de bouleau ; qui est très grand, long ; beaucoup

nsúku, ~ mbonga : intérêt

nsùnda, DKF, 777 : bénéfice, gain, surplus, qui surpasse ; nombre impair, en excédant

n'súnsa, DKF, 779 : eau jaillissant dans le fleuve près des gouffres ; danse en mesure, sorte de danse ; **ta** ~ : danser en avaçant les pieds joints à peu près comme dans le jeu **mbeele** ; **va** ~ : où l'eau jaillit avec force

nsúnsu : d'un caractère qui surpasse, qui monte en grade, grade supérieur

n'súnzu, DKF, 780 : qui dépasse, excède ; immodération, excès de qqch ; légèreté de mœurs ; cuissot d'un animal pour le meneur des chiens ; bâton, morceau (de savon)

sùnda, DKF, 925 : surpasser, dépasser ; être préférable à, supérieur à, meilleur que ; se distinguer, se signaler ; être plus grand que ; être le premier ; être en tête dans une course, un concours ; traverser l'eau, passer ; nager

SwA, EG, p. 594 : (être) pauvre ; dét. un pauvre homme

kùku, DKF, 326 : teint sale, saleté du corps ; couleur de suie, apparence débile, faible, mine décrépite ; personne ayant une telle mine

nsukami, DKF, 775 : un pauvre

sùka, DKF, 919 : tourmenter

sūkama : être surchargé de besogne; être pauvre

súmu, DKF, 924 : péché, mal, faute ; offense ; transgression ; délit, infraction, contravention, culpabilité, criminalité

swaya, DKF, 932 : aller et porter qqch le jour entier comme pendant le travail

SwAb, EG, 594 : « persea tree »

n'kúbulwa, DKF, 730 : pieu, pilotis, tuteur, poutre pour renforcer les maisons

sapala, DKF, 879 : bosquet, petit bois, taillis, broussailles, hallier

Swbty, CDME, 263 : un jarre

Swi, EG, 594 : être vide ; libre ; Sw, dieu de l'air Shu

Swt, EBD, 65 : renvoi

lu-kóbe (lu-kobi), DKF, 423 : bourse, boîte, coffre, caisse haute en écorce

zóbe, DKF, 1169 : cruche de grès, de terre, d'argile, cruche à eau

n'kwēnina, DKF, 739 : grain vide

sù, kìsu, DKF, 918 : pipe (de terre) ; cheville à canal, trou de lumière dans un fusil

sú, kí-su : tronc creux servant de mortier ; pilon ; vase de bois profond servant à piler les arachides ; bloc (pièce de bois dans laquelle sont percés des trous pour y passer les pieds d'un prisonnier)

sūbuka : se produire, se faire un trou sur ; se percer, se trouver de façon à, à ce que le contenu s'écoule

súda : s'élancer ; jaillir, sortir par saccades (le sang)

súka, DKF, 919 : fig. être épuisé, vidé

sùnda, DKF, 925 : être profond, creux, bas ; enfoncé

sūtuka, DKF, 930 : être délié ; être libre, délivré ; laisser aller, partir ; desserré, délié

sùva : vomir, rendre ; rejeter le poison **nkasa** : pleuvoir averse

swá, DKF, 930 : bulle d'eau, ampoule, cloche

swáka, DKF, 931 : être dégonflé

swàla : vomir ; rejeter le matin

swàmuna : disperser, dissiper, chasser

swāndana : être plus loin l'un que l'autre

Swatu, DKF, p. 932 : nom propre = qui est nu, sans des biens

swé : fig. au sens d'allure

swèba : ampoule, cloche

swèla, DKF, 933 : bouton, ampoule, cloche sur la peau

swe-swe : fig. au sens d'allure de l'antilope

swētuka, DKF, 934 : avoir de la peine à respirer ; chercher à reprendre sa respiration ; haleter

swí, na ~ : fig. au sens de silence, paix

swí, na ~ : aussi onomatopée pour le frémissement (dans l'herbe)

swīdela : être silencieux, tacite ; faire silence, garder le silence ; être tranquille, pacifique, doux

swíla : cracher, saliver, expectorer, souffler (p. ex. noix de Cola qui est écrasée sur un fétiche)

swínga : être ou se tenir silencieux, tranquille, sans bouger ; ne pas répondre ; se taire, ne pas souffler mot

swínga : faire du bruit, retentir, résonner, faire écho (tambour)

swīswiswi, na ~ : très tranquille

swītama : être ou se tenir tranquille, calme

sya (à), na ~ : fig. au sens avec hâte

tīvula, DKF, 977 : agrandir, élargir

Swi, EG, 594 : être sec

Smw, EG, 594 : été, dét. récolte

Smw, PAPP, 109 : été, « il n'y a pas d'eau »

kùkuba, na ~, DKF, 326 : de peau sèche, foncée ; qui ne brille pas, qui manque de la graisse

síka, DKF, 895 : sécher, dessécher, s'évaporer, se vaporer ; être usé, prendre fin, disparaître, diminuer, maigrir ; être mince, fluet, élancé ; se perdre, périr, mourir

sìku, kis., DKF, 897 : la saison sèche

síu, kisíu, DKF, 906 : la saison sèche (**sìvu**)

530

sìvu, DKF, 907 : la saison froide et sèche (15 mai-15 août) ; hiver ; première partie de la saison sèche (où les arachides commencent à s'ouvrir) ; la récolte des arachides

sìwu, kis. : la saison sèche (**sivu**)

súka, DKF, 919 : faire une fin, en finir avec ; finir, cesser, prendre fin ; achever, mettre un terme à ; être à bout ; toucher à sa fin, finir par ; fig. être épuisé, vidé, terminé, soldé, acquitté, payé, employé ; cesser d'y avoir (du maïs) ; être sec

tìva, DKF, 977 : arachides oubliées dans le sol (après la récolte)

tíva : être froid, se refroidir, tiédir ; se raidir (p. ex. un cadavre)

tíva : absence de sentiment, dureté de cœur, insensibilité

tīvalala : se tenant couché, se reposer seul en se sentant mal à l'aise, gelé, engourdi, être froid, se roidir (par le froid ou comme un cadavre) ; fig. se montrer froid pour, indifférent, inaccessible à

tīva-tiva : froid, saison fraîche, temps, fraîcheur

tīvidi, na ~ : tiède, attiédi, refroidi, dur insensible, froid, inabordable

tīvuka : devenir frais, froid, se refroidir, se rafraîchir

Swt, EG : 594 : ombre

bwì, DKF, 92 : fig. au sens d'être obscur, sombre

bw-ísi, DKF, 93 : obscurité, crépuscule, nuit

bwìta : devenir sombre, obscur ; commencer à faire nuit ; se coucher (du soleil)

kí-ita, DKF, 292 : ombre, chose qui à distance ressemble à un homme

kòsi, na ~, DKF, 317 : foncé, sombre (ciel, etc)

sùula, DKF, 929 : ombre

sùusula, kis. : ombre

w-íisi (wisisi), DKF, 1098 : brouillard, brume, ténèbres

wūutama, DKF, 1107 : devenir sombre, crépusculaire

𓆄 Swt, EG, 594 : plume

lu-sála, DKF, 445 : une seule plume

Lu-sála : nom propre = plume

nkwánki, DKF, 738 : perdrix de forêt ; perdrix sylvestre

nkánkwa : chevron, moineau des toits

nsúsu, DKF, 780 : poule, poulet, oiseau domestique, volaille

swiΘi, kis., DKF, 934 : queue d'oiseau

𓆄 Swt, CDME, 262 : côté

khónzo, DKF, 316 : côté

n'kúnu, DKF, 735 : bord (en général) ; côté, lèvre de vulve (employé comme mot injurieux, p. ex. ~ ngw'aku)

ngòngongo, DKF, 692 : bord, bordure (cousue sur un vêtement)

nkuukulu, DKF, 731: bord (d'une table)

n'kuvu, DKF, 737 : bord

n'kwá: bord, rive

n'kwèkwe, ou nk., DKF, 739 : bord, rive, lisière, côté, marge

n'kwènko : bord

nsúdu, DKF, 775 : bout, extrémité, le plus bas d'une banane (fruit)

nsúka : bout, coin, corne, bord, pointe, oreille, aiguillon ; fin, extrémité, fin suprême ; mort ; commencement, frontière, aboutissement, terme, résultat complet (d'une affaire), issue ; dernier, final, terminal

nsuna-nsuna, DKF, 777 : le bord extrême

nsúnsi, DKF, 779 : part, côté, direction

𓊪𓏲𓏏𓏥 **Swt**, CDME, 262 : voisins

kwá, ekwa, DKF, 346 : de, depuis (originaire de tel ou tel village, de telle ou telle famile, tribue, etc.)

kwa : personne

kwé, DKF, 354 : pron. interr. locatif : de quoi ? d'où ?

kwé : pron. interr. : comment ? quoi ?

ngwá, DKF, 696 : mère, femelle, femme ; parenté maternelle

n'kwâ ou **bankwa**, 737 : personne, qqn, qui possède, connaît, sait, apprend ; **n'kwa** se joint souvent à un autre substantif pour désigner que qqn a une certaine profession, une manière d'être, une qualité

n'kwá : camarade, confrère, condisciple, égal ; compagnon, ami, suivant, l'un des deux, participant, connaissance

súnsa, DKF, 928 : ami ; réunion d'amis ; cadeau

sūuta, DKF, 930 : rassembler, réunir, chercher et mettre la main sur (des porteurs)

zùta, DKF, 1178 : être assemblés par groupes, foules, troupes ; être beaucoup de gens (dans le marché) ; être convoqué, réuni ; murmure (des gens)

𓊪𓅱𓅱𓏥 **Sww**, EG, 594 : une herbe, gourde, calebasse

n'kuukula, DKF, 731 : plante grimpante qui sert à grimper sur un palmier

súdi, DKF, 918 : plante de courge

⌒∞⌒, ⌐⌐ s

⌐⌐ s, CDME, 205 : pronom suffixe féminin de la 3ᵉ personne du singulier, elle, d'elle

⌒∞⌒ s, EG, 587 : verrou

 s, EG, 587 : homme (généralement indéfini : un homme) ; quelqu'un

yándi, DKF, 1116 : pron. 3ᵉ pers. sing., lui, elle

sālula, DKF, 870 : serrure grande en général ; serrure d'un fusil avec pêne ; pêne de serrure d'un fusil

sōnso, DKF, 915 : petite branche rameau, menu bois ; bûchette ramilles, brindilles, brins

sònsolo : éclat de bois, etc. qu'on emploie au nettoyage de l'herbe des toitures

sose, sosi, DKF, 916 : éclat de bois

sōoso, DKF, 917 : menu de bois ; brin d'herbe

búsi, DKF, 82 : sœur (ce mot ne s'emploie que par les frères ; une sœur désigne sa sœur sous le nom de mpangi)

díisa, DKF, 124 : père ; pl. ancêtres, parents

Nsé, DKF, 760 : en conjonction avec d'autres mots pour indiquer une personne, p. ex. ~ Nyamba.

sá, DKF, 861 : père

sáu, s'áu : père

sé, DKF, 883 : père naturel, oncle paternel, ancêtres, aïeux

sí, DKF, 894 : père

sīa : père

syá, DKF, 934 : parent

534

𓊃, **s** plus tard ⎯, **s**, EG, 211 : « when prefixed to verb-stem, gives to it causative meaning »

-īsa, DKF, 196 : suffixe verbal causative introduisant une action, c'est-à-dire est cause qu'une action se produit, ou que qqn exécute, entreprend librement ou non qqch

-īsisa : suffixe verbal causatif double introduisant l'idée que le sujet, d'une manière ou d'une autre, directement ou indirectement, est cause qu'une chose se produit

s, CDME, 205: « ornamental vessel of gold »

sānsabalà, DKF, 880: cordon, tresse, ruban ; tapis de papyrus

sA, EG, 587: dos

n'sánzu, DKF, 759 : partie du dos entre les épaules (après l'nelèvement des épaules)

nsāsala, DKF, 759 : nageoire dorsale

sasa, DKF, 880 : la partie dorsale du lien en cercle pour monter sur les palmiers

sèesa (-è-), DKF, 893 : le derrière de **lukamba**, lien circulaire pour monter sur les palmiers

sA, CDME, 207 : asticot

záazu, DKF, 1157 : cocon de bombyx

sA, CDME, 207 : troupe, compagnie ; troupe d'animaux

sàba, DKF, 862 : amasser, rassembler, entasser

sáasa (-a-), DKF, 880 : grande quantité de qqch ; qui est fort, gros, vaste

sú, kì-su, DKF, 918 : place, monceau, amas, butte, tas, pile ; balle, ballot (d'étoffe) ; terre amassée où se trouve des vers de terre, des lombrics ; pièce d'étoffe longue de plusieurs brasses (environ 8 ou 12)

sùnsi, DKF, 928 : tas, monceau, pile, amas de qqch

sùnzi : tas

zánzi, DKF, 1156 : quantité, grandeur ; monceau, tas

zò ou **ző**, DKF, 1168 : touffe d'herbe

zú, DKF, 1173 : lot (portions) ; monceau; grande foule

zùnzi, DKF, 1178 : tas, monceau ; foule

sA, CDME, 208 : couteau

kisa, DKF, 291 : blesser, couper avec un couteau

sàasa, DKF, 879 : couper, découper, dépecer, massacrer, mettre en pièces, en morceaux, en lambeaux, en deux (un animal, de la viande, etc.) ; abattre, tuer

sé, DKF, 883 : taille, coupe, coupage, polissage, adoucissage (p. ex. d'une glace polie) ; modèle, façon, marque, couleur, teinte ; bords, bordures, trait, raie, ligne, marque, etc. dans le culte **nkisi**, fétichisme

sénsa, DKF, 891 : diviser, morceler, détailler ; couper en morceaux, en tranches ; hacher fin ; ôter, enlever (couper) avec les bouts des doigts, p. ex. du manioc

sésa, DKF, 893 : couper, enlever ; faire l'ablation de (morceau de chair ou de peau) ; opérer, circoncire

sésa : dépecer, découper, démembrer, couper en morceaux

sònsa, DKF, 915 : couper en morceau, ouvrir ; faire une entaille, une coupure ; entailler profondément (p. ex. pour extraire du vin de palmier)

sA, CDME, 209 : faible

sànsala, DKF, 877 : être ivre, en ribotte, pris de boisson ; tituber, aller de côté et d'autre ; trébucher, chanceler, broncher, faire un faux pas ; instabilité ; faiblesse, négligence ; nom s'appliquant à tout ce qui peut produire l'ivresse ; le vertige

sàsa, sàtsa, DKF, 879 : s'en aller, tituber comme une poule qui a reçu un coup ; danser en secouant le derrière

sása, DKF, 880 : être léger

sàasala : tituber

sāsalà, na ~, kala~ : être léger, pas lourd

sāsalà : qui est grand

sísi, fya ~, DKF, 906 : chose petite, un petit enfant

zàza, DKF, 1157 : secouer, trembler, vibrer

zàzaba : danser

zé, DKF, 1157 : trop petit, mince

zèeza, DKF, 1162 : être laxe, relâché, affaissé, mal tendu ; se relâcher ; se détendre, se détacher ; être mou, tendre, liquide, fondu, dissous ; fondre, amollir (p. ex. du beurre) ; diminuer, perdre ses forces ; se fatiguer, lâcher, déboucher, vaciller ; être mal équilibré, pas d'aplomb ; être ordinaire, pas trop haut, raisonnable (prix) ; marcher, danser le ventre tremblant (personne grasse)

zèeza : mollesse, complaisance, doute ; fondu, mou, liquide, etc.

sA, EG, 587 : « land-measure of 1/8 aroura (sTAt) »

nsúku, DKF, 776 : abondance, grandeur (en longueur) ; mesure d'une brasse, corde de bouleau ; qui est très grand, long ; beaucoup

sánsa, DKF, 877 : grandeur

sáasa, DKF, 880 : grande quantité de qqch qui est fort, gros, vaste

sāsalà : qui est grand

sA, EG, 587 : fils, sAt, fille

sA, EG, 587 : « cattle-pen, door (?), outside »

sAt : « outer wall »

sAb, PAPP, 144 : plumage moucheté ; CDME, 210 : plumage diversement coloré (épithète d'Horus solaire)

sAb, CDME, 209 : dégouliner, goutter, s'égoutter, ruisseler

sAb, CDME, 210: traverser une eau

sAb, EG, 588 : chacal; « dignitary, worthy »

sáasa, DKF, 880 : enfants d'un père qui s'est voué à **Lemba**

nsánza, DKF, 758 : embouchure d'une trompette, entonnoir, cloche ou tout autre objet de cette forme

sánza, DKF, 878 : intérieur de la maison

sánza : grande embouchure

sānzala: être large ; être étendu ; avoir une grande embouchure (corbeille, etc.)

sānzala : cour

sānzala ou **ts.** : hangar dans le village pour les porteurs, etc., camp de travailleurs

sása, kis., DKF, 880 : chambre extérieure

sābakana, DKF, 862 : avoir des taches sur, pouvoir tacher un vêtement (de matières fécales de l'enfant)

sēebuka, DKF, 883 : être fané, flétri, pâle, sans couleur, passé, déteint

sābuka, DKF, 863 : suinter

sābumuka: couler à flots, ruisseler, s'écouler

sābuka, DKF, 862 : passer à gué

sābula : faire passer, traverser l'eau

sābalala, DKF, 862 : être fier, orgueilleux, en vêtements jolis, fins

sīmpula, DKF, 901 : donner, faire un beau, un riche présent

𓌙𓄿𓎛𓏤𓏤𓏤𓂾 **sAH**, CDME, 210 : 1. donner un coup de pied, 2. atteindre, arriver

nsúka, DKF, 775 : bout, coin, corne, bord, pointe, oreille, aiguillon ; fin, extrémité, fin suprême ; mort ; commencement, frontière, aboutissement, terme, résultat complet (d'une affaire) ; issue, dernier, final, terminal

nzēngele, DKF, 825 : qui est pervers ; mauvais gaillard, brutal et cruel

nzēngelè- nzēngelè : hâte, presse, va-et-vient

n'zēngelevwa : un homme folâtre, qqn qui agit d'une manière insensée ; personne paresseuse, qui flâne ; rôdeur

sāakubà, DKF, 867 : contre-coup, heurt, choc (des pieds) ; faux pas

sīkila, DKF, 896 : frapper, heurter avec

sùka, DKF, 919 : heurter, frapper sur (avec un objet pointu, aigu) ; fouiller dedans ; tâter, sonder (p. ex. avec le doigt dans un trou pour lever) ; tourmenter, faire souffrir, peiner ; déranger, irriter ; être impertinent, impudent, pénible, géant (un animal) ; souffrir, ressentir des douleurs (au dos, au cou, à la jambe, au bas)

súka : percer, enfoncer, etc.

súka : faire une fin, en finir avec ; finir, cesser, prendre fin ; achever, mettre un terme à ; être à bout ; toucher à sa fin, finir par ; être épuisé, vidé, terminé, soldé, acquitté, payé, employé ; cesser d'y avoir (du maïs)

sūkina, DKF, 920 : venir, arriver après ; faire qqch après, terminer après ; aboutir ; finir, faire une fin

𓌙𓄿𓎛𓏤𓏤𓏤𓏤 **sAH**, EG, 588 : doigt de pied, orteil

súuka, DKF, 919 : petit doigt, auriculaire, cadet

𓌙𓄿𓎛𓏤𓏤𓏤𓏤 **sAH**, CDME, 210 : doter

𓊃𓄿𓅓𓏤𓏤𓏤𓏏 sAH, EG, 588 : terre donnée comme récompense

𓊃𓄿𓀀 sAi, EG, 588 : 1. être repu, blasé ; sAw: satiété ; ssAi : nourrir, donner à manger à, 2. (être) sage, compréhensif

nzánga, DKF, 822 : champ bêché, cultivé après l'incendie des prairies

sūkula, DKF, 921 : prendre et donner ; remettre, laisser, livrer, charger, passer, présenter, porter, mettre, atteindre (ordinairement comme preuve, charge, certificat, témoignage, témoin)

sáka, DKF, 865 : suppliant, prenant ce qu'on veut, ce qu'on désire chez un ami proche

sàkidila, DKF, 867 : marquer par des claquements de mains la joie qu'on a de recevoir (un présent, etc.)

sàkila : remettre, donner, présenter, offrir (un présent)

n'savu, DKF, 760 : superflu, prodige, générosité ; prodigalité ; déshonorer ; dédain, injure

nsāaya : joie, gaîté

nsāaya, nsaayi : aussi injurieusement, rire d'un rire moqueur ; joie, gaîté

sāaya, DKF, 882 : être gai, jovial

sáayi, kis. : paix, joie ; beauté, confort ; vanterie, orgueil ; manière de regarder la nourriture et les choses des autres et penser que c'est rien en comparaison de celles que l'on a soi-même ; qui fait des cadeaux

sa ~ : se vanter

za'a, DKF, 1150 : savoir

záya, DKF, 1157 : savoir ; connaître, comprendre ; saisir, pouvoir ; être initié à, avoir l'expérience de, s'entendre à

záyi: sage, intelligent, raisonnable

záyu: connaissance, sens ; discernement ; intelligence, jugement, conscience de, raison,

sAi, EG, 588 : s'attarder, traîner ; rester en arrière ; sAw iwt. f (var. it. f) : lent (en ce qui concerne) son arrivée, c.à.d. attendu avec impatience

sAi, CDME, 209 : tamiser

sAm, OEP, 405 : brûler entièrement, consumer

sAmt, EG, 588 : deuil

sApt, EGEA, 240 : feuille de lotus

conception, érudition, faculté de comprendre, de concevoir

zisu, DKF, 1167 : sagesse

sāu, DKF, 881 : se dépêcher

sāula : se dépêcher, se presser

sàvula, DKF, 882 : presser qqn ; dire à qqn de se dépêcher

zīzila, DKF, 1168 : être calme, patient, courageux, dévouer, intrépide, imperturbable ; persévérer

sésa, DKF, 893 : passer, tamiser, sasser ; secouer, agiter dans un tamis, un crible (avec saka : crible)

sōsolo, DKF, 917 : tamis

sémba, DKF, 887 : chauffer, brûler (soleil)

sēmbila, DKF, 888 : chaleur excessive, forte, ardeur (de soleil)

zīmuna, DKF, 1165 : écobuer, brûler avec un fer rouge au feu ; brûler un peu

zémba, DKF, 1159 : donner du poison à qqn, chercher à faire mourir qqn d'une manière secrète ou magique, au moyen de sortilège ; montrer du doigt à qqn en voulant dire que le désigner va mourir, dire que qqn mourra ; faire allusion à qqn, désirer du mal à qqn

sapala, DKF, 879 : bosquet, petit bois, tailles, broussailles, hallier

𓊃𓐍𓅱𓐟𓏺 **sAq**, EG, 588 : rassembler, mettre ensemble

𓋴𓐍𓅱𓂋𓏴𓏥 **sAr**, EG, 588 : besoin, demande ; **sAi**, (r) w :besoin ; **sAr**,dét. 𓀀 « needy one »

𓋴𓐍𓅱𓂋𓏏𓀀 **sArt**, EG, 588 : sagesse, compréhension

𓊃𓐍𓅱𓊃𓐍𓅱𓂻 **sAsA**, EG, 588 : renverser ; CDME, 211 : repousser ; appliquer de l'huile

sànga, DKF, 874 : mêler, mélanger ; remuer ensemble

nsátu, DKF, 760 : appétit, désir, aspiration,

nzàla, DKF, 820 : faim, famine, disette, diète, appétit, vif désir, aspiration vive, besoin de

zāla-zalala, DKF, 1152 : envie de

zāla-zala : envie de

sèla, DKF, 886 : qui vient à l'esprit, à l'idée de, pensées qui surviennent

sànsa, DKF, 877 : frotter, oindre (la peau) d'huile ; enduire, teindre, rendre, faire beau (en enduisant de teinture **nkula** rouge, etc.) ; se frotter, s'oindre d'huile

séta, DKF, 893 : abattre, renverser, jeter à la renverse ; jeter à la renverse ; jeter qqch de lourd à terre par force

sētama : être jeté à la renverse, précipité violemment à terre

sētika : jeter à la renverse

sòsa, DKF, 916 : faire un abatis d'arbres, défricher un coin de forêt pour faire un jardin, un champ

sūusa, DKF, 929 : avancer, couler, pousser ; mettre, placer, porter ailleurs ; déménager, éloigner

sùuta, DKF, 930 : tomber, s'abattre (descente de hernie) d'une grosse hernie pendante

súta : jeter par terre, renverser, jeter qqch de très lourd

𓊃𓄿𓏏𓊅 **sAt**, EG, 587 : muraille

𓊃𓄿𓅑𓏏𓄿 **sA-tA**, CDME, 211 : serpent

𓊃𓄿𓏏𓄿 **sA-tA**, CDME, 211 : révérence (?)

𓊃𓄿𓏏𓅱 **sAtw**, EG, 588 : sol, terre

𓊃𓄿𓅱 **sAw**, EG, 588 : poutre, planche

𓎙 **sAw**, PAPP, 305 et 306 : exorciste

𓊃𓄿𓅱 **sAw** EG, 588 : garder, protéger, **sAw** : gardien, **sA** : protection, spécialement magique

𓊃𓄿𓅱 **sAw** : magicien

sēese, DKF, 893 : colline, éminence de sable

nsasa, ~ ndimba, DKF, 759 : serpent vert

nsáadi, DKF, 752 : fierté, mépris, horreur, orgueil, présomption, hauteur d'esprit, insolence, vanité, morgue

sànda, DKF, 873 : mépriser, dédaigner, refuser ; ne pas vouloir (se marier avec qqn, etc.) ; haïr, ne pas répondre à qqn ; désapprouver ; blâmer, critiquer, redire à, reprendre, injurier, détracter, diffamer ; se moquer de, conspuer, insulter à, tourner le dos en ridicule

sònda, DKF, 913 : outrager, insulter, injurier

sènda, DKF, 889 : lopin de terre, champ dans une forêt

sénda : houer, piocher de

nsàvu, DKF, 760 : germe, bouton ; jeune branche, pousse de l'année

sàzi, DKF, 882 : petite branche

sāasuka, DKF, 880 : recouvrer la santé, se fortifier, être guéri

sāasula : guérir (un malade) ; rendre la santé, rendre sain, bien portant, fortifier, apaiser, soulager (la douleur)

sáva, DKF, 881 : rendre, vomir, rejeter

súva, DKF, 930 : vomir, rendre, rejeter le poison **nkasa**

sūvula : donner, administrer un vomitif

swá, **kiswa** : lieu herbeux ou bande étroite de brousse (jungle) ou bocage non touché par le feu ou non cultivé

swádda, DKF, 931 : cacher, dissimuler par un jet, etc.

swàma, DKF, 931 : se cacher, se dissimuler, être cache, recélé, secret, hors de vue, se tenir à l'écart, cache, caché, dissimulé, secret, non apparent

swèka, DKF, 932 : cacher, dissimuler, receler, couvrir, voiler, mettre à l'écart, soustraire, aux regards, enfiler dans fourrer dans, mettre de côté (pour garder)

Swèka : **nkisi**, qui peut rendre une personne invisible pendant la guerre

swèke, DKF, 933 : cacher, tenir caché

zāazuka, DKF, 1157 : devenir mieux portant, meilleur

sAwy, CDME, 209 : surveiller (« keep an eye on »)

swá, DKF, 930 : autorité

swéswe, **tala** ~ ou **bi** ~, DKF, 933 : écarquiller les yeux; regarder fixement qqn; regarder d'une façon pénétrante ou avec de grands yeux

sAx, CDME, 211 : conduire de force

sàka, DKF, 864 : secouer, agiter, vanner les arachides, les haricots, etc. (pour les nettoyer) ; frapper des herbes avec une baguette, gaule pour effrayer les rats et les faire entrer dans un piège ; chercher à prendre, à attraper, à acquérir (p. ex. des richesses) ; exciter, agacer, vexer, stimuler, provoquer ; exaspérer, réveiller ; occasionner, donner lieu, occasion à appeler, à faire naître, à faire surgir ; rincer (la bouche), se brosser (les dents) ; vomir ; agiter, souffler le soufflet

saAy, OEP, 392 : trembler

sàkimina, DKF, 867 : trembler du froid

zàkama, DKF, 1151 : secouer, ébranler, trembler, vibrer, hésiter ; trembler de peur, craindre ; être ému, inquiet, avoir la fièvre intermittente

zàza, DKF, 1157 : secouer, trembler, vibrer

sab, SH, 239 : châtrer un animal

bu-sèwa, DKF, 82 : circoncision

dàbu, DKF, 106 : couteau de table (à manche blanc)

dàbu-dàbu : qui est cassant, fragile, facile à déchirer, à user ou à sauter

dàbula : briser, déchirer ; arracher ; enlever

nsámba, DKF, 755 : tatouage, marque de tribu, de race

sàba, ~ mbeele, DKF, 861 : blesser avec un couteau

sáaba, DKF, 862 : épée

sāabalà : épée, sabre ; grand et large couteau, coutelas

sámba, DKF, 871 : aiguiser (un couteau, les dents, etc.)

sámba : tatouage ; une marque (faite au couteau) indiquant qu'un objet est acheté, vendu ; trait, barre, d'une lettre, d'un caractère, d'écriture ou d'imprimerie ; trait noir sur le front ou au-dessus des yeux

séba, DKF, 883 : couper, découper, débiter en petits morceaux ; hacher menu ; piocher profondément ; faire des entailles, des découpures dans la peau, etc. ; blesser avec un couteau, taillader, saigner

séla : dépecer, découper en morceaux, couper en petits morceaux

sēula, DKF, 893 : couper, ôter (en coupant) ; enlever un morceau de chair ou de peau comme p. ex. dans la circoncision

saH, CDME, 214 : rang, dignité

saH, CDME, 215 : momie

sam, CDME, 214 : avaler

sandw, PAPP, 141 et 144 : diminuer

saq, OEP, 390 : faire entrer, conduire les animaux

tába, DKF, 942 : couper ; trancher

tābuna, DKF, 943 : couper

sèwa, DKF, 894 : organe génital circoncis

zàba : inciser, tatouer légèrement ; couper, blesser, tailler, pratiquer la saignée

sēketè, DKF, 885 : richesse

nsūkubula, ziika ya ~, DKF, 776 : enterrer un mort tout de suite sans le déssécher, sans le fumer

sāmama, DKF, 870 : être bouché, fermé, enfermé, clos ; être plein, rempli

sàmi, DKF, 872 : bouchon, cheville, bonde, tampon

sāmika : boucher, mettre un bouchon ; fermer au moyen d'un bouchon, d'un tampon, d'une cheville, d'une bonde, mettre, enfoncer un bouchon, une bonde, etc.

sòma, DKF, 911 : voracité, gloutonnerie

sūma, kya ~, DKF, 923 : savoureux

sūmata : toucher du bout des lèvres, goûter à ; boire à petits traits ; commencer timidement, un peu

sīndakana, DKF, 902 : perdre

sàka, DKF, 864 : secouer, agiter, vanner les arachides, les haricots, etc. (pour les nettoyer) ; frapper des herbes avec une baguette, gaule pour effrayer les rats et les faire entrer dans un piège ; chercher à prendre, à attraper, à acquérir (p. ex. des richesses) ; exciter, agacer, vexer, stimuler, provoquer ; exaspérer, réveiller ; occasionner, donner lieu, occasion à appeler, à faire naître, à faire surgir ; rincer (la bouche), se brosser (les dents) ; vomir ; agiter, souffler le soufflet

sar, PAPP, 66 et 69 : faire parvenir des informations

sála, DKF, 868 : cime (d'un arbre) ; l'extrémité du sommet

sar, CDME, 214 : causatif, faire monter

saSA, CDME, 215 : contrôler une région ; policier

sànsa, DKF, 877 : pourvoir, munir de, fournir, garnir, entretenir, conduire, diriger (le ménage) ; organiser, économiser ; être économe, nourrir, donner de la nourriture, des vêtements, etc. ; adopter ; élever, éduquer, enseigner, prendre soin de ; allaiter (enfant), faire subsister, faire vivre

saSA, CDME, 215 : escorte

zāzama, DKF, 1157 : être en cercle, mis en rond, en rond-point ; sur une même ligne, en longues files

zāzika : ranger ; mettre, placer en cercle, en rond-point

sb, CDME, 219 : dépasser la clôture

sámbu, DKF, 871 : chemin, route, bord du chemin, de la route ; bifurcation, carrefour, tournant ; côté, direction, sens (p. ex. du côté des ennemis, des amis) ; côté, demi, moitié d'un porc

sbA, PAPP, 133 : étoile, astre doué d'un éclat propre

sáma (āa), DKF, 870 : luire, éclairer, briller, répandre la lumière

sāaminina, DKF, 872 : être un peu clair, obscur ; être étoilé, éclairé par les étoiles, etc.

sèema, DKF, 887 : briller, luire, étinceler, resplendir, scintiller ; faire, jeter des éclairs ; flamber ; luire fortement, rayonner ; se vanter, être propre, pur, net, blanc (habits, vêtements, etc.)

bànza, DKF, 20 : penser, raisonner, réfléchir, estimer ; juger. considérer, étudier, approfondir, ruminer ; se représenter ; calculer ; admettre, supposer ; croire ; opiner

bànza : pensée ; réflexion, ce qu'on approfondit ; gr. proposition

ki-sáva, DKF, 278 : jeu, devinette, art, spectacle, magie, mystification (jeu) ; prodige, apparition, illusion, spectre, fantôme

sávu, DKF, 881 : parabole, énigme, mystère, conte, fable, anecdote ; histoire ; jeu avec chant (de femmes et filles) ; genre de tressage d'un mur de maison ; grimace faite dans l'intention de se moquer ; mépris

súba, DKF, 918 : être plus, davantage, surpasser, dépasser

túmba, DKF, 993 : introduire dans, initier qqn (aux mystères du fétichisme) ; faire son ordination ; promouvoir, couronner, consacrer, choisir, élire, installer, ordonner, établir ; nénir, revêtir (d'un emploi, d'une dignité) ; commencer un travail

yāaba, DKF, 1109 : connaître, reconnaître, savoir, comprendre

yòoba, DKF, 1138 : bêtise

zāaba, DKF, 1150 : savoir, connaître

zòba, DKF, 1169 : folie, démence, bêtise

zòbalala : être sot, être niais

zúba, DKF, 1173 : être plus, davantage, surpasser, dépasser

sbA, EG, 487 : enseigner

sbA, EGEA, 220 : instruire, éduquer ;

sbAw : maître, éducateur ; **sbAy** : maître, éducateur ; **sbAwt** : enseignement ; **sbAyt** : punition (d'un élève) ; **sbA** : apprendre

sbA, EG, 589 : porte

lu-sáfi, DKF, 445 : clé

nsábi, DKF, 751 : caisse indigène, coffre

548

nsábi : serrure, clef

n'sàbila, DKF, 752 : corbeille tressée, cornet de feuillees de palmier pour y porter des fruits ; le petit panier **n'tete** ou sac pour **nkisi**

nsáfi, DKF, 752 : clef

nsàmbila, DKF, 755 : une petite corbeille **n'tete**

sába, DKF, 862 : fermer

sábi: liège, bouchon

tsábi, DKF, 1012 : coffre, caisse indigène

zìbama, DKF, 1163 : être fermé, enfermé, isolé, clos, fermé à clé, bouché, comblé (un trou, eetc.)

zìbila : ouvrir

zìbula : ouvrir (une porte, une lettre, etc.)

sbbt, PAPP, 141 et 144 : la bière brassé

Sbb, EG, 594: « knead (in brewing) »

nsámba, DKF, 755 : vin de palme tiré de la tige de la fleur ; vin

sbH, EG, 589 : crier, cri

sámba, DKF, 871 : crier, gémir, pétiller, pousser des cris aigus, appeler d'une voix aigué crier avec instance, sans arrêt, comme un **nganga** en extase ou sous le charme

sāmbakana : crier, hurler, piailler, geindre, glapir

sāmbana : crier, hurler, rugir fort

sbi, OEP, 386 : circoncire

bu-sèwa, DKF, 82 : circoncision

būuza, DKF, 86 : blesser grièvement, profondément ; entailler, inciser

dà, na ~, DKF, 106 : fig. au sens de rompre, briser, déchirer

549

dàbu : couteau de table (à manche blanc)

dàbu-dàbu : qui est cassant, fragile, facile à déchirer, à user ou à sauter

dàbula : briser, déchirer ; arracher ; enlever

nsábi, DKF, 751 : tranchant d'une dent, couronne d'une dent ; dent pointue de la mâchoire inférieure ; dent qui est ciselée

sàba, ~ **mbeele**, DKF, 861 : blesser avec un couteau

sámba, DKF, 871 : aiguiser (un couteau, les dents, etc.)

sámba : tatouage ; une marque (faite au couteau) indiquant qu'un objet est acheté, vendu ; trait, barre, d'une lettre, d'un caractère, d'écriture ou d'imprimerie ; trait noir sur le front ou au-dessus des yeux

sé, DKF, 883 : taille, coupe, coupage, polissage, adoucissage (p. ex. d'une glace polie) ; modèle, façon, marque, couleur, teinte ; bords, bordures, trait, raie, ligne, marque, etc. dans le culte **nkisi**, fétichisme

séba: couper, découper, débiter en petits morceaux ; hacher menu ; piocher profondément ; faire des entailles, des découpures dans la peau, etc. ; blesser avec un couteau, taillader, saigner

séla : dépecer, découper en morceaux, couper en petits morceaux

sēula, DKF, 893 : couper, ôter (en coupant) ; enlever un morceau de chair ou de peau comme p. ex. dans la circoncision ou dans une opération chirurgicale

sèwa, DKF, 894 : organe génital circoncis

tā, DKF, 942 : couper, trancher ; être tranchant

tába : couper ; trancher

tābuna, DKF, 943 : couper

zāa, DKF, 1150 : fig. au sens de couper rapidement, de circoncire

zàba: inciser, tatouer légèrement ; couper, blesser, tailler, pratiquer la saignée

sbi, EG, 589 : aller, passer, envoyer

nsabala, DKF, 751 : agitation, envie de, désir impatient d'un bain (se dit de petits enfants)

saaba, DKF, 862 : lever les jambes, comme pendant une querelle avec qqn

sābanga : jaillir, jeter, rejeter

sàbata : marcher, piétiner (rapidement)

zābata, DKF, 1150 : marcher, piétiner dans la boue, marcher, marcher sur qqch ; marcher vite

záma, DKF, 1153 : piétiner, élever ses pieds (comme en querellant avec qqn)

zùuma, DKF, 1175 : aller voir qqn, faire visite à qqn

sbi, EG, 589 : se rebeller, se révolter ; dét. : rebelle

n'sabingi, DKF, 752 : désordre, dérèglement

sébe, DKF, 883 : caprice, indocilité, entêtement, obstination (chez l'enfant)

sbi, CDME, 220 : boire

n'sūma, DKF, 777 : verre offert à celui qui a porté le vin de palme ; premier verre ; boire pour montrer que le vin est bon, inoffensif

sūmata, DKF, 923 : toucher du bout des lèvres, goûter à ; boire à petits traits ; commencer timidement, un peu

Sbiw, EBD, 2 : le mauvais « the evil one »

n'saabu, DKF, 752 : insulte, qqn qui injurie, qui insulte

sbi, EBD, 68 : les démons

nséba, nsebo, DKF, 760 : qui ne veut pas vénérer les vieux ou les jeunes

𓋴𓃀𓏏𓅪 sbt, CDME, 219 : tort, mal

tebo, DKF, 958 : esprit, revenant, apparition

sábu, DKF, 862 : injure, insolence, insulte

sāmvula, DKF, 873 : maudire, injurier, pester

síba, DKF 894 : injurier, insulter, maudire, jurer (après qqn) ; **ki** ~ : malédiction ; **lookaki** ~ : lancer des malédictions au **nkisi**

sibavenda : interj., Que Dieu nous (vous) préserve, puissent les malédictions nous être épargnées ; O mon cher (ma chère), non, non en vérité, non pas un seul morceau (de cela)

síbu : malédiction, damnation, anathème ; situation, état désespéré, maudit

sifa, DKF, 895 : maudire ; de là : **lusifu** : malédiction

sifi : monstre

zémba, DKF, 1159 : donner du poison à qqn, chercher à faire mourir qqn d'une manière secrète ou magique, au moyen de sortilèges ; montrer du doigt à qqn en voulant dire que le désigné va mourir, dire que qqn mourra ; faire allusion à qqn, désirer du mal à qqn

sbk, EG, 589: le dieu Sobk

sábu, DKF, 862 : lieu d'atterrissage, de débarquement, port, gué ; passage, traversée (sur l'eau)

sābuka : passer à gué

sābula, DKF, 863 : faire passer, traverser l'eau

sbn, EGEA, 200 : bande de tisu, bandelette de momie

n'sabala, DKF, 751 : châle, costume des nègres orné de franges ; une sorte d'étoffe large ; jupe **nkimba** (crinoline)

símba, DKF, 899 : tissus, végétal de couleur bleue

sbn (zbn), CDME, 220 : diverger

ndàmbu, DKF, 663 : partie, moitié, morceau (indéterminé) ; région, division, section, fragment, demi, moitié, paragraphe ; gr. Complément

ndámbu : côté, bord (d'une rivière) ; côté, rivage, à côté de, devant

n'làmbu, DKF, 743 : rivage, bord, rive, bord (de forêt)

n'làmbu : région, district ; zone

n'sàmbu, DKF, 755 : cheveux avec raie ; herbe abattue de deux côtés ; chemin, sentier dans l'herbe ; côté, bord d'un chemin dans l'herbe ; chemin, route qui est foulée aux pieds, piétinée, aplatie par les animaux et les gens

sámba, DKF, 871 : branche, rameau de qqch ; qqch qui est partagé (une branche)

sámvi, DKF, 873 : branche, rameau, brin, petit arbre ; branche, etc. que l'on place au carrefour de deux ou de plusieurs chemins pour indiquer la bonne route

sbnw, CDME, 220 : poisson

mbízi, DKF, 532 : vertébré, viande, chair, animal dont on mange la chair

mu-nsàmbu, DKF, 616 : poisson salé

n'kámba, DKF, 707 : esp. de petites anguilles (foncées)

n'sómfi, DKF, 771 : anguille

n'sámbu, DKF, 755 : poisson salé

nsùmba, DKF, 777 : le poisson **ngola**

nzómbo, DKF, 831 : un très grand poisson (**Protapterus Dolloi**) ; poisson de genre dipusi ; lamentin, python ou le grand serpent **mpidi** ou serpent en général quand il est dépécé ; le lézard varan

sámbu, DKF, 871 : poisson salé (de sel) d'Europe

sībizì, DKF, 894 : un poisson (**Myomyrus Macrodon**)

zībizì, DKF, 1163 : un poisson

zómbo, DKF, 1171 : un poisson

𓊃𓃀𓈎𓂻 sbq, EG, 589 : (être) excellent, réussir

sāmbula, DKF, 872 : se servir de, employer qqch pour la première fois

𓊃𓃀𓈎𓂾 sbq, EG, 589 : jambe

nsòmbo, DKF, 771 : saut ; saut de grenouille

sòbo-sòbo, DKF, 908 : être foulé, chemin battu (de traces d'animaux)

sómbo, DKF, 912 : saut, bond (p. ex. d'une grenouille)

sùdi-sùdi, kwenda ~ : sauter sur un pied

sùdunga : boiter, clocher

zōmbuka, DKF, 1171 : marcher, arpenter le terrain à grands pas ; enjamber ; sauter, bondir, sautiller (comme un oiseau)

𓊃𓃀𓏏𓀠 sbT, var. 𓊃𓃀𓏏𓀔 sbt, EG, 589 : rire (n. et v.)

nsébo, DKF, 760 : levre tirée en haut (comme pour rire)

nsèvi, DKF, 764 : rieur

nsèvila : dents tranchantes, pointues

nsèvokosa : plaisanterie, mot pour rire

n'sèyi : rieur

nséyi : rire

nsomi, ~ mini, DKF, 771 : grande dent saillante

sēsele, DKF, 893 : plaisanterie

sèva : rire, sourire, ricaner, rire sous cape, rire de, se moquer de ; sourire ironique, moqueur ; dédaigneux

554

sèvila : fou rire, envie de rire

sèvila, DKF, 894 : dents du rire, dents (de la mâchoire inférieure) qui sont ciselées

sèvo : rire

zémba, DKF, 1159 : rire de, se moquer de, plaisanter ; invectiver un absent ; se pavaner ; faire le petit maître ; être élégant, faire le fier (en marchant, en dansant) ; avoir le vertige (être un peu gris)

𓊃𓃀𓏏𓏭 sbt, CDME, 219 : fardeau ; cargo

saabanga, DKF, 862 : grande (personne)

sānamà, DKF, 873 : grand fardeau, charge, caisse

𓊃𓃀𓏏𓏊 sbt, CDME, 219 : cruche pour libation

n'sómbo, DKF, 771 : bouteille (de bière), flacon (de verre) ; qqch de long

n'sómo, DKF, 772 : une petite cruche ; gargouillette

zóbe, DKF, 1169 : cruche de grès, de terre, d'argile, cruche à eau

𓊃𓃀𓏊𓏭 sbx, CDME, 220 : cruche

n'sómbo, DKF, 771 : bouteille (de bière), flacon (de verre) ; qqch de long

n'sómo, DKF, 772 : une petite cruche ; gargouillette

zóbe, DKF, 1169 : cruche de grès, de terre, d'argile, cruche à eau

𓊃𓃀𓏊𓂋 sbx, CDME, 220 : fermer (les bras), enfermer

sába, DKF, 862 : fermer

sábi : liège, bouchon

sābama, DKF, 862 : être fermé, obstrué, bouché (muni d'un bouchon de liège), engorgé

𓊪𓂧𓏴 sd, CDME, 257 : casser

sābika : fermer, enfermer, entourer, barrer, barricader, attacher devant, atteler, obstruer, engorger, boucher

zìbama, DKF, 1163 : être fermé, bouché

zìbila : ouvrir

zìbula : ouvrir (une porte, une lettre, etc.)

sàda, DKF, 863 : faire qqch avec puissance

séde, DKF, 883 : morceau

sēdesi, kis., DKF, 884 : petit morceau de bois enfoncé par accident dans un doigt

séla, DKF, 886 : dépecer, découper en morceaux, couper en petits morceaux, p. ex. des bananes ; médire

séle : morceau, portion, partie, bout de viande, tranche

sēle-sele, DKF, 887 : petite miette (du pain, etc.)

sénge, DKF, 890 : brûchettes, éclats, petits morceaux de bois de **nkula** préparés pour faire de la couleur rouge (ocre rouge)

sìdikita, DKF, 895 : concasser, broyer

sìla, DKF, 898 : frotter contre

sílu : coque, morceau de coque de noix de palmier ; endroit, place où l'on a coutume de casser les noix de palmier ; aussi la pierre avec laquelle on casse les noix

sínnta, DKF, 905 : couper ou tailler perpendiculairement ; approfondir

sódi, DKF, 908 : **ta ki ~** : faire craquer, claquer ses doigts

sùdi, DKF, 918 : morceau

súudya, DKF, 919 : éclat, morceau, fragment d'une coquille de noix de palmier

556

sùla, DKF, 921 : écraser, presser la pulpe de la noix de palmier avec les mains (habituellement avec la pouce contre le plat de la main) pour en exprimer l'huile de palme ; écraser, presser le jus des fruits ; projeter, méditer qqch ; faire qqch de mal

súula : morceau, débris de coquille de noix de palme

yŏnzuna, DKF, 1142 : ronger, enlever (avec les dents); prendre (le sein) ; cueillir (poivre) ; éplucher ; défaire, arracher, rompre, sarcler ; calomnier, discréditer

záda, DKF, 1151 : amputer, retrancher

zāata, DKF, 1156 : couper un peu les cheveux ; ébrancher ; étêter

zātuna : broyer, enlever un morceau (avec les dents ou au tranchant du couteau) ; pincer, briser (une dent, une pointe, une corne, etc.) ; arracher, mordre, ronger, paître, perdre ; vider l'herbe en piochant (au lieu de bien piocher et de l'arracher pour la semence) ; enlever, casser un fragment

zénda, DKF, 1160 : abattre (des arbres)

zènga : couper, trancher, découper, abattre, émonder, étêter, trancher autour, circoncir ; décider, trancher une question

zéta, DKF, 1162 : prendre un peu à la fois (p. ex. en mangeant)

zētuna : manger un peu à la fois, enlever ; ôter un morceau (avec des tenailles, avec le bout des doigts)

zìnda, DKF, 1166 : interrompre, terminer, ne plus faire ce qu'on a fait (p. ex. faire des petits) ; devenir stérile (la femelle) ; être trop vieille pour faire des petits

zúnda, DKF, 1176 : couper des plants de bananier

𓊃𓂧𓄿𓂻 sDA, EG, 593 : (probablement causatif) aller, passer ; mourir

n'díla, DKF, 669 : ratière, souricière

ndíla ou nðila : chemin, route, passage de rats (dans l'herbe)

n'síila, DKF, 766 : ~ mvula : eau de pluie qui s'amasse en gros filets ; pluie torrentielle ; ~ amasa : déluge

nzíla, DKF, 827 : chemin, sentier, route, ruelle, rue, passage, voie, direction

sàngila, DKF, 876 : course, mouvement rapide

sāngulu : râle de la mort ou de l'agonie

sēndebelè, DKF, 889 : endroit où les animaux et les hommes ont foulé, piétiner les herbes (où on a eu une rixe, une bataille, etc.)

sèndubuka, DKF, 889 : marcher dandinement

sínnda, DKF, 901 : s'en aller en laissant des marques après soi, p. ex. des larves qui ont passé sur un arbre

sínda : tomber au fond ; s'enfoncer dans l'eau, dans la vase ; décliner, baisser (soleil) ; tomber, descendre au fond, déposer, former un dépôt ; s'immerger, sombrer, être profond

sīndalala, DKF, 902 : décéder, mourir ; être mort, crever (terme de mépris)

sīndama : s'en être allé ; être parti, envoyé, expédié, dépêché ; couler à fond rapidement, subitement ; être englouti ; être lourd, difficile à déplacer, à remuer, à faire avancer ; se mouvoir, remuer difficilement ; être lent à se mouvoir, à se lever

sīndika : faire partir, envoyer, renvoyer qqn avec un présent d'adieu ; dire adieu ; donner un présent d'adieu ; dire adieu, souhaiter bon voyage à qqn ; donner la permission de partir, donner congé, congédier, expédier ; donner un secours de route, aider à partir, à démarrer (un canot) ; pousser, presser, faire avancer, partir, tirer

[hieroglyphs] sDAw, CDME, 258 : anneau (?)

dyē, na ~, DKF, 140 : figure au sens d'être arrondi ; d'aller en rond, rouler ; tournoyant

dyénga : aller en rond, rouler, virer, tourner sur soi-même, tournoyer ; narguer ; désapprouver

sáakila, DKF, 867 : faisceau, poignée, grappe

zèta, DKF, 1162 : faire un cercle, un cercle autour, tordre autour ; se rouler, s'arrondir, s'enrouler autour ; parcourir, toruner

zyèta, DKF, 1181 : faire de la corde, filer (le lin) ; faire le tour de qqch ; tortiller ; tourner, faire un détour, aller circulairement, en un mouvement rotatif, ce qui tourne (dans la tête) ; avoir le vertige ; ce qui est difficile à comprendre, à saisir, embrouiller ; se détourner (des animaux que l'on garde)

zyèta : marcher, voyager, errer, rôder, partir, se promener, aller chez celui-ci et chez celui-là

zyètana : être arrondi, s'arrondir (comme l'horizon)

zyètula, DKF, 1182 : tourner, faire tourner, virer

[hieroglyphs] sDAy, CDME, 258 : se recréer (?)

sáka ou ts., DKF, 865 : jeu, divertissement, badinage

sàkana, DKF, 866 : jouer, plaisanter de, s'amuser, s'égarer, se récréer ; plaisanter avec ; badiner ; faire qqch en jouant et sans force, sans courage, sans persévérance, faire du sport, s'exercer

sendumuka, DKF, 889 : fainéanter ; faire le paresseux ; flâner

[hieroglyphs] sDdt, CDME, 260 : description ; récit

kí-nzònzi, DKF, 289 : charge, fonctions d'avocat, habitudes, usages relatifs à ces fonctions, chicane, argutie, subtilité ;

𓇋𓋴𓆓𓀁 sDdw : récits

honoraires pour un avocat ; esprit querelleur, chicaneur, processif ; procès

lu-sángu, DKF, 446 : sujet de conversation ; qqch à dire, de quoi parler ; histoire, nouvelle

nsàngu, DKF, 757 : histoire, récit, renseignement, communication, anecdote, nouvelle, rumeur, récits héroïques ; renommée

n'sangu, DKF, 758 : bruit (de tambours, de chants) pour conjurer (un **nkisi**)

n'sangunya, DKF, 758 : triomphe, jubilation

nséki, DKF, 761 : qualité de raconter pour son ami ce que dit l'ennemi

nsénsi, DKF, 764 : qualité de raconter à son ami ce que dit son ennemi

nsísu, DKF, 769 : paroles très outrageantes employées par les femmes ; parler en mouvant les sourcils

nsónsa yo, DKF, 774 : se dit en proposant une énigme ; alors on répond : **ta yo**

nsosa : pensée, opinion, signification

nsose : mot indigène pour exprimer le mécontentement

nsòsolo : entretien

n'soti : poète

sansala, DKF, 877 : raconter, publier

sàasa, DKF, 879 : expliquer, éclaircir, rendre clair, préciser, définir, exposer le point de vue de, le sens de qqch

sangu, DKF, 876 : message, ambassade

sati, DKF, 881 : peut-être ; ainsi ; alors

sendumuna, DKF, 889 : parler sèchement ; avoir un langage mordant, incisif, sarcastique ; être ironique, mordant, mordant ; critiquer

sèta, DKF, 893 : parler, raconter, dire qqch franchement ; composer, frabriquer une histoire, des nouvelles

sínda, DKF, 901 : conseiller, exhorter à, persuader, provoquer

sindakanya, DKF, 902 : encourager

sòsa, DKF, 916 : parler, dire ; chercher à savoir ; être au courant de

Sòsa : nom de femme

sósa : produire un son, différents sons, accents

sósa : ton, son (de la voix, etc.)

sūdila, ~ **mfuka**, DKF, 919 : raconter la raison pour laquelle on n'a pas payé la dette

sùnda, DKF, 925 : être profond, creux, bas, enfoncé ; être profond, sérieux, difficile à comprendre ; peser, considérer, réfléchir à, sur, songer à

sùndula, DKF, 926 : dire, parler franchement

zànza, DKF, 1156 : parler mal de, discourir méchamment

zīnzumuna, DKF, 1167 : raconter, expliquer distinctement

zònza, DKF, 1172 : (se) quereller, (se) disputer ; être en désaccord; parler, discuter, plaider, discourir, s'entretenir de qqch, débattre

zònzi : avocat

zònzo : parler, causer

sDH, CDME, 260 : tibia

súku, DKF, 920 : filet, faux-filet (animal, oiseau) ; pièce de queue (de poule) ; la moitié du derrière d'un animal enlevé avec les cuissots ; reins, bassin ; arrière-train d'un animal

sú-súku, DKF, 929 : tibia et péroné

sDm, EBD, 23 : entendre

mu-sénzi, DKF, 623 : qui ne comprend pas les injures

n'sénsi, DKF, 764 : qqn qui ne comprend pas les injures

sínda, DKF, 901 : conseiller, exhorter à, persuader, provoquer

sDn, CDME, 259 : porter un enfant

zúta, DKF, 1178 : prendre, saisir dans ses bras

sDr, EG, 593 : se coucher, passer toute la nuit

sàdumuna, DKF, 864 : étendre, déployer, déplier, étaler qqch de long

sālalala, DKF, 869 : être couché, étendu, allongé sur le dos

sēeka, DKF, 884 : dormir ; être couché, étendu sur le dos ; toruner la face vers le ciel (en haut) ; avoir le ventre en l'air ; être tourné comme un poisson mort)

sDt, CDME, 257 : feu, flamme

sēkana, DKF, 855 : briller, reluire fortement ; luire, flamber, flamboyer (un charbon ardent)

sēkelé : soleil brûlant, forte chaleur (du soleil, du feu)

sèke-sèke, na ~, DKF, 885 : fiévreux, agité, brûlant de fièvre

sēkima : faire des éclairs, éclairer, brûler (comme un éclair)

sēki-seki, na ~ : clair de lune

sīika, DKF, 896 : être brûlé (nourriture)

sunda, DKF, 925 : éclater (la foudre)

sūtuka, DKF, 930 : être brûlé

zàlama, DKF, 1152 : avoir la fièvre

𓊃𓏏𓏭 **sDty**, EG, 593 : enfant, enfant adoptif

𓊃𓂧𓏤 **sd**, PAPP, 80 et 85 : briser

n'sánga, DKF, 756 : nouvelle génération, descendance, rejetons (de la génération vivante)

nsanga, DKF, 757 : frère ou sœur (on désigne par ce mot le sexe opposé, c'est-à-dire un frère en parlant de sa sœur ou vice-versa)

Nsanga : nom propre (pers.; village, famille) ; bouture de bananier

sada, DKF, 863 : enfant frêle, fluet, nouveau-né

sádya, DKF, 864 : enfant frêle, fluet, malingre, nouveau-né

sàda, DKF, 863 : faire qqch avec puissance

séde, DKF, 883 : morceau

sēdesi, kis., DKF, 884 : petit morceau de bois enfoncé par accident dans un doigt

séla, DKF, 886 : dépecer, découper en morceaux, couper en petits morceaux, p. ex. des bananes ; médire

séle : morceau, portion, partie, bout de viande, tranche

sēle-sele, DKF, 887 : petite miette (du pain, etc.)

sìdikita, DKF, 895 : concasser, broyer

sìla, DKF, 898 : frotter contre

sílu : coque, morceau de coque de noix de palmier ; endroit, place où l'on a coutume de casser les noix de palmier ; aussi la pierre avec laquelle on casse les noix

sínnta, DKF, 905 : couper ou tailler perpendiculairement ; approfondir

sódi, DKF, 908 : **ta ki ~** : faire craquer, claquer ses doigts

563

sùdi, DKF, 918 : morceau

súudya, DKF, 919 : éclat, morceau, fragment d'une coquille de noix de palmier

sùla, DKF, 921 : écraser, presser la pulpe de la noix de palmier avec les mains (habituellement avec la pouce contre le plat de la main) pour en exprimer l'huile de palme ; écraser, presser le jus des fruits ; projeter, méditer qqch ; faire qqch de mal

súula : morceau, débris de coquille de noix de palme

yōnzuna, DKF, 1142 : ronger, enlever (avec les dents); prendre (le sein) ; cueillir (poivre) ; éplucher ; défaire, arracher, rompre, sarcler ; calomnier, discréditer

záda, DKF, 1151 : amputer, retrancher

zāata, DKF, 1156 : couper un peu les cheveux ; ébrancher ; étêter

zātuna : broyer, enlever un morceau (avec les dents ou au tranchant du couteau) ; pincer, briser (une dent, une pointe, une corne, etc.) ; arracher, mordre, ronger, paître, perdre ; vider l'herbe en piochant (au lieu de bien piocher et de l'arracher pour la semence) ; enlever, casser un fragment

zénda, DKF, 1160 : abattre (des arbres)

zènga : couper, trancher, découper, abattre, émonder, étêter, trancher autour, circoncir ; décider, trancher une question

zéta, DKF, 1162 : prendre un peu à la fois (p. ex. en mangeant)

zētuna : manger un peu à la fois, enlever ; ôter un morceau (avec des tenailles, avec le bout des doigts)

zìnda, DKF, 1166 : interrompre, terminer, ne plus faire ce qu'on a fait (p. ex. faire des petits) ; devenir stérile (la femelle) ; être trop vieille pour faire des petits

sd, PAPP, 257 : être vêtu ; CDME, 256 : habit

sd, CDME, 256 : queue

sdA, CDME, 256 : trembler

zúnda, DKF, 1176 : couper des plants de bananier

nsànda, DKF, 756: habits déchirés, déguenillés; guenilles, chiffons; petites étoffes pour vêtements de devant et de derrière. **Ns.**: nom propre

nsánda : étoffe en général ; voile (du temple)

sèdika, DKF, 884 : habiller, orner qqn richement

sèdinga : s'orner s'embellir, se décorer

seda ou tseda, DKF, 883 : étoffe de soie

sēlalala, DKF, 886 : étoffe semblable à des morceaux de mouchoir

sòta, DKF, 917 : petite tige, queue, pédoncule, pétiole (d'une fleur, d'une feuille, d'un fruit, manioc, etc.); clitoris; grappe de noix de palme

cúda ou cú-dá, DKF, 102 : être secoué, tresauter, frémir; avoir des crampes, un pouls agité: s'avancer par bonds (comme le sang dans les artères); recevoir des secousses électriques

cúda: bondir, sauter

súda, DKF, 918 : ressentir des élancements (dans le ventre, les muscles, etc.); s'élancer, jaillir, sortir par saccades (le sang) ; battre, produire des pulsations (artères, cœur); frémir, sursauter; être secoué par un courant électrique; jeter par terre, à la renverse; mettre, placer, poser, laisser tomber qqch avec force en faisant du bruit, en tombant lourdement

súla, DKF, 921 : avoir une crampe dans les muscles, les nerfs, le sang; avoir des battements du cœur, des palpitations du cœur;

𓋴𓂧𓃀𓋳 **sdb**, CDME, 257 : 1. frange d'un habit ; 2. vêtement

𓋴𓂧𓃀✕ **sdb**, CDME, 259 : pénétrer (d'une blessure)

𓋴𓂧𓃀𓀁 **sdb**, EG, 593 : avaler

sentir des heurts, des percussions, des secousses électriques

n'sànda, DKF, 756 : frange d'étoffe

nsànda: habits déchirés, déguenillés; guenilles, chiffons; petites étoffes pour vêtements de devant et de derrière. **Ns.**: nom propre

nsánda: étoffe en général ; voile (du temple)

n'sìtu, DKF, 769 : lisière, bord, envers d'une étoffe ; ~ **an'lele**: bande d'étoffe

nsìitu: bande

sèdika, DKF, 884 : habiller, orner qqn richement

sèdinga : s'orner s'embellir, se décorer

seda ou **tseda**, DKF, 883 : étoffe de soie

sēlalala, DKF, 886 : étoffe semblable à des morceaux de mouchoir

zàla, DKF, 1152 : frange

zàmba, DKF, 1153 : frange, houpe, touffe, châle, étoffe à franges ; petit pagne –des femmes) ; graines qui s'attachent aux habits ; 2 mètres d'étoffe avec franges ; houpe, touffe de cheveux

zànda, DKF, 1154 : frange

sēdesi, DKF, 884 : petit morceau de bois enfoncé par accident dans un doigt

sèeda, DKF, 883 : grande faim insatiable

zéla, DKF, 1159 : mâcher, mâchonner (des arachides, etc.)

sdi, var. antérieure sDi, EG, 593 : briser, casser

sàda, DKF, 863: faire qqch avec puissance

séde, DKF, 883 : morceau

sēdesi, kis., DKF, 884 : petit morceau de bois enfoncé par accident dans un doigt

séla, DKF, 886 : dépecer, découper en morceaux, couper en petits morceaux, p. ex. des bananes ; médire

séle : morceau, portion, partie, bout de viande, tranche

sēle-sele, DKF, 887 : petite miette (du pain, etc.)

sìdikita, DKF, 895 : concasser, broyer

sìla, DKF, 898 : frotter contre

sílu : coque, morceau de coque de noix de palmier ; endroit, place où l'on a coutume de casser les noix de palmier ; aussi la pierre avec laquelle on casse les noix

sínnta, DKF, 905 : couper ou tailler perpendiculairement ; approfondir

sódi, DKF, 908 : **ta ki ~** : faire craquer, claquer ses doigts

sùdi, DKF, 918 : morceau

súudya, DKF, 919 : éclat, morceau, fragment d'une coquille de noix de palmier

sùla, DKF, 921 : écraser, presser la pulpe de la noix de palmier avec les mains (habituellement avec la pouce contre le plat de la main) pour en exprimer l'huile de palme ; écraser, presser le jus des fruits ; projeter, méditer qqch ; faire qqch de mal

súula : morceau, débris de coquille de noix de palme

yōnzuna, DKF, 1142 : ronger, enlever (avec les dents); prendre (le sein) ; cueillir (poivre) ;

éplucher ; défaire, arracher, rompre, sarcler ; calomnier, discréditer

záda, DKF, 1151 : amputer, retrancher

zāata, DKF, 1156 : couper un peu les cheveux ; ébrancher ; étêter

zātuna : broyer, enlever un morceau (avec les dents ou au tranchant du couteau) ; pincer, briser (une dent, une pointe, une corne, etc.) ; arracher, mordre, ronger, paître, perdre ; vider l'herbe en piochant (au lieu de bien piocher et de l'arracher pour la semence) ; enlever, casser un fragment

zénda, DKF, 1160 : abattre (des arbres)

zènga : couper, trancher, découper, abattre, émonder, étêter, trancher autour, circoncir ; décider, trancher une question

zéta, DKF, 1162 : prendre un peu à la fois (p. ex. en mangeant)

zētuna : manger un peu à la fois, enlever ; ôter un morceau (avec des tenailles, avec le bout des doigts)

zìnda, DKF, 1166 : interrompre, terminer, ne plus faire ce qu'on a fait (p. ex. faire des petits) ; devenir stérile (la femelle) ; être trop vieille pour faire des petits

zúnda, DKF, 1176 : couper des plants de bananier

sdwx, EG, 593 : embaumer

sàdi, DKF, 863 : champignon de cadavre ; qqch qui sent terriblement mauvais

sf, PAPP, 37 et 38 : hier

zóono, DKF, 1172 : hier; autrefois, il y a longtemps

sf, EG, 589 : (être) doux

sifuka, kis., DKF, 895 : affabilité

𓈖𓆑𓏊𓀀 **sfn**, EG, 589 : (être) gentil, aimable

𓆑𓂝 **sf, (zf)** CDME, 224 : couper

𓊃𓆑𓏏 **sft** : couteau

bu-sèwa, DKF, 82 : circoncision

būuza, DKF, 86 : blesser grièvement, profondément ; entailler, inciser

dàbu, DKF, 106 : couteau de table (à manche blanc)

nsábi, DKF, 751 : tranchant d'une dent, couronne d'une dent ; dent pointue de la mâchoire inférieure ; dent qui est ciselée

sàba, ~ mbeele, DKF, 861 : blesser avec un couteau

sáaba, DKF, 862 : épée

sāabalà : épée, sabre ; grand et large couteau, coutelas

sámba, DKF, 871 : aiguiser (un couteau, les dents, etc.)

sámba : tatouage ; une marque (faite au couteau) indiquant qu'un objet est acheté, vendu ; trait, barre, d'une lettre, d'un caractère, d'écriture ou d'imprimerie ; trait noir sur le front ou au-dessus des yeux

sé, DKF, 883 : taille, coupe, coupage, polissage, adoucissage (p. ex. d'une glace polie) ; modèle, façon, marque, couleur, teinte ; bords, bordures, trait, raie, ligne, marque, etc. dans le culte **nkisi**, fétichisme

séba: couper, découper, débiter en petits morceaux ; hacher menu ; piocher profondément ; faire des entailles, des découpures dans la peau, etc. ; blesser avec un couteau, taillader, saigner

séla : dépecer, découper en morceaux, couper en petits morceaux

sēula, DKF, 893 : couper, ôter (en coupant) ; enlever un morceau de chair ou de peau comme p. ex. dans la circoncision ou dans une opération chirurgicale

sèwa, DKF, 894 : organe génital circoncis

tā, DKF, 942 : couper, trancher ; être tranchant

tába : couper ; trancher

tābuna, DKF, 943 : couper

tīvika, DKF, 977 : frapper, claquer, tailler, fendre, dépecer, heurter, renverser, battre (des tapis)

zāa, DKF, 1150 : fig. au sens de couper rapidement, de circoncire

zàba: inciser, tatouer légèrement ; couper, blesser, tailler, pratiquer la saignée

sf, CDME, 224 : mélanger

sòba, DKF, 907 : remuer, tourner (dans la casserole) ; moudre, broyer, triturer, réduire en morceaux ; détruire, ravager ; pétrir ensemble, faire une miche, un pain rond de qqch ; mélanger, gâcher (du mortier)

sòfa, DKF, 908 : parler confusément, indistinctement ; balbutier, bégayer, bafouiller ; parler comme en langue étrangère (en employant des mots magiques comme le sorcier)

sfA, CDME, 1158 : paresseux (?)

sába, DKF, 862 : être mou, tendre, décomposé, défait, dissous, peu solide, peu compact, spongieux, poreux, presque pourri, putréfié, bien cuit ou trop cuit

zèba, DKF, 1157 : détacher, lâcher, dénouer, devenir mou, tendre (viande) ; souple, ni raide, ni dur (p. ex. des ressorts) ; être lâche, se relâcher (p. ex. des ressorts) ; être dans le besoin, misère ; être faible, sans force, délicat (personne) ; être facile, aisé, ni sévère, ni difficile (jugement, etc.)

zéebele, na ~ : faible, mal disposé ; paresseux

𓊪𓅓𓏏 sfn, OEP, 392 : affliger

𓊪𓅓𓏏𓀁 sfnA, CDME, 224 : être somnolent (?)

𓊃𓆑𓏏 sft, EG, 589 : épée

𓊃𓆑𓏏 sft, EG, 589 : abattre, massacrer

zēmbelè-zēmbelè, DKF, 1159 : expression injurieuse pour une vieille personne qui marche lentement ou qui a une hernie

zēmbetè : aliment trop liquide ; personne bête

nsáfi ou **nsáafi**, DKF, 752 : cou-de-pied, cheville ; douleur au poignet

sīma-sima, DKF, 899 : avoir une douleur continue

sāmpuka, DKF, 872 : faire attention ; observer, lever les yeux, le visage ; voir, regarder de côté et d'autre, tout autour ; chercher à voir rapidement qqch ; être attentif, sur ses gardes, faire attention

sāmpuka : être vif, prompt, alerte, éveillé, leste ; se dépêcher, se presser, aller vite

síma, DKF, 899 : s'engourdir, s'endormir

sáaba, DKF, 862 : épée

sāabalà : épée, sabre ; grand et large couteau, coutelas

sámba, DKF, 871 : aiguiser (un couteau, les dents, etc.)

sàfuka, DKF, 864 : être criblé ; être porté d'un coup de fusil de chasse

sàfula : cribler

sēfuka, DKF, 884 : se jeter à la renverse, se renverser, pour dormir, pour se reposer ; remuer, frétiller la queue

sēfuna : bousculer, pousser, renverser, tirer à la renverse, faire aller, tomber, la tête première ; ~ **n'ti** : renverser, arracher, abattre un arbre avec les racines

sft.EG, 589 : « an oil for anointing »

sfw, CDME, 224 : désordre

sfxw, CDME, 225 : offrandes

sfxw, CDME, 225 : excrétion

sùfuka, DKF, 919, **fufuka**, DKF, 156 : se tordre, se faire (se donner) une entorse

téfa, **tēfinga**, DKF, 959 : frapper, frapper avec qqch

téva, DKF, 969 : frapper fort, dur

tīvika, DKF, 977 : frapper, claquer, tailler, fendre, dépecer, heurter, renverser, battre (des tapis)

tīvama : tomber à la renverse, glisser hors de, au fond de (p. ex. l'eau) ; être frappé, frappé à coup de pied

tīvi-tivi : imitation de, p. ex. son du battage (des tapis), un coup, une claque (sur la joue)

soofi, DKF, 908 : savon

n'sabingini, DKF, 752 : désordre, dérèglement

zóba, DKF, 1169: chercher à provoquer une querelle, une dispute

nsàamanu, DKF, 755: paiement au prêtre

nsámba : femme qui est donnée en compensation de celle qui est morte ; biens de mariage qui sont remboursés au mari lorsque sa femme est décédée

nsāmbanù : cadeau pour apaiser la colère de qqn, pour reculer un procès, remettre une indemnité

sīmpula, DKF, 901 : donner, faire beau, un riche présent

bu-sáfu : DKF, 82 : malpropreté ; saleté ; coutume d'uriner et de faire ses besoins dans

572

la maison ; esprit païen ; obscène ; aigreur ; impureté, turpitude

sáfu, u-, DKF, 864 : évacuation ; excrément d'un enfant ; malpropreté, envie de manger quoi que ce soit ; manque de propreté, saleté ; abomination, souillure ; indécence ; malpropre, indécent, souillé

sàfula : se vider, se salir (enfant) ; salir, souiller, barbouiller, tacher ; déshonorer, faire des remarques, une critique contre ; avoir (n'avoir pas) de respect pour ; railler, se moquer de ; négliger

sfxw, CDME, 225 : sept

nsāmbodyà, DKF, 755: nom de nombre: sept (7)

nsāmbwadì, (-dyà) DKF, 756 : sept (7)

nsāmbwalì : sept (7)

nsáamo, DKF, 756 : sept (7)

sfxy, CDME, 225 : forteresse

sumbu, DKF, 923: tour, colonne

sg, CDME, 252 : commander (?) un bateau

ndánngi, DKF, 664 : pagaie, rame

sgrH, PAPP, 79 et 85 : apaiser

grH, EG, 598 : cesser ; finir, **sgrh** : faire cesser, réprimer, étouffer

kíla, DKF, 246 : arrêter, couper (une maladie, par un remède énergique, p. ex. la diarrhée)

ngánda, na ~, DKF, 683 : muet, tranquille ; s'endormir tout de suite

sīkila, bwa ~, DKF, 896 : devenir tranquille, paisible, silencieux

sgri, BD, 86 : silence

kíla, DKF, 246 : arrêter, couper (une maladie, par un remède énergique, p. ex. la diarrhée)

ngánda, na ~, DKF, 683 : muet, tranquille ; s'endormir tout de suite

sH, EBD, 28 : salle

sH, EG, 591 : chambre de consultation, baraque, cabine, isoloir; sH : avocat, consultation, délibération

sHDt, CDME, 239 : poitrine

sHm, Ancien Empire zHm, EG, 591 : bourrer des coups, marteler, piler, pulvériser, battre violemment, taper

sHn, CDME, 238 : décorer (?)

sīkila, **bwa** ~, DKF, 896 : devenir tranquille, paisible, silencieux

sēeka, DKF, 884 : pièce de devant (principale, commune) d'une maison d'herbe, salle, chambre de réception ; maison spéciale où a lieu la circoncision

sánga-sánga, DKF, 875 : souffle, essoufflement, asthme, etc. ; mal de poitrine, ne pas pouvoir expectorer

kòma, DKF, 308 : frapper résolument, en plein

kóma : clouer, ficher, fixer (avec, par des clous), assujettir, appliquer, enfoncer des clous, frapper sur une main fermée et étendue en signe d'étonnement.

nseka, DKF, 761 : déchet de farine tamisée, débris de fibres mêlées à de la farine

séka, DKF, 884 : déchets de farine de manioc ou de **luku**.

sèka, DKF, 884 : aller profondément, ronger, percer, être vieux, grave (blessure, plaie, coupure) ; tourner et retourner avec un couteau pour faire un trou, percer, forer, tarauder, être mangé, piqué, rongé par les vers (maïs)

n'sánga, DKF, 757 : perles, fil de perles, de cent perles bleues 'employées jadis comme monnaie) ; collier (souvent au nombre de sept) ; petit fil de perles ; catholique : chapelet

n'sánga-n'sánga : anneau, dessins autour du coup de couleurs variées, p. ex. chez divers oiseaux séka, DKF, 884 : sorte de perles

séka : orner, décorer

sóka, DKF, 909 : anneau de bras, bracelet ; anneau de perles, ruban ; cordon de perles qu'on emploie comme anneau de bras

zàaka, DKF, 1151 : bracelets jusqu'au coude

𓊃𓎛𓁷𓂝 sHr, OEP, 390 : chasser, écarter

kùla, DKF, 327 : tirer, conduire dehors, renvoyer, chasser, pourchasser, exiler ; mettre à la porte, repousser, congédier ; faire sortir ; exclure, expulser, bannir, excommunier

sùkula, DKF, 921 : pousser, chasser devant soi (bêtes, poules, etc.)

𓊃𓎛𓅱𓂋𓁷 sHwri, EBD, 55 : maudire, blasphémer, malédiction

saula, DKF, 881 : résoudre ; faire échouer un sort, un sortilège dans une chasse

sāula : haïr, détester, mépriser, abhorrer, éprouver de l'horreur pour ; humilier, avoir peu de respect pour, se fâcher ; refuser avec mépris, dédaigneusement ; agir avec mépris, dédain ; se révolter contre ; faire opposition, résister, haine, mépris, dédain, peu d'estime, manque de respect

𓊃𓎛𓅱𓏭 sHwy, EG, 591 : assembler ; assemblage

sākula, DKF, 868 : amasser, recueillir, rassembler, réunir, mettre en tas, en pile, entasser, empiler ; mettre ensemble en grande quantité, beaucoup

𓊃𓎛𓇋𓇋𓏏𓅆 sHyHt, CDME, 238 : « gallinule (?) »

sàka mawolo, DKF, 865 : espèce d'oiseau chanteur

𓊃𓉔𓏏 sh, CDME, 237 : terroriser

ma-kàsi, DKF, 480 : colère, indignation, irritation ; ressentiment ; activité, énergie

ngànzi, DKF, 685 : peine, mal ; irritation, colère, éloignement, répugnance, obstination ; souffrance, douleur, sensibilité physique,

shA, EG, 597 : désordre, manque d'esprit de loi (sans loi)

shAi, CDME, 237 : faire tomber

si, EG, 276 : périr

force, violence ; fierté, orgueil ; en colère, fâché, douloureux, dur (de cœur)

sakasi, DKF, 866 : destructeur

nséki, DKF, 761 : qualité de raconter pour son ami ce que dit son ennemi

seka, DKF, 884 : calomnier

séka, DKF, 884 : renverser, abattre à coups de hache

nsìsi, DKF, 769 : épouvante, effroi, qqch de dangereux, d'imposant, d'écrasant, d'effrayant, de dominateur

sí, **na ~, kwa ~**, DKF, 894 : rien, à vide

sìmbuka, DKF, 900 : se flétrir, se dessécher ; mourir, périr ; crever (terme de mépris pour mourir) ; être droit et raide (cadavre)

sīndalala, DKF, 902 : décéder, mourir ; être mort, crevé (terme de mépris)

sìsa, DKF, 905 : effrayer, épouvanter, alarmer, terrifier ; faire peur

sísi, DKF, 906 : épilepsie

sísi, **fya ~** : chose petite, un petit enfant

sìsu : chose, objet, qqch dont on a peur, qqch de dangereux, spectre, revenant, fantôme, épilepsie, crainte, peur

sìsya : qqch qui effraye, fait peur, attire l'attention, avertit (d'un danger) ; épouvantail, costume ou attirail d'armes qui fait peur, effraye, en impose, qqn ou qqch qui inspire un grand respect ou une grande crainte ; menacer, vouloir porter un coup à qqn, faire semblant

si, CDME, 211 : battre, mélanger, remuer

siA, EG, 588 : percevoir, reconnaître ;

SiA : divinité personnifiant la perception

siAt, EG, 507 : pièce d'étoffe (avec une frange)

tā, DKF, 942 : piquer, mordre (serpent) ; blesser, tuer avec un fusil, porter un coup (bon tireur)

tsisi, DKF, 1013 : peur

sànga, DKF, 874 : mêler, mélanger ; remuer ensemble

lúnzi, DKF, 443 : esprit ; intelligence, connaissance

zīa, DKF, 1163 : savoir

n'sáala, DKF, 754 : étoffe des hanches pour les femmes ; frange

n'sànda, DKF, 756 : frange d'étoffe

nsànda : habits déchirés, déguenillés ; guenilles, chiffons ; petites étoffes pour vêtements de devant et de derrière. **Ns.** : nom propre

n'sánsa ou nsánsa, DKF, 758 : en guenilles, tapis de papyrus usé ou morceau de ce tapis

n'zànda, DKF, 822 : pagne usé ; petit chiffon d'enfant ; lambeau ; guenilles ; frange d'une étoffe

sànya, DKF, 878 : frange sur une étoffe, qu'on met autour de la hanche

syàtuka, DKF, 936 : être déchiré, en pièce

tyābula, DKF, 1008 : déchirer (une étoffe) ; mettre en pièces ; abattre (du bois) ; casser ; arracher, partager ; avoir des trous ; écosser, peler, fendre, couper en deux

tyákka, DKF, 1008 : arracher de l'étoffe

tyànza, DKF, 1009 : mettre en ligne

tyànzuka : se déchiré

577

tyasa : couper, trancher, déchirer

tyasangana : être mis en pièces

tyasu : morceau, fragment, lanière

tyasuka : être déchirer, mis en pièces

tyasuna : déchirer, arracher à ; mettre en morceaux, briser complètement

tyàsu-tyàsu, na ~ : en morceaux, en guenilles

tyàvula, 1010 : déchirer, mettre en lambeaux

zànda, DKF, 1154 : frange

siAty, CDME, 212 : mutilateur ; déformateur de discours

sīlangana, DKF, 898 : être hors d'état de

syālangana, DKF, 935 : être hors d'état de, incapable de faire qqch, ne pas pouvoir (p. ex. soulever, etc.)

simA, OEP, 386 : bien disposer

sàma, DKF, 870 : propreté

sin (**zin**) CDME, 213 : effacer, rendre illisible

sīnda-sinda, DKF, 902 : qui est rayé, plein de marque ; qui est gratté, striée (comme une ardoise)

singuna, DKF, 904 : effacer

sùnza, DKF, 928 : laver ; nettoyer, récurer

sinw, PAPP, 141 et 144 : lestes

sin, EG, 588 : 1. se dépêcher, 2. retarder

n'sínda, DKF, 767 : chemin, sentier, traces, piste d'animaux ; ornière, courant, rapide au milieu du fleuve ; lit d'un fleuve ; vide d'un tambour creusé dans du bois ; ourlet, raie d'une étoffe

ntìinu, DKF, 795 : course ; hâte, rapidité, vivacité ; qui s'enfuit, se sauve, s'évade ; rapide, leste, hâtif, vif ; rapidement, vivement, hâtivement

ntīinu : abri, refuge, asile

ntììnu-ntììnu : extraordinairement vite, hâte extrême

sína, DKF, 901 : s'enfoncer avant (dans la terre) ; aller, tomber au fond, se perdre, disparaître

sína : pousser, repousser

sīndama, DKF, 902 : s'en aller ; être parti, envoyé, expédié, dépêché ; couler à fond rapidement, subitement ; être englouti ; être lourd, difficile à déplacer, à remuer, à faire avancer ; se mouvoir, remuer difficilement ; être lent à se mouvoir, à se lever

sīndika : faire partir, envoyer, renvoyer qqn avec un présent d'adieu ; donner un présent d'adieu ; dire adieu, souhaiter bon voyage à qqn ; donner la permission de partir, donner congé, congédier, expédier ; donner un secours de route, aider à partir, à démarrer (un canot) ; pousser, presser, faire avancer, partir, tirer

sīnisa, DKF, 904 : rendre profond

sínu, DKF, 905 : dépression

sīnuka : tomber au fond

sīnuna : boire avec avidité de manière que la boisson s'abaisse bien vite ; rendre profond

súna, DKF, 925 : chercher la trace de, pister, flairer, quêter, dépister, suivre à la trace, à la piste, marcher sur les talons de ; être aux trousses de ; suivre avec soin, avec attention (un procès)

tīina, DKF, 974 : courir ; se sauver, filer à toutes jambes ; s'enfuir, éviter, échapper à ; se mettre à l'abri, en sûreté ; se cacher ; avoir peur ; craindre, trembler, frémir ; être horrifié, épouvanté ; voyager, parcourir un pays ; être désobéissant, insoumis, ne pas vouloir, éviter, se dérober

sinw, CDME, 213 : fils

nsíni-mbwa, DKF, 768 : nœud avec un œil

𓉼𓏤 **sip**, EBD, 102 : décréter, ordonner ; 148 : juger

𓉼𓏤𓏥 **sipy**, PAPP, 373 et 374 : confier

𓊪𓅭𓏥 **siwH**, OEP, 390 : inonder

samba, DKF, 871 : prison, geôle ; remise, hangar

sèmba, DKF, 887 : désapprouver, rejeter, invalider, casser, protester contre, attaquer, faire opposition à (en justice) ; blâmer, réprimander, critiquer, censurer, reprocher ; faire des reproches

sèmbe, DKF, 888 : blâmer, critiquer

sèmbo : réprimandes, gronderies

sámba, DKF, 871 : payement (une dette)

sòmba, DKF, 911 : emprunter à qqn

sòmbika, DKF912 : prêter, donner en prêt

sòmbisa : prêter

sòmbisya : prêter

sòmpa, DKF, 913 : emprunter, prêter, louer ; prendre à crédit

sòmpisa : prêter à intérêt, faire emprunter, louer, donner un loyer ; marier (les parents de la femme)

sòmpuka, DKF, 913 : se marier ou être donné en mariage (la femme) ; être prêté

sòmpula : payer comme on désire, comme on veut, p. ex. avec des pousses des rejetons du manioc, etc.

sòmpumuna : emprunter tout, beaucoup

sòopa, DKF, 916 : emprunter à qqn ; faire un emprunt, louer à domicile, prêter, donner en prêt

syūka, DKF, 940 : nager, traverser, passer à la nage

siwr, OEP, 390 : rendre enceinte

siwy, CDME, 212 : annoncer qqn ; se plaindre

sk, PAPP, 339 et 340 : nettoyer

sk, EG 592 : nettoyer, essuyer

sk, CDME, 251 : tomber (?)

skA, EG, 592 : labourer

syuwa, DKF, 941 : nager, traverser, passer à la nage

sālumuna, DKF, 870 : mettre au monde, enfanter beaucoup d'enfants

sùlama, DKF, 922 : être couché, affalé (comme un être gras et long)

sùlamanga : s'unir à qqn par impudicité (d'une femme)

súlu : hydropisie du ventre

sùluka : naître avant terme, par avortement prématurément, trop tôt, mort-né, avoir lieu, se produire prématurément, trop tôt, se marier trop jeune

sùlula : avorter, faire, accoucher prématurément, faire qqch trop tôt

swīkisa, DKF, 934 : attester, témoigner, marquer, déclarer, constater, certifier, affirmer, garantir (la vérité de qqch)

sèka, DKF, 884 : récurer, décrotter, décrasser, fourbir, astiquer, nettoyer (en brossant, en frottant, p. ex. un couteau, les dents avec qqch) ; affiler avec une lime ; limer, faire briller, faire reluire, polir

sāakubā, DKF, 867 : contre-coup, heurt, choc (des peids) ; faux pas

sàngala, DKF, 874 : chanceler, tituber

sàka, DKF, 864 : secouer, agiter, vanner les arachides, les haricots, frapper des herbes avec une baguette ; piocher hardiment, vigoureusement, avec force

skA, CDME, 251 : produits agricoles

ski, EG, 592 : périr, détruire

sàka-sàka, DKF, 866 : secouer

sàku, DKF, 867 : tas d'arachides récoltées

ma-kàsi, DKF, 480 : colère, indignation, irritation ; ressentiment ; activité, énergie

sākalala, DKF, 866 : être ou devenir sain ; aller mieux, gai, plein de vie, de santé ; être en grande joie ; se sentir joyeux, gai, content, satisfait ; être agile, rapide, léger ; prendre plaisir à, jouir ; avoir bon cœur ; être plein de cœur, sans crainte ; montrer une grande colère ; avoir la volonté de tuer (quand qqn était indiqué comme **ndoki**)

sākalala, DKF, 866 : devenir plus petit, diminuer, baisser, raccourcir, décroître, s'affaiblir, s'épuiser, devenir, être faible, se soumettre, se rendre (à la guerre, se trouver court, avoir le dessous, y perdre, être incapable de, trop faible pour exécuter qqch, diminuer, baisser (le prix d'une denrée, etc.) ; être insuffisant

sakasi : destructeur

sākata : amertume

sākati, na ~ : aigre, amer

sáki, ~ **dyalufwa** : délire d'agonie

sākidika, DKF, 867 : rendre plus petit, amoindrir, diminuer, dédaigner, rapetisser, faire baisser, enfoncer, raccourcir, rendre faible, assujettir, asservir, soumettre, humilier rabaisser, ravaler, mortifier

sākudi, kis. : qqch qu'on ne veut pas manger parce qu'elle est tombée par terre u pour une autre cause

sākuka : être arraché, extirpé, ôté, enlevé (la mauvaise herbe)

sākula, DKF, 868: rendre plus petit, moindre, diminuer, raccourcir, réduire, faire baisser, diminuer (en force, etc.), abaisser, abattre, humilier, ravaler, mortifier

sàngala, DKF, 875 : chose usée, très usagée, de moindre valeur, de peu de valeur

sèka, DKF, 884 : aller profondément, ronger ; percer ; être creux, grave (blessure, plaie, coupure) ; être mangé, piqué, rongé par les vers (maïs)

seka : calomnier

séka : être rouillé, oxydé, couvert de rouille, rongé par la rouille ; être rongé, corrodé, miné, consumé, usé

sèkisa, DKF, p. 885 : miner

sēkisa: consumer (maladie); user

sīki-siki, ~ **mpia**, DKF, 897 : c'est fini, il n'y a plus

sìnga : mourir de faim, d'inanition ; être mourant ; mourir petit à petit, à petit feu ; s'étendre (comme les vieillards) ou dépérir (comme les plantes attaquées par les insectes), faire qqch avec difficulté, en ayant pas la force ; être apathique, près de la mort ; s'exterminer

sīngisa, DKF, 903 : détruire

ski, PAPP, 199 et 200 : s'éteindre

sàkila, DKF, 867 : luire ; être radieux

sēkana, DKF, 885 : briller, reluire fortement ; luire, flamber ; flamboyer (un charbon ardent)

sēkele : soleil brûlant, forte chaleur (du soleil, du feu)

sèke-sèke, **na** ~ : fiévreux, agité, brûlant de fièvre

sēkima : faire des éclairs, éclairer, briller (comme un éclair)

zíku, DKF, 1164 : foyer, âtre, cheminée ; autel ; feu, chaleur, feu de bivouac

ski, CDME, 251 : passer le temps

skn, CDME, 251 : être gourmet

skn, CDME, 251 : « embroil (?) in quarrels »

skr, OEP, 386 : orner

sksk, DKF, 252 : détruire

zìkuka : brûler facilement, complètement ; être brûlé jusqu'au bout ; se mettre en colère, s'en aller en colère

zēngani, DKF, 1160 : fainéant

kúsu, DKF, 341 : grande avarice

n'sánga, DKF, 757 : raison, motif, cas litigieux

n'sánga : excommunication, malédiction, ensorcellement ; ôter la chance de tuer du gibier, la force de mettre au monde, la capacité de procurer des biens

sokanya, DKF, 909 : brouiller

sōkusa, DKF, 910 : barboter, babiller, ennuyer

zèngita, ~ **nkindu**, DKF, 1161 : se battre, se quereller, provoquer du désordre (p. ex. dans un marché)

lu-sèka, DKF, 447 : perle de verre pour se parer, s'embellir

sakala, DKF, 866 : panier de branches de bois tressé (non d'herbe)

sēkidila, DKF, 885 : ornement, décoration

séka, DKF, 886 : sorte de perles

sàka-sàka, DKF, 866 : secouer

sáka-sáka: humeur changeante, inconstance, versatilité, capacité d'être ou de faire tantôt d'une manière tantôt d'une autre; troubles, dans de grandes inquiétudes; pousser, passer, coucher çà et là, vivacité; arrogance, fierté, morgue, vanité, frivolité

𓊃𓎡𓏏𓏏𓊛 **sktt**, CDME, 252 : 1. barque vespérale du soleil ; 2. sorte de bateau

𓐝𓏤𓏤𓏤𓅓𓆰 **sm**, EG, 590 : herbe, plante

ndánngi, DKF, 664 : pagaie, rame

nsìka, DKF, 765 : soir

nsíka : paix

nsìka-nsìka : soir, près du coucher du soleil, après le coucher du soleil

nsì-nsíka, DKF, 768 : soir, soirée, soleil couchant ; après le coucher du soleil

ma-samba, DKF, 503 : jardin potager ; plantation

nsénga, DKF, 763 : un arbre de haute futaie ; parasolier (arbre parasol) (**Musanga Smithii**)

nsōmbe-nsombe, DKF, 771 : une sorte d'herbe

sámba, DKF, 871 : branche, rameau de qqch ; qqch qui est partagé (une branche)

sámba : sarcler, ôter, enlever, couper, arracher les mauvaises herbes, piocher, nettoyer, sarcler le manioc et les plantations de bananiers

sāmbodyà : noix de palmier

sámbu, DKF, 872 : noix de Cola ; noix de palme fraîche ; régime ; ~ **kaazu** (dans un **nkisi**) est employé pour avertir, prévenir

sāmbwa : noix de palme ; régime

sámvi, DKF, 873: branche, rameau, brin, petit arbre; branche, etc. que l'on place au carrefour de deux ou de plusieurs chemins pour indiquer la bonne route

sani, DKF, 876 : arbre qui donne de bonnes perches

sapala, DKF, 879 : bosquet, petit bois, taillis, broussailles, hallier

sèmfuka, DKF, 888 : se jeter sur une branche (comme un singe)

sémva : pépin qu'on emploie comme médecine (**bilongo**) dans **nkisi**

sēnga-senga, DKF, 890 : sorte d'arbre

sìma, DKF, 899 : plante ; arbuste (**Gracinia Gilletii**)

sína, **kis**., DKF, 901 : feuille comestible

sínda, DKF, 902 : (motte de, touffe de) gazon ; masse de chaume (dans les touffes de hautes graminées) ; herbes épaisses

tsamu, DKF, 1013 : essence d'arbre

𓊃𓅓𓏥 var. 𓊃𓅓𓏏 **sm**, EG, 590 : 1. secourir, s'occuper de ; 2. occupation, passe-temps, distraction

𓊃𓅓𓏏 **sm**, PAPP, 311 : soigner (un malade)

sáma, DKF, 870 : être occupé à, en train de

sāmbuzuka, DKF, 872 : s'étirer de fatigue, de lassitude ou d'attente

sèma, DKF, 887 : se bien porter, aller bien (grâce à un fétiche)

sèema : être douloureux ; faire souffrir, picoter, donner des élancements, des sensations de piqûre, de brûlure, etc.

sémo, DKF, 888 : fortune, chance, sorte de médecine

sèmuna : commencer à boire la médecine (de **banganga**)

sēmva :

sendumuka, DKF, 889 : fainéanter ; faire le paresseux ; flâner

sènguka, DKF, 891 : être inoccupé, oisif ; être émoussé, faible ; s'étirer

sīdika, DKF, 995 : ~ **nkasa** : placer une idole (**nkisi**) sur qqn qui doit prendre du poison (**nkasa**) ; veiller, surveiller, observer qqn qui a absorbé le **nkasa** pour qu'il ne soit pas ensorcelé ; bénir avec la médecine, avec le remède ; consacrer, vouer, sanctifier, justifier

smA, EG, 590 : unir, (être) uni, **m** à (« in ») (des vacances, un congé) ; **smAy** : compagnon, participant

(se dit d'un **nganga**) ; ~ **nkisi** : consacrer, sanctifier un fétiche

sīmanì, sīmanù, DKF, 899 : plante grimpante à fèves rouges employée comme médecine avec le **nkisi**

sīma-sima: avoir une douleur continue

n'sóma, DKF, 771 : tatouage sur l'épaule

súma, DKF, 922 : faire, donner, dire le diagnostic d'une maladie

nsámfi, DKF, 756 : jointure, articulation, phalange

nsūuma, DKF, 777 : coït avec une femme

sínsa, DKF, 904 : ami ; réunion d'amis ; marque d'amitié ou présent ; ~ **kinakwiza** : réunion d'amis où il y aura un cadeau

súma, DKF, 922 : être partagé, réparti, divisé (pour le travail, etc.) ; être appelé (au service de qqn)

súma : mettre, placer, percer des feuilles de **nkunza** dans des lattes de palmier pour les emporter comme couverture ; passer, faire entrer, enfiler, aller en croissant, pousser (en haut) ; enfoncer, fourrer, plonger des brins (morceaux) de bois çà et là pour éprouver, pour savoir où les grillons ont leurs demeures ; coudre à longs points

súmba, DKF, 923 : adultère

zòma, DKF, 1170 : s'accoupler

zòmika, DKF, 1171 : percer, trouer, creuser (où il n'y avait pas de trou auparavant) ; fixer qqch sur un objet pointu (fourchette, lance, etc.)

zími, DKF, 1165 : tribu, clan ; nom de famille

zúma, DKF, 1175 : s'assembler (se dit de beaucoup de gens)

[hieroglyphs] smA, EG, 590 : mèche, partie de la tête couverte des cheveux

[hieroglyphs] smA, EBD, 92 : jeune taureau

[hieroglyphs] smA, EG, p. 590 : tuer ; [hieroglyphs] smA : « fighting bull ».

[hieroglyphs] smA, EG, 590, 543 : prêtre de Min, Horus, etc. dont la fonction était d'habiller le dieu

[hieroglyphs] sm, var. tardive [hieroglyphs] stm, EG, 593 : un prêtre qui s'occupe de la toilette d'un dieu ou d'un cadavre

zūmama : être enfoncé

zùmba : épouse ; ~ dyambakala : époux

zùmba : prostitution, immoralité, impudeur, adultaire, impudicité, acte luxurieux

ma-sāmpasala, DKF, 503 : poils de la poitrine, etc.

sàmpalala, DKF, 872 : se dresser debout (les cheveux) ; être en désordre (chevelure)

sámpa, DKF, 872 : tirer le deuxième coup et les suivants au gibier déjà blessé « à la chasse) ; donner le coup de grâce, achever

sema, DKF, 887 : empoisonner

séma : battre, frapper, ~ mbata, nkome : souffleter, donner un soufflet

simbelele : qqn qui veut se battre, frapper qqn ; asséner un coup à

sīmbukila : qqn qui veut se battre

sìmbula, DKF, 900 : tuer, assommer, achever un malade ou un mourant, un moribond (p. ex. d'un coup de bâton)

símva, DKF, 901 : frapper, battre

sínda : donner un coup ou des coup de pied à

sìnnsa : DKF, 904 : battre, frapper

sìnsana : lutter, se battre

séma, DKF, 887 : trahir des secrets, des mystères

séma : sanctifier, bénir

simbi, DKF, 899 : esprit d'une personne bonne, qui est décédée ; lutin, dieu marin, endroit sacré, dangereux ; esprit lutin qui hante plus spécialement les eaux et les précipices ou la forêt

� smA-tA, EG, 590 : bord (d'une rivière)

nsàmbu, DKF, 755 : bord inférieur d'un vêtement, d'une étoffe ; extrémité d'une pièce d'étoffe ; coin d'un mouchoir de poche, d'un drap ; bord d'un toit, d'un chemin

nsàmpu, DKF, 756 : bord d'étoffe, bord du toit

sènsa, DKF, 891 : atterrir, aborder, venir à terre ; être ancré, à l'encrage, au port, à terre ; toucher (un écueil) ; être peu profond

sambu, DKF, 871 : chemin, route, bord du chemin, de la route ; bifurcation, carrefour, tournant ; côté, direction, sens (p. ex. du côté des ennemis, des amis) ; côté, demi, moitié (d'un porc)

sènsolo, DKF, 892 : port, point, lieu d'atterrissage

sènza : aborder

sèesa : arriver à, venir à, aborder, prendre terre

símu, DKF, 901 : terre ferme ; rive, rivage, côté ; bord, berge (d'une rivière) ; versant (d'une vallée)

sina : lisière

zànda, DKF, 1154 : frange

𓏤 smAw, CDME, 226 : poumon (?)

n'sàfi, DKF, 752 : poumons, branchies, organe de la respiration chez les poissons ; nageoire pectorale

𓏤 smAw, CDME, 226 : branches d'un arbre

sámba, DKF, 871 : branche, rameau de qqch ; qqch qui est partagé (une branche)

sámbu, kis. : branche avec fueilles pour ôter la rosée de l'herbe

589

𓅓𓂧𓏏𓀀 **smdt**, EG, 590 : subordonnés, personnel, domestiques (ex. d'un temple), état-major

𓅓𓇋𓀁 **smi**, EBD, 60 : héraut (messager, annonciateur) ; annoncer

𓅓𓇋𓀁 **smi**, EG, 590 : rapporter, faire un compte rendu de ; rapport ; accusation de réception (d'une lettre)

zángu, DKF, 1155 : branche qui s'étend au loin et sert de pont

nsómi, DKF, 771 : prêtre assistant, pasteur auxiliaire

sámba, DKF, 871 : pasteur adjoint

sengele, DKF, 890 : titre donné au vicaire (chez le catholiques)

simba, kis., ~ kyanganga, DKF, 899 : abbé, chef d'une communauté religieuse

sīngini, DKF, 903 : entendre, obéir

lu-sángu, DKF, 446 : sujet de conversation ; qqch à dire, de quoi parler ; histoire, nouvelle

nsàngu, DKF, 757 : histoire, récit, renseignement, communication, anecdote, nouvelle, rumeur, récits héroïques ; renommée

sámba, DKF, 871 : envoyé, ambassadeur, représentant ; préteur, qqn qu'on envoie pour exiger une dette ou appeler (en justice, etc.)

sāamika, DKF, 872 : raconter qqch ; répandre

sāmina : se moquer de ; tourner en ridicule ou en dérision

sàmuna, DKF, 873 : parler de, communiquer un message ; dire, citer, raconter, narrer, exposer ; deviner ; annoncer, déclarer ; publier ; prêcher ; histoire, anecdote, fable ; narration, récit, publication, etc.

séma, DKF, 887 : s'enorgueillir, se vanter, s'enfler ; parler, raconter

súma, DKF, 922 : parler de, nommer, mentionner, faire mention de, désigner par son nom ; faire allusion à ; être partagé, réparti, divisé (pour le travail, etc.) ; être appelé (au service de qqn) ; faire, donner, dire le diagnostic d'une maladie

smi, EG, 590 : coup de fouet

séma, DKF, 887 : battre, frapper

símva, DKF, 901 : frapper, battre

smi, CDME, 227 : réprimander

sèmba, DKF, 887 : désapprouver ; rejeter, invalider, casser ; protester contre ; attaquer, faire opposition à (en justice) ; blâmer, réprimander ; critiquer, censurer, reprocher ; faire des reproches

semba : honorer, révérer, respecter, célébrer

sèmbe, DKF, 888 : blâmer, critiquer

sèmbo : réprimandes, gronderies

sombula, DKF, 912 : fustiger

smn, PAPP, 267 : établir

súma, DKF, 922 : mettre, placer, percer des feuilles de **nkunza** dans des lattes de palmier pour les employer comme couverture, comme toiture ; passer, faire entrer, enfiler, aller en croissant, pousser (en haut) ; enfoncer, fourrer, plonger des brins (morceaux) de bois çà et là pour éprouver, pour savoir où les grillons ont leurs demeures ; coudre à longs points

sūmama, DKF, 923 : être enfoncé dans, fiché, planté (poteaux tailles en pointe)

sūmika, DKF, 924 : enfoncer, fixer, ficher en terre, planter (perche)

sūmuna, DKF, 925 : tirer, retirer, arracher, extirper qqch qui a été enfoncé dans ; arracher, tirer, tirailler de l'herbe) ; plumer, ôter, enlever (plumes) ; répondre, répliquer

smn, CDME, 228 : oie

nsómbe, DKF, 771 : un oiseau

n'súmbu, DKF, 777 : euph. pour l'oiseau de proie **mayimbi**; épervier

smnw, CDME, 228 : supports du ciel

smr, EG, 590: ami du roi, courtisan, dame de cour

smsw, EG, 590 : l'aîné (des enfants) ; aîné. Les personnes âgées

sámba dyankuku ampela, DKF, 871 : oiseau (**Pomatorhynchus senegalus**)

sánzi, DKF, 879 : un oiseau

sēmpelè, sēmpelelè, DKF, 888 : un oiseau (**Halcyon albiventris orientalis**)

sémpo : un oiseau (de la famille **maseke**)

zanze-balu, DKF, 1156 : oiseau qui ressemble **nkuka**

sìimi, DKF, 900 : poteau, montant, colonne, pieu

simuka, DKF, 901 : être rehaussé

sàmba, ~ nsi, DKF, 870 : les vieux, les hommes âgés qui vivaient autrefois

sāmbula, DKF, 872 : se servir de, employer qqch pour la première fois

sèmuka, DKF, 888 : être premier-né ; avoir mis au monde pour la première fois ; en être à son premier enfant ; porter des fruits ; produire pour la première fois ; donner la première récolte

sèmuna : mettre au monde le premier-né ; porter des fruits pour la première fois ; donner la première récolte ; donner le boire et le manger pour la première fois (quand le temps défendu est passé) ; apprendre à manger (chez **bankimba**)

símba, DKF, 899 : (**nsimba na nzuzi**), jumeaux ; sing. le premier-né, aîné

sìngana, DKF, 903 : faire en sorte qu'un autre commence, aille le premier, ouvre la marche (p. ex. le matin quand l'herbe est humide de rosée ; se céder le pas ; disputer (quel sera le premier à faire qqch)

smt, CDME, 255 : hamac

n'sámpa, DKF, 756 : maison-abri pour porteurs, tireurs de vin de palme dans la forêt ; tablette sous le toit ou sous le plafon

sānzala ou ts., DKF, 878 : hangar dans le village pour les porteurs, etc., camp de travailleurs

sānzangù, DKF, 879 : maison sans paroi mitoyenne

sànzi : toit, toiture d'une maison

sānzungù : grande maison sans cloison ou paroi mitoyenne

smw, CDME, 225: paturages

sàfi, kis., DKF, 864 : brindille, rameau, ramée, petite branche

sàfi, kis. : bruisson couvert de larves de micina

sámvi, DKF, 873 : branche, rameau, brin, petit arbre

smx, EG, 590 : oublier

nsingusunu, DKF, 768 : promesse

nsónga, DKF, 772 : négligence dans sa toilette, dans son travail

nsōngula, DKF, 773 : qualité de ne pas pouvoir contenter qqn

sàngatala, DKF, 875 : mentionner, faire mention de, nommer, prononcer le nom d'un autre, d'un absent

sínnga, DKF, 902 : certifier, confirmer ; v. aux., employé pour indiquer qu'une chose aura lieu en son temps, en temps et lieu, à temps

sīngasa, DKF, p. 903 : certifier, attester, affirmer, témoigner, confirmer, sanctionner, constater

smyt, EG, 590 : désert, nécropole

sn, CDME, 229 : révéler

sīngisa : certifier, confirmer, affirmer

sēmpele, na ~, DKF, 888 : qui est mis, placé, rempli partout comme des tombeaux dans un cimetière

sēmpekete, i ~, na ~ : plein de, rempli partout

sànanana, DKF, 873 : être béant (d'une blessure, ulcère, coupure), être large, ample, grand, être vasé (d'une ouverture dans une nasse)

sēnanana, DKF, 889 : se tenant saillant, en saillie, avancer, être proéminent (les dents) être visible, en évidence, s'offrir aux regards, tomber sous les yeux, frapper la vue

sèndumuna : creuser, fouiller, déterrer, exhumer, amener au jour qqch de cacher

sènsa, DKF, 891 : être en vue, visible, venir au jour, se présenter, être dévoiler, révélé, devenir visible, manifeste, distinct, se repandre

sina, DKF, 901 : professer, instruire, initier

sónga, DKF, 914 : montrer, faire voir, indiquer, manifester, désigner, montrer du doigt ; exposer, produire ; persuader, démontrer, enseigner, instruire, apprendre, expliquer, présenter ; exhiber, marquer, prouver, dénoter ; avancer, tendre, faire ressortir ; faire valoir ; révéler, mettre sous les yeux, représenter, recommander, parler en faveur de

sùnuna, DKF, 928 : écorcher, dépouiller, arracher ; tirer, ôter, rompre (p. ex. une chaîne, des menottes) ; faire sortir un cordon de perles ou ôter des perles d'uncordon ; se libérer, reprendre sa liberté ; détacher, délier, se défaire, se découdre ; publier, annoncer (sans y penser, sansréfléchir), laisser se répandre un secret ; trahir, livrer, révéler ; parler franchement, ouvertement, sans réticences

sn, CDME, 229 : ouvrir

zànuna, DKF, 1156 : se fermer soi-même (un piège), rater

dùna, DKF, 134 : fosse

sànanana, DKF, 873 : être béant (d'une blessure, ulcère, coupure), être large, ample, grand, être vasé (d'une ouverture dans une nasse)

sēnanana, DKF, 889 : se tenant saillant, en saillie, avancer, être proéminent (les dents) être visible, en évidence, s'offrir aux regards, tomber sous les yeux, frapper la vue

sèndumuna : creuser, fouiller, déterrer, exhumer, amener au jour qqch de cacher

sènsa, DKF, 891 : être en vue, visible, venir au jour, se présenter, être dévoiler, révélé, devenir visible, manifeste, distinct, se repandre

sina, DKF, 901 : professer, instruire, initier

sónga, DKF, 914 : montrer, faire voir, indiquer, manifester, désigner, montrer du doigt ; exposer, produire ; persuader, démontrer, enseigner, instruire, apprendre, expliquer, présenter ; exhiber, marquer, prouver, dénoter ; avancer, tendre, faire ressortir ; faire valoir ; révéler, mettre sous les yeux, représenter, recommander, parler en faveur de

sùnuna, DKF, 928 : écorcher, dépouiller, arracher ; tirer, ôter, rompre (p. ex. une chaîne, des menottes) ; faire sortir un cordon de perles ou ôter des perles d'uncordon ; se libérer, reprendre sa liberté ; détacher, délier, se défaire, se découdre ; publier, annoncer (sans y penser, sansréfléchir), laisser se répandre un secret ; trahir, livrer, révéler ; parler franchement, ouvertement, sans réticences

zànuna, DKF, 1156 : se fermer soi-même (un piège), rater

zùna, DKF, 1178 : fosse

sn, EG, 590 : sentir, baiser ; **ssn**, plus tard habituellement **snsn** : renifler, respirer

nsùdi, DKF, 775 : mauvaise odeur ; puanteur, émanation, odeur du corps (des gens ou des animaux) ; vent, odeur (de qqch) ; qui est puant, qui sent

nsúnga, DKF, 778 : odeur (en général les bonnes) ; bonne odeur (s'emploie aussi pour les mauvaises) ; parfum

sánga-sánga, DKF, 875 : souffle, essoufflement, asthme, etc. ; mal dans la poitrine, ne pas pouvoir expectorer

zúnu, DKF, 1177 : narines, nez

sn, EG, 590 : ils, eux, à eux, **sny**, duel, eux deux

-òole, DKF, 839 : nombre deux (2), une paire

sé, DKF, 882 : aussi, même, encore, et, ni, à, de même, encore de plus

séene, DKF, 889 : aussi, même, encore, et, ni, à, de même, de plus, **bi** ~ : eux aussi (ceux-ci)

zòodi, DKF, 1169 : deux

zòole, DKF, 1170 : deux

snb, EG, 590 : (être) en bonne santé, rarement traduit guérir (guérison)

sámba, DKF, 871 : commencer, débuter (une maladie) ; être, devenir, tomber malade à cause d'un tressaillement, en faisant un soubresaut, etc.

sámba : aide d'un médecin (**nganga**)

sámba : tatouage

sāmbuka, DKF, 872 : aller mieux, être convalescent, devenir sain ; être guéri, bien portant

sāmpuka : devenir, se trouver mieux le même jour (d'une maladie d'enfant)

sāmpukulu, DKF, 873 : vue (de qqch) en imagination ; illusion, vision ; voyant ou se représentant qqch de vivant devant soi

sémva, DKF, p. 888 : pépin qu'on emploie comme médecine (**bilongo**) dans **nkisi**

sènga, DKF, 890 : garder, soigner un malade

sènsa, mputa yeka ya ~, DKF, 891 : la blessure a commencé à se cicatriser, à se guérir

sìmba, kis., DKF, 899 : nain ; individu rachitique

simbi, DKF, 900 : jeune bonne ou garçon qui soigne des enfants

sínda, DKF, 901 : soigner une personne malade, jusqu'à sa guérison

sīndisa, DKF, 902 : rendre fort, robuste, fortifier

sínga : être très gras, fort, solide, constant

snb (**znb**), CDME, 231 : dépasser la frontière ; faire tomber les bornes

sámbu, DKF, 871 : chemin, route, bord du chemin, de la route ; bifurcation, carrefour, tournant ; côté, direction, sens (p. ex. du côté des ennemis, des amis) ; côté, demi, moitié d'un porc

sēfuna, DKF, 884 : bousculer, pousser, renverser, tirer à la renverse, faire aller, tomber, la tête la première

snbt (**znbt**), CDME, 231 : pot

nsínnda, DKF, 767 : pipe-calebasse

snd, CDME, 214 : amoindrir ; diminuer

sīndakana, DKF, 902 : perdre

snd, EG, 591 : avoir peur, **sndw** : l'homme timide

nsőni, DKF, 773: pudeur, honte, timidité, turpitude, déshonneur, confusion, modestie, respect de soi, honteux, déshonorant, timide, craintif

Nsóni : nom propre

nsunsuba-nsunsuba, DKF, 779 : peur, craintif

sonyi, DKF, 916 : honte

zùnda, DKF, 1176 : être timide et mal à l'aise, être faible, être sot

(le déterminatif est absent du Sign-list de Gardiner) **snd**, CDME, 234 : un vêtement

nsáana, DKF, 756: étoffe en général

nsánda : étoffe en général; voile (du temple)

sandi, DKF, 874 : loque, chiffon

sani, DKF, 876: robe

sanya, DKF, 878: petits morceaux d'étoffe **mpusu** qu'on employait autrefois comme monnaie

snf, EG, 590 : sang

nsóni, DKF, 773 : couleur en poudre rougeâtre mélangée à de l'huile de palme

snf, CDME, 231 : l'an passé

sina, DKF, 901 : durée, longtemps

zóono, DKF, 1172 : hier ; sur un ton élevé, signifie : autrefois, il y a longtemps

snH, EG, 590 : attacher, relier

lu-sínga, DKF, 448 : long poil (comme ceux de l'extrémité de la queue de l'éléphant, ou bout de la queue en général) ; fibre de palmier ; corde sur un instrument ; guitare primitive, hymen ; le tendon sous le pénis ; la peau ou la partie entre l'anus et les organes génitaux ; fig. fil de la vie, existence, souffle de la vie

sínga, DKF, 903 : filet, seine, truble, ableret

zínga, DKF, 1166 : mettre au maillot, envelopper, lier, attacher, tourner, virer, enrouler, friser, boucler (cheveux)

zíngu, DKF, 1167 : qqch d'enroulé, rouleau de qqch, lien de fer, vrille (d'une plante grimpante), nœud coulant pour grimper dans un arbre ; qqch qui s'enroule autour de qqch

snHm, CDME, 233 : sauterelle

nzàaka, DKF, 820 : une sauterlle verte

nzangala, DKF, 822 : une sauterelle

nzēnene, DKF, 825 : une sauterelle

snhAt, CDME, 233 : abri

nsánga, DKF, 757 : ouverture, intérieur, antichambre de l'entrée d'une nasse à poissons

snhp, PAPP, 112 et 114 : être matinal

nsúngi, DKF, 778 : temps, époque, saison, période

sengelezya, kis., DKF, 890 : tendre enfance

súngi, DKF, 926 : saison, époque, période, temps, laps (de temps)

snhy, CDME, 233 : enregistrer

sūngula, DKF, 927 : nommer, appeler

sūnguna : nommer par son nom ; mentionner ; faire mention ; donner un nom

sni, OEP, 385 : couper les têtes, trancher les gorges

sina, DKF, 901 : ciseau pour travailler les dents

sùna, DKF, 925 : éplucher, écaler, ôter, enlever l'amande de la pulpe des noix des palme, la viande d'un os (ronger un os)

sni, EG, 590 : passer (« to pass by »), surpasser

sínnda, DKF, 901 : s'en aller en laissant des marques après soi, p. ex. des larves qui ont passé sur un arbre

sīndila, DKF, 902 : traces après le passage d'une troupe d'animaux ou de larves (d'insectes), de peuple, de gens

syúnu, DKF, 941 : sortie, action d'avancer, de paraître, de sortir, de se sauver, de se débarrasser de, de se soustraire à qqch qui vous entoure, qui vous enveloppe (p. ex. la peau, l'écorce, le vêtement, des liens) ; être écorché par la chaleur ou le feu

syùnuka : se détacher, se délier de, se débarrasser de, se défaire (p. ex. des menottes, d'un anneau, d'un lien, etc.) ; être délivré de, débarrasé (de son enveloppe, de sa peau = serpent qui mue); glisser (un bandage), défaire, ôter ; tomber, dégringoler (d'un arbre) ; glisser, faire un faux pas ; être écorché (la peau en brûlure) ; être ôté en tirant, retiré comme une veste, une camisole ; être maigre

sni, APPP, 218: confisquer, sequestrer (bétail)

sīndakana, DKF, 902 : perdre

zyòna, DKF, 1183, prendre, enlever brusquement qqch à qqn ; arracher ; enlever violemment, libérer, délivrer par la force, désarmer

zyōta : dérober, chiper

snk, CDME, 234 : être gourmand, avide

sína, DKF, 901 : être riche

sína : richesse, abondance ; grand, abondant dépôt (de commerce) ; capital ; fortune

zōngo, DKF, 1172 : volonté, désir

zuni, DKF, 1177 : cupidité

snkt, PAPP, 359 : obscurité, mystère ; la lumière de l'intelligence doit aplanir toutes les difficultés grâce aux mathématiques, à la puissance du nombre

sēngele, ~kyamwini, DKF, 890 : fort (éclat du) soleil

sènginina : briller, luire obscurément, être obscurci, couvert (le soleil, la lune)

sèngubula, DKF, 891 : déterrer, exhumer qqch (hors de la terre) de manière à le rendre visible

sèngumuka, DKF, 891 : monter, se lever, sortir, émerger (de l'eau ; se dit aussi du soleil qui monte dans le ciel, venir au jour ; être visible, apparent, découvert ; se souvenir (de qqch, se rappeler (qqch) ; être retourné sens dessus dessous, à l'envers, recevoir le nom d'une personne décédée

sèngumuna : amener, mettre au jour, en lumière, déterrer, exhumer (qqch de caché) ; révéler, dévoiler (un secret, un mystère), raconter qqch, faire souvenir de (qqch d'ancien, oublié) ; nommer qqn, appeler qqn du nom d'un mort, faire souvenir, rappeler le souvenir ou la mémoire, mettre, tourner l'endroit, retourner, mettre à l'envers, sens dessus dessous (une marmite), remuer la poussière

snm, OEP, 399 : prier, supplier

sámba, DKF, 871 : prier, adorer, invoquer, implorer, supplier (quand il s'agit de Dieu)

sámbudulu, DKF, 872 : lieu, place d'adoration, de culte, chapelle, temple, église, oratoire, autel

sana, DKF, 873 : blasphémer

snm, EG, 590 : (être) triste; tristesse

sànsana, DKF, 877 : pleurer, crier (comme sur un mort)

sàasana, DKF, 880 : pleurer, pleurnicher, crier, se lamenter, se plaindre

sèna, DKF, 889 : rire

snm, CDME, 232 : gourmandise (?)

sīmanì, DKF, 899 : qualité d'être gros et gras

sínda, DKF, 901 : être très gros, fort, solide, constant

snmw, CDME, 232 : provisions de nourriture

sàndula, DKF, 874 : donner en abondance

zàndula, DKF, 1154 : donner en abondance

snmyt, CDME, 232 : mauvaise herbe exubérante

nsīnda-nsinda, DKF, 767 : espèce d'herbe de la montagne (**Eragrotis patens var. congoensis**)

n'sùnda, DKF, 778 : un buisson dont les feuilles s'emploient comme remède magique pour fortifier l'enfant dans le sein de sa mère

nzàmba, DKF, 821 : une sorte d'herbe à grand panache qu'on met au-dessus des nids de termites qui essaiment pour prendre les termites ailés (**Panicum coloratum**)

n'zánnza, DKF, 823 : herbe marécageuse à panache, pareille à des plumes ; sorte d'herbe (**Trichopteryx flammida**) ; flèche, harpon (de cette herbe)

senda, DKF, 889 : ronce ; broussaille

senda : sorte de pomme de terre

sína, kis., DKF, 901 : feuille comestible

sínda, DKF, 902 : (motte de, touffe de) gazon ; masse de chaume (dans les touffes de hautes graminées) ; herbes épaisses

sīnda-sinda, ma ~ : une sorte d'herbe ; **bu** ~ : une sorte de champignon

sonkulu, DKF, 915 : une plante (**Rhaptopetalum Eetveldeanum**)

sōnso : herbe recherchée par le gros bétail

sónya, DKF, 916 : plante munie de feuilles tendre et fines dont on se sert pour nettoyer, pour essuyer un enfant qui vient de faire ses besoins

súngu, DKF, 927 : espèce d'herbe tranchante

suni : espèce d'igname

sunya, DKF, 928 : igname à tige velue et à feuilles trifoliolées, incomestible (**Dioscorea aculeata**)

zómbe, DKF, 1171 : plante grimpante

𓊃𓈖𓈖 snn, EG, 590 : document

𓊃𓈖𓈖 snn, CDME, 232 : ressemblance ; image, figure

𓊃𓈖𓈖𓏏 snnt, CDME, 232 : ressemblance

𓊃𓈖𓏏 snt, EG, 590 : « likeness »

dōnika, DKF, 129 : écrire, couper (dans pierre, bois)

nsandanda, DKF, 756 : modèle d'un mur tressé ; une grande araignée

nsōnama, DKF, 772 : écriture ; marque écrite

n'sóni, DKF, 773 : écrivain, qui écrit

n'sónya, DKF, 774 : argile ocreuse ; couleur rouge (**tukula**) ; on s'en marque fréquemment les coins des yeux en priant, en invoquant les **nkisi**

n'sónya- n'sónya : une sorte d'ocre rouge ou d'argile ocreuse

sèna, DKF, 889 : v. aux., être, devenir, être à tel point, dans tel état

sína, DKF, 901 : écrire

sina : professer ; instruire ; initier

sóna, DKF, 913 : écrire ; dessiner ; peindre ; tracer ; graver ; buriner ; marquer ; faire une marque

sóna : lettre ; signature ; caractère (d'écriture ou d'imprimerie) ; écrit ; tache d'encre

sonenwá, kis. : pinceau

sóni, DKF, 915 : plume, crayon

sōnika : écrire ; inscrire, dessiner, enregistrer

sóno : lettre ; caractère ; écrit ; marque

tína, DKF, 974 : dessiner

tína : couper

tóna, DKF, 983 : tache, point, marque, couleur, teinte, **matona-matona** : taché, nuancé, coloré

zyúnu, DKF, 1183 : marque ; cicatrice après blessure

snnw, CDME, 232 : souffrir, être déprimé

sémva, DKF, 889 : être tiré ; endurer, souffrir à cause (ou par le fait) de ; être importuné, poursuivi, martyrisé (par un fétiche)

sènguluka, DKF, 891 : sentir une douleur de fourmillement dans p. ex. les yeux

sèngumuka : s'enrouler, se tourner ; sentir une douleur de fourmillement p. ex. dans les yeux

snS, EBD, 91 : ouvrir

sàngala, DKF, 875 : grande longueur, hauteur de qqch

sànsa, DKF, 877 : se développer, se former (sein) ; répandre, s'épanouir, être en fleurs

sns (y), EG, 590 : louer, adorer

sns, EG, 69 : culte ; rendre un culte à (Dieu) ; adorer (une personne)

sàna, DKF, 873 : se vanter ; faire le fanfaron ; s'enorgueillir ; se tenir pur, élégant, joli, propre ; estimer, louer, célébrer

sànisa, **sànisina**, DKF, 877 : louer (qqn de qqch, ou de) ; honorer, glorifier, illustrer, magnifier

sīndika, DKF, 902 : louer, glorifier

sīnginika : louer, glorifier, rendre grâce à ; faire l'éloge de ; faire connaître ; rendre renommé, fameux, célèbre

sensemeka, DKF, 892 : louer, glorifier, honorer, exalter, estimer, respecter ; faire l'éloge de ; prôner, célébrer ; élever, porter aux nues

snT, OEP, 407 : construire une maison, fonder une maison

snTt, PAPP, 157 et 158 : base, fondation, soubassement

sánda, DKF, 874 : rechercher (qqch ou après qqch), fouiller ; faire attention à, suivre à la trace ; souhaiter, désirer, vouloir, avoir besoin de

sína, DKF, 901 : racine, pied, attache, point d'appui, base, fondement ; fig. commencement, racine, souche, origine,

604

snt, EG, 590 : fondation

sntt, PAPP, 56, 57 et 59 : plan, fondation, projet

snTr, CDME, 234 : encens

snt, CDME, 230 : « flag staff »

souvent écrit **snw**, EG, 590 : deux ; var. **sn-nw** : second, **sn** : frère, **snt** : sœur

snw, CDME, 231 : offrandes

cause ; femelle productrice, qui nourrit des petits, lisière (d'une étoffe), vagin

senzala, DKF, 892 : offrir de l'encens, encenser

nsanga, DKF, 756 : drapeau, pavillon

nsanga, DKF, 757 : frère ou sœur (on désigne par ce mot le sexe opposé, c.-à-d. un frère en parlant de sa sœur ou vice versa)

Nsánga : nom propre (personne, village, famille)

nsangala, ~ **vwa ungudi** : fraternité du sang

nsonsolo, DKF, 774 : homme non initié ; enfant unique

nzádi, DKF, 820 : beau-frère, belle-sœur ; une sorte de danse et tambour ; amant

nzáli, DKF, 821 : beau-frère

sèndula, DKF, 889 : prendre une femme

séene : aussi, même, encore, et, ni, à, de même, de plus

sānzika, DKF, 879 : donner, faire cadeau ou présent de, accorder

sánzu : libéralité, générosité, manie de tout donner (au risque de se ruiner)

sènda, DKF, 889 : payer, récompenser, rémunérer, indemniser, appointer ; donner ou payer de nouveau, une seconde fois ; donner en ou de retour

𓊪𓊌 **snw**, CDME, 231 : vin du Pelusium

𓏭𓊌𓎅 **snw**, CDME, 231 : pot

𓊪𓎅𓅯 **snw**, CDME, 231 : pauvreté

sènduna : donner

sènga, DKF, 889 : mélanger le vin de palme ; tirer et préparer le vin de palme et d'autres boissons fortes

sònga, DKF, 914 : tirer du vin de palme

sòngi : homme qui tire, tireur de vin de palme

nzáana, DKF, 822 : dame-jeanne

sànga, DKF, 874 : sorte de cruche d'argile ; gargoulette ; pot à eau ou cruche de vin de palmier ; vin de palmier (langue du fétichisme) ; dame-jeanne

sàngala, DKF, 875 : dame-jeanne (de verre) ; grande bouteille ; bonbonne, tourie

sángwa, DKF, 876 : pot à anse fait d'une calebasse (pour boire)

sínga, DKF, 903 : une petite calebasse (de vin de palme)

nsònde, teeta, ta ~, DKF, 772 : refuser à qn qui demande de la nourriture ou un cadeau ; tourmenter, se jouer de qqn ; donner qqch à qqn à contre cœur, sans joie

Nsőnde ou ~ Mpungu : nkisi qui enrichit ; qui sert à découvrir les voleurs

nsōnzi-nsonzi, DKF, 774 : endommagé ; avec santé, prospérité

sína, DKF, 901 : être riche

sína : richesse, abondance ; grand, abondant dépôt (de commerce) ; capital ; fortune

síni : richesse

𓊃𓈖𓐍𓏏 **snXt**, CDME, 233 : sécrétion des muqueuses

𓊃𓈖𓐍𓏏𓅱𓏥 **snxtw**, CDME, 233 : raideur, rigidité (des membres)

□⊙**sp**, CDME, 222 : 1. médicament, dose ; 2. portion de nourriture

□⊙ **sp**, PAPP, 97, 98, 100 : fait, temps, affaire, cas, matière, action, acte, faute, occasion, chance, aventure, succès, condition

nsingu, DKF, 768 : saleté sur le bout du nez que beaucoup de gens gardent peandant longtemps

nsíngu, DKF, 768 : nuque, cou, encolure des animaux

sīngama, DKF, 903 : se tenir droit, horizontalement ; être d'équerre, d'amplomb ; être bien droit (pas recourbé ou inégal) ; être bien informé

sīnita, DKF, 904 : être dur (comme du cuir) ; coriace

síba, DKF, 894 : manger copieusement

sùmpata, DKF, 924 : cuire, cuisiner, préparer la nourriture, faire la cuisine, manger (injure)

zúbu, DKF, 1174 : feuilles médicales

sábu, DKF, 862 : injure

sàpa, DKF, 879 : fomenter.

sápi : interj., attendez un peu, à l'instant, sur-le-champ ; pas un mot !

símbu, DKF, 900 : espace de temps ; lorsque, quand, que, après que, depuis que ; alors, à cette époque, donc, en ce cas-là, de près, ensuite, puis, depuis, plus tard

sómba, DKF, 911 : germer, pousser, lever, grandir, éclore, sortir, s'ouvrir (feuilles, bourgeons) ; bourgeonner, commencer à pousser, à se montrer (d'une maladie) ; poindre, percer, arriver, s'avancer, paraître, approcher, avoir lieu, se dérouler (les détails d'un événement, d'une action)

sómbika, DKF, 912 : causer, être la cause de, être cause que, commencer, donner naissance

607

à, faire naître, susciter, se lever (une querelle) ; laisser paraître, mettre en avant

zùmba, DKF, 1176 : viser à, avoir en vue

zùmbi : bonheur, bonne chance, événement heureux, nom des **nkisi** sensés porter bonheur

spAt, EG, 589 : district, nome

saba, DKF, 862 : jour de marché (**nkenge**)

spAw, CDME, 222 : « birds made to fly = flushed from cover? »

nsambu, DKF, 755: corbeille, panier où les poules pondent les œufs

spd, CDME, 223 : tranchant, effectif

būuza, DKF, 86 : blesser grièvement, profondément ; entailler, inciser

nsábi, DKF, 751 : tranchant d'une dent, couronne d'une dent ; dent pointue de la mâchoire inférieure ; dent qui est ciselée

sàba, ~ **mbeele**, DKF, 861 : blesser avec un couteau

sáaba, DKF, 862 : épée

sāabalà : épée, sabre ; grand et large couteau, coutelas

sámba, DKF, 871 : aiguiser (un couteau, les dents, etc.)

sámba : tatouage ; une marque (faite au couteau) indiquant qu'un objet est acheté, vendu ; trait, barre, d'une lettre, d'un caractère, d'écriture ou d'imprimerie ; trait noir sur le front ou au-dessus des yeux

sé, DKF, 883 : taille, coupe, coupage, polissage, adoucissage (p. ex. d'une glace polie) ; modèle, façon, marque, couleur, teinte ; bords, bordures, trait, raie, ligne, marque, etc. dans le culte **nkisi**, fétichisme

séba: couper, découper, débiter en petits morceaux ; hacher menu ; piocher profondément ; faire des entailles, des découpures dans la peau, etc. ; blesser avec un couteau, taillader, saigner

séla : dépecer, découper en morceaux, couper en petits morceaux

sēula, DKF, 893 : couper, ôter (en coupant) ; enlever un morceau de chair ou de peau comme p. ex. dans la circoncision ou dans une opération chirurgicale

sèwa, DKF, 894 : organe génital circoncis

tā, DKF, 942 : couper, trancher ; être tranchant

tába : couper ; trancher

tābuna, DKF, 943 : couper

zāa, DKF, 1150 : fig. au sens de couper rapidement, de circoncire

zàba : inciser, tatouer légèrement ; couper, blesser, tailler, pratiquer la saignée

𓊪𓂧𓂧 **spdd**, CDME, 224 : fournir

sàba, DKF, 862 : amasser, rassembler, entasser

sábi : quantité de nourriture, etc.

𓊪𓂧𓏏𓈅 **spdt**, PAPP, 398 : triangle

sèepuka, DKF, 892 : être, se tenir debout

sēmpuka, ~ **meeso** : lever les yeux, les tourner vers

sūpupù, na ~, mona na ~ : voir qqch qui se tient debout (comme une statue, un homme)

𓊪𓁹 **spH**, CDME, 223 : prendre au lasso

nsopo, nsopodi, DKF, 774 : qqch de long (bâton)

𓂝𓂻 **spr**, CDME, 223 : arriver

sàbata, DKF, 862 : marcher, piétiner (rapidement)

spr, CDME, 223 : faire appel, faire une pétition

sampa, DKF, 872 : amarrer (le cul de sac d'un filet)

sāmpuka : être vif, prompt, aleste, éveillé, leste ; se dépêcher, se presser, aller vite

sámba, DKF, 871 : prier, adorer, invoquer, implorer, supplier (seulement quand il s'agit de Dieu)

sāmbila : prier, implorer, invoquer, demander, supplier, appeler qqn au secours (par son nom, en cas de peur) ; appeler, crier après

sámbu : appel à l'attention ; prière ; avertissement, avis (action de se tenir) sur ses gardes ; communication ; cordeau, fil régulateur ; fig. ligne de conduite

séma, DKF, 887 : trahir des secrets, des mystères

sìba, DKF, 894 : appeler, invoquer, conjurer, adjurer (un **nkisi**) ; répéter, redire, débiter machinalement (des prières à l'adresse d'un **nkisi**, etc.) ; faire de vaines redites ; raconter tout clairement, distinctement

síibisi, vyo-vyo, wi-wi, DKF, 894 : expression pour interjecter appel au tribunal de justice supérieur

spr, OEP, 381 : côte

lu-bànzi, DKF : 410, côte, poitrine, une seule côte, mal de poitrine, point de côté, pleurésie ou pneumonie

lu-vànzi, DKF, 456 : côté, flanc d'un homme

lu-váati : côté, flanc d'un homme ; c. adv., sur le côté, à côté de, le long de

mpáati, DKF, 577 : côté, flanc, côté du thorax, côté le plus long, bord allongé (de qqch) spt, EG, 589 : lèvre, bord (d'un bassin, etc.) ; spty : lèvres

sàmba, DKF, 870 : courber, incliner, pencher de côté

sámbu, DKF, 871 : chemin, route, bord du chemin, de la route ; bifurcation, carrefour, tournant ; côté, direction, sens (p.ex. du côté des ennemis, des amis)

sàmpa, DKF, 872 : être trop plein, comble, regorger, être plein jusqu'au bord, remplir, monter (l'eau) ; déborder, inonder, se répandre, bouillonner

sàmpula, DKF, 873 : remplir jusqu'au bord, rejeter, vomir

sàpa, DKF, 879 : déborder, se répandre ; trop-plein, comble

sébi, DKF, 883 : plaie, fente, fissure, près de la bouche

zómba, DKF, 1171 : remplir, remplir jusqu'au bord

spXr, CDME, 223 : faire circuler

nsóba, nsòbani, DKF, 769 : changement, en alternant, en changeant, chacun à son tour, tour à tour, l'un après l'autre, tous les trois, etc. d'après les chiffres, alternativement ; pêle-mêle, embrouillé

nsőba : mélange, assemblage de différentes choses

nsòbo : qui est argileux, saleté, ordure, immondice, rebut, débris, boue, fange, vase, vaseux, boueux, mouille, tout sale, dégoutant, révoltant, répugnant

sámba lili, DKF, 871 : grand anneau de pied

sèkokelo, DKF, 885 : mobilité

séko-séko : humeur changeante, inconstance, inconstant

611

sèkuka : être transvasé d'un vase à l'autre ; être clarifié (par transvasement) ; être traduit, changé, transporté ; émigrer

sèkula, DKF, 886 : puiser dans un vase et mettre dans un autre ; transvaser ; clarifier ; tirer au clair ; traduire (par écrit ou oralement) ; changer ; transposer ; altérer

sèkuzula : changer, se déplacer incessamment

sóba, DKF, 907 : changer, déranger, permuter ; modifier, alterner ; muer (perdre, changer ses plumes), commencer à mûrir, à changer de couleur, à rougir, à jaunir, etc. (se dit du **nsafu**) ; remplacer, rendre une chose pour une autre (**toma**) ; être d'une autre espèce, d'une autre sorte ; être différent, pas ressemblant, inégal

sóba : changement ; variation, alternance ; mise au monde de jumeaux de sexe différent

sòba, DKF, 907 : remuer, tourner (dans la casserole) ; moudre, broyer, triturer, réduire en morceaux, détruire, ravager ; pétrir ensemble, faire une miche, un pain rond de qqch, mélanger, gâcher (du mortier)

sòbakana : être rassemblé, entremêlé ; mélange

sóva, DKF, 917 : changer, déplacer, modifier

𓊪𓂋𓀀𓏤 **sqA**, CDME, 249 : base pour un lieu saint

zuku, DKF, 1174 : principe fondamental, racine, source, origine, base, fondement

𓊪𓂋𓎡 **sqb**, CDME, 249 : sorte de bois

ki-séka, DKF, 291 : un arbre dans la plaine (les fueilles sont comestibles) ; grand arbre de bois (**Pentaclethra Eetveldeana**)

n'sénga, DKF, 763 : un arbre de haute futaie ; parasolier (arbre de parasol) (**Musanga Smithii**)

n'senga-n'senga : arbre de bois (**Albizzia intermedia**)

𓀀𓊝𓂝 **sqd**, GE, 35 : angle de pente

séka, DKF, 884: un arbre

sēeka, DKF, 884 : pente rapide, raide, accentuée, gradin, terrasse dans une montagne, colline (la pente)

sénda, DKF, 889 : hauteur, colline, éminence, monticule ; versant, pente, penchant, revers d'une colline (spécialement le bas, le pied, le point où la pente finit)

séndi : pente, talus, penchant abrupt, escarpé, surplombant

𓀀𓊝𓂝 **sqdi**, EG, 592 : voyager par eau, « faire upon (river, sea) »

sēeka, DKF, 884 : île

sēekila : flotter, surnager

seko : tortue de mer

𓀀𓊝𓂝 **sqr**, CDME, 250 : plaie

sèka, DKF, 884 : aller profondément, ronger, percer ; être creux, grave (blessure, plaie, coupure) ; tourner et retourner avec un couteau pour faire un trou ; forer ; tarauder ; être mangé, piqué, ringé par les vers (maïs)

zòka, DKF, 1169 : piquer dans, faire le trou, enfiler, trouer, fourrer le doigt dans, piquer

zòkodi : la petite vérole

zòkolo, DKF, 1170 : la petite vérole

zòkudi : cicatrice après la vérole

zòkula : trouer, percer des trous ; faire des trous avec une vrille ; faire un trou dans le sol (signe d'une convention) ; **ki** ~ : ulcère, plaie

𓀀𓃹 **sr (zr)**, CDME, 235: mouton

nsìa, DKF, 765 : une petite entilope (**Sylvicapia grimmia elegantula**)

Nsìa : nom propre = antilope

sr, PAPP, 205 et 206 : fonctionnaire

sr, EG, 590 : fonctionnaire, employé(e), noble

sr, OEP, 390 : faire connaître

sr, PAPP, 247 et 248 : annoncer

sr, EG, 591 : prédire

sr, EG, 591 : sorte d'oie

sr, CDME, 235 : tresse ; perruque ; peau d'un animal

srd, EG, 591 : glaner

srf, EBD, 87 : chaleur, feu

nsàdi, DKF, 752 : travailleur, ouvrier, amour du travail, activité

sàdi, DKF, 863 : homme diligent, ouvrier, travailleur

sàla, DKF, 868 : faire, exécuter

sàlabūuna, DKF, 869 : figure : travailler en vain (en pensant qu'on mourra, etc.)

sàlu, DKF, 870 : atelier, endroit où l'on remise les instruments de travail

sèlumuka, DKF, 887 : être découvert, exploré, trouvé

selumuka : s'en tenir à (une idée, etc., être entêté, obstiné)

sèlumuna : trouver, découvrir, faire une découverte, remonter, imaginer, s'aviser de, projeter, proposer de, offrir (à qqn de)

sàadada, DKF, 863 : un oiseau semblable à **banda maveeve** ; poule avec les ailes ouvertes

sála, DKF, 868 : touffe herbeuse

yòndo, DKF, 1141 : houpe, touffe, aigrette (de cheveux, de plumes, etc.) ; crête de cheveux qu'ils s'arrangent au haut de la tête

zòndo, DKF, 1171 : tresse

sada, sàada, DKF, 863 : gratter, découvrir en grattant ; gratter autour

sàla, DKF, 868 : gratter, défaire, arracher, rafler, fouiller (comme les poules)

𓊃𓂋𓅓𓏏𓏥 **srmt**, CDME, 236 : denrées alimentaires et boisson

seelo, DKF, 887 : âtre (foyer d'une cheminée, la cheminée elle-même), feu de bivouac (campement temporaire en plein air)

n'sāala, DKF, 754 : esp. de pomme de terre

nsátu, DKF, 760 : faim, appétit ; désir, aspiration ; temps de famine ; qui est rare ; janvier et février

nsédi : manioc bouilli amer et mis dans l'eau pendant un ou deux jours

nsèdinga, DKF, 761 : aliment **yuuma** avec du manioc découpé

nsèla, DKF, 762 : manioc pelé, fendu en morceaux, bouilli et puis mis dans l'eau ; après quoi on le mange ; étuvé des morceaux de banane

nséle : manioc que l'on fait cuire et macérer peandant environ trois jours

nsúndi, DKF, 778 : aliment, biens, etc. qui se distribuent charitablement dans un moment difficile et qui seront restitués ; secours ; don restitué

nzàla, DKF, 820 : faim, famine, disette, diète, appétit ; vif désir, aspiration vive, besoin de

nzàla : haricots de l'arrière saison

nzéeta, **nzéete**, DKF, 826 : huile de palme

sèla, DKF, 886: espèce de banane

sèluka, DKF, 887 : espèce de banane

zēdinga, DKF, 1158 : cuire qqch mal ; manger

zéla, DKF, 1159 : mâcher, mâchonner (des arrachides, etc.)

zēlekete : igname comestible d'un jaune clair de bon goût

zēnzinga, DKF, 1161 : bien cuit, bien apprêté

srq, EG, 591 : soulager, « admit breath to »

sālana, DKF, 869 : sentir, exhaler, dégager

sèreme, **serima**, DKF, 892 : causer de la douleur ou des douleurs

srt, EG, 591 : épine

lu-sénde, DKF, 447 : épine, piquant aiguillon, crête, esquille, tranchante

senda, DKF, 889 : ronce, broussaille

srwd, EBD, 89 : rendre fort

súlu, na ~, DKF, 922 : lourdeur, sentiment de pression (p. ex. sur la poitrine), endormi profondément ; épaisse, forte (étoffe) ; en colère, furieux

súlu : piège à lacet posé dans un arbre n'importe où ; aussi avec un poids ou un couvercle

srwx, OEP, 411 : traiter, traitement (médical)

sàlu, DKF, 869 : sac à fétiches ; petit sac ordinairement cousu, dans lequel on place les amulettes, les objets de sorcellerie, et dont l'ensemble possède la vertu (fétichiste) de produire la guérison : au pl. différents médicaments qu'on a rassemblés dans un panier pour les employer en faisant l'idole (**nkisi**) ou pour s'en servir comme remèdes ; un grand panier où on place différentes choses ; tas, quantité de sacs, sachet d'idole (**nkisi**) qui se trouvent dans un endroit

srx, CDME, 236 : façade d'un palais portant le nom royal d'Horus

súdi, DKF, 918 : abri temporaire, guérite ; hangar, auvent (contre la pluie) ; abri pour la femme qui a ses règles

zéngi, DKF, 1160 : frontispice, coin d'un toit, faîte, la partie du mur au-dessus de la porte, extérieurement ou intérieurement, où l'on suspend des pois, etc.

srx, CDME, 236 : se plaindre, accuser

sS, PAPP, 79 et 84 : nids

sS, EG, 592 : nid

sSt, EBD, 95 : nid

sāala, DKF, 869 : outrager, insulter, injurier ; se moquer de, détracter, critiquer ; faire peu de cas de, méconnaître, remarquer, blâmer

dyála, DKF, 138 : nid, aire, nid (même pour les rats)

dyalu : nid

sakala, DKF, 866 : panier de branches, de bois tressé (non d'herbe) ; cage, volière

sánza, DKF, 878 : nid d'oiseau

sàsa, DKF, 879 : **nzo ya** ~ : maison qui est bâtie sans herbe de **nkobo** ; murs, cloisons qui sont bâties de branches, de rameaux de palmier et de lattes fendues de palmier ou avec l'herbe de **nkobo**

sàsa : vieille maison, masure (abandonnée)

sása, kis., DKF, 880 : chambre extérieure

sasa : grand trou, cavité, à l'intérieur

sàasu : cavité, creux sous les racines ; gîte, tanière

súku, DKF, 920 : trou, ouverture qui va haut dans un arbre ; encoche ; cavité, creux, nid d'écureil (et plusieurs autres) ; fosse à fumier ; pièce, appartement, intérieur, chambre à coucher, magasin

tánda, DKF, 951 : nid, tanière, aire, demeure ; étagère, monture, endroit où on met des marmites

zála, DKF, 1152 : nid d'oiseaux, de souris

zánza, DKF, 1156 : nid ; retraite, maison mal construite ; tas

sS, EG, 592 : écrire, dessiner, peindre ; écrit, livre, lettre ; **sS** : scribe

𓇳𓊪𓊪𓉺 **Ssp**, EG, 595 : image, statue, sphinx

𓋴𓌚𓅓𓏏 **sSmw**, CDME, 248 : statue, portrait, image, contrepart

lu-se, lu-ze, LPADB, 145 : face, figure, visage, mine, physionomie, mâchoire, présence

lu-sé, lúse, DKF, 447 : figure, visage, face, air, mine, apparence ; présence ; endroit (d'étoffe),; page (d'un livre)

ndose, DKF, 673 : visage

n'zénze, DKF, 826 : dessin de coiffure

séka, DKF, 884 : orner, décorer

sēkidila, DKF, 885 : ornement, décoration

nsàsa, DKF, 759 : sculpture

sīnsakesa, DKF, 904 : signifier, marquer d'un signe, d'une marque, assimiler

sìnsu : marque, signe, signal ; indice, note ; sceau, cachet, emprunte, souvenir ; signe ou insigne de commandement, balise, bouée et autre marques ; preuve, spécimen, prodige, modèle, prototype

sinzakesa, DKF, 905 : indiquer, représenter ; comparer

sinzika : désigner

sinzikila : faire un pacte

sisa: tableau, figure, représentation (par le dessin, la peinture, etc.) ; illustration, image, dessin, gravure, photographie

sóka, DKF, 909 : trouver, découvrir ; donner naissance à ; imaginer (un mensonge) ; concevoir, avoir l'idée de ; trouver une issue à ; faire un projet, projeter ; inventer, découvrir qqch d'ingénieux

sōkidila : imiter, contrefaire, singer, mimer

zídi, DKF, 1163 : visage ; image de qqch ; figure ; portrait, photographie ; masque (au visage) ; vénération

zizi, DKF, 1168 : visage, figure, traits, apparence, extérieur, stature, portrait, gravure, photographie, tableau ; masque de danse ; ombre

𓈖𓏤𓂡 sS, EG, 592 : étendre, étaler, répandre, propager, se propager

sàngumuna, DKF, 876 : répandre, disperser, dissiper

sànsa, DKF, 877 : se développer, se former (sein), répandre, s'épanouir, être en fleurs

sàsakana, DKF, 880 : se disperser

sàsangana : se disperser

sànsumuna, DKF, 878 : répandre

sánza : dilapider, disperser, étaler (p. ex. un mets sur une assiette)

sānzangana, DKF, 879 : se répandre, s'étendre, se propager, être dispersé, s'élargir, être étendu, écarté, semé, disséminé tout autour, largement, être connu, appris partout dans le monde entier

sàsakana, DKF, 880 : se disperser

𓈖𓏤𓂻 sS, CDME, 757 : ouvrir (?)

nsánga, DKF, 757 : ouverture, intérieur, antichambre de l'entrée d'une nasse à poissons

nsánsa, DKF, 758 : ouverture

nzánnza, DKF, 823 : fente, ouverture entre ; qualité de ne pas être trop près, tout à côté

sàku, DKF, 867 : ouverture de la chaîne dans le tissage

sānzungù, DKF, 879 : grande maison sans cloison ou paroi mitoyenne

sása, DKF, 880 : chambre extérieure

sàasuka : se trouer ; se percer ; avoir une brûlure ; être, devenir grande, large, profonde (se dit d'une blessure, d'une plaie, d'une coupure, d'une brûlure)

sèka, DKF, 884 : aller profondément, ronger, percer ; être creux, grave (blessure, plaie, coupure) ; tourner et retourner avec un couteau pour faire un trou ; percer, forer ; tarauder ; être mangé, piqué, rongé par les vers (maïs)

sēkidikisa, ~ **nzila**, DKF, 885 : faire ouvrir, tracer, pratiquer un chemin n'importe où, partout

sènsangana, DKF, 892 : être large

sènzangana : être large, évasé, étendu, étiré

senze : un large panier à claire-voie ressemblant à un crible, et au travers duquel la fumée et l'air peuvent passer facilement ; on s'en sert pour faire sécher les arachides

sēnzebele, na ~ : uni, plat

sù, kìsu, DKF, 918 : pipe (de terre) ; cheville à canal, trou de lumière dans un fusil

sú, kí-su : tronc creux servant de mortier ; pilon ; vase de bois profond servant à piler les arachides ; bloc (pièce de bois dans laquelle sont percés des trous pour y passer les pieds d'un prisonnier) ; chaîne (de pied)

súku, DKF, 920 : trou, ouverture qui va haut dans un arbre ; encoche ; cavité, creux, nid d'écureil (et plusieurs autres) ; fosse à fumier ; pièce, appartement, intérieur, chambre à coucher, magasin

zòka, DKF, 1169 : piquer dans, faire le trou, enfiler, trouer, fourrer le doigt dans, piquer

sS, CDME, 246 : couper (le lin)

n'sáku, DKF, 753 : couteau à très longue lame

sāaka, DKF, 865 : couper d'un seul coup, circoncire ; couper, moissonner, faucher (les céréales) ; tondre, raser (les cheveux) ; tailler ; houer, piocher les mottes ; écorcher (équarrisseur) ; terminer, régler, juger, prononcer la sentence (procès)

sāakuna, DKF, 868 : couper, ébrancher

sàasa, DKF, 879 : couper, découper, dépecer, massacrer, mettre en pièces, en morceaux, en lambeaux, en deux (un animal, de la vainde, etc.) ; abattre, tuer

sé, DKF, 883 : taille, coupe, coupage, polissage, adoucissage (p. ex. d'une glace polie) ; modèle, façon, marque, couleur, teinte ; bords, bordures, trait, raie, ligne, marque, etc. dans le culte **nkisi**, fétichisme

sénsa, DKF, 891 : diviser, morceler, détailler ; couper en morceaux, en tranches ; hacher fin ; ôter, enlever (couper) avec le bout des doigts, p. ex. du manioc

sēoka, **seola**, DKF, 892 : couper

sésa, DKF, 893 : dépecer, découper, démembrer, couper en morceaux

sēula : couper, ôter (en coupant) ; enlever un morceau de chair ou de peau comme p. ex. dans la circoncision ou dans une opération chirurgicale

soka, DKF, 909 : partager

sònsa, DKF, 915 : couper en morceaux, ouvrir ; faire une profonde incision, une entaille, une coupure ; entailler profondément (p. ex. pour extraire du vin de palme) ; arranger, égaliser les côtés d'une fosse ; manger, percer (p. ex. une banane comme les poules)

tóta, DKF, 985 : châtrer

zāaka, DKF, 1151 : couper, trancher (cheveux, etc.) ; faucher (herbe, rameaux) ; circoncire

zángu, DKF, 1155 : machette, couteau (à découper) ; longues cornes (animal)

zāata, DKF, 1156 : couper un peu les cheveux ; ébrancher ; étêter

zènga, DKF, 1160 : couper, trancher, découper, abattre, émonder, étêter, trancher autour, circoncire ; décider, trancher une question

zénza, DKF, 1161 : couper

zéza : prendre peu à la fois (p. ex. en mangeant) ; enlever qqch qui s'avance avec le bout des doigts ; couper

zīnzuka, DKF, 1167 : être mutilé, estropié, invalide, tronqué, coupé, retranché, sectionner (pied, bras, etc.)

zōnzuna, DKF, 1172 : trancher, couper (des herbes avec une faux ou fauville) ; paître ; ôter, enlever avec le bout des doigts ; ôter, arracher (rebut) ; picorer, necqueter, recueillir (comme les poules)

zuka, DKF, 1174 : se détacher

zūngula, DKF, 1177 : couper, trancher, émonder (la partie supérieure) ; tailler, affranchir (une haie)

zùzuna, DKF, 1178 : couper un morceau (de qqch de mangeable) ; tirer et user (une corde)

zùzula : couper un morceau (de qqch de mangeable) ; tirer et user (une corde)

sS, CDME, 246 : marais, marécage

zóko, DKF, 1169 : place marécageuse ordinairement dans le voisinage d'une source d'eau vive

sSA, PAPP, 82 et 87 : connaître

sàka, DKF, 865 : chercher ; regarder ça et là ; avoir l'œil sur ; prendre des renseignements sur qqch

sòsa, DKF, 916 : rechercher, voir, surveiller, avoir l'œil sur, prendre soin de, chercher après ; frapper les herbes, chasser pour faire peur à, effrayer, poursuivre (p. ex. les rats)

sòsa : parler, dire ; chercher à savoir ; être au courant de

sSA, CDME, 247 : faire des progrès (?)

nsākalala, DKF, 753 : qui tombe, baisse (de prix)

622

nsākalala : amélioration d'un malade ; abaissement

sáka, DKF, 865 : (s') augmenter, (s') accroître ; y avoir de plus en plus ; devenir de plus en plus nombreux, riche, lourd ; trop nombreux, trop grand, trop lourd

sáka : grandir dès l'âge le plus tendre, dès la plus tendre enfance ; atteindre la taille correspondante à son âge suivant les idées du pays, p. ex. être en âge de se marier, ou s'il s'agit d'un enfant ; être assez grand, environ 2 à 3 ans pour être sevré et pour que la mère puisse concevoir de nouveau ; être pubère

sìnsa, DKF, 904 : essayer, faire un essai, une expérience, expérimenter, éprouver qqn ou qqch ; faire une dernière tentative ; inviter ; faire un effort, oser, tenter qqch ; faire assaut de ; concourir, rivaliser de, avec ; lutter (de vitesse avec qqn)

sinzuka, DKF, 905 : être parfait

sinzula : achever, mettre la dernière main à

záka, DKF, 1151 : croître, prospérer

sSA, CDME, 247 : supplier ; prier

sSA : prière

sáka, DKF, 865 : suppliant, prenant ce qu'on veut, ce qu'on désire chez son père ou chez un ami proche

sìki, kisiki-fuka, DKF, 896 : courtoisie, politesse

súnga, DKF, 926 : demander, sollicitude, mendier qqch avec insistance

sSd, EG, 592 : luire, briller, scintiller

nkesi-nkesi, DKF, 718 : lueur, rayon de soleil ; les derniers rayons de soleil ; un rayon au travers d'un trou, etc.

nsēnsense, nsēnse-nsense, DKF, 763 : propre, brillant, distingué (comme pour les fêtes en vêtements propres)

nsēese, DKF, 764 : qui est blanc, éclatant

sàkila, DKF, 867 : luire, être radieux

sàkima : luire (la lune) ; briller

séka, DKF, 884 : sorte de perles

sēkana, DKF, 885 : briller, reluire fortement ; luire, flamber, flamboyer (un charbon ardent)

sēkele, ki. : soleil brûlant, forte chaleur (du soleil, du feu)

sēesi, DKF, 893 : sorte de perles blanches de verre

sèsuka : être, devenir clair de teint

sèzima, DKF, 894 : faire des éclairs, luire, reluire, biller de façon à aveugler, à éblouir.

sèzi-sèzi, na ~,(**sèzya-sèzya**) : éblouissement, lumière aveuglante, éblouissante, éblouissant, aveuglante

sSd, CDME, 249 : filet, bandage

kòse, DKF, 317 : filet

n'sasa, DKF, 759 : filet rectangulaire pour rivière

n'sásu, DKF, 760 : liane dont les gousses servent de crécelle

n'sìnga, DKF, 767 : attache, cordon, ficelle, corde ; liane, végétal grimpant, à vrille, à sarments ; (**Piptadenia africana**) ; cordon, filet, tissu, lacet, ceinture, fil (de télégraphe)

nsòto, DKF, 774 : lacets, baguette pour un piège à rats

n'súnga, DKF, 778 : anneau magique, bracelet de paille trssée ; cordon, ruban de fibres de raphia, de feuilles de bananier ou un nœud semblable noué sur le bras ou sur la jambe du **nganga** ou sur le poignet d'un malade pour le faire guérir ou être l'objet d'une bénédiction, ou pour empêcher de laisser mourir une personne très malade ; pièce, morceau d'étoffe, bande ; anneau de rotin dans le groin d'un cochon

n'súngu, DKF, 779 : anneau magique, ruban, nœud de fibres de raphia sur le bras

n'súngwa : anneau magique, cordon de **mpusu** autour du bras

n'zaaza, DKF, 823 : cordon de coton, feuille de banane sèche, plumes de poule, etc. que l'on enveloppe et qu'on pose sur la mère jusqu'à ce que son enfant puisse marcher

nzínzi, DKF, 829 : cordon (de perles)

sāsabalà, DKF, 880 : cordon, tresse, ruban ; tapis de papyrus

sínga, DKF, 903 : filet, seine, truble, ableret

sóka, DKF, 909 : anneau de bras, bracelet ; anneau de perles, ruban ; cordon de perles qu'on emploie comme anneau de bras

sŏkolo, DKF, 910 : nœud coulant, lacet, piège, lazzo (lasso) ; cordon, vrille

súki, DKF, 920 : liane à caoutchouc de nom, latex qu'on en retire (**Landolphia Gentilii**)

súku : bracelet, cordon, anneau, cercle de bras

syŏkolo, DKF, 939 : piège, attrape, lacet, embûche, appât ; piège avec un nœud coulant

zākulu, kiz., DKF, 1152 : sorte de filet, treillis de lattes de palmier, nasse pour poissons

zète, DKF, 1162 : cordon d'ornement, ruban, ceinture autour de la taille

sSd, CDME, 249 : fenêtre

nzánnza, DKF, 823 : fente, ouverture entre ; qualité de ne pas être trop près, tout à côté

zòka, DKF, 1169 : piquer dans, faire le trou, enfiler, trouer, fourrer le doigt dans, piquer zőko : trou percé

𓊃𓅓 **sSm** (?) EG, 592 : boucher, massacrer (bœuf, etc. pour la viande) ; tuer

nsànzangala, sa ~, DKF, 759 : laisser qqn mort, nu et non enterré, non enseveli sur la prairie

sángulu, DKF, 876 : râle de la mort ou de l'agonie

𓊃𓅓𓏥 **sSmw**, PAPP, 150 & 153 : dirigeant (directeur)

sìka, DKF, 895 : décider, décréter, prendre la résolution de ; (se) déterminer ; promettre, faire vœu de, confirmer, affirmer, attester, témoigner, vérifier

sónga, DKF, 914 : montrer, faire voir, indiquer, manifester, désigner, montrer du doigt ; exposer, produire ; persuader, démontrer, enseigner, instruire, apprendre, expliquer, présenter ; exiber, marquer, prouver, dénoter ; avancer, tendre, faire ressortir ; faire valoir ; révéler, mettre sous les yeux, représenter, recommander, parler en faveur de

𓊃𓅓𓀾 **sSmw**, CDME, 248 : statue, portrait, image, contrepart

lu-se, lu-ze, LPADB, 145 : face, figure, visage, mine, physionomie, mâchoire, présence

lu-sé, lúse, DKF, 447 : figure, visage, face, air, mine, apparence ; présence ; endroit (d'étoffe),; page (d'un livre)

ndose, DKF, 673 : visage

n'zénze, DKF, 826 : dessin de coiffure

séka, DKF, 884 : orner, décorer

sēkidila, DKF, 885 : ornement, décoration

nsàsa, DKF, 759 : sculpture

sīnsakesa, DKF, 904 : signifier, marquer d'un signe, d'une marque, assimiler

sìnsu : marque, signe, signal ; indice, note ; sceau, cachet, emprunte, souvenir ; signe ou insigne de commandement, balise, bouée et autre marques ; preuve, spécimen, prodige, modèle, prototype

sinzakesa, DKF, 905 : indiquer, représenter ; comparer

sinzika : désigner

sinzikila : faire un pacte

sisa: tableau, figure, représentation (par le dessin, la peinture, etc.) ; illustration, image, dessin, gravure, photographie

sóka, DKF, 909 : trouver, découvrir ; donner naissance à ; imaginer (un mensonge) ; concevoir, avoir l'idée de ; trouver une issue à ; faire un projet, projeter ; inventer, découvrir qqch d'ingénieux

sōkidila : imiter, contrefaire, singer, mimer

zídi, DKF, 1163 : visage ; image de qqch ; figure ; portrait, photographie ; masque (au visage) ; vénération

zizi, DKF, 1168 : visage, figure, traits, apparence, extérieur, stature, portrait, gravure, photographie, tableau ; masque de danse ; ombre

sSn, PAPP, 189 et 190 : lotus

lu-sèsa, DKF, 448 : herbe

lu-sési : la nervure des petits pans des fueilles de palmier

nsèsa, DKF, 764 : une sorte d'herbe des steppes employée pour faire des murs ou des toits

n'sèesa : fleur mâle (du maïs) ; épi (en général) ; bouquet, grappe de fleurs, floriforme

n'sèese : fleur mâle du maïs

nseese : espèce de paille

sáka, DKF, 865 : feuilles du tabac

sakambwa, kis., ~ kooko, DKF, 866 : plante ornementale (**Modecca lobata**)

sākila, DKF, 867 : plante, herbe, végétal, pied, tige, tête, touffe (de plante), taillis, bocage

sànsa, DKF, 877 : plante croissante le long de cours d'eau, fruit comestible ; espèce de **Amomum**

sèsa, DKF, 892 : germer, poindre, lever, s'ouvrir, éclater (bourgeon, etc.) ; devenir tendre, mou, plein de sève (branche, etc. qui bourgeonne)

sèesa, DKF, 893 : grains germés (dans la semence, les arachides) ; grains germés des arachides qu'on a rongé pour les manger

sese : herbe, plante aquatique, tiges flottantes dans l'eau, herbe verdure copeaux

séese : grains germés

sèsolo : germe d'arachides qu'on a rôti (les enfants les mangent)

sòoso, DKF, 916 : champ de pois ; culture des pois

sóso, sóoso: petite jungle, touffe d'herbes, broussailles, grande partie d'une vallée dont les herbes n'ont pas été brûlées

sōsolo, ~ byatiiti, DKF, 917 : jungle non brûlée

sSnw, CDME, 248 : cordes

kòse, DKF, 317 : filet

n'sasa, DKF, 759 : filet rectangulaire pour rivière

n'sásu, DKF, 760 : liane dont les gousses servent de crécelle

n'sìnga, DKF, 767 : attache, cordon, ficelle, corde ; liane, végétal grimpant, à vrille, à sarments ; (**Piptadenia africana**) ; cordon, filet, tissu, lacet, ceinture, fil (de télégraphe)

nsòto, DKF, 774 : lacets, baguette pour un piège à rats

n'súnga, DKF, 778 : anneau magique, bracelet de paille trssée ; cordon, ruban de fibres de raphia, de feuilles de bananier ou un nœud semblable noué sur le bras ou sur la jambe du **nganga** ou sur le poignet d'un malade pour le faire guérir ou être l'objet d'une bénédiction, ou pour empêcher de laisser mourir une personne très malade ; pièce, morceau d'étoffe, bande ; anneau de rotin dans le groin d'un cochon

n'súngu, DKF, 779 : anneau magique, ruban, nœud de fibres de raphia sur le bras

n'súngwa : anneau magique, cordon de **mpusu** autour du bras

n'zaaza, DKF, 823 : cordon de coton, feuille de banane sèche, plumes de poule, etc. que l'on enveloppe et qu'on pose sur la mère jusqu'à ce que son enfant puisse marcher

nzínzi, DKF, 829 : cordon (de perles)

sāsabalà, DKF, 880 : cordon, tresse, ruban ; tapis de papyrus

sínga, DKF, 903 : filet, seine, truble, ableret

sóka, DKF, 909 : anneau de bras, bracelet ; anneau de perles, ruban ; cordon de perles qu'on emploie comme anneau de bras

sŏkolo, DKF, 910 : nœud coulant, lacet, piège, lazzo (lasso) ; cordon, vrille

súki, DKF, 920 : liane à caoutchouc de nom, latex qu'on en retire (**Landolphia Gentilii**)

súku : bracelet, cordon, anneau, cercle de bras

syŏkolo, DKF, 939 : piège, attrape, lacet, embûche, appât ; piège avec un nœud coulant

zākulu, kiz., DKF, 1152 : sorte de filet, treillis de lattes de palmier, nasse pour poissons

sSp, EG, 592 : lumière du jour

zète, DKF, 1162 : cordon d'ornement, ruban, ceinture autour de la taille

nkesi-nkesi, DKF, 718 : lueur, rayon de soleil ; les derniers rayons de soleil ; un rayon au travers d'un trou, etc.

nsēnsense, nsēnse-nsense, DKF, 763 : propre, brillant, distingué (comme pour les fêtes en vêtements propres)

nsēese, DKF, 764 : qui est blanc, éclatant

n'syèsina, DKF, 784 : rayon de soleil

sàkila, DKF, 867 : luire, être radieux

sàkima : luire (la lune) ; briller

sēkana, DKF, 885 : briller, reluire fortement ; luire, flamber, flamboyer (un charbon ardent)

sēkele, ki. : soleil brûlant, forte chaleur (du soleil, du feu)

sènsa, DKF, 891 : être en vue, visible, venir au jour ; se présenter, aller droit, être dévoilé, révélé, devenir visible, manifeste, distinct, se répandre

sènsi, DKF, 892 : terre rouge (argile) rejetée à la surface par les fournis

sènsika : manifester

sènsuka : venir, monter à la surface, venir à la lumière, au jour, se montrer, être visible

sèsuka, DKF, 893 : être, devenir clair de teint

sèzima, DKF, 894 : faire des éclairs, luire, reluire, biller de façon à aveugler, à éblouir.

sèzi-sèzi, na ~,(sèzya-sèzya) : éblouissement, lumière aveuglante, éblouissante, éblouissant, aveuglante

sísila, na ~, DKF, 906 : très obscur, sombre, noir comme du charbon

𓊃𓋴𓀜 sSr, EG, 592 : raconter, annoncer

nsàsa, DKF, 759 : l'essentiel, le contenu ; signification, expression, déclaration, définition ; réitération des noms de clan, de famille

sakula, DKF, 868 : parler (exclusivement comme un grand gouverneur, un chef) ; prophétiser, parler au nom de Dieu

sàasa, DKF, 879 : expliquer, éclaircir, rendre clair, préciser, définir, exposer le point de vue, le sens de qqch

sàasula, DKF, 880 : étendre ; ~ **mambu** : entamer un procès ; raconter tout

sSr, EG, 592 : linge, lin

saka, DKF, 865 : sorte d'étoffe dont s'habille les femmes

sāsabalà, DKF, 880 : cordon, tresse, ruban ; tapis de papyrus

sedaoutseda, DKF, 883 : étoffe de soie

sēlalala, DKF, 886 : étoffe semblable à des morceaux de mouchoir

síiku, DKF, 897 : une sorte d'étoffe (autrefois) ; pièce d'étoffe à 5, 6 mètres

situla, DKF, 906 : étoffe rouge

sSrw, CDME, 248 : blé, maïs

nsángu, DKF, 757 : fleur mâle du maïs ; fleur de l'arbre papayer

n'séngi, DKF, 763 : maïs vert

sSrw, CDME, 248 : choses, actions ; déroulement, manière de faire

nsánsa, DKF, 758 : chose, cause ; une chose ancienne non exécutée, affaire, tradition

n'sòngo, DKF, 773 : expression pour la coutume, les manières d'être, d'agir de qqn

nsùuza, DKF, 780 : conduite légère, immoralité ; sensualité ; personne aux mœurs faciles ; fornicateur ; débauché, voluptueux ; femme débauchée, prostituée ; crime d'adultère

sSSt, CDM, 248 : sistre

nsánsi, DKF, 758 : une sorte de vacarme, de crécelle ; l'instrument de musique **diti**

sSw, CDME, 247 : disque de métal

nsóko, DKF, 770 : anneau de métal blanc

nsòngo, DKF, 773 : cuivre

nzénze, DKF, 826 : fil de laiton

sóko, DKF, 909 : morceau, fragment, barre, gâchette de cuivre, ordinairement 10 = 1 **soko** en calcul

zīzi, DKF, 1168 : collier de laiton

ss, CDME, 244 : brûler ; cendres

ndádi ou **nðaði**, DKF, 661 : éclair, foudre qui tombe

nsunsu aito, DKF, 779 : fièvre

nzási, DKF, 823 : éclair, foudre ; crampe

nzázi : la foudre, l'éclair ; tonnerre, coup de tonnerre, de foudre qui tombe à terre

Nzazi : un **nkisi** qui est sensé causer la foudre, nom propre (personne)

nzùuza, DKF, 833 : sentiment de fièvre, fièvre persnicieuse ; frisson, indisposition (malaise)

nzùzama : sentiment de fièvre, sentir les frissons de la fièvre, etc.

sāadisa, DKF, 864 : éclairer

sánnzu, DKF, 879 : petit bois, menu bois (pour une flambée) ; brindilles, bois sec, mort

sesuka, DKF, 893 : brûler, flamber

sònso, DKF, 915 : torche, poignée d'herbes, servant à allumer un feu d'herbes ; endroit, lieu

𓏭𓋴𓋴 ss, EAAN, 132: cheval

𓏭𓋴𓃒 ssw : cheval

𓏭𓋴𓋴, 𓏭𓊃𓏭𓊃 sisi, CDME, 244 : se dépêcher

où 'lon allume le feu d'herbes ; le feu d'herbes lui-même et sa tendance à se propager

sùsa, DKF, 929 : luire (feu)

zánzu, DKF, 1156 : petits bois de chauffage

nsāsi, DKF, 760 : une antilope

nsēsi, DKF, 764 : antilope naine (**Cephalophus nyasae congicus** : **C. malanorheus**)

Nsēsi : nom propre = antilope naine

nsīsila, DKF, 769 : rapidité

nzánzu, DKF, 823 : hâte, vivacité

nzúnza, DKF, 833 : vivacité, p. ex. à tirer ; agilité, pétulance ; ardeur, feu

nzúnzu : joie, gaîté, vivacité, humeur joyeuse, bonne humeur, insouciance, jovialité, santé, force, vogueur ; vivacité, p. ex. à tirer ; joyeux, gai, vif, dégourdi, jovial, doux, amusant, bien portant, fort, vigoureux

sá, DKF, 861 : interj. (à la chasse) ; hardi ! allez donc ! vite ! plus vite ! dépêchons-nous ! tiens assez ! arrête ! laisse ! finis ! cela suffit ! bon ! continue !

sàsa, sàtsa, DKF, 879 : s'en aller, tituber comme une poule qui a reçu un coup ; danser en secouant le derrière

sáasu, DKF, 880 : agilité, rapidité

sáazu, DKF, 882 : agilité, rapidité, hâte, vitesse ; facilité (à se mouvoir) ; facile, agile, leste, léger, aisé, libre ; à la hâte, de suite, agilement, lestement

zánzu, DKF, 1156 : vitesse, vivacité

zāazula, DKF, 1157 : presser qqn ; dire à qqn de se dépêcher

𓇋𓇋𓋴𓄿𓂝𓃽 ssAw, CDME, 245 : provisions, alimentation

𓇋𓇋𓋴𓄿𓃽 ssAw, CDME, 245 : satisfaction

𓇋𓏠𓄿𓏏 ssnDm, CDME, 245 : un bois coûteux

zúnza, DKF, 1178 : être leste, vif dans ses mouvements

sànsa, DKF, 877 : pourvoir, munir de, fournir, garnir, entretenir, conduire, diriger (le ménage) ; organiser, économiser ; être économe, nourrir, donner de la nourriture, des vêtements, etc. ; adpoter ; élever, éduquer, enseigner, prendre soin de ; allaiter (enfant), faire subsister, faire vivre

sánsa : providence, égard

sànsu, DKF, 877 : éducation ; économie ; administration, conseil (d'administration) ; direction ; gestion, administration temporaire, passagère

sànsu : tradition, legs, ce qui passe, est transmis, légué de l'un à l'autre ; mets de fête

sànsuka : être entretenu, soutenu, pourvu, muni de (nourriture, etc.) ; être élevé, éduqué

sásu, DKF, 880 : sac contenant des poissons salés

sénso, DKF, 892 : bonheur, chance, prospérité, bonne fortune, veine ; coup de hasard ; venir, arriver au bon moment pour qqch ; heureux, prospère, riche, chanceux, veinard

sensemeka : jouer, glorifier, honorer, exalter, estimer, respecter ; faire l'éloge de ; prôner, célébrer ; élever, porter aux nues

sēnsula : bonheur

zādu, na ~, DKF, 1151 : content, satisfait, joyeux

nsánga, DKF, 757 : arbre pour faire des chevrons

n'sani, DKF, 758 : arbre ; les chenilles de cet arbre

𓊃𓊃𓅱𓏏 sswt, CDME : 245 : « a metalic inlay »

𓊃𓊃𓎛𓀒 ssH, EG, 592 : casser, détruire

n'sanya, DKF, 759 : essence d'arbre, qui donne de bonnes perches

nzénze, DKF, 826 : fil de laiton

zīzi, DKF, 1168: collier de laiton

n'sánzu, DKF, 759 : butin des brigands, de guerre, ravage

nsánzu : pillage, dépouiller un village, **dia** ~ : enlever, piller

sánsa, DKF, 877 : piller

sánza, DKF, 878 : piller, ravager, dévaliser, dévaster, dérober, prendre, voler, dépouiller, détrousser, saisir, ravager, saccager, mettre à sac, dilapider, disperser

sānzakana : perdre

sānzama : être répandu, dispersé, éparpillé, éclaboussé tout autour

sānzangana, DKF, 879 : se répandre, s'étendre, se propager, être dispersé

sánzu : butin, proie, dépouille, prise, biens prises de brigans, de voleurs, de la guerre ; **dia** ~ : commettre le mal, des excès à l'occasion d'un festin funèbre (**nkungi**) dans lequel les parents peuvent faire quoi que ce soit sans encourir de punition p. ex. prendre les poules et les manger ou bien commettre adultère avec la femme de l'heritier

sànsika : répandre, joncher, éparpiller, mettre ça et là, en désordre, embrouiller, dissiper ; détruire

sànsila : répandre, saupoudrer, laisser tomber en pluie (p. ex. de la farine dans une casserole) ; éparpiller

sàsidika, DKF, 880 : mettre en désordre, causer du dérangement, du chaos

𓇋𓇋𓁹𓋴𓏏 sst, CDME, 246 : respirer, sentir

𓊃𓏏𓅂𓏺 sTA, EG, 593 : une mesure de capacité

𓊃𓏏𓍘 sTA, CDME, 255 : tisser

𓊃𓏏𓅂𓂝 sTA, CDME, 255 : retirer ; traîner, arracher, avaler ; admettre, porter ; couler

𓊃𓏏𓊖 sT (y), OEP, 392 : odeur

𓊃𓏏 (le déterminatif, une tête avec des bras étendus [?], est absent du Sign-list de Gardiner) sTi, CDME, 255 : éparpiller, disperser

𓊃𓈖𓇋𓅂𓏤 sTny, PAPP, 80 et 86 : distinguer

sàsikisa : dispenser, dissiper, mettre en désordre, éparpiller

sasa, kis., DKF, ferment ; sa kis. : fermenter

nsita, DKF, 769 : excessif, extrême, supérieur, superlatif (bonté ou méchanceté)

n'záaka, DKF, 820 : habit, veston

nzáki : grande étoffe

nzaaku : habit, veston

saka, DKF, 865 : sorte d'étoffe dont s'ahbillent les femmes

situla, DKF, 906 : étoffe rouge (mponda)

sākula, DKF, 867 : sarcler ; ôter, arracher la mauvaise herbe

sotula, DKF, 917 : faire sortir ; pousser avec force

nsùdi, DKF, 775 : mauvaise odeur, puanteur, émanation, odeur du corps (des gens, des animaux) ; vent, odeur (de qqch) qui est puant, qui sent

nzākila, DKF, 820 : odeur forte, piquante

zālumuna, DKF, 1153 : répandre, étendre (p. ex. une mince couche d'herbes sur un toit)

sàata, DKF, 881 : s'ouvrir, éclater, se défaire (pendant la cuisson, p. ex. mbozi)

soka, DKF, 909 : partager

[hiero] sTp, CDME, sauter

nsóndo, DKF, 772 : qui saute sur une jambe

nsùdika mbemba, DKF, 775 : qui saute sur une jambe (comme l'oiseau **mbemba**)

nzóndo, DKF, 831 : sur une jambe ; monocycle, charrette avec une roue

sōdinga, DKF, 908 : pied de **nduutu**, rats, etc. de la famille des rongeurs

sōdunga : marcher comme **nduutu** et les rats qui bondissent sur deux pattes

sōdya : bond, gambade

sōdya, na ~: sauts, bonds (d'un oiseau)

sōndoko, DKF, 913 : boiter, clocher

sùdinga, DKF, 919 : boiter, clocher

sùdi-sùdi, kwenda ~ : sauter sur un pied

sùdunga : boiter, clocher

záda, DKF, 1151 : bondir sur, vers, d'une branche à l'autre ; saisir, prendre vite, à la hâte (comme un oiseau de proie)

zāduka : sauter par-dessus, sauter vers ; se dépêcher, se hâter

zādumuka : agir rapidement, très vite

zōdinga, DKF, 1169 : marcher en boitant, comme un paralysé

zōdya : bond, saut, gambade

zōnduka: sauter, bondir (grenouille) ; sautiller

zūudika, DKF, 1174 : boiter

[hiero] sTp, CDME, 256 : décharger (de l'œil)

zōnzubuka, DKF, 1172 : être déchargé

[hiero] sTsi, PAPP, 113 et 115 : élever

sáka, DKF, 865 : (s') augmenter, (s') accroître ; y avoir de plus en plus, toujours plus ; devenir de plus en plus nombreux, riche, lourd ; trop nombreux, trop grand, trop lourd

sākalala, DKF, 866 : être élevé (un prix)

sakalala : se dresser sur le bout, etc.

sākalala : devenir plus petit, diminuer, baisser ; racourcir, décroître ; s'affaiblir, s'épuiser ; devenir, être faible ; se soumettre, se résigner à, se rendre (à la guerre) ; se trouver court ; avoir le dessous, y perdre ; être incapable ; trop faible pour exécuter qqch ; diminuer ; baisser (le prix d'une denrée, etc.) ; être insuffisant

sākidika, DKF, 867 : élever, hausser, augmenter (un prix)

sākidika : rendre plus petit, amoindrir, diminuer ; dédaigner, rapetisser ; faire baisser ; enfoncer, raccourcir ; rendre faible, assujéttir, asservir, soumettre, ravaler, mortifier

sākitika, na ~ : léger (fardeau)

sākila : éléver, lever (un fardeau de l'épaule à la tête)

sánda, DKF, 874 : être augmenté, accru, grossi, développé ; déborder (l'eau) ; avoir, posséder beaucoup, en abondance ; être riche de ; s'étendre, s'élargir beaucoup (une plaie) ; pousser de la chair morte (autour d'un plaie)

sàndula : donner en abondance

sá-saka, na ~, DKF, 880 : abondance (arachide)

sāsalà : qui est grand

sèdidika, DKF, 884 : monter, exposer ; faire voir, rendre visible, laisser voir (ce qu'on voulait tenir caché ou garder secret)

sèlaDKF, 886 : relever, retrousser (p. ex. le pagne, la jupe, etc.) ; se retrousser, sortir (la lune)

sTsw, CDME, 256 : louanges

sénda, DKF, 889 : hauteur, colline, éminence, monticule ; versant, pente, penchant, revers d'une colline (spécialement le bas, le pied, le point où la pente finit)

séndi : pente, talus, penchant abrupt, escarpé, surplombant

sèndula : lever, soulever, élever avec difficulté ; lever et renverser ; bousculer, culbuter ; faire tomber

zàla, DKF, 1152 : monceau, (petite) colline

sàkidila, DKF, 867 : déclarer (témoigner) ; sa vénération, son (profond) respect ; saluer qqn en battant des mains ; marquer par des claquements de mains la joie qu'on a de recevoir (un présent, etc.) ; répondre à un salut, à un souhait de bonheur, de bienvenue ; samuer, souhaiter la bienvenue, remercier de, pour

sàkila : remettre, donner, présenter, offrir (un présent) ; saluer, souhaiter (qqch à qqn) ; réfléchir, faire ses remerciements en accompgnant le tout de claquements des mains ; répondre « **ngeta mfumu** », applaudir

sakula, DKF, 868 : parler (exclusivement exclusivement comme un grand gouverneur, un chef) ; prophétiser, parler au nom de Dieu

sàatu, DKF, 881 : honneur, gloire, vénération, profond respect

sīka, DKF, 896 : louer, vanter, faire l'éloge de, célébrer, bénir, porter aux nues

sīndika, DKF, 902 : louer, glorifier

zìta, DKF, 1167 : être, devenir honoré, respecté, vénéré ; qui est honoré

zìtu, DKF, 1168 : respect, estime, bonne réputation ; politesse

sTsy, EG, 593 : à l'envers

séka, DKF, 884 : renverser, abattre à coups de hache

sènduka, DKF, 889 : être renversé, culbuté

sèndula : lever et renverser, bousculer, culbuter, faire tomber

séta, DKF, 893 : abattre, renverser, jeter à la renverse, jeter quelque chose de lourd à terre avec force

sētama : être jeté à la renverse, précipité violemment à terre

súta, DKF, 930 : jeter par terre, renverser, jeter qqch de très lourd ; frapper, taper du pied (des pieds) ; trépigner, piétiner, piaffer, fouler, pilonner

sTsy, CDME, 256 : être allongé ; être à plat ventre

sēdula, DKF, 884 : tourner, retourner, mettre sur le dos ou avec la face en l'air, en haut ; placer la face en haut, du bon côté ; tourner le ventre en l'air (comme un poisson mort)

sēeka, DKF, 884 : dormir ; être couché, étendu sur le dos ; tourner la face vers le ciel (en haut) ; avoir le ventre en l'air ; être retourné (comme un poisson mort) ; être visible, crever les yeux de qqn (se dit d'un objet bien en évidence) ; présenter ; montrer le côté le plus clair, le plus voyant, le bon côté ; **na ~** : sur le dos

sēekila, DKF, 885 : flotter, surnager

sēkuka, DKF, 886 : dormir, s'engourdir (jambe, pied, etc.)

sūlalala, DKF, 922 : se tenant étendu, couché (un être gras et long) ; être droit ; le plus court (chemin) ; se tenir debout, droit comme un échalas

sTt, CDME, 255 : jarre de bière

sāsalà, DKF, 880 : cafetière

sTt, CDME, 256 : mettre la lumière

sàkila, DKF, 867 : luire, être radieux

sàkima : luire (la lune) ; briller

sèdima, DKF, 884 : faire des éclairs, étinceler, briller, luire, reluire : être radieux, éclater

sēkana, DKF, 885 : briller, reluire fortement ; luire, flamber, flamboyer (un charbon ardent)

sùsa, DKF, 929 : luire (feu)

sTw, CDME, 255 : acide

nsá, DKF, 751 : acide, grande acidité ; qui est fatigué d'avoir trop marché ; sensibilité, colère ; acidité, très acide

nsàti, DKF, 760 : acidité ; calebasse pour vin de palme ; qui est acide, acidulé, piquant

sàata, DKF, 881 : être sur, acide, aigre, amer ; être en colère, méchant ; haïr, ne pas aimer ; se moquer de

sàata : amertume, aigreur, acidité, verdeur (d'un fruit par mûr, etc.) ; bêtise, déraison

sáatu-sáatu, na ~ : acide, sur ; aigre, amer

zakata, DKF, 1151 : être aigre

zàata, DKF, 1156 : être acide

st, PAPP, 65 et 68 : trône

st, EG, 500 : siège, place

ki-tí ou **kí-iti**, DKF, 293 : chaise

sàkala, DKF, 865 : être assis

sàkulu, DKF, 868 : siège ; chaise

sála : c. v. aux., signifie que l'on reste pour exécuter un travail

sáala, DKF, 869 : héritage

Sáala : nom propre = qui laisse un héritage après lui

sāala : rester, demeurer

sīdika, DKF, 895 : fixer

sìka : place qui est vide, libre, où qqch ou qqn a été

sīkama, DKF, 896 : s'arrêter ; attendre, rester pour attendre ; être calme

sīkika : arrêter, stpper, boucher, obstruer, faire taire, imposer silence à, fermer la bouche à ; reprimer, interrompre

sīkila : rester, demeurer, tarder, attendre

sìkuka, DKF, 897 : être fixé, affermi

sīlama, DKF, 898 : être fixé, certain, sûr, solide, ferme, immuable ; être, demeurer attaché, fixé, stable

sōndalala, DKF, 913 : être assis accroupi, blotti

sōndama : être assis un peu accroupi avec les jambes écartées comme près d'un feu, être assis accroupi, s'accroupir

zadukwa, DKF, 1151 : banc, chaise

zàkala, DKF, 1151 : être assis ; demeurer ; s'asseoir

zōnanana, DKF, 1171 : se tenant accroupi, assis sur ses talons en touchant le sol que de la plante des pieds, être assis seul, solitaire, triste

zòndalala : être sur son séant

zòndama : être assis voûté sur ses talons (ne touchant au sol que par la planté des pieds) être assis comme un enfant en bas âge

st, EBD, 93 : feu

sēkelè, DKF, 885 : soleil brûlant, forte chaleur (du soleil, du feu)

sèke-seke, na ~ : fièvreux, agité, brûlant de fièvre

st, EG, 578 : « pintail duck »

[hieroglyphs] **stAw**, CDME, 255 : plaie

[hieroglyphs] **stbn**, var. **sTbn** (causatif), CDME, 253: presser

[hieroglyphs] **stf**, CDME, 254 : liquide (?)

sála, DKF, 868 : nageoire, queue (poisson, oiseau, serpent)

sàasa, DKF, 880 : fin, bout de la queue ; queue, houppe de la queue

nsènda, DKF, 762: sorte de plaie spongieuse qui s'étend sur la paume des mains ou sur la plante des pieds

sùta, DKF, 929 : surpasser, dépasser

sùva, DKF, 930 : surpasser, dépasser

nsùti, DKF, 780: polype du nez; enflure pleine de sang

sáfa, DKF, 864 : renvoyer ; ~ **lumputu** : parler une langue étrangère

sáva, DKF, 881 : rendre, vomir, rejeter

séke, DKF, 885 : reste, goutte, restant dans une calebasse du vin de palmier et que qqn de la même famille (**mvila**) boira ; vin du palmier d'un prétendant, dont il boit le premier et laisse un reste que la jeune fille boira, quand elle répondra « oui » ; goutte, reste en général qu'on laisse à qqn dans un pot à anse

sididi, DKF, 895: trempé jusqu'aux os

sīkumba, DKF, 897 : sangloter

sīkuzuka : sangloter

sìmbya, na ~, DKF, 900 : mouillé, trempé jusqu'aux os

sőfakani, na ~, DKF, 908 : très pourri ; ivre, saoul

sōnduka, DKF, 913: laisser jaillir de l'eau

sòtya, DKF, 917 : polypes dans le nez

zénza, DKF, 1161: se fondre, se liquéfier

Sth, EG, 593 : le dieu Seth ; CRE, 83 : « Le **neter** Set (énergie, puissance et force) représente le rôle universel des forces d'opposition »

sti, EG, 592 : tirer (une flèche)

sti, CDME, 253 : enceinter une femme

zēnzila, DKF, 1161 : se liquéfier, se fondre

zèeza, DKF, 1162 : être laxe, relâché, affaissé, mal tendu ; se relâcher ; se détendre, se détacher ; être mou, tendre, liquide, fondu, dissous ; fondre, amollir (p. ex. du beurre) ; diminuer, perdre (ses forces) ; se fatiguer, lâcher, déboucher, vaciller ; être mal équilibré, pas d'aplomb ; être ordinaire, pas trop haut, raisonnable (prix) ; marcher, danser le ventre tremblant (personne grasse)

sàata, DKF, 881 : être en colère

sese, DKF, 893 : tempête

sésu : endroit dénudé

síta, DKF, 906 : cruauté

súka, DKF, 919 : percer, enfoncer, etc.

sūkuta, DKF, 921 : ficher, enfoncer, piquer, faire pénétrer (un objet tranchant) ; asséner (un coup avec) ; lancer jeter (javelot) ; rendre pointu, aiguiser ; enfiler, enfoncer le bout du doigt (une perche, etc. dans) ; casser, déchirer

n'séeti, DKF, 764 : pénis

síta, DKF, 906 : stérilité, infécondité, infertilité ; incapacité de porter du fruit, de se reproduire (êtres humains ou animaux des deux sexes) ; personne ou animal stérile ; stérile, infécond, infertile

sīta : être invandable, difficile à vendre ; ne pas avoir cours ; n'être pas demandé, rechercher, en vogue ; demeurer célibataire, rester garçon (ou fille) ; ne pas se marier, faire qqch difficilement ; manquer du bonheur, ne pas réussir

sódya, DKF, 908 : ventre avancé qui ne s'affaisse pas, qui ne retombe pas (comme chez une femme qui a mis au monde des enfants) ; aussi un gros ventre chez un enfant

sútu, DKF, 930 : incirconcision ; membre viril non circoncis, préjudice ; qui est détestable, abominable, brut, grossier, très méchant, mauvais, propre à rien (sens injurieux)

sti, EG, 592 : verser, couler à flots (eau)

ki-nsòda, DKF, 280 : écoulement goutte à goutte, **sa** ~ : goutter, couler goutte à goutte, tomber à goutte, découler, ruisseler, faire eau, avoir une voie d'eau, avoir une fuite, fuir

sēela, DKF, 886 : cataracte, chute d'eau dans un fleuve

sididi, **na** ~, DKF, 895 : trempé jusqu'aux os

sòda, DKF, 908 : couler goutte à goutte ; répandre (des larmes)

sùla, DKF, 921 : écraser, presser la pulpe de la noix de palmier avec les mains (habituellement avec le pouce contre le plat de la main) pour en exprimer l'huile de palme, écraser, presser le jus des fruits

sùla : pâte, purée d'arachides

sùla : forger ; fondre, mouler (anneau), être plein, rempli de sueur

súta, DKF, 930 : se fondre, se dissoudre, se digerer (du sel, etc.)

tòda, DKF, 978 : tremper, humecter, plonger

tóda, **na** ~ : mouillé, humide, frais

stm, EG, 593: un prêtre qui s'occuper de la toilette d'un dieu ou d'une personne décédée

sàatu, DKF, 881 : honneur, gloire, vénération, profond respect

zìta, DKF, 1167 : être, devenir respecté, vénéré ; qui est honoré

stny, CDME, 254 : causatif, couronner (roi)

stnm, CDME, 254 : égarer ; confondre, confusion

stpw, PAPP, 247 et 248 : élite

stp, EG, 593 : 1. couper ; 2. var. choisir ; **stpw,** l'élu, le meilleur

stt, CDME, 253 : terre, sol

stw, CDME, 253 : flèche

n'tinu, DKF, 795 : roi, chef, président, empereur ; albinos

sokanya, DKF, 909 : brouiller

sòta, DKF, 917 : chercher, inventer, improviser

nsòola, DKF, 771 : choix, préférence, qui choisit, élit

sàla, DKF, 868 : choisir, élire

sòka, DKF, 908 : retirer, ôter, choisir ; élire une personne pour agent

sōola, DKF, 910 : choisir, faire choix de

solo, DKF, 911 : choisir (faire choix de), élire

zāata, DKF, 1156 : couper un peu les cheveux ; ébrancher ; étêter

sènda, DKF, 889 : lopin de terre, champ dans une forêt

nsúdu, DKF, 775 : bout, extrémité, le plus bas d'une banane (fruit)

nsūdu-nsudu : bout, extrémité d'une banane

n'súudya : une grande, longue miche, bâton du poison **nkasa**

sēdesi, DKF, 884 : petit morceau de bois enfoncé par accident dans un doigt

zōnzumuna, DKF, 1172 : appointir et arrondir au bout

𓋴𓏏𓅱 **stw**, CDME, 253 : cible, objectif

𓊃𓏏𓅱𓄿 **stwA**, OEP, 390 : soulever, lever

zínta, DKF, 1167 : viser, ajuster, mirer, pointer

sáka, DKF, 865 : (s') augmenter, (s') accroître ; y avoir de plus en plus, toujours plus ; devenir de plus en plus nombreux, riche, lourd ; trop nombreux, trop grand, trop lourd

sākalala, DKF, 866 : être élevé (un prix)

sakalala : se dresser sur le bout, etc.

sākalala : devenir plus petit, diminuer, baisser ; raccourcir, décroître ; s'affaiblir, s'épuiser ; devenir, être faible ; se soumettre, se résigner à, se rendre (à la guerre) ; se trouver court ; avoir le dessous, y perdre ; être incapable ; trop faible pour exécuter qqch ; diminuer ; baisser (le prix d'une denrée, etc.) ; être insuffisant

sākidika, DKF, 867 : élever, hausser, augmenter (un prix)

sākidika : rendre plus petit, amoindrir, diminuer ; dédaigner, rapetisser ; faire baisser ; enfoncer, raccourcir ; rendre faible, assujéttir, asservir, soumettre, ravaler, mortifier

sākitika, na ~ : léger (fardeau)

sākila : élever, lever (un fardeau de l'épaule à la tête)

sánda, DKF, 874 : être augmenté, accru, grossi, développé ; déborder (l'eau) ; avoir, posséder beaucoup, en abondance ; être riche de ; s'étendre, s'élargir beaucoup (une plaie) ; pousser de la chair morte (autour d'un plaie)

sàndula : donner en abondance

sá-saka, na ~, DKF, 880 : abondance (arachide)

sāsalà : qui est grand

𓊃𓏏𓅨𓏏 stwr, OEP, 386 : garder propre

𓇜𓅨𓁥 stwt, EG, 592 : rayons

𓊃𓏏𓇌𓇌𓁛 sty, CDME, 252 : regarder fixement

𓆑𓅭𓏴 swA, EG, 589 : couper (membre) faire tomber (arbre)

sèdidika, DKF, 884 : monter, exposer ; faire voir, rendre visible, laisser voir (ce qu'on voulait tenir caché ou garder secret)

sèlaDKF, 886 : relever, retrousser (p. ex. le pagne, la jupe, etc.) ; se retrousser, sortir (la lune)

sénda, DKF, 889 : hauteur, colline, éminence, monticule ; versant, pente, penchant, revers d'une colline (spécialement le bas, le pied, le point où la pente finit)

séndi : pente, talus, penchant abrupt, escarpé, surplombant

sèndula : lever, soulever, élever avec difficulté ; lever et renverser ; bousculer, culbuter ; faire tomber

zàla, DKF, 1152 : monceau, (petite) colline

sùkula, DKF, 921 : laver, nettoyer à l'eau ; récurer, rincer, rendre propre

situla, DKF, 906 : étoffe rouge (**mponda**)

sūtula, DKF, 930 : brûler (complètement) ; griller, rôtir, incinérer, réduire en cendres

sàka, DKF, 865 : chercher ; regarder çà et là ; avoir l'œil sur ; prendre des renseignements sur qqch ; prendre, puiser de l'eau

sòoso, kis., tala i ~, DKF, 916 : regarder fixement, fixer

swâ, swáa, na ~, DKF, 930 : onomatopée pour le bruit de qqch qui tombe légèrement sur le sol

swánga, DKF, 931 : défricher, cultiver

swāngila, DKF, 932 : défricher, cultiver

swāngula : défricher, cultiver

swăswani, DKF, 781 : dissemblance, différence ; manque de ressemblance

swīka, DKF, 934 : coudre, ourler, border, faire un ourlet, un surjet

zwá, na ~, DKF, 1178 : fig. au sens de couper, trancher

zwābika, ~ mbeele, DKF, 1179 : blesser un peu (avec un couteau)

zwáda : couper qqch en travers

zwánga : défricher, cultiver un terrain vierge, couper vite ; circoncire

zwāngama : être cultivé récemment

zwāngila : nettoyer en défrichant

swAi, EG, 538 : passer à côté, défiler

swAw, CDME, 216 : voyage, trajet

n'swálu, DKF, 781 : rapidité, vitesse, vivacité, hâte ; précipitation

swáya, DKF, 932 : aller et porter qqch le jour entier comme pendant le travail, p. ex. en portant du bois (de chauffage) pour la fabrication des briques

zādika, DKF, 1151 : se mettre en marche, partir, se mettre en route

swDA, EBD, 108 : rendre fort

sonda, DKF, 913 : force, puissance, vigueur de jeter une pierre à une grande distance

ki-tònda, DKF, 294 : force, pouvoir de jeter une pierre loin

tònda, DKF, 982 : jeter, lancer p. ex. une pierre loin

swdwd, CDME, 218 : bandage

sēlalala, DKF, 886 : étoffe semblable à des morceaux de mouchoir

zela, DKF, 1159 : se ceindre

𓇋𓅱𓎛𓏏 swH, CDME, 217 : « loincloth »

síiku, DKF, 897 : une sorte d'étoffe (autrefois)

súngi, DKF, 926 : étoffe de coton imprimée (à fleurs)

𓇋𓅱𓎛 swH, CDME, 217 : vent

cūngila, DKF, 103 : haleter, souffler, essouffler

sūngila, DKF, 927: haleter, etc.

swénga, DKF, 933: souffler, haleter; être oppressé, avoir la poitrine embarrassée; prise ; avoir mal à, dans la poitrine; avoir de l'asthme; de douleur; gronder, rugir (comme un léopard); catarrhe de la gorge, asthme, affection de poitrine

𓇋𓅱𓎛𓏏 swHt, PAPP, 80 et 85 : œuf

dy-áki, DKF, 138 : œuf

𓇋𓅱𓎛 swh, EG, 589 : se vanter

sīika, DKF, 896 : louer, vanter, faire l'éloge de, célébrer, bénir, porter aux nues

swáki, DKF, 931 : insinuation, pointes, allusion ; vitesse à bavarder

𓇋𓅱𓎛 swh(A), CDME, 217 : se disloquer

sāaka, DKF, 865 : couper d'un seul coup, circoncire ; couper, moissonner, faucher (les céréales) ; tondre, raser (les cheveux) ; tailler ; houer, piocher les mottes ; écorcher (équarrisser) ; terminer, régler, juger, prononcer la sentence (procès)

sakasi, DKF, 866 : destructeur

sāakila, DKF, 867 : couper avec

sāakuna, DKF, 868 : couper ; ébrancher

soka, DKF, 909 : partager

soka : hache

sònguna, DKF, 915 : ôter, arracher, p. ex. les plumes d'une poule

súku (disúuku), DKF, 920 : coupure, taillade, incision, entaille, coche, coulisse, coup, voies de fait (sévices) ; barbe, crochet, coup, entaille dans la bobine

zāaka, DKF, 1151 : couper, trancher (cheveux, etc.) ; faucher (herbe, rameaux) ; circoncire

zakuna, DKF, 1152 : étêter, effaner

zènga, DKF, 1160 : couper, trancher, découper, abattre, émonder, étêter, trancher autour, circoncire ; décider, trancher une question

zènza, DKF, 1161 : couper

zuka, DKF, 1174 : se détacher

zūngula, DKF, 1177 : couper, trancher, émonder (la partie supérieure) ; tailler, affranchir (une haie)

swn, EG, 589 : périr, souffrir

n'sòngo, DKF, 773 : forte douleur ; souffrance, douleurs de l'enfantement, travail d'enfant, angoisse

n'sòngo : grave maladie, maladie du sommeil ; épidémie

n'sòngo : jalousie, envie

súngu, DKF, 927 : mort violente, violente (mort), maudit, damné, diabolique, détestable, abominable

swn, EBD, 104 : lac

swnnw, CDME, 217 : étang

nzádi, DKF, 820 : grand fleuve, grand lac, étendu d'eau, le fleuve Congo

nzádi : rosée, serein

n'yóndi, DKF, 838 : rosée (du matin) ; ~ amvula : forte pluie, averse violente sánga, DKF, 874 : bassin, étang

sànga : île, îlot ; ce qui ressemble à une île

sínga, DKF, 902 : étang

sùnga, DKF, 926 : laver et exposer un mort, ensevelir un cadavre

sùnsa, DKF, 927 : laver, nettoyer, rendre propre

sùnza, DKF, 928 : laver, nettoyer, récurer

sùnzu, na ~ : qui se lave

zála, DKF, 1152 : qqch de très grand, qui est bien rempli (sac, ventre, etc.)

zāala : être rempli ; être plein jusqu'au bord ; déborder (eau) ; se remplir ; absorber, pénétrer, traverser, filtrer ; monter (une rivière) ; augmenter en quantitié ou en nombre

zánga, DKF, 1154 : lac, étang, mare où on fait tremper du manioc

zēene, DKF, 1160 : urine

zēnenge : marais

zèninga, DKF, 1161 : s'agiter (eau)

zēningi : marais

zínnga, DKF, 1166 : étang, reste d'eau courante ; profondeur ; bourbier, bassin

zúnga, DKF, 1176 : eau refoulée

swn, CDME, 216 : flatterie

sìnda, DKF, 901 : conseiller, persuader, provoquer

zānzila, DKF, 1156 : s'amuser de, ou exciter qqn par de mauvaises plaisanteries ou des paroles méchantes

zūnzila, DKF, 1178 : s'amuser de, ou exciter qqn par de mauvaises plaisanteries ou des paroles méchantes

swn, CDME, 217 : commerce, faire du commerce

swnt : prix

swnt, CDME, 217 : flèche

zònga, DKF, 1171 : mesurer, peser, arpenter, déterminer le prix d'une marchandise (sèche ou liquide) en la mesurant ; mettre un tas déterminé pour fixer le prix ; sonder (de l'eau)

zòngila : vendre en détail

zòngo, DKF, 1172 : mesurer

zòngo : mesure

zòngolo : mesure pour évaluer la quantité, pour mesurer des comestibles ; boisseau, balance, etc.

zùka, DKF, 1174 : payer des intérêts (pourcentage)

zùka : cadeaux pour aider à payer un mariage ; prêt, somme prêtée à intérêts (pourcentage) ; emprunt ; intérêts, etc.

zú, kuumi di ~, DKF, 1173 : précis dix

nsőngedi, DKF, 772 : perçant, pointu

nsőngi : pointe, aiguillon, épine, dent (de scie) ; qqch de pointu ; qui saillit ; extrémité qui déborde d'une terre ou d'un village, d'une forêt ; morceau de couteau qui reste dans le manche ; dent de la mâchoire inférieure qui est ciselée, pointue ; fin, bout de qqch ; sommet ; faîte ; le bout plus mince

sònga, DKF, 914 : avoir une pointe, aiguillon

sònga : pointe (de couteau)

sónga : montrer, faire voir, indiquer, manifester, désigner, montrer du doigt ; exposer, produire ; persuader, démontrer, enseigner, instruire, apprendre, expliquer, présenter, exhiber, marquer, prouver, dénoter ; avancer, tendre, faire ressortir ; faire valoir ; révéler, mettre sous les yeux, représenter, recommander, parler en faveur de

sòngo : bâton pointu, poignard, stylet

swnw, EG, 589 : médecin

swnw, CDME, 217 : tour

sw (r) i, EG, 588 : boire

swt,EG, 466 : patte de bœuf, tibia

sóngo : montrer

sūdika, DKF, 918 : viser, indiquer

zú, DKF, 1173 : figure au sens de percer avec qqch

sùnga, DKF, 926 : prendre garde, veiller, avoir soin de, soigner

zòolola, DKF, 1173 : remédier, guérir

zóngi, DKF, 1171 : hauteur, qqch d'élevé, tour

zōngika, DKF, 1172 : construire qqch de haut, d'élevé

swāla, DKF, 931 : ne faire que parler ; avoir la démangeaison de parler

swéla, DKF, 933 : goutte, larme ; pleurs ; profond, creux, escarpé ; marais, marécage

swíddi, kis., DKF, 934 : entonnoir fait d'une feuille ; cornet

swīla, DKF, 934 : cracher, saliver, expectorer, souffler (p. ex. noix de Cola qui est écrasée sur un fétiche)

sónga, DKF, 914 : patte de **nduutu** ; rats, souris, etc. de la famille des rongeurs

sóngo : patte, etc.

tó, DKF, 977 : jambe de devant avec l'épaule ; épaule ; cuissot, derrière ; croupe (animal) ; cuisse, jambon ; partie du corps, membre ; quartier d'animal ; des os (de poule) ;

zúdi, kiz., DKF, 1174 : boiteux

zūdunga : marcher sur les orteils

swt, EG, 588 : une plante

sóngo, DKF, 914 : plant de canne à sucre

sóngo : sorte de pomme de terre

súdi, DKF, 918 : plante de courge

swángi, DKF, 932 : broussailles, hallier etc. dans la forêt

swángi : partie de l'herbe d'un champ qu'on n'a pas entièrement houé, pioché

swāngila : défricher, cultiver

swāngula : défricher, cultiver

zúudya, DKF, 1174 : une racine blanche, vénéneuse employée à la pêche

zwánga, DKF, 1179 : défricher, cultiver un terrain vierge

zwánga,kiz. : lieu herbeux non brûlé, bocage

swt, CDME, 215 : force de vent

sotula, DKF, 917 : faire sortir ; pousser avec force

swtwt, EG, 589 : marcher, se promener

sùta, DKF, 929 : surpasser, dépasser

sùuta, DKF, 930 : ~ **nswalu** : faire hâte, précipitation, presse ; **kala kuna** ~ : être pressé

zūdunga : marcher sur les orteils

sww (?), EG, 588 : dates, jours particuliers ; probablement pluriel de ⊙**sw** : jour, comme utilisé dans les dates

súku, DKF, 920 : jour

swx, CDME, 217 : passer la nuit

cúnga, DKF, 103 : dormir, balancer la tête

sēkuka, DKF, 886 : dormir, s'engourdir (jambe, pied, etc.)

sX, var, sx, EG, 591 : (être) sourd

sxi, CDME, 239 : être sourd

bu-zĕkelè, bu-zĕketenè, bu-zĕngelè, DKF, 87 : étourderie ; bêtise, folie

bu-zéngi : bêtise, stupidité, folie, imbécillité, superstition, égarement

sīngini, DKF, 903 : entendre ; obéir

zĕkelè, DKF, 1158 : personne peu raisonnable, simple ; peureux, poltron (personne)

zénga, DKF, 1160 : fou, imbécile ; fou, folâtre

zēnganana : être abassourdi (incapable de rien dire) ; être stupéfait ; être traité sans respect, profané

zéngi, DKF, 1160 : stupidité, nigaud, imbécillité, imbécile, folie, démence ; fou, niais, stupide, toqué ; négligeant

sXAk, EG, 591 : égoutter, vider jusqu'à la dernière goutte

síka, DKF, 895 : (se) sécher, dessécher, s'évaporer, se vaporer

sXb, var. sXp, EG, 591 : avaler (nourriture, boisson)

nsukidi, DKF, 775 : manger préparé par le **nganga**

n'sŭmmpu, DKF, 777 : soupe à l'eau, aliment liquide ; eau, eau à boire

sáka, ou **ts.**, DKF, 865 : épinards de feuilles de manioc avec de l'huile de palme (aussi les bananes)

sáka-sáka, DKF, 866 : feuilles ; épinards de feuilles de manioc

súba, DKF, 918 : gloutonnerie

sXm, CDME, 244 : être pressé, impétueux

nzáki, DKF, 820, hâte, vitesse, légèreté, facilité au travail, vivacité, rapidité ; hâtif, leste, agile, rapide, souple, hardi, qui va droit au but ; rapidement, vivement, lestement sāaka, DKF, 865 : se hâter, se presser, être pressé, agir rapidement

sàngalala, DKF, 875 : se hâter vite ; avoir crainte

sèkokelo, kis., DKF, 885 : mobilité

sūkila, DKF, 896 : courir, se jeter, se ruer sur (comme les poules pour défendre leurs poulets)

zakala, DKF, 1151 : figure au sens d'aller vite et impétueusement

zākama : se hâter

zākamana : faire qqch vite, trop vite, sans attendre

záku, DKF, 1152 : adresse, agilité

zāngu, DKF, 1155 : vitesse

sXn, CDME, 244 : démolir

sakasi, DKF, 866 : destructeur

sXr, CDME, 244 : effacer, caresser

sèka, DKF, 884 : récurer, décrotter, décrasser, fourbir, astiquer, nettoyer (en brossant, en frottant, p. ex. un couteau, les dents, avec qqch) ; affiler avec une lime ; limer, faire briller, faire reluire, polir

sèkese, DKF, 885 : aiguiser, affiler

sànguna, DKF, 904 : effacer

sXr, CDME, 244 : lait

n'zùka, DKF, 832 : cochon de lait

sXrw, CDME, 244 : tissu de lin

nsàaku, DKF, 753 : sac en jonc, en fibres de borassus

nsàki, DKF, 753 : vêtement de tous les jours, de travail, vêtement usé

nsíika, DKF, 765 : duite, trame d'une étoffe (au métier battant)

nsuuku, DKF, 776 : étoffe flottante (habillement) qui tombe de dessous les bras jusqu'aux chevilles (pour les femmes)

n'záaka, DKF, 820 : habit ; veston

nzáki : grande étoffe

nzaaku : habit, veston

n'zánga, DKF, 822 : habit, redingote, pardessus

n'zēngete, DKF, 825 : habit

nzóki, DKF, 830 : grand morceau d'étoffe pour s'habiller

nzòko : une sorte d'étoffe employée autrefois pour pagne

saka, DKF, 865 : sorte d'étoffe dont s'habillent les femmes

sàku, DKF, 867 : fibres végétales, filasse (pour tisser des tissus)

séke, DKF, 885 : oiseau tisserin

sőkolo, DKF, 910 : nœud coulant, lacet, piège, lazzo (lasso), cordon

sōkusa : oiseau tisserand

syőkolo, DKF, 939 : piège, attrape, lacet, embûche, appât, piège avec un nœud coulant

sx, EG, 591 : frapper

sàka-sàka, DKF, 866 : secouer

sìka, DKF, 895 : ronger, écraser, casser, moudre, broyer de l'ocre rouge avec des morceaux de bois qui viennent de l'arbre de corail à la manière de les frictionner les uns sur les autres

zúka, DKF, 1174 : jeter avec élan ; jeter de côté (dans une dispute)

⊕〰sx, CDME, 239 : couper (des membres)

zúka : bourdonner ; faire voler, lancer, brandir autour de soi ; flotter, onduler au vent ; secouer (p. ex. un remède) ; donner une bourrade, tourner, tournoyer (pendant une rixe) ; avancer et reculer en s'agitant comme une antilope **mvudi** dans uns le piège **nzuka**

sāaka, DKF, 865 : couper d'un seul coup, circoncire ; couper, moissonner, faucher (les céréales) ; tondre, raser (les cheveux) ; tailler ; houer, piocher les mottes ; écorcher (équarrisser) ; terminer, régler, juger, prononcer la sentence (procès)

sāakila, DKF, 867 : couper avec

sāakuna, DKF, 868 : couper ; ébrancher

séka, DKF, 884 : renverser, abattre à coups de hache

soka, DKF, 909 : partager

soka : hache

súku (**disúuku**), DKF, 920 : coupure, taillade, incision, entaille, coche, coulisse, coup, voies de fait (sévices) ; barbe, crochet, coup, entaille dans la bobine

zāaka, DKF, 1151 : couper, trancher (cheveux, etc.) ; faucher (herbe, rameaux) ; circoncire

zakuna, DKF, 1152 : étêter, effaner

zènga, DKF, 1160 : couper, trancher, découper, abattre, émonder, étêter, trancher autour, circoncire ; décider, trancher une question

zènza, DKF, 1161 : couper

zuka, DKF, 1174 : se détacher

zūngula, DKF, 1177 : couper, trancher, émonder (la partie supérieure) ; tailler, affranchir (une haie)

𓊃𓐍𓄿𓀁 **sxA**, EBD, 87 : se rappeler, se souvenir de

síka ou **sīika**, DKF, 895 : dire à, mander, annoncer à, rappeler quelque chose à quelqu'un ; faire souvenir de

sìkidika, DKF, 896 : annoncer, dire qqch clairement, avec sérieux ; faisant souvenir de, dire, avertir exactement

sìkidikisa : dire, ordonner, commander, prescrire ; faire souvenir de ; avertir avec sérieux, clairement, expressément, enjoindre

𓊃𓐍𓂧𓏥 **sxd**, EG, 591 : (être) renversé

sāngika, DKF, 875 : accrocher, suspendre, pendre à ; assujettir, fixer (qqch qui veut tomber)

sangama : s'accrocher à, se cramponner à, se tenir après, rester suspendu, être tenu, retenu, accroché, arrêté (de qqch qui tombe, qui est jeté ou veut tomber)

sānguzuka, DKF, 876 : couler en grande quantité, à flots, ruisseler, se renverser, bouillonner, se précipiter (torrent, rapide) descendre rapidement (comme l'eau sur une pente)

sānguka, DKF, 876 : être descendu, décroché, déposé, tombé

sāngula : abattre, jeter bas, tirer à soi (avec un bâton, etc.) ; qqch qui est hors de portée, faire descendre qqch d'une étagère, d'une bobliothèque, d'un dressoir, en haut, en dessus, dénicher, faire décrocher, ôter, enlever un petit oiseau de son nid, démolir, abattre, renverser un nid d'oiseau, tuer, tirer qqch à une longue distance ; tirer le vin de palmier

sāngumuka : tomber droit en bas d'une hauteur, tomber, venir p. ex. du ciel (comme un oiseau qu'on a tiré)

séka, DKF, 884 : renverser, abattre à coups de hache

sēkama, DKF, 885 : se balancer de côté et d'autre, en avant et en arrière

sèngula, DKF, 891 : poser, mettre (sur), tourner le visage en haut ; lever la tête ; tourner, mettre du bon côté, du côté clair, ou p. ex. le ventre en haut (un poisson mort) ; retourner qqch qui est tourné vers le bas

sèngumuna : mettre, tourner l'endroit ; retourner, mettre à l'envers, sens dessus dessous (une marmite) ; remuer la poussière

sènguzula : tourner une chose de tous les côtés pour bien voir (en achat)

sxm, EG, 591 : avoir le pouvoir; être fort, puissant ; pouvoir ; Sxmt : la déesse à tête de lione Sakhme (t)

kúma, DKF, 331 : courir ; suivre, poursuivre, courir après, pour chasser

kúma: asséner

kùma: petit mont, colline, plate –forme

kúuma: qui est grand (poule)

khúuma : un très grand poisson

kumangana : heurter, frapper, cogner

kūmata : frapper, cogner

kùumu, DKF, 334 : réputation, renom, célébrité, bruit, bon renseignements (sur le compte de)

kúmu : effet, action, résultat (de)

kúmu : désobéissance, insubordination, manque de respect, mépris

kúmu : avec la voix exprimer du déplaisir, de la répugnance à donner quelque chose (p. ex. de la nourriture à un enfant, etc.)

kúmu, kúumu : charme (nkisi) ; talisman, amulette

kúmmva, DKF, 335 : bousculer, pousser, porter un coup, heurter

n'komo, DKF, 725 : léopard, panthère

nkósi, DKF, 728 : lion

nkùma, DKF, 732 : force (physique), énergie, puissance ; arith., puissance d'un nombre

n'kúma : tremblement (qui résulte de secousses) ; qualité de pousser, heurter contre (comme des poissons dans une nasse) ; qui fait arrêter, couper la parole à qqn ; avoir qqch à dire sur le bout de la langue

n'kúma, DKF, 733 : parabole, proverbe, symbole ; surprise

Nkúma : nom propre, de **nkúma** = parabole, proverbe, symbole ; surprise

nkúma : chasse, poursuite

nkúmbu : nom, sobriquet, signature, surnom ; titre

sùkuma, DKF, 921 : pousser, bousculer

zàkama, DKF, 1151 : secouer, ébranler, trembler, vibrer, hésiter ; trembler de peur, craindre ; être ému, inquiet, avoir la fièvre intermitente

zàkanga : s'agiter, clapoter

zàngala, DKF, 1154 : trembler, secouer, ébranler

zùkunga, DKF, 1175 : remuer, clapoter, frapper contre (comme de l'eau dans une bouteille, etc.) ; battre (le pouls)

sxmx-ib, EG, 591 : recréation, sport, lit. distraction du cœur

nsàka, DKF, 752 : jeu, amusement, enfantillage, joie, bruit, plaisanterie, réjouissance, monture, farce, sport, qui est amusant, gai, réjouissant

sáka, DKF, 865 : jeu, divertissement, badinage

sàkana, DKF, 866 : jouer, plaisanter de, sans se divertir, s'amuser, s'égayer, se récréer, plaisanter, avec ; s'amuser, jouer, badiner, faire qqch en jouant et sans force, sans courage, sans persévérance, faire du sport, s'exercer

sàkanya : cajoler

sàkasa : faire jouer (qqch) ; jouer avec, amuser, distraire

sàkata, **sàkatala** : jouer, s'amuser, se distraire, s'égayer, se divertir, se réjouir (bruyamment)

sàkesa : jouet objet dont on se sert pour jouer plaisanter, faire des farces, blague, plaisanterie, injure

sàkisa, DKF, 867 : faire jouer, égayer, etc.

sàkununu, DKF, 868 : jouet, objet avec lequel on joue, on s'amuse, récréation

sxn (zxn), CDME, 241 : embrasser, rencontrer ; occuper une place

sàkala, DKF, 865 : être assis

záka, DKF, 1151 : prendre, saisir, empoigner, happer (pendant la fuite, en passant) ; chercher à attraper, à mordiller ; interrompre qqn, couper la parole à qqn

zàkala : être assis, demeurer ; s'asseoir

zànga, DKF, 1154 : se saisir de, se cramponner

sxn, CDME, 241 : rein (?)

nsēkani, DKF, 761 : rein, rognon

nsēkeni: rein, rognon

(le déterminatif sous forme d'un crochet est absent du Sign-list de Gardiner) **sxn**, CDME, 241 : lier ensemble (?)

sàka, DKF, 865 : queue, touffe, masse ; groupe ; grapillon d'une grappe

sākalà : paquet, botte, faisceau, fagot (de braches) ; botte de cheveux de honte qui sont pris dans un tas d'ordures pour être employés en **Nangombi** et et quelques autres **nkisi**

sàkula, DKF, 868 : amasser, receuillir, rassembler, réunir, mettre en tas, en pile, entasser, empiler ; mettre ensemble en grande quantité, beaucoup

zóki, DKF, 1169 : motte d'herbe, touffe (de cheveux, d'herbe) ; pédoncule ; place où un peu d'herbe et des buissons sont restés après le déffrichement de la forêt, clairière ; modèle de coiffure

zúnga, DKF, 1177 : tas ; qqch empilé

sxn, CDME, 242 : lieu de repos

sìka, DKF, 895 : place qui est vide, libre, où qqch ou qqn a été

sīkama, DKF, 896 : s'arrêter ; attendre, rester pour attendre ; être calme

sīkila : rester, demeurer, tarder, attendre

sìku, DKF, 897 : place sûre ; mot souvent répété ; station, endroit où l'on s'arrête ; lieu d'habitation ; lieu où qqn ou qqch a coutume d'être, de rester ; enveloppe, bon endroit, poste, situation (dans la société)

sìkula : déposer, mettre à terre

zàkala, DKF, 1151 : être assis, demeurer ; s'asseoir

zíngi, DKF, 1166 : lenteur, mollesse, paresse, inertie, indolence, retard, ajournement ; trame des intrigues

zìngila : s'attarder, tarder, traîner en longueur. Comme v. aux. dans le sens de lentement, doucement, pas de si tôt

sxnt, EG, 591 : poteau, support (du ciel)

kùnzi, DKF, 340 : poteau en fourche, (soutenant le toit) ; pieu, pilier, colonne (de lit) ; pied de la table, etc. ; appui, support (pour bananier, maison) fig. colonne, soutien, appui, protecteur

sika, DKF, 896 : piquet

sīkama : être solide, bien placé, sûr, stable ; être, se tenir debout, sur pied ; être en

664

équilibre, immobile, aplomb ; aller, marcher avec sûreté, fermeté, se dresser, se redresser, s'élever ; aller, marcher à petits pas, prudents (comme dans un endroit glissant)

sīkidika : faire rester debout ; poser, placer solidement, en lieu sûr ; étayer, caler, affermir, mettre debout

sīkila : étayer, consolider (p. ex. une maison ; soutenir, fortifier ; être ferme, solide ; aller fermement, avec prudence (quand on se trouve à un endroit glissant) ; ne pas tomber ; être assujeti, appuyé contre

sìkuka, DKF, 897 : être fixé, affermi

𓊃𓈖𓂧𓂋𓏏𓀁 **sxnw**, CDME, 242 : classe d'incantations

sínga, DKF, 903 : injurier, insulter, outrager avec un grand mépris ; souhaiter « mort » et passion, la mort et la ruine de qqn ; vouer qqn à l'intérêt ; maudire, excommunier ; envoyer à tous les diables, donner sa malédiction à

síngu : injure, insulte, outrage, malédiction, excommunication ; habitude de jurer, de maudire ; amer

síngu : sort, sortilège, fascination ; qqch de mal qui vient de **bandoki**

𓊃𓂋 **sxr**, EG, 591 : plan, conseil, volonté, manière d'agir, état

sìka, DKF, 895 : décider, décréter, prendre la résolution de ; (se) déterminer, promettre, faire vœu de, confirmer, affirmer, attester, témoigner, vérifier

sóka, DKF, 909 : trouver, découvrir, donner naissance à ; imaginer (un mensonge) ; concevoir, avoir l'idée de, trouver (une issue) ; faire un projet, projeter, inventer, découvrir qqch. d'ingénieux

sōkidila : imiter, contrefaire singer, mimer

sōkolo, DKF, 910 : histoire inventée, mensongère, fausse, qqch. qu'on a trouvé, imaginé, inventé sōkolola : mimer, reproduire, imiter, singer

sōkudila : imiter, contrefaire

sxr, EBD, 152 : renverser

sāngika, DKF, 875 : accrocher, suspendre, pendre à ; assujettir, fixer (qqch qui veut tomber)

sangama : s'accrocher à, se cramponner à, se tenir après, rester suspendu, être tenu, retenu, accroché, arrêté (de qqch qui tombe, qui est jeté ou veut tomber)

sānguzuka, DKF, 876 : couler en grande quantité, à flots, ruisseler, se renverser, bouillonner, se précipiter (torrent, rapide) descendre rapidement (comme l'eau sur une pente)

sānguka, DKF, 876 : être descendu, décroché, déposé, tombé

sāngula : abattre, jeter bas, tirer à soi (avec un bâton, etc.) ; qqch qui est hors de portée, faire descendre qqch d'une étagère, d'une bobliothèque, d'un dressoir, en haut, en dessus, dénicher, faire décrocher, ôter, enlever un petit oiseau de son nid, démolir, abattre, renverser un nid d'oiseau, tuer, tirer qqch à une longue distance ; tirer le vin de palmier

sāngumuka : tomber droit en bas d'une hauteur, tomber, venir p. ex. du ciel (comme un oiseau qu'on a tiré)

séka, DKF, 884 : renverser, abattre à coups de hache

sēkama, DKF, 885 : se balancer de côté et d'autre, en avant et en arrière

sèngula, DKF, 891 : poser, mettre (sur), tourner le visage en haut ; lever la tête ; tourner, mettre du bon côté, du côté clair, ou p. ex. le ventre en haut (un poisson mort) ; retourner qqch qui est tourné vers le bas

[hieroglyphs] sxs, PAPP, 141 et 144 : courir

[hieroglyphs] sxs (zxz) CDME, 243 : courir, se dépêcher, fuir

sèngumuna : mettre, tourner l'endroit ; retourner, mettre à l'envers, sens dessus dessous (une marmite) ; remuer la poussière

sènguzula : tourner une chose de tous les côtés pour bien voir (en achat)

nzáki, DKF, 820, hâte, vitesse, légèreté, facilité au travail, vivacité, rapidité ; hâtif, leste, agile, rapide, souple, hardi, qui va droit au but ; rapidement, vivement, lestement

sàka, DKF, 864 : secouer, agiter, vanner les arachides, les haricots, etc. (pour les nettoyer) ; frapper des herbes avec une baguette, gaule pour effrayer les rats et les faire entrer dans un piège ; chercher à prendre, à attraper, à acquérir (p. ex. des richesses) ; exciter, agacer, vexer, stimuler, provoquer ; exaspérer, réveiller ; occasionner, donner lieu, occasion à appeler, à faire naître, à faire surgir ; rincer (la bouche), se brosser (les dents) ; vomir ; agiter, souffler le soufflet

sáka, DKF, 865 : vivacité (enfant)

sāaka : se hâter, se presser, être pressé, agir rapidement

sàkasa, DKF, 866 : souffler, haleter ; être essoufflé ; gémir, soupirer ; souffler (comme un soufflet de forge), attiser le feu avec un soufflet ; se gargariser ; pousser des gémissements (se dit aussi d'une machine locomotive quand elle monte une pente) ; être hors d'haleine ; respirer vivement, violemment

sàngalala, DKF, 875 : se hâter vite ; avoir crainte

sèkokelo, kis., DKF, 885 : mobilité

sīikila, DKF, 896 : courir, se jeter, se ruer sur (comme les poules pour défendre leurs poulets)

zakala, DKF, 1151 : figure au sens d'aller vite et impétueusement

𓊪𓏤𓈖𓊪𓏤𓈖𓂻 **sxsx**, CDME, 243 : courir

sxt, EG, 591 : piège ; tisser, tresser ; faire, fabriquer, former (briques)

zākama : se hâter

zākamana : faire qqch vite, trop vite, sans attendre

záku, DKF, 1152 : adresse, agilité

zāngu, DKF, 1155 : vitesse

nzēngelè-nzēngelè, DKF, 825 : hâte, presse, va-et-vient

sàka-sàka, DKF, 866 : secouer

sáka-sáka : humeur changeante, inconstance, versatilité, capacité d'être ou de faire tantôt d'une manière tantôt d'une autre ; trouble, dans de grandes inquiétudes ; pousser, passer, courir çà et là, vivacité ; arrogance, fierté, morgue, vanité, frivolité

sánga-sánga, na ~, DKF, 875 : très vite ; légèrement ; qui se porte bien toujours ; qui croît bien

zāka-zaka, DKF, 1151 : hâte, négligence, zèle à faire qqch ; trop vif, ardent dans la chasse (de sorte qu'on fait fuir le gibier)

zēngelè-zēngele, DKF, 1160 : hâte, etc.

nsàaku, DKF, 753 : sac en jonc, en fibres de borassus

nsàki, DKF, 753 : vêtement de tous les jours, de travail, vêtement usé

nsíika, DKF, 765 : duite, trame d'une étoffe (au métier battant)

nsuuku, DKF, 776 : étoffe flottante (habillement) qui tombe de dessous les bras jusqu'aux chevilles (pour les femmes)

n'záaka, DKF, 820 : habit ; veston

nzáki : grande étoffe

nzaaku : habit, veston

n'zánga, DKF, 822 : habit, redingote, pardessus

n'zēngete, DKF, 825 : habit

nzóki, DKF, 830 : grand morceau d'étoffe pour s'habiller

nzòko : une sorte d'étoffe employée autrefois pour pagne

saka, DKF, 865 : sorte d'étoffe dont s'habillent les femmes

sàku, DKF, 867 : fibres végétales, filasse (pour tisser des tissus)

séke, DKF, 885 : oiseau tisserin

sŏkolo, DKF, 910 : nœud coulant, lacet, piège, lazzo (lasso), cordon

sōkusa : oiseau tisserand

syŏkolo, DKF, 939 : piège, attrape, lacet, embûche, appât, piège avec un nœud coulant

sxt, EG, 591 : terrain marécageux, campagne ; **sxty** : paysan. (« fowler » : éleveur de volaille ?)

nsèke, DKF, 761 : rivage, côte, bord

nséke : steppes herbeux, étendues couvertes d'herbes entre des forêts et des ravins ; plaine, campagne, terre ferme, côte (le contraire de l'eau), champ labouré ; pièce, lopin d'un champ plus grand

sxw, CDME, 240 : largeur

sākula, DKF, 868 : rendre plus petit ; moindre, diminuer, raccourcir, réduire, faire baisser, diminuer (en force) ; abaisser, abattre ; humilier, ravaler, mortifier ; éteindre (la soif) ; apaiser, arrêter ; dompter, maîtriser, empêcher ; faire ou mettre obstacle à ; modérer, diminuer le poids (d'un fardeau) ; atténuer, diluer, délayer, étendre ; contenrr, satisfaire, ôter l'envie de, le désir de ; rendre sain, faire cesser, empêcher de faire plus ; calmer (une douleur) ; mettre (la main sur)

sxwn, EG, 591 : (causatif) contester, discuter, disputer ; discussion, conflit

syw, EBD, 101 : cheveux

sàngala, DKF, 875 : grande longueur, hauteur de qqch

sukama, DKF, 919 : être aminci, ténu, grêle

sōkana, DKF, 909: chercher querelle à qqn

sokanya : brouiller

lu-súki, DKF, 450 : un seul cheveu

nsuki, DKF, 775 : cheveux, chevelure, poil pubien

T

TA, CDME, 302 : « fledgling »

tèeta, DKF, 968 : pousser, croître (les premières plantes après les semailles) ; éclater, ouvrir, s'épanouir (fleurs) ; écosser, décortiquer ; se développer (plume) ; se lever, paraître (le soleil) ; luire, éclairer, briller

TA, CDME, 302 : boulette

ténzi, DKF, 967 : une petite perle ou un bouton de porcelaine ; bouton

téete, DKF, 969 : graine de calebasse ; graine germée

(le déterminatif du récipient est absent du Sign-list de Gardiner) **Tab**, CDME, 303 : récipient

túba, DKF, 988 : corbeille de grandeur moyenne ; la plus grande corbeille du genre **nseba**

TAbt, CDME, 303 : prêt

bi-témo, DKF, 45 : promptitude à secourir, aide ou service mutuel, tour à tour (pour cultiver, prêter de l'argent, etc.)

tābika, DKF, 943 : conclure un achat ; payer pour ; être vendu ; rompre un cordon, une ficelle, casser, entrecouper qqch en signe d'une convention, d'un accord, d'un achat

tháapu, DKF, 954 : gain ; payement pour un animal mâle

tháapudila : payement pour un animal mâle

témo, DKF, 963 : cadeau intéressé (p. ex. pour acheter une femme qu'on épouse) ; cadeau occasionnel qu'on est en état de faire (p. ex. quand on a tiré une grosse pièce de gibier) ; association commerciale, travail ou mise en commun de biens où chaque participant met sa part de bénéfice d'échange, etc. ; payement ou biens mis en compte ou fait pour aider ; société, association ; échange, lot, part de qqch qu'on a partagé ; promptitude à secourir

TAi, EG, 601 : 1. prendre, « gird on » ; 2. voler ; **TAwt** : vol

TAw, PAPP, 78 et 84 : voler

dá, na ~, DKF, 106 : fig. au sens de prendre, attraper, tenir ferme

dàdakala : attraper vite, saisir rapidement

dàada : habileté à attraper la balle

dàadata : prendre, tenir ferme, attraper une balle, un fruit qui tombe

dàdika, dàdikila, ~ ndimbu : attraper une balle

daγa, DKF, 107 : voler (prendre)

kāata, DKF, 221 : prendre, tenir ; serrer ferme, bien

táka, DKF, DKF, 945 : cangue, fourche à laquelle on attache un voleur ; ceps, joug (pour tenir un esclave en sûreté) ; étançon

takata : saisir par (le cou, etc.)

tākana : surprendre, prendre au dépourvu, en flagrant délit (p. ex. un voleur)

tāakisa, DKF, 946 : attraper (un voleur), rencontrer qqn sans préparation ; être surpris de qqch

𓅓𓄿𓄿𓏏 **TAm**, EG, 601 : être voilé ; **mTAm**, dét. 𓏏 « clinging dress (for girls) »

𓅓𓄿𓄿𓄹 **Tam**, CDME, 303 : « foreskin »

𓅓𓄿𓏺 **TAr**, EG, 601 : fixer, attacher

tāvika, DKF, 957 : faire fixer, prendre à, coller, adhérer ; fixer en jetant (un trait)

tāwuka : se relâcher

tóva, DKF, 987 : attacher des herbes sur un mur

tuwa, DKF, 1004 : actif : essayer trop tôt de prendre ou de tuer (avant de s'être approcher suffisamment) ; passif : échapper de cette manière

twā ou **tūa**, DKF, 1005 : fixer, coller, suspendre ; couvrir (de peinture)

twāla : prendre avec soi

twālakana : emporter (avec qqch d'autre par imprudence ou exprès)

twālumuna : prendre, conduire rapidement

ndēmi-nona, DKF, 666 : sorte de couverture à grandes taches de léopard

tāmbala, DKF, 948 : linge de toilette, mouchoir de poche, essuie-main, foulard, fichu de tête, morceau d'étoffe de poitrine moins grand que l'habillement ; loque, torchon

tāmpala, DKF, 950 : essuie-main, serviette

tìma sinza, DKF, 973 : étoffe semblable à des morceaux de mouchoirs

n'tēmpeketè, DKF, 791 : habit, redingote, pardessus

tínzu, DKF, 976 : queue étêtée

káda, DKF, 199 : coaguler

káada : aiguille, épingle

tínta, DKF, 975 : être ferme, solide, épais ; s'épaissir, se coaguler ; se prendre

TAt (y), LH, 226-227 : visir

TAw, PAPP, 189 et 190 : vent

TAw, EG, 601 : vent, air, respiration

tĩntika, DKF, 975 : tirer fort sur ; tendre, nouer, serrer ; distendre, raidir (ses muscles, des attaches)

tĩntila, DKF, 976 : se coaguler, s'épaissir, se cailler (sang)

tĩita : se coaguler (de l'huile), être ferme, forte (une personne)

titi, kit. : petit pieu

táadi, DKF, 944 : qqn qui choisit le meilleur, le plus grand ; abondance de biens

nkéfo ou n'k., DKF, 714 : une herbe forte (comme le poivre)

nkéfo : mauvaise odeur de la terre (après la pluie) ; odeur d'un mourant ; odeur cadavérique ; odeur de mauvaises dents

n'kéfwa : poivrier ; odeur forte de poivre

n'kévo, DKF, 718 : mauvaise odeur, odeur cadavérique, odeur de musc, de civette ; odeur de la terre après la pluie

tēevuka, DKF, 969 : respirer péniblement, soupirer

tēwula : respirer

tùva, DKF, 1004 : croître rapidement, gonfler, rendre gros, distendu, nourrir de

túva : sentir bon, parfumer (fleurs)

tùvala : qqch de soufflé, de gonflé

tùvalala : se tenant gonflé, distendu, souffle, boursouflé, boursouflure

tùvidika : gonfler, soufler, distendre

tùvu, kit., meeso ma ~ : des yeux grands, saillants, injure

túvu : bosse, creux

tūvuka : être crochue, recourbé

tūvula : tousser, respirer péniblement, souffler (sa respiration) ; poser, étendre, distendre, étaler ; **~mbombo** : aspirer l'air avec le nez, dilater ses narines (même avec les doigts) ; **~meeso**, regarder qqn sévèrement, méchamment, avec haine ; **~n'nua** : avancer la bouche, les lèvres

twèma, DKF, 1006 : haleter, souffler ; ~ **mbombo** : se nettoyer le nez, se moucher

twì, DKF, 1007 : onomatopée pour lâcher des vents

TAwt, OEP, 403 : tas, rassemblement

kàwa, DKF, 223 : tas, multitude, foule

tēndula, DKF, 966 : remplir, charger, combler

zùdika, DKF, 1174 : entasser, amasser

zùla, DKF, 1175 : monceau, qqch d'empilé, de dressé

zunzu, DKF, 1178 : tas, monceau, meule, pile d'arbres, fourmilière

zùnta, DKF, 1177 : y avoir beaucoup, bien, une grande quantité

zunzi, DKF, 1178 : tas, monceau, foule

sùnsi, DKF, 928 : tas ; monceau ; pile, amas de qqch

Tay, CDME, 303 : mâle, homme

nkàya, DKF, 714 : cher ami, bon frère (en s'adressant à qqn) ; ami, camarade

tīa, DKF, 970 : aimer qqn ou qqch ; remercier pour, vouloir, désirer, avoir envie ... content ; forniquer (homme)

Tb, var. **tbt**, EGEA, 208 : cage d'oiseau

kéba, DKF, 225 : garder... veiller à ; prendre soin d... protéger ; choyer, prendre en garde surveiller, prendre sur soi de ; se charger de, prendre garde à, ménager

khóobi, DKF, 299 : boîte ronde en écorce

lu-kóbe (lu-kobi), DKF, 423 : bourse, boîte, coffre, caisse haute en écorce

tába, DKF, 942 : lieu

tābalala : protéger, défendre, sauver, préserver

tābila : protéger, sauver, sauvegarder

tábu : lieu de refuge ; refuge ; protection, asile, retraite

túba, DKF, 988 : corbeille de grandeur moyenne ; la plus grande corbeille du genre **nseba**

Tbhn, PAPP, 79 et 85 : sauter

koopama, DKF, 317 : tomber sur, se jeter sur qqch

tāaba, DKF, 942 : aller à grands pas

tākula, DKF, 946 : avoir à sauter, à sauter par-dessus ; avoir à tressauter, à galoper, à partir, à se mettre en route en bondissant ; rejeter, jeter qqn ou qqch par-dessus bord ; jeter en haut, jusqu'au ; lancer, jeter (avec une fronde) très loin, à l'écrat ; jeter ça et là ; répéter, redire, dire tout ; parer jusqu'au bout

tèmbuka, DKF, 963 : s'en aller très vite, courir à la hâte, en toute hâte, s'en aller secrètement

tèna, DKF, 964 : tirer en arrière, se retirer dans ; retrousser le prépuce

tīmbu, na ~, DKF, 973 : qui saute

tīmbuka, DKF, 973 : s'arrêter court ; reculer, rebondir ; être sauté, jeté ; se lever au milieu de la nuit

tīmbula : jeter ; jeter à, sur ; lancer, donner un coup de pied à ; bousculer, pincer (de façon à ce que l'objet soit lancé à distance) ;

transporter, séparer ; faire sauter, jeter, lancer à ricochet ou tirer de façon à ce que le projectile rebondisse, ou vous rase en passant ; rejeter, rebuter ; parer un coup, jeter loin de soi ; s'éloigner ; se retirer, repousser ; danser (en levant ses jambes en l'air) ; jeter à terre, tout de son long, tromper, simuler de donner ; chercher à persuader

tīmbula : interj., hors d'ici : allez-vous en !

tīmbuna : rejeter

tòmbula, DKF, 982 : porter, chercher, tirer, prendre, conduire en haut (sur un sommet) ; faire grimper, s'élever, faire monter sur ou dans (une hauteur, les airs) ; ramasser, tirer de, poser sur (nourriture d'une marmite, etc.) ; décharger (un navire, un canot) ; désembarquer, aborder, porter au rivage ; transporter chez soi, au village ; initier, inaugurer, inaugurer de nouveau (**nkisi**, etc.) ; rétablir la force, etc. d'un **nkisi**

Tbn, CDME, 304 : être rapide

kúbu, kúubu, DKF, 322 : chemin, grande route (où tout le monde va)

tāmbula, DKF, 949 : (langue de soldat) aller, avancer, continuer ; allez toujours ! se dépêcher

tàmfuna : marcher en écartant les jambes

tèmbela, DKF, 962 : rôder, se promener

tèmbila, DKF, 963 : se promener

tīmbalala, DKF, 973 : aller infatigablement, endurer instamment ; le dernier saillant

Tbt, plus tard **tbt**, EG, 601 : plante de pied, sandal

báda, DKF, 8 : sandale, pied, pas, trace, piste (imprimée dans l'argile, etc.) ; argile, glaise, etc. qui s'attache aux pieds

Tbwt, CDME, 304 : sandale, pied

kóobi, DKF, 299 : talon

Tbw : pied

nsà-páati, DKF, 759 : soulier, sandale

kbt, REAN, 51 : soulier

támbi, DKF, 949: patte, pied; plante de pied

THH, EG, 602 : exulter

kàaka, ~ **dyatusevo**, DKF, 201 : éclat de rire

kàkumuka, DKF, 203 : rire, éclater (pouffer) de rire, rire de bon cœur

tàka, kit., DKF, 945 : vanterie, aller avec ostentation, la poitrine bouchée

táká (à),~ mayama : se vanter, hâbler, faire ostentation, se glorifier

tākila, DKF, 946 : se vanter, faire le fanfaron, faire ostentation, se glorifier

tanga, DKF, 952 : fête, festival, banquet, festin pour qqn (qui est revenu à la maison, etc.)

THn, EG, 601: s'approcher (pour se battre)

nyeka, ~ **muna**,DKF, DKF, 814 : arriver à, venir

nyèkina : s'asseoir près, sur

tākama, DKF, 945 : faire qqch habituellement, constamment, longtemps ; être persévérant, tenace, zélé, enthousiaste ; se dépêcher, se hâter ; être ou se tenir debout prêt à combattre, mettre les jambes en position de lutte et être prêt à combattre

THn, PAPP, 111 et 114 : briller

dēeka, DKF, 110 : scintiller, étinceler (étoile ou étincelle)

kaka, DKF, 202 : qui est rouge

kàbaba, na ~ : sombre, obscur (ciel) ; en colère, furieux ; amer (goût)

kákàmba, na ~ : ciel obscur, sombre ; en colère

kákùvwá, na ~, DKF, 204 : ciel sombre, nuageux ; en colère

kèka, na ~, DKF, 227 : rouge

tāki, na ~, DKF, 946 : sombre (du ciel)

téka ou **tēeka**, DKF, 959 : se monter, se mettre en évidence, bourgeonner, fleurir, poindre, briller (derrière un nuage); briller avec éclat (soleil ou lune) ; il fait, il va faire beau temps, clair, du soleil : éclairer brillamment

tènika, DKF, 966 : luire

thénye, DKF, 967 : lueur, luisant

THw, CDME, 306 : se rejouir ; joie

kàaka, ~ dyatusevo, DKF, 201 : éclat de rire

kàkumuka, DKF, 203 : rire, éclater (pouffer) de rire, rire de bon cœur

nyekita, DKF, 814 : entrer en possession de, s'emparer de, jouir de

tàka, kit., DKF, 945 : vanterie, aller avec ostentation, la poitrine bouchée

táká (à),~ mayama : se vanter, hâbler, faire ostentation, se glorifier

tākila, DKF, 946 : se vanter, faire le fanfaron, faire ostentation, se glorifier

tanga, DKF, 952 : fête, festival, banquet, festin pour qqn (qui est revenu à la maison, etc.)

Thm, CDME, 306 : chasser, rechercher

kānkinya, DKF, 217 : aller, marcher, s'en aller (à la fête, chercher de la nourriture) ; marcher comme une personne maigre, faible

nyéka, DKF, 814 : abandonner

tāakana, DKF, 945 : rencontrer ; se voir, se rencontrer avec ; surprendre, prendre au dépourvu, en flagrant délit (p. ex. un voleur)

Tit, CDME, 303 : escalier

TiTi, CDME, 304 : trotter

Tms, EG, 601 : rouge ;
tmsw : heurter, blesser

káada, kik., DKF, 199 : échelle, escalier, qqch sur quoi on peut monter

tànza, DKF, 954 : remonter, s'élever, faire un pas (marcher) ; faire de grandes enjambées, marcher à grands pas

kodobo, DKF, 300 : ramper (enfant)

téta, DKF, 968 : s'en aller avec prudence (quand on est venu avec difficulté)

kámba, DKF, 208 : étoffe de laine rouge pour ceintures ; à tissu roisé

kánza, DKF, 218 : mordiller, happer (comme un chien) ; mordre (à pleine dents)

kánza : blesser, blesser légèrement, écorcher

kānzuna : tirer, couper avec les dents ; déchirer

nténzi, DKF, 792 : force, véhémence, passion, chaleur

nténzi : grande ardiesse, audace ; attaque des mâchoires (fourmis) ; piqûre (des serpents) malgré le danger de succomber ; venin de piqûre

ntínta, DKF, 795 : couleur de peinture noire ; goudron ; encre

n'tīntibidi : onomatopée pour qqch qui frappe dans

tànta, DKF, 953 : tomber goutte à goutte, couler avec abondance, donner en abondance (vin de palme)

tànta : sentir une grande douleur, souffrir (après un coup) ; être douloureux

túntu, bumina ~, DKF, 1000 : se heurter contre

679

Tnf, CDME, 306 : plaisir (?)

Tnft, CDME, 306 : sac

Tni, plus tard **tni**, EG, 601 : élever ; distinguer (**r** : sur les autres ;**xnt** : à partir d'un nombre) ; **Tnt** : distinction, différence

tùunuka, DKF, 1001 : être rogné, raclé, frotté, étiré, écorché (peau) ; déchirer la peau avec les griffes comme un léopard

tùununa, DKF, 1001 : racler, gratter ; se frotter, abattre, avoir des trous (sur la peau), blesser ça et là ; faire mal, écorcher, enlever la peau, la retourner, p. ex. les paupières, enlever la chair, la pelure avec les doigts (p. ex. du fruit **nsafu**) ; ôter des saletés d'un vêtement, enlever la croûte d'une blessure, écorcher l'écorce, la peau

kémba, DKF, 230 : être content, ravi, joyeux de ; se vanter, se glorifier de ; se réjouir de, se rendre ridicule, faire rire à ses dépens ; se moquer, se railler de, rire de ; s'accoupler

tèmba, DKF, 962 : secouer les branches en dansant

khoome, DKF, 309 : sac à provisions

thénde, DKF, 965 : une petite corbeille, un corbillon ; van

téndi : espèce de corbeille plate (façon **mbangu**) ; panier à couvercle

kundana, DKF, 336 : rivaliser

tánda : qui est grand

tàndana : distribuer, partager, diviser, faire le partage de

tàndula, DKF, 952 : élargir, répandre, étirer, agrandir, ouvrir (une porte) ; écarter, forcer, courber en dehors, ouvrir (p. ex. la maison, un anneau pour le mettre ou l'enlever) ; disjoindre, courber en dessous, détacher, délivrer, débrouiller

tàndumuna : étendre en long, allonger débrouiller, démêler, élucider, parler de toutes choses, raconter tout

tàndula : accordéon

tēnsakana, DKF, 966 : être entassé, amoncelé l'un sur l'autre

tēnsika, DKF, 967 : arriver l'un après l'autre ; placer, mettre sur, par-dessus ; ajouter ; placer sur, surélever ; superposer, amonceler; **ki ~ ka malonga** : tablette, pour supporter des vases et autre vaisselle ; buffet

tēntika : placer sur, au-dessus, par-dessus ; entasser, empiler, hausser

tòmbula, DKF, 982 : porter, chercher, tirer, prendre, conduire, conduire en haut (sur un sommet) ; faire grimper, s'élever ; faire monter sur ou dans (une hauteur, les airs) ; ramasser, tirer de, poser sur (nourriture d'une marmite, etc.) ; décharger (un navire, un canot) ; désembarquer, aborder, porter au rivage ; transporter chez soi, au village ; initier, inaugurer, inaugurer de nouveau (**nkisi**, etc.) ; rétablir la force, etc. d'un **nkisi**

Tnr, CDME, 306 : empressé, enthousiaste

kánndu, DKF, 213 : verbe auxilliaire, persévérer ; être en train de faire

tīntila, DKF, 976 : supporter, continuer sans crainte (p. ex. à poursuivre un buffle blessé) ; oser, braver le danger

TnTAt, rare var. Tntt, EG, 601 : « baldachin, raised platform for throne »

kúnda, DKF, 335 : monter, émerger

kúnda, DKF, 336 : hauteur, colline

kūndubà, DKF, 337 : colline, montée

ntándu, DKF, 787 : sommet, haut cime, extrémité, partie supérieure, le plus haut, graisse, embonpoint, grosseur

tánda : qui est grand

tándu, DKF, 952 : planches, plateforme où on plce le corps mort pour le faire sécher

tēnsakana, DKF, 966 : être entassé, amoncelé l'un sur l'autre

tēnsika, DKF, 967 : arriver l'un après l'autre ; placer, mettre sur, par-dessus ; ajouter ; placer sur, surélever ; superposer, amonceler; **ki ~ ka malonga** : tablette, pour supporter des vases et autre vaisselle ; buffet

tènta : sommet d'une colline ; colline, petite montagne, monticule

tèntikila : petite montagne, colline, monticule

tēntika : placer sur, au-dessus, par-dessus ; entasser, empiler, hausser

tènto : hauteur, colline, monticule

tèeta, DKF, 968 : sommet d'une montagne, sommet, cime, pic

tèeta, DKF, 968 : sommet d'une montagne, sommet, cime, pic

Tnw, plus tard, **tnw**, EG, 601: nombre

ntàlu, DKF, 786 : chiffre, nombre, valeur, degré, prix, somme, coût, dépense, frais, bénéfice net qui est précieux, cher, inestimable

tàna, DKF, 951 : nombre impair de qqch

TpHt, CDME, 304 : caverne, trou (de serpent)

kòbunga, DKF, 299 : trou dans la terre, dans le sol

tòbula, DKF, 978 : percer ; faire des trous ; forer au travers ; faire des trous à l'emporte-pièce, pénétrer, ouvrir

túvu, DKF, 1004 : bosse, creux

Trm, CDME, 306 : coup d'œil

kèela, DKF, 229 : attendre, veiller sur, avoir l'œil sur ; épier, guetter ; garder ; faire attention à ; être prêt à tirer, à viser (animal) ; être insidieux, rusé

tála, DKF, 946: voir, guigner, regarder de près; rechercher; prendre garde à; inspecter; surveiller; observer; contempler, examiner, remarquer ; constater ; paraître ; prévoir, s'attendre à, attendre ; être tourné vers ; lever les yeux, s'éveiller, se reveiller ; être éveillé, alerte, vif ; garder au pâturage

thálu, DKF, 947 : regard

Trp, CDME, 306 : "an edible bird (goose?)

kada, kik., DKF, 199 : sorte de perdrix

kāda-kada: oiseau semblable à **tyokula**

tūdu-tudu, DKF, 989 : espèce d'oiseau

Trt, CDME, 306 : « willow »

kalala, kik., DKF, 205 : une plante (**Smilax Krausriana**)

tīdida, DKF, 971 : une sorte d'arbre

tīdila : espèce d'arbre

tūula, DKF, 992 : plante, arbre dont les feuilles sont employées par les femmes pour enfanter

Tryt, CDME, 306 : plainte (?)

kanzi, DKF, 218 : désespoir

kása, DKF, 219 : criailler

kása ou **kāasa** : injure **nă, àá** !

kāasa : ne pas entendre, désobéir

kàsi, DKF, 219 : colère ; indignation, bile, rancœur, air sauvage, rage, frénésie

kénsa, DKF, 233 : accuser, dénoncer

ngànzi, DKF, 685 : peine, mal ; irritation, colère, éloignement, répugnance, obstination ; souffrance, douleur, sensibilité physique, force, violence ; fierté, orgueil ; en colère, fâché, douloureux, dur (de cœur)

ngánzi : sensation de qqch d'hrrible qui fait frémir ; acidité

ngānzi-nganzi : dégoûtant, horrible (du fumier)

nkèsi, DKF, 718 : colère, amertume, indignation, ce qui révolte

tàasila, DKF, 955 : être triste, affligé, chagrin, désolé, mélancolique, morne, lugubre

tàta, DKF, 955 : accuser, dénoncer, révéler le coupable ; annoncer ; faire savoir ; avouer, confesser un crime d'adultère, des crimes secrets ; être enroué

thàta : contrition

tōodi, DKF, 978 : qqch de lamentable que l'on raconte en chantant ; sujet de chagrin, grief ; sujet de prière ; de chant

tōola ou **tóla**, DKF, 980 : nommer, mentionner ; dénommer, appeler, mentionner ; faire des remarques, des observations contre ; reprocher, calomnier, maudire

Ts, CDME, 308 : préfixe pour former les mots abstraits

ku-, DKF, 321 : préfixe de la classe **ku**. p. ex. **ku-bela** : maladie

tu-, DKF, 987 : préfixe de la classe **tu**

Ts, var. Pyr. **Tz**, EG, 506 : lier, arranger

kūzama, DKF, 340 : asseoir bien, comme il faut

zētama, DKF, 1162 : se cramponner, se serrer contre (p. ex. les petits de la guenon) ; se tenir ferme à, persévérer ; être énergique, obstiné

zète : cordon d'ornement, ruban, ceinture autour de la taille

zētika : lier

zita, DKF, 1167: nœud sur une branche, etc. ; nœud qui se défait facilement ; nœud, point initial du tressage des corbeilles ; axe, pôle de qqch de rond, extrémité d'un œuf, pôle nord, pôle sud ; le point le plus antérieur de la tête où les cheveux poussent en rond

zita, DKF, 1168 : paquet, etc.

zītama : DKF, 1168 : être lié, noué, qui suffit à faire le tour (écharpe, etc.) ; entourer, qui est tout à fait arrondi (horizon), circulaire

zītika : nouer (un nœud, une boucle) ; fermer (enclos, etc.) ; fixer une courroie autour d'une corbeille ; serrer les dents ; agrafer, faire le tour, entourer ; achever le tressage de qqch (un sac, une corbeille)

zītika : compléter

zītikila : lier étroitement (pour prévenir la fuite, la disparition) ; se fiancer (pour un homme) ; brider, dompter ; avoir suffisamment, le superflu ; être riche

zītikila : avarice, qui ne veut pas faire part de

zītula : dénouer, défaire, détacher

Ts, EG, 602 : dicton, proverbe, paroles

Ts, CDME, 308 : discours, mot, phrase, maxime

dyénza, **dyénzi**, DKF, 141 : plaisanterie, sarcasme, raillerie

n'kénda, DKF, 716 : histoire, nouvelle, récit, commérage, manie de jaser

Nteesa, DKF, 792 : non propre ; qui outrage

ntēsolo : insulte

tàasa, DKF, 954 : penser, croire, compter, réfléchir sur ; repasser dans son esprit ; peser, considérer, songer à, méditer sur ; se creuser la tête, rêver, ruminer ; aviser, trouver, regarder, prendre, estimer, réputer ; être d'avis, juger ; vouloir dire, entendre, avoir en vue, viser à, prendre en considération ; examiner, peser, calculer

tàasi, DKF, 955 : prévoyance ; considération

táasila : délibération, consultation

tàaza, DKF, 957 : peser, considérer, réfléchir à, sur, songer à, méditer sur, penser, croire, compter, songer

téesi, DKF, 968 : proverbe

tēeso : mesure, balance

tēeza, DKF, 970 : mesurer **tàasa**, DKF, 954 : penser, croire, compter, réfléchir sur ; repasser dans son esprit ; peser, considérer, songer à, méditer sur ; se creuser la tête, rêver, ruminer ; aviser, trouver, regarder ; prendre estimer, réputer ; être d'avis, juger ; vouloir dire, entendre, avoir en vue, viser à, prendre en considération ; examiner, peser, calculer

tōosi, DKF, 985 : expression

tusa, DKF, 1002 : oublier

Tsi, CDME, 308 : être en colère, en vouloir à qqn

Tst : plainte

kanzi, DKF, 218 : désespoir

kása, DKF, 219 : criailler

kása ou **kāasa** : injure **nă, àá** !

kāasa : ne pas entendre, désobéir

kàsi, DKF, 219 : colère ; indignation, bile, rancœur, air sauvage, rage, frénésie

kénsa, DKF, 233 : accuser, dénoncer

ngànzi, DKF, 685 : peine, mal ; irritation, colère, éloignement, répugnance, obstination ; souffrance, douleur, sensibilité physique, force, violence ; fierté, orgueil ; en colère, fâché, douloureux, dur (de cœur)

ngánzi : sensation de qqch d'hrrible qui fait frémir ; acidité

ngānzi-nganzi : dégoûtant, horrible (du fumier)

Tsmw, EBD, 87 : lévrier

Tst, CDME, 307 : crête, chaîne

Tsw, EBD, 108 : s'élever, monter

Tsi, EG, 602 : soulever, s'élever, monter

nkèsi, DKF, 718 : colère, amertume, indignation, ce qui révolte

tàasila, DKF, 955 : être triste, affligé, chagrin, désolé, mélancolique, morne, lugubre

tàta, DKF, 955 : accuser, dénoncer, révéler le coupable ; annoncer ; faire savoir ; avouer, confesser un crime d'adultère, des crimes secrets ; être enroué

thàta : contrition

túsa, DKF, p. 1002 : ~ **dyangombe** : veau, génisse

kāata, DKF, 221 : étirer, allonger, masser ; tendre (une corde, etc.)

tànda, DKF, 951 : mettre en lignes, en rangs

tànza, DKF, 954 : mettre, placer en ligne

tánzu : en ligne

tàaza, DKF, 957 : mettre en ordre, en rangs, en rangées, en lignes

kúla, DKF, 327 : pousser, croître, grandir, se développer ; grandir

kùnda, DKF, 336 : pile, tas de bois (planches, branches) ; meule (charbonnière) ; étage, chaire ; terme d'addition, d'une soustraction

kúnza, DKF, 340 : tas, quantité de

kūnzama : sortir de terre (en parlant d'une plante) ; être très élevé

táasa, DKF, 955 : gros abcès

tási(-aa-), DKF, 95 : enfant dont la figure est tournée vers le haut

tòla, DKF, 980 : être grand ; grandir, pousser, croître, accroître ; grossir, engraisser ; s'arrondir ; augmenter ; se développer (de taille) ; avoir l'air prospère, en santé ; se pourrir, agrandir (ulcères)

tùla, DKF, 991 : s'élever, se grandir ; monter ; croître (des vagues)

tùlama, DKF, 992 : être en tas élevés

⌂ | (le déterminatif de la table présenté ici n'existe pas dans le programme) **Tt**, EG, 601 : table

kúnda, DKF, 335 : monter, émerger

kúnda, DKF, 336 : hauteur, colline

kūndubà, DKF, 337 : colline, montée

ntándu, DKF, 787 : sommet, haut cime, extrémité, partie supérieure, le plus haut, graisse, embonpoint, grosseur

tánda : qui est grand

tándu, DKF, 952 : planches, plateforme où on plce le corps mort pour le faire sécher

tēnsakana, DKF, 966 : être entassé, amoncelé l'un sur l'autre

tēnsika, DKF, 967 : arriver l'un après l'autre ; placer, mettre sur, par-dessus ; ajouter ; placer sur, surélever ; superposer, amonceler; **ki ~ ka malonga** : tablette, pour supporter des vases et autre vaisselle ; buffet

tènta : sommet d'une colline ; colline, petite montagne, monticule

tèntikila : petite montagne, colline, monticule

tēntika : placer sur, au-dessus, par-dessus ; entasser, empiler, hausser

tènto : hauteur, colline, monticule

tèeta, DKF, 968 : sommet d'une montagne, sommet, cime, pic

tèeta, DKF, 968 : sommet d'une montagne, sommet, cime, pic

688

Tt, EBD, 108 : obtenir la puissance

kùla, DKF, 327 : tirer, conduire dehors, renvoyer, chasser, pourchasser, exiler ; mettre à la porte, repousser, congédier ; faire sortir ; exclure, expulser, bannir, excommunier

kúla : frapper des cornes

kúnnda, DKF, 335 : frapper, pousser, bousculer, déchirer ; frapper avec les cornes, couper une branche d'un palmier

tèeta, DKF, 968 : couper, égaliser aux burins, couper franc, net, abattre, assener frapper, faire tomber avec (un couteau, etc.) ; sculpter (une statue, etc.)

tēeta : casser, briser (une noix)

tóta, DKF, 985 : becqueter, picoter, taper, frapper, heurter sur ; qui fait mal (à la tête seulement) ; travailler au couteau

túla, DKF, 991 : bousculer, lancer, projeter ; se battre à coup de corne, se cosser ; se battre (le cœur, etc.) ; heurter de la tête ; prendre des cornes

tùuta, DKF, 1002 : battre à coups redoublés ; frapper, battre (le blé) ; faire sauter, briser (les cosses des pois, des haricots, etc.) ; écraser, broyer, piler dans un mortier ; jeter, frapper (sans mesure) ; heurter, hacher ; concasser, fustiger ; battre (le pouls, le cœur) ; marteler, battre à coups de marteau (dans la forge, en fabricant du fer)

Tt, CDME, 302 : personnel ; équipe, partisans

ntòtila, DKF, 798 : qqn qui rassemble les gens autour de soi et les achète ; personne riche ; aussi chance, bonheur ; qqch que l'on trouve

Ntòotila: titre du roi à San-Salvador ; monarque, roi ; euphémisme pour cadavre, chef mort

tòota, DKF, 985 : ramasser, choisir, réunir ; entasser ; mettre en ordre (et s'en aller) ;

689

𓏏𓏏𓆑𓂽 **Ttf**, EG, 602 : déborder, déverser

cueillir, détacher (p. ex. du poivre, des feuilles, etc.)

kéle, DKF, 229 : donner beaucoup (se dit du vin de palme au tirage)

lùta, DKF, 451 : passer, dépasser, aller devant ; aller, couler à côté, le long de ; augmenter, s'améliorer, surpasser ; vaincre ; être plus grand ou plus petit, plus ou moins nombreux, bien ou plus mal, etc. (d'après ce que l'on compare) ; passer par-dessus, atteindre, s'étendre sur, plus loin que ; profiter, obtenir davantage, gagner ; v. aux., il indique le plus, l'avantage, la supériorité. **Luta** s'emploie aussi pour circonscrire la comparaison

téta, DKF, 968 : verser à boire (du vin) ; verser à boire et vendre le vin de palmier dans les pots à anse

𓏏𓅱𓏤𓏭𓆰 **Twfy**, EGEA, 239 : papyrus

kúha, DKF, 325 : croître librement, avec exubérance ; être gras

nkofo, DKF, 722 : qui est grand

tūfuka, DKF, 989 : germer, croître

⌢ₜ

⌢**-t**, EG, 598 : terminaison des noms, adjectives et particules féminins

tá, DKF, 942 : ce qui est précieux ; qqch qui a de la valeur, bijou, rareté ; qqch de rare, de magnifique ; une chose étrange (en général) ; **nitu za** ~, une stature charmante, une gracieuse attitude ; **n'keto a** ~, une femme très belle, extraordinaire

⌢𓊖𓏤𓏪 **ItA**, CDME, 292 : pain

deda, DKF, 109 : espèce de poisson

tA, EG, 598 : ceci, le

tA, EG, 487 : terre, pays

thata, DKF, 955 : sauce

di-, DKF, 113 : préf. de la cl. **di**

di : pron. pers. rel. ou dém. 1ᵉ posit., cl. **di**

dídí ou **dīidi**, DKF, 115 : emph., pron. démo., 1ᵉ posit., cl. **di** : justement, précisément celle-là ; **e ~** : au plus tôt, tout de suite

didi : tout de suite, à l'instant

nde, DKF, 664 : certes, ainsi ; comme, ainsi que

ndé : lui

ndēnde, DKF, 666 : celui-là, lui là-bas

ntì, DKF, 793 : si, pas ainsi

tì, DKF, 970 : particule qui s'emploie après le mot qu'on veut faire ressortir quand on veut contredire qqn poliment, p. ex. **nkombo ti** : c'est donc une chèvre ; **ti** se place même dans le dialecte nord devant les mots, p. ex. **ti ninga**

nsánsa, DKF, 758 : côté, domaine, étendue ; territoire, région, pays, contrée avec des villages

nsi, DKF, 764 : pays, région, contrée, district, état, royaume, terre, territoire, sol ; fond, terrestre, sédiment, reste sur le fond

n'tóto, DKF, 799 : terre, terrain, couche supérieure du terrain, pays, sol battu, globe terrestre ; sédiment, la dernière goutte de vin de palme au fond de la calebasse ; terrestre

ntòoto : terre noire humide, terre vaseuse, champ labourable pour le tabac, les haricots, la canne à sucre

nzá DKF, 819 : pays, terre, le monde, univers ; terrestre, mondial

sí, DKF, 894 : terre

691

𓂝𓄿𓏏 tA, OC, p. 276 : (être) chaud

𓏏𓄿𓅱𓏏 tAw, OEP, 405 : chaleur

𓏏𓄿 tA, var. 𓏏𓄿𓇋𓇋𓏏 tAyt, EG, 599 : rideau ; 𓏏𓄿𓇋𓇋𓀭 tAyt : Taye (t), la déesse du tissage ; 𓏏𓄿𓏏𓇋 tAty : celui du rideau, épithète du visir

tába, DKF, 942 : bouillir fortement comme de la bouille de gruau

tābila, DKF, 943 : protéger, sauver, sauvergarder ; intercéder ou s'employer pour quelqu'un, prendre les intérêts de quelqu'un ; intervenir ; ~ **nzo** : sauver une maison exposée à brûler ou enlever l'herbe autour d'une maison à cause de l'incendie des prairies

táala, DKF, 946 : grand panier sur le feu pour les noix de palme

tāla-tala, DKF, 947 : échafaudage, rayon, lit sur lequel on pose les cadavres, les poisons, etc. pour les fumer, lit, tablette

táta, DKF, 955 : être réduit en charbon, charbonné ; être tout brûlé

tāula, taudila, DKF, 957 : brûler ou sarcler l'herbe, p. ex. autour d'une maison pour la protéger contre l'incendie des prairies ; protéger, garantir contre, sauver (même d'une autre manière)

tēlula, DKF, 962 : enlever du feu

tí, DKF, 970 : tiédeur, chaleur modérée

tìya, DKF, 977 : feu, chaleur, grande chaleur, braise, clarté ; poudre ; très chaud, chaud, feu

tíya : pas bien brûlé (dans le défrichage)

tùvya, DKF, 1004 : feu ; chaleur, chaleur brûlante

tùya : feu ; **ta** ~ : devenir brûlant, chaud

tūyama : brûler avec de grandes flammes

taγa, DKF, 945 : grand tapis à modèle joli

téva, DKF, 969 : natte, tapis d'écorce, d'ananas, de **mangungu**, etc.

𓉻𓄿𓇋𓃀𓅆 **tAH**, CDME, 294 : faiseur de malheur

𓉻𓄿𓇋𓏥 **tAHt**, CDME, 294 : la lie

𓏏𓄿𓇋𓏤 **tAS**, OEP, 396 : frontière, limite

𓏏𓃀𓏏𓃀 **tbtb**, CDME, 296 : hisser

tìka, DKF, 972 : jeter qqch violemment (une balle) ; mettre dehors, chasser ; provoquer ; se plaindre de, réclamer ; se vanter (de)

tēkenge, DKF, 960 : reste, goutte (de vin)

dasasa, DKF, 108 : qui est brisé

disula, DKF, 125 : disloquer

ndiki, DKF, 668 : une bande de terre dont personne ne se soucie entre deux champs

n'tèeto, **nteeto**, DKF, 793 : côte, bord, orée ; limite, lisière, paroi

tète, **kitéte**, DKF, 968 : part, partie, portion

tèto, **vutula ~**, DKF, 969 : part.

tèto, : marque, ligne de démarcation, limite

tūsuka, DKF, 1002 : être jeté dehors, avancer, sortir (de l'herbe) ; devenir visible, pousser, sortir (de terre)

tìbalala, DKF, 970 : se tenant saillant, proéminent (estomac) ; dresser la queue en l'air ou toute droite ; se gonfler ; être raide mort

tìibidi : raide, rigide (comme un mort)

tímmba, DKF, 973 : une pipe ; qqch qui fait la bascule en montant et en descendant

tímba : être raide, rigide ; se raidir a diverses significations ; dans les dialectes, surtout au sens obscène

tōmbuka, DKF, 982 : faire croître, pousser

tōmbuluka : pousser, se développer (les feuilles)

tbw, EBD, 110 : saigner

tby, CDME, 296 : payer

tf, CDME, 298 : scier

tūbalala, DKF, 988 : être saillant (joue)

tūbi : crête de montagne, hauteur, sommet

tūbuku, ~ **kivumu** : gros ventre (injure)

túmba, DKF, 993 : ajouter, augmenter, amonceler ; faire un grand bruit, beaucoup de bruit de

tùmpula, DKF, 996 : chasser, mettre dehors vivement (d'une maison) ; faire avancer vivement ; pénétrer, transpercer de part en part ; vomir ; percer, trouer complètement ; hausser, lever de dessous (p. ex. un toit sur la tête ou d'un homme qui est sous l'herbe) ; peigner, se coiffer les cheveux hauts ; faire agiter (enfant dans le sein de sa mère) ; faire bouillir fortement, murmurer

tèbuka, DKF, 958 : s'écouler, courir, ruisseler, fuir, sortir, suinter, filtrer

tèbula : faire sortir, suinter, filtrer

tēbila : DKF, 958, piquer (un insecte), mordre (un chien)

tòbuka : DKF, 978 : percer

tubuka : DKF, 988 : être percé, perforé

tābaka, ~ **napele**, DKF, 294 : vendre ou acheter pour tout ce qu'on a

tābika, 943 : conclure un achat ; payer pour ; être vendu

ta'a, DKF, 942 : couper

tába, DKF, 942 : couper ; trancher

tābula, DKF, 943 : pousser de côter, user, interrompre ; mettre fin à (querelle, etc.) ; couper, tailler, retrancher, intercepter, amputer, ôter ; circoncire ; partager en coupant ; lâcher, délier, défaire ; sevrer (un enfant de lait maternel, du sein de la mère) ; sectionner ; laisser, remettre, abandonner, délaisser ; trahir, livrer (révéler)

téba, DKF, 958 : couper, tondre (les cheveux) ; abattre en coupant ; couper en eptits morceaux ; racler, gratter, étriller, brosser ; raser la barbe ; briser, rompre, casser, fêler ; décortiquer

thēvele, DKF, 969 : découpure dans les deux dents de devant

tūfuna, DKF, 989 : frapper, casser ; faire rompre un bananier ; écraser, presser jusqu'à faire une bouillie

tyéba, DKF, 1010 : couper ; casser

tyóba, DKF, 1011 : grande fente pour faire couler le vin de palme de l'intérieur du palmier

tfi, CDME, 298 : saut (?)

tāaba, DKF, 942 : aller à grands pas

tèmbuka, DKF, 963 : s'en aller très vite, courir à la hâte, en toute hâte, s'en aller secrètement

tīmbu, na ~, DKF, 973 : qui saute

tīmbula : jeter ; jeter à, sur ; lancer, donner un coup de pied à ; bousculer, pincer (de façon à ce que l'objet soit lancé à distance) ; transporter, séparer ; faire sauter, jeter, lancer à ricochet ou tirer de façon à ce que le projectile rebondisse, ou vous rase en passant ; rejeter, rebuter ; parer un coup, jeter loin de soi ; s'éloigner ; se retirer, repousser ; danser (en levant ses jambes en l'air) ; jeter à terre, tout de son long, tromper, simuler de donner ; chercher à persuader

tīmbula : interj., hors d'ici : allez-vous en !

tīmbuna : rejeter

tfn, CDME, 298 : orphelin

tùmpikila, DKF, 996 : garçon, jeune homme

𓏏𓆑𓏏 **Tfn (w) t**, EBD, cxii : fille de Râ représentée par la moisissure

táva, DKF, 957 : être pourri, décomposé, défait

𓏏𓎛 **tH**, PAPP, 77 et 84 : étinceler

dēeka, DKF, 110 : scintiller, étinceler (étoile ou étincelle)

téka ou **tēeka**, DKF, 959 : se monter, se mettre en évidence, bourgeonner, fleurir, poindre, briller (derrière un nuage); briller avec éclat (soleil ou lune) ; il fait, il va faire beau temps, clair, du soleil ; éclairer brillamment

tùwa, na ~, DKF, 1004 : fig. au sens d'être blanc, clair, éclairé

tùya, na ~ : blanc

𓏏𓎛𓇋 **thi**, EG, 600 : errer, transgresser, désobéir (commandement), faire errer

takula, DKF, 746 : inciter qqn à abandonner son chef ou son village pour vous suivre ; agir traîtreusement

tíngu, DKF, 975 : envie, habitude de se dérober, d'être insoumis, récalcitrant, contredisant ; désobéissance, insoumission, bravade, insolence, impertinence

tìnguna : se dérober, éviter, ne pas vouloir, vouloir refuser ; être désobéissant, récalcitrant ; mépriser, braver ; être insolent, impertinent, effronté ; parler avec ostentation, souvent en colère ; injurier, insulter

𓏏𓎛𓅓 **thm**, PAPP, 329 : pénétration, perforation

túka, DKF, 990 : faire entrer, enfoncer

tūuka : être, aller, venir de ; sortir de ; arriver, provenir de ; souffler de (vent)

tūkama : être touché avec une pointe

tūkula-tukula, DKF, 991 : aller, s'en aller, partir en colère

tūkulu : frontière, borne (d'un champ) ; point de départ, sortie

𓇾𓄿 **tiA**, CDME, 294 : forte douleur

𓇾𓄿𓀠 **tiA**, CDME, 294 : hurlement

𓏏𓇋𓏐𓀾 **tit**, EG, 599 : l'amulette-tyet

𓇾𓇋𓏐 **tit** : figure, image

tit, PGED, 48 : tracé, signe, marque, image, figure

𓏏𓅱𓏏𓀾 **twt**, PGED, 39 : s'unir, rassembler

tit, EGEA, 236 : figure, image

𓅱𓏏 **twt**, EG, 599 : 1. (être) comme ; statue ; **stwt** : faire ressembler ; 2. (être) juste, approprié ; 3. être assemblé

twt, EGEA, 237 : image, figure, statue

tyàba, DKF, 1007 : aller, marcher péniblement (p. ex. dans l'herbe)

tāvula, DKF, 957 : se plaindre, crier, criailler

teya, na ~, DKF, 969 : onomatopée pour le murmure (de l'eau)

tēyama, DKF, 970 : bruire, bouillonner

ma-táaza-matáaza, DKF, 506 : tacheté, moucheture

nsínu, nsīnuku, DKF, 768 : amulette, dieu tutélaire, talisman

ntínta, DKF, 795 : couleur de peintre noire, goudron, encre

ntòtila, DKF, 798 : qqn qui rassemble les gens autour de soi et les achète ; personne riche ; aussi chance, bonheur ; qqch que l'on trouve

Ntòotila : titre du roi à San-Salvador ; monarque, roi ; euphémisme pour cadavre, chef mort

tati, DKF, 956 : statue

tínya, na ~, DKF, 976 : rouge

tìita : secouer, frissonner, trembler, appréhender (et même l'effet produit par un couteau qu'on lance dans qqn)

thíitha, tiita : couleur

tìitu : peur, crainte

títi, na ~ : rouge

tóna, DKF, 983 : tache, point, marque, couleur, teinte, **matona-matona** : taché, nuancé, coloré

tòota, DKF, 985 : ramasser, choisir, réunir ; entasser ; mettre en ordre (et s'en aller) ; cueillir, détacher (p. ex. du poivre, des feuilles, etc.) ; chercher après, poursuivre (chemin, trace) ; ~ **ngongo** : savoir, connaître bien qqn ou qqch, s'entendre bien à ; s'informer exactement de ; ~ **vuuma** : faire place à, mettre en ordre, ranger, placer, mettre ensemble

tóta : mettre ensemble, réunir en tas, mettre en contact, en communication, enfoncer, planter avec des petits espaces moyens

tūntuka, DKF, 1001 : tomber en extase ; tressaillir, frissonner ; avoir le haut mal ; secouer le corps (comme **nganga**)

tūntula : crier, parler, pester à voix forte pour être vénéré, obéi ; se mettre volontairement sous l'influence d'un **nkisi** ; en conséquence de quoi on frémit, on est secoué ou on tombe en extase

túta, DKF, 1002 : grand nœud ; pagne croisé, noué autour des hanches sur le nombril

tit, CDME, 294 : pilon (?)

sasa, DKF, 880 : petit arbre

titi, **kit.**, DKF, 976 : petit pieu

tùuta, DKF, 1002 : battre à coups redoublés ; frapper, battre (le blé) ; faire sauter, briser (les cosses des pois, des haricots, etc.) ; écraser, broyer, piler dans un mortier ; jeter, frapper (sans mesure) ; heurter, hacher ; concasser, fustiger ; battre (le pouls, le cœur) ; marteler, battre à coups de marteau (dans la forge, en fabricant du fer)

titi, EG, 599 : écraser, piétiner

tēeta, DKF, 968 : casser, briser (une noix)

tùuta, DKF, 1002 : battre à coups redoublés ; frapper, battre (le blé) ; faire sauter, briser (les cosses des pois, des haricots, etc.) ; écraser, broyer, piler dans un mortier ; jeter, frapper (sans mesure) ; heurter, hacher ; concasser, fustiger ; battre (le pouls, le cœur) ; marteller, battre à coups de marteau (dans la forge, en fabricant du fer)

tiw, EG,599 : interj. oui

tkA, DKF, 600 : torche

tkk, EG, 601 : attaquer, violer (frontière)

tkn, EBD, 56 : conflit, dissensions

ndéo, DKF, 667 : mot d'introduction ou d'avertissment dans un jeu, où il faut deviner des énigmes. Celui qui doit répondre dit : **kyambasa**

ndèvo : comment ? quoi ? se dit quand on n'a pas bien compris et que l'on fait répéter ; également devant une introduction directe telle que **vo**

ndèvo : comme, de même que, comme si, c'est donc aisni, ce devrait être ainsi (sous-entendu que cela n'est pas ainsi)

ndēyo : ~ (réponse) : lubasa (se dit quand une énigme est proposée)

ndìvo, DKF, 671 : ainsi il parle, il parla, quoique, même alors que

nkivo, DKF, 721 : ainsi, de telle manière

nkyévo(-è-), DKF, 741 : comme, ainsi, comme si, environ, approchant, à peu près

tívàa, DKF, 977 : interj., exprimant la satisfaction d'avoir gagné (ordinairement on se crache en même temps dans et sur la main)

dēeka, DKF, 110 : scintiller, étinceler (étoile ou étincelle)

tékaoutèeka, DKF, 959 : se monter, se mettre en évidence, bourgeonner, fleurir, poindre, briller (derrière un nuage), briller avec éclat (soleil ou lune), il fait, il va faire beau temps, clair, du soleil, éclairer brillamment

tākalakana, DKF, 945 : être prêt à combattre, en humeur de combattre, être d'humeur belliqueuse, combattre, lutter, être en combat l'un avec l'autre, les uns les autres, lutter

tākalala : quereller, s'opposer ; être contre qqn (dans la lutte) ; fig. tenir bon ; être endurant, résister

tākama : être ou se tenir debout prêt à combattre, mettre les jambes en position de lutte et être prêt à combattre

tāakana : faire qqch avec force, avec énergie ; frapper fortement

tākila, ~nkome, DKF, 946 : frapper avec le poing

tūka-tuka, DKF, 990 : faire qqch avec force ; parcourir une très longue distance en une journée

⌒𓈖 tkn, EG, 601 : être près, m : de ; approcher, objet (qqn) ; stkn : approcher qqch

nyèka, DKF, 814 : s'asseoir, s'approcher

nyèkina : s'asseoir près, sur

⌒⌒𓀀 tkr, DKF, 302 : opposant

takula, DKF, 946 : inciter qqn à abandonner son chef ou son village pour vous suivre ; agir traîtreusement

tēngula, DKF, 966 : renoncer, laisser, abandonner (ce qui ne sert plus à rien) ; laisser partir, libérer, mettre en liberté, donner à qqn dont on n'a plus besoin sa liberté ; renoncer aux rapports, à l'amitié

tíngu, DKF, 975 : envie, habitude de se dérober, d'être insoumis, récalcitrant, contredisant ; désobéissance, insoumission, bravade, insolence, impertinence

tìnguna : se dérober, éviter, ne pas vouloir, vouloir refuser ; être désobéissant, récalcitrant ; mépeiser, braver ; être insolent, imprtinent, effronter ; parler avec ostentation, souvent en colère ; injurier, insulter

⌒𓏤𓈖 tks, EG, 601 : percer, pénétrer

kòta, DKF, 318 : entrer, pénétrer dans ; faire irruption, (s') insinuer, (s') introduire, passer derrière les nuages (soleil) ; tomber, enfoncer dans l'eau) ; entrer dans une société ; entrer en pourparlers, en relation d'affaires : acheter une partie de

túka, DKF, 990 : faire entrer, enfoncer

tūuka : être, aller, venir de ; sortir de ; arriver, provenir de ; souffler de (vent)

tūkama : être touché avec une pointe

tūkula-tukula, DKF, 991 : aller, s'en aller, partir en colère

tūkulu : frontière, borne (d'un champ) ; point de départ, sortie

tksa, PGED, 65 : torturer

tākata, DKF, 945 : saisir par (le cou, etc.)

tākinga, DKF, 946 : agoniser

tm, EG, 600 : être complet, parfait

n'lúmba, DKF, 748 : grandeur (de caisse, marmite), homme gras, grand

n'tēmbilà, DKF, 791 : grandeur ; qui est étendu, très large

ntempa : chose de grand, gros

n'témvo : foule, quantité, multitude

ntóma, DKF, 797 : excellence, vertu

n'tómo : goût fin, agréable, délicat

tèmfwa, na ~, DKF, 963 : plein jusqu'au bord

tèmpo, DKF, 964 : foule, grand nombre, quantité, multitude

tīmbimbi, DKF, 973 : fig. au sens d'être stagnant (eau)

tīmpama : être immobile, stagnant (se dit de l'eau), reposer, être tranquille, rester à la même place, être engourdi, être oisif

tīmpika : engourdir

tòma, DKF, 981 : remplacer, bonifier, initier (de **nkisi**)

tòma : augmenter en longueur, en hauteur

tóma : être bon, agréable, convenable, sympathique, distinguer, beau, joli, doux ; avoir bon goût ; être appétissant ; être utile, utilisable ; exceller, réussir

tóma : s'emploie comme v. aux. en ses divers temps pour exprimer l'idée de bien, exact, convenable, correct, ordonné, équilibré, prudent, sûr, droit, juste

tóma : disposition à prendre ce qui a de mieux

tóma : gros abcès

tómba : croître, pousser, commencer à grandir, à se développer

tōmbalala, tōmbama : se tenant élevé, haut ; se dresser dans les airs (p. ex. une montagne)

tm, EG, 600 : verbe négatif

lèmba, DKF, 391 : v. aux., manquer, faillir, s'abstenir, renoncer à

lèmbo, DKF, 392 : négatif

lèmbwa, DKF, 393 : s'abstenir, ne pas vouloir, ignorer, désirer davantage, renoncer à, ne point se soucier, interrompre, terminer, finir (p. ex. la pluie), prendre fin ; s'emploie parfois comme v. aux. négatif : **wa ~ (mu) kwiza** : il ne viendra plus

lèmbwa, v. négatif, n'avoir pas, manquer de, avoir besoin de, regretter, faute de, manquer, ne pas se produire, s'emploie souvent pour remplacer la négatif

lòmbo, DKF, 404 : verbe négatif

lòmbwa, DKF, 405 : verbe négatif

tīmpuka, DKF, 974 : n'avoir pas de goût de, qui paraît fade, sans goût

𓏏𓅓𓅓 **tm**, CDME, 298 : périr, cesser

𓏏𓅓𓀁 **tm**, CDME, 298 : fermer (la bouche)

𓏏𓅓𓏱 **tmA**, CDME, 299 : tapis, paillasson

𓏏𓅓𓅱 **tmw**, EBD, 88 : avancer

𓏏𓅓𓇋 **tm**, CDME, 298 : traîneau

𓏏𓅓𓋴𓂻 **tms**, CDME, 299: tourner la face, **r** à qqn

𓏏𓈖𓃀𓐍 **tnbx**, EG, 600 : reculer

tembe, **kit.**, DKF, 962 : famine

tèma, DKF, 962 : être en colère et bavarder, jaser, parler de ceci et de cela, de toutes sortes de choses ; gronder

tòna, DKF, 983 : causer, converser

tanda, DKF, 951 : tapis rond de la même matière que les corbeilles

ntáma, DKF, 786 : distance (pour le temps et l'espace)

táma, DKF, 947 : marcher rapidement, à pas allongés

tāma-tama, **ngyendolo ya ~**, DKF, 948 : aller, marcher en avançant les jambes contre le pagne

tàmvuka, DKF, 950 : aller

tàmvuna, **~ maalu**, DKF, 951 : se traîner

tèmbela, DKF, 962 : rôder, se promener

tèmbila, DKF, 963 : se promener

tèmpikita, DKF, 964 : aller, marcher comme une personne grasse, corpulente

tùna, DKF, 997 : mépriser, dénigrer ; se moquer de ; insulter, conspuer ; refuser, contredire ; démentir ; s'opposer à, dénier ; renier ; désobéir

tāaba, DKF, 942 : aller à grands pas

tākula, DKF, 946 : avoir à sauter, à sauter par-dessus ; avoir à tressauter, à galoper, à partir, à se mettre en route en bondissant ; rejeter, jeter qqn ou qqch par-dessus bord ; jeter en haut, jusqu'au ; lancer, jeter (avec une fronde) très loin, à l'écrat ; jeter ça et là ; répéter, redire, dire tout ; parer jusqu'au bout

tèmbuka, DKF, 963 : s'en aller très vite, courir à la hâte, en toute hâte, s'en aller secrètement

tèna, DKF, 964 : tirer en arrière, se retirer dans ; retrousser le prépuce

tīmbu, na ~, DKF, 973 : qui saute

tīmbuka, DKF, 973 : s'arrêter court ; reculer, rebondir ; être sauté, jeté ; se lever au milieu de la nuit

tīmbula : jeter ; jeter à, sur ; lancer, donner un coup de pied à ; bousculer, pincer (de façon à ce que l'objet soit lancé à distance) ; transporter, séparer ; faire sauter, jeter, lancer à ricochet ou tirer de façon à ce que le projectile rebondisse, ou vous rase en passant ; rejeter, rebuter ; parer un coup, jeter loin de soi ; s'éloigner ; se retirer, repousser ; danser (en levant ses jambes en l'air) ; jeter à terre, tout de son long, tromper, simuler de donner ; chercher à persuader

tīmbula : interj., hors d'ici : allez-vous en !

tīmbuna : rejeter

tòmbula, DKF, 982 : porter, chercher, tirer, prendre, conduire en haut (sur un sommet) ; faire grimper, s'élever, faire monter sur ou dans (une hauteur, les airs) ; ramasser, tirer de, poser sur (nourriture d'une marmite, etc.) ; décharger (un navire, un canot) ; désembarquer, aborder, porter au rivage ; transporter chez soi, au village ; initier, inaugurer, inaugurer de nouveau (**nkisi**, etc.) ; rétablir la force, etc. d'un **nkisi**

tni, EG, 600 : (être) vieux

tòna, DKF, 983 : regarder, considérer ; examiner, prendre garde à, reconnaître ; se représenter, se rappeler, se souvenir de, comprendre ; concevoir (une chose), discerner,

𓏏𓈖𓅓𓂻 **tnm**, EG, 600 : s'égarer

𓏏𓈖𓅓𓏌𓏛 **tnmw**, CDME, 299 : obscurité

𓁶𓏤 **tp**, EG, 599 : commencement (de l'année, saison, matin)

𓁶𓏤 **tp**, EG, 449, 450 : tête

tp, PGED, 39 : tête, chef

𓋭𓏥𓎰 **tpH**, EBD, 71 : caverne, grotte

distinguer, juger, être intelligent, fin ; être à l'âge de raison

tùuma, DKF, 993 : rater, manquer le but (projectile), manquer (son coup) ; se tromper

tùuma : émoussé (de couteau) ; affaibli, stupide (de l'homme)

tùuna, DKF, 997 : manquer le but

tungyana, DKF, 1000 : errer

tómbe, DKF, 981 : ténèbres, obscurité, démon ; sombre, obscur, triste

témpo, DKF, 964 : temps, période ; saison

témpo-tempo : (temps), autrefois

thépo, DKF, 968 : temps

ntó, DKF, 795 : coin de qqch (table, planche, etc.) ; langue de terre, bout, bord (de forêt) où l'on enterre ; cimetière

ntú, DKF, 799 : tête ; individu ; extrémité ; bout ; proue (d'un canot)

ntūbuku, DKF, 888 : couvercle (d'une marmite) ; feuilles dont on recouvre (p. ex. une marmite)

támpa, DKF, 950 : couvercle, couvre-plat au-dessus d'une marmite, couvercle de marmite

thápa, DKF, 954 : couvercle

tháapu : couvercle, couvercle-plat ; charnière

ntùmpa, DKF, 802 : passage souterrain

tùmpu, DKF, 996 : panse, la plus grande cavité de l'estomac (d'un animal ruminant)

𓊪𓃒𓏥 **tpiw**, CDME, 298 : bœuf (?)

𓊪𓂋 **tpr**, CDME, 298 : respirer

𓊪𓏏𓏥 **tpt**, PAPP 257 : l'huile fine

𓊪𓂋𓇳 **tr**, CDME, 300 : temps, saison

túmpu : sac, enveloppe

tíba, DKF, 970 : chèvre

tēefuka, DKF, 959 : respirer, vivre avec difficulté

tēefula : respirer avec peine

tēevuka, DKF, 969 : respirer péniblement ; soupirer

tēwula : respirer, battre (pouls)

tifa, DKF, 971 : se ballonner ; s'enfler

tōfula, DKF, 979 : tousser

tūmbula, DKF, 995 : respirer doucement (lorsqu'on dort)

ma-fúta, DKF, 477 : graisse, graisse qui surnage (p. ex. sur le potage) ; huile de palmier

tàmpa, DKF, 950 : être enduit, frotté par un prêtre fétichiste avec des graines particulières, des pierres ; la médecine d'un **nkisi**

ntaazi, DKF, 789 : soleil, heure

tándu, DKF, 952 : temps, durée ; année, période, génération, âge, du vivant de, sous le règne ; distance (même pour l'espace) ; action d'avancer

tási : ~ **dyantangu**, DKF, 955 : éclat du soleil qui vient directement du soleil l'après-midi vers le soir (quand il a fait sombre auparavant) ; enfant dont la figure est tournée vers le haut

táasi, DKF, 955 : le temps jadis, instant, peu de temps, près (de la mort)

⌒𓎛𓏏𓀢 **tr**, CDME, 300 : respecter quelqu'un, saluer avec respect, adorer dieu, montrer le respect

lu-tóndo, DKF, 454 : gratitude ; témoignage d'affection, d'attachement, d'amour, de consentement

lu-zìtu, DKF, 463 : honneur, respect, reçu ou à recevoir, respectabilité, politesse ; manifestation respectueuse, estime

ka-tendi, DKF, 221 : titre de noblesse

nsíta, DKF, 769 : adepte

tónda, DKF, 983 : remercier ; être reconnaissant de ; approuver, autoriser ; être d'accord ; être satisfait de, content ; aimer, estimer, apprécier ; montrer, exprimer son approbation, sa reconnaissance ; remercier de, aimer (avec sentiment de gratitude) ; louer ; reconnaissance, gratitude, approbation, souscription, respect ; qui est digne de louange, d'amour, d'appréciation

tulaante, DKF, 992 : titre honorifique, de dignité. **T.** nom de clan de **lukeni**

yitu, DKF, 1137 : respect

zita, DKF, 1167 : être, devenir honoré, respecté, vénéré ; qui est honoré

zìtila, DKF, 1168 : être honoré dans

zìtu, DKF, 1168 : respect, estime, bonne réputation ; politesse

⌒𓏴𓃀 **tS**, PAPP, 141 et 144 : écraser

tūsuka, DKF, 1002 : écraser, être écrasé

tūsuna : écraser

⌒𓎛𓂻 **tSi**, EG, 600 : être perdu

tusa, DKF, 1002 : oublier

⌒𓅂 **tw**, CDME, 294: (3) démonstratif: « this, that »

lu-, DKF, 409 : préf. dim., employé seulement dans certains cas

lu- : préf. sing. cl. **lu**

707

Voir aussi 𓏲𓏌𓅱 **nw**

𓏏𓆑𓅱𓀀 **twA**, OEP, 390 : s'appuyer, supporter, soutenir

𓏏𓆑𓅱𓀁 **twA**, EG, 599 : réclamer, obj. (qqch) **n** : de (qqn) ; dét. 𓀀𓀁 pauvre homme, inférieur

𓏏𓅱𓈖𓃒𓀀 **twn**, OEP, 390 : soulever, élever, s'élever

𓏏𓅱𓀢 **twr**, OEP, 392 : être propre

𓏏𓅱𓀢 **twr**, OEP, 400 : montrer du respect

lu- : pron. pers. dém. ou rel., cl. **lu**

twā ou **tūa**, DKF, 1005 : fixer, coller, suspendre ; couvrir (de peinture)

twē, na ~, DKF, 1006 : fixé, ferme, pendu à, collant

twādi, DKF, 1005 : solliciteur, qui demande en mariage de la part d'un autre

twétwe, DKF, 1007 : personne sotte

tùla, DKF, 991 : s'élever, se grandir, monter, croître (des vagues)

tùlama, DKF, 992 : être en tas élevés

túnga, DKF, 998 : bosse ; nœud (d'un arbre, etc.)

tùngika, DKF, 999 : lever plus haut ; hausser qqch en sorte qu'il devienne convexe comme un toit

tèle, DKF, 962 : jeune fille, vierge, jeune homme, fiancée, fiancé, ami (nom d'amitié même entre les époux surtout à la femme)

tēlele, na ~ : fin, sage, yeux vifs

tòla, DKF, 980 : avoir l'air prospère, en santé, se pourrir, agrandir (d'ulcères)

tòla, ma- : bonne mine, air agréable, beau, joli (peau, étoffe, personne) ; **nitu ye ~**, avoir un air de santé, de prospérité

lu-tóndo, DKF, 454 : gratitude ; témoignage d'affection, d'attachement, d'amour, de consentement

lu-zìtu, DKF, 463 : honneur, respect, reçu ou à recevoir, respectabilité, politesse ; manifestation respectueuse, estime

ka-tendi, DKF, 221 : titre de noblesse

nsíta, DKF, 769 : adepte

tónda, DKF, 983 : remercier ; être reconnaissant de ; approuver, autoriser ; être d'accord ; être satisfait de, content ; aimer, estimer, apprécier ; montrer, exprimer son approbation, sa reconnaissance ; remercier de, aimer (avec sentiment de gratitude) ; louer ; reconnaissance, gratitude, approbation, souscription, respect ; qui est digne de louange, d'amour, d'appréciation

tulaante, DKF, 992 : titre honorifique, de dignité. **T.** nom de clan de **lukeni**

yitu, DKF, 1137 : respect

zita, DKF, 1167 : être, devenir honoré, respecté, vénéré ; qui est honoré

zìtila, DKF, 1168 : être honoré dans

zìtu, DKF, 1168 : respect, estime, bonne réputation ; politesse

---

txb, EG, 600 : immerger, plonger, faire tremper, tremper

táva, DKF, 957 : nager (comme un chien) ; frapper l'eau, la faire rejaillir

téba, DKF, 958 : être mou, de peu de consistance, léger, peu compact, peu solide, peu subtantiel, spongieux, gluant ; être trop bouilli

téba : eau, cours d'eau en général

tēeba : être plein, rempli, comble, débordant ; être plein à déborder

téka, DKF, 959 : remplir un vase (une calebasse, un boc, etc.) en le plongeant dans l'eau, prendre, puiser (l'eau)

téka n'langu, DKF, 960 : remplir, etc.

txi, EG, 600 : être ivre, soûl

txt, PAPP, 189 et 190 : ivresse

txn, EG, 600 : obélisque

txtx, CDME, 301 : désordre (cheveux) ; chiffonner (papier)

tēkama, DKF, 960 : être versé (du vin pour boire)

tēkenge : reste, goutte (de vin)

tèketede : marcher en chancelant

dáakala, DKF, 107 : petite taille ; une personne de petite taille

díka, DKF, 115 : tige autour de laquelle les bananes se trouvent, tronc de bananier

dúkakani, DKF, 132 : de petite taille

dūukila : croître, pousser (d'herbes)

dūkingà : petitesse, hommes petits

duku : de qqch qui est court, de petite taille (se dit de canne à sucre, etc.)

dūkumuka, DKF, 133 : sortir, pousser, se montrer, poindre (plante)

ndika, DKF, 668 : tronc de bananier

ndiki-ndiki : le plus haut point, le faîte

tēngo-tengo, DKF, 966 : trouble, sens dessus dessous ; soulèvement, révolte, négligence ; touche-à-tout

tēnguka : être joli, beau, commode, confortable, agréable

tēngula : verser, vider sur, vider ; répandre sur, déverser ; démolir ; mentionner, raconter, dévoiler, découvrir ; confesser, révéler

w

Iw, CDME, 52: district, région

w, OC, 334 : ils, elles, eux, leur, leurs

w, EG, 559 : ne… pas (« not »)

n'làmbu, DKF, 743 : région, distruct ; zone

n'làmbu-n'làmbu, muna ~ : tout le long de, tout du long de

-āu, DKF, 4 : pron. poss. de la 3e pers. du pl., leur, les siens, les siennes

āu : s'emploie comme pron. pers. emph. mwendo ~ : ils partent

báu, DKF, 24 : pron. pers., 3e pers., pluriel, eux ; pron. pers. indép., cl. ba, eux

bōobo, DKF, 47 : pron. dém. 2e posit. cl. ba, ceux là-bas

wāaya, DKF, 1094 : pron. dém. De la cl. ba, ils, elles, eux

áù ou áaù, DKF, 4 : inter. nég. non! non pas! certes non ! non certes !

àwâ ! interj. ou adv. de nég. non ! certes non ! ah non ! non pas !

awá : adv. oui, mais oui, c'est-à-dire à une réponse négative

bé, DKF, 25 : interj. négatif, non, ne pas, ne point, néant, rien ne, ne rien, fin, bout

kwâ (áà), DKF, 346 : part. nég., non, non pas, certainement pas

kwàti, ~ yeka, DKF, 354 : impossible !

mbo, mboo, DKF, 532 : interj. nég., ~ ou ~ kwandi : je ne sais pas ; ~ kwami : je ne veux pas

mvéla, m'véle (ée), DKF, 633 : pas un seul, pas un brin, un sous ; ki ~ : néant

ngau, DKF, 685 : qui ne veut pas répondre ou obéir

n'ngwâ, ngwà, DKF, 696 : interj. négt., non !

ngwáda, DKF, 696 : interj. négat., je ne sais pas ! j'ignore ! je ne suis pas informé ! je ne peux pas dire ! **e ~** : non !je ne sais pas

nkwa, DKF, 737 : non

nswa, DKF, 781 : interj., non, pardon, pas ainsi

pè, **na ~**, DKF, 846 : non, ne pas, ne point ; néant, rien ne ; ne rien, fin, bout

vè, DKF, 1054 : interj. non

véla, DKF, 1056 : vide, espace vide ; vanité ; qui ne contient rien ; inutile, vain, frivole

vela : aire, place vide

vīivi, DKF, 1021 : image trompeuse, qui passe rapidement ; épouvantail

vīvidi : incapacité, ignorance

vúba, DKF, 1022 : personne bête, ignorante

wāwa, DKF, 1093 : faim

wāya, DKF, 1094 : peut-être

wuwumuka, DKF, 1108 : s'égarer

wA, PAPP, 140 et 144 : conspirateurs

(le déterminatif de l'homme assis avec un bâton est absent du Sign-list de Gardiner. Il y a les trois traits du pluriel en dessous de cet homme), **wAtw**, CDME, 55 : conspirateurs (?)

vwáka, DKF, 1036 : contrefaire (sa voix), tromper, faire illusion ; embrouiller, confondre (p. ex. **n'samu**)

vwakada : déguisement

vwàsa, DKF, 1038 : parler, bavarder en délirant

vwása : délire, bavardage insensé

wē-wēle, DKF, 1096 : chuchotement

wōwula, DKF, 1103 : tomber dans l'ambarras, avoir des difficultés

wA, CDME, 52 : 1. adj., loin ; adv. de lieu, lointain ; adv. de temps, il y a longtemps, 2. tomber

bwā, DKF, 87 : tomber ; culbuter, choir à terre ; succomber ; tomber dans (une rivière) ;

𓃹𓄿𓇋𓂻 wAi, EG, 559 : (être) loin, distant

𓃹𓏌𓏤 wAt, PAPP, 81 et 86 : loin

𓃹𓄿𓄿𓅱 wAaw, CDME, 52 : capitaine (?) (d'un bateau)

𓃹𓄿𓃀 wAb, CDME, 53 : racine de plante, de dent ; orbite de l'œil (?)

𓃹𓄿𓃀 wAb, OEP, 378 : n irt : orbite de l'œil, nibH : alvéole dentaire

𓃹𓄿𓃀 wAb, CDME, 52 : habit (?)

𓃹𓄿𓃀𓏏 wAbt, CDME, 53 : haute-terre agricole

voler, s'asseoir, se pencher (oiseau) ; survenir, advenir ; rendre visite, saluer en passant ; se calmer

vā, DKF, 1043 : s'emploi comme adv. de lieu et comme prép. (vá) dans le sens de là-dessus ; y, en, par-dessus, au-dessus de ; ici, ci-dessus ; pour exprimer il y a : **vakala** (**mvu**, **ngonda**), il y a (un an, un mois) ; **vakyakala** : il était, il y avait une fois, autrefois, jadis ; va se joint également au substantif pour former une préposition composée, p. ex. ~ **banda dya...** : par en bas, par-dessus, d'en bas, de dessus ; ~ **lweka lwa** : à côté, auprès de ; ~ **ntandu a...** : par-dessus

vāna, DKF, 1048 : pron. dém., 3ᵉ forme de la cl. va : celui-là, là bas ; de lieu et préposition : là, là-bas dessus, là-dessus, là haut, dessus

wàa, DKF, 1089 : qui tombe, glisse (p. ex. dans un trou)

wa-ya-wa, DKF, 1094 : pays étrangers ou très éloignés, ici et là partout

wōlomoka, DKF, 1100 : être long

bwàta, DKF, 90 : canot

bwàtu : pirogue ; canot, grand canot

wòota, DKF, 1103 : ramer, pagayer

vāmisa, DKF, 1047 : s'enraciner, s'attacher

wába, DKF, 1089 : tisserin

wámba,kiw., DKF, 1091 : temps de famine

713

𓃀𓄿𓃀𓅱𓏥 **wAbw**, OEP, 378 : haut des cuisses

búnda, DKF, 75 : cuisse, frémir, rein, lombe, hanche, mollet, de là ; esp de pomme de terre

būnda-bunda : cuisse fémur, mollet, toute la jambe

𓇅 **wAD**, CDME, 55 : plante de papyrus

bú, DKF, 58 : marécage ou jungle où poussent les papyrus

wèlo, DKF, 1095 : une herbe tranchante qui pousse auprès de l'eau

wú, DKF, 1103 : papyrus

𓇅 **wAD**, EBD, 101 : prospérer

𓇅 **wAD**, CDME, 55 : vert, fortuné, heureux

bwándi, DKF, 89 : état d'amélioration, assez bien portant (après une maladie) ; bien-être, impression de se bien porter) ; joie de vivre

bwāyi, DKF, 90 : chose mauvaise, chose qu'on ne peut pas manger ni toucher

bwē, DKF, 91 : bonté ; bon, beau

bwékka : bonté, bien fait

bwékke : bonté, paix ; bonjour

bwétte, DKF, 92 : bonté, etc.

déwa, DKF, 112 : force, bonté, santé

lwénga, DKF, 468 : être sage, sagace, raisonnable, intelligent, instruit, malin ; prendre garde, se tenir sus ses gardes, comprendre ; être perspicace, calculateur ; rendre tranchant, aiguiser

mbóte ou **m'bote**, DKF, 537 : bonté, bienfaisance, qqch de bien, de juste, d'excellent ; bon, bien, admirable, supérieur, beau, agréable, propre, fin, joli, exact, mignon, noble, équitable ; utile, convenable, applicable à ; bienveillant, de bon goût, enchanteur ; frais, fraîche (eau) ; gentil, honorable, pudique, sûr ; piquant

mbóte : c. interj., termes de bienvenue, salutation

mbóte : c. adv. beaucoup, combien

mbóte : avec la négation **ka ~ ko** (avec inf. ou subst.) : combien... pas, quelle quantité de

m'móte, DKF, 572 : pers. jolie, au visage beau et agréable, qui est beau, joli, agréable, gentil

mvwáma, DKF, 641 : richesse, fortune ; homme riche

m'vwé, DKF, 642 : propriétaire, possesseur (de qqch)

ndwénga, DKF, 677 : intelligence vive ; sagesse, finesse, ruse, pouvoir, qualité, disposition, talent, adresse, habileté, tact

ntúnndu, DKF, 802 : noix de palme vertes au bout

tùluka, DKF, 992 : être gras, volumineux, grand, avoir de l'embonpoint ; personne dodue

túnnda, DKF, 997 : noix de palmier rouges et vertes

tūndubà : une sorte de noix de palmier, verte au sommet, ce qui fait penser qu'elles portent préjudice à celui qui les mange

Tūndubà : nom de cours d'eau, de montagnes qui ressemblent à des noix de palme vertes aux sommets

tūndubudi : une sorte de petites perles rouges

vùda, DKF, 1022, prendre de l'embonpoint, prospérer

vùdila, DKF, 1023 : être abondant, **na ~** : abondant, à profusion, épais (cheveux, herbe)

vùla, DKF, 1025 : être débarrassé, libéré de qqch (travail, procès, maladie) ; être bien portant, en bonne santé, aller bien, se remettre, être soigné, se guérir

vùluka, DKF, 1025 : être, devenir gros, gras, obèse, épais, grand ; s'engraisser ; être élastique, reprendre sa forme (comme une balle après qu'on l'a pressée) ; être épais, bouffants (p. ex. des cheveux retroussés)

vūmuka, DKF, 1028 : être gras

vwā, DKF, 1035 : posséder, avoir, être en possession de

vwā : propriété, immeuble, domaine, possession, bien-fonds (pas ce qu'on achète) ; richesse ; honoraires en général, honoraires de médecin, payement pour un traitement médical

vwā : propriétaire

vwàma, DKF, 1037 : avoir, posséder beaucoup de biens, de grandes richesses, vivre dans l'abondance, le luxe ; être riche

vwìla, DKF, 1042 : richesse, abondance

vwīla : être abondant ; avoir assez de qqch

vwīsa, **vwīsisa**, DKF, 1042 : posséder ; être riche, avoir en abondance

wéte, DKF, 1096 : qualité de ce qui est fin, délicat, distingué ; gourmandise, friandise, bonté, beauté, commodité, confort, aise, joie, enchantement, bonheur ; convenances ; qqch qui réjuit et satisfait ; fin, exquis, délicat, joli, beau, agréable, charmant, aimable, captivant, ravissant, convenable, comme il faut

wéte, wawéte : interj., bien fait, bien

wète-wete : bonté

w-óte, DKF, 1103 : bonté, amabilité, le bien

wóte : félicitation, bienfait

yèla, DKF, 1124 : être mûr, mûrir, être entièrement développé, grand et fort, devenir adulte, avoir le poids voulu, être lourd, être satisfait, être parfait, exactement comme il faut (même au point de vue moral), commencer à engraisser, prendre de l'embonpoint, être ferme, sûr, tout à fait applicable (au point de vue légal, etc.), passer pour, suffire, faire loi, être intelligent, adroit, entendu, avisé

𓇅𓈐 wAD, PAPP, 150 et 153 : pierre verte

vidru, DKF, 1018 : verre

𓅱𓄿𓆓𓆓𓏏 wADDt, CDME, 56 : végétation

n'tūndibilà, DKF, 802 : plante à feuilles qui porte des fruits **ntúndu, ntundulu** (**Amomum alboviolaceum**)

wele, DKF, 1095 : petit palmier liane fournissant d'excellents liens

wéle : fruit d'arbre (**muwéle**), qui est doux ; pépin de calebassier **mbika**

wéle : plante qui ressemble **ndubi**

wélekese : une herbe triangulaire, très tranchante (**Scleria Berg.**)

wèlensi, wèle-nsi : une herbe des marécages aux feuilles larges et tranchantes ; un marais où pousse cette herbe ; roseau

wèle-wèle : herbes aux feuilles larges et tranchantes; qui est tranchant, coupant

wèlo : une herbe tranchante qui pousse auprès de l'eau

𓇅𓈐𓏫 wADt, PAPP, 258: étoffe de lin teinte en vert

mvwèla, DKF, 842 : large étoffe des hanches, long habit, robe

vwāta, DKF : 1039 : s'habiller, (se) vêtir, couvrir, être habillé en, porter, user, employer (des vêtements, un anneau, etc.), fig. de la terre qui commence à se couvrir d'herbes, habits, vêtements

𓅱𓄿𓎼𓀁 wAg, CDME, 55 : crie (?)

wúka, DKF, 1104 : mugir (tempête)

wánga, DKF, 1092 : rêve, rêveries, illusions, fantasmagories, délire, vision creuse, rire, réponse, bavardage peandant le rêve ; somnambulisme, rêve sans signification

wāngidika : élever la voix, crier, rendre perceptible

wa-ngwangwa : jie, vivacité, bienveillance

wénga, DKF, 1095 : crier aigrement (un porc) ; aboyer, rugir (léopard) ; sonner

wAg, CDME, 55 : un festival religieux

wènga, DKF, 1095 : danser, brandir la queue, rouler le ventre ; se tordre en dansant

wAH, PAPP, 83 et 87 : cesser

wākika, DKF, 1091 : cacher

wAH, CDME, 52 : déposer, mettre de côté, attendre

wànga, DKF, 1992 : place (pour s'asseoir, etc.)

wangi : place (pour s'asseoir, etc.)

wAH, CDME, 54 : fillet d'or

wúulu, DKF, 1104 : pièce d'or

wAH, PAPP, 150 et 154 : durable

wáka, DKF, 1090 : faire qqch avec soin, p. ex. coudre, bâtir

wAHw, CDME, 54 : guirlande

wéni (ee), **wénya**, DKF, 1096 : cordons d'herbe que les femmes portent autour de la poitrine ou du ventre ; ruban tressé, corde, aussi la plante grimpante dont on fait des anneaux, etc. d'ornement

wAHyt, EG, 559 : augmentation, abondance (de blé, maïs)

boka, DKF, 49 : une mesure

bōoka : être très nombreux, augmenter, s'accroître, agrandir, croître, pousser, devenir gras, corpulent

wAHyt, CDME, 54 : grain ; blé, maïs

wāangilà, DKF 1092 : sésame (**sesamum indicum**) ; mauvais tabac, esp. de médecine

𓅱𓏭𓌙𓏥 wAi, CDME, 52 : rôtir (?) (des graines)

𓅱𓅓𓌙𓏥 wAm, CDME, 53 : faire cuire au four (?), cuir (?)

wòoka, DKF, 1099 : être, devenir nombreux, augmenter, multiplier

wŏnngi, DKF, 1101 : quantité, multitude, foule

wúka, DKF, 1104 : amasser, avoir la chance d'amasser (des biens, etc.) ; mettre ensemble, rassembler

wúku : chance, fortune

yāuka, DKF, 1120 : s'attiédir ; être tiède ; être cuit, rôti à l'extérieur mais cru au-dedans (euphémisme)

yāula (waula, aula) : brûler légèrement ; cuire qqch en dehors et qui reste cru en dedans ; rendre tiède ; chauffer (de l'eau)

waula, DKF, 1093 : chauffer

wēnzubula, DKF, 1096 : brûler

búmba, DKF, 71 : moisir, rouiller

būmbuka, DKF, 72 : plein de saleté, moisi, rouille, terre, cendre

bumbumuna : griller, brûler ; cuire parfaitement

vúba, DKF, 1022 : noircir au feu, griller, faire faner, flétrir, faire mollir sur le feu (des feuilles vertes, qu'on met dans une marmite sur le feu) avant de les piler, de les broyer

vùmba, DKF, 1026 : brûler, roussir, ne pas bien cuire, rôtir en plaçant p. ex. du poisson à terre et un tison allumé par-dessus ; cuire enveloppé dans une feuille (p. ex. une banane au lieu de la mettre dans une marmite) ; brûler, rôtir dans une feuille (des insectes qui se mangent ou des poissons qui sont mous, à demi-pourris avec des épices)

vùmba, DKF, 1027 : mets que l'on fait rôtir entouré d'une feuille

𓏃𓄿𓋴 wAS, EG, 559 : être élevé (e), haut placé(e), exalté(e) ; CDME, 55 : être honoré (des dieux, etc.), être fort ; honneur dû à dieu, au roi

vúmpa, vūmpula : brûler, cuire, roussir

vunga, DKF, 1030 : brûler

wòma, DKF, 1100 : repasser (au fer à repasser), repasser (un couteau)

wòmbika, DKF, 1100 : fumer de la terre

wumba, DKF, 1105 : cuire sous la cendre

wá, kiwa, DKF, 1089 : allégresse, joie

wàsa, DKF, 1092 : être joyeux, gai, en train, être bien portant, en vif, adroit, habile, reprendre ses forces, se remettre, être rétabli, se guérir

wàsa : plaisanterie, humour, grand bien vous fasse, à votre santé

wàsi, DKF, 1093 : personne joyeuse, moqueur, rieur, bouffon

wàsila, DKF, 1093 : être amusant, divertissement

wàsisa : guérir, rétablir

wāsisa : éperonner ; exciter

Wáso : nom propre ; luwasumu yangalala : le joyeux

wàsula : rendre courageux, joyeux, encourager

wáaza, DKF, 1094 : le plus souvent au pluriel ; farces, plaisanteries, insanités ; fausseté ; au pluriel aussi : délire, bavardage pendant le délire

wáazi : vantardise, hâblerie, blague

wāzumuna : délirer, divaguer

wúka, DKF, 1104 : guérir ; donner une médecine, un remède

wúka : dévier, consacrer, bénir

wAs, CDME, 54: sceptre

wAs, EG, 559 : domination, seigneurie

wAsi, EG, 559 : être ruiné ; décomposition, ruine

wAt, CDME, 52 : 1. chemin, route ; 2. côté

(le déterminatif de l'homme assis avec un bâton est absent du Sign-list de Gardiner. Il y a les trois traits du pluriel en dessous de cet homme), wAtw, CDME, 55 : conspirateurs (?)

wAw, EG, 559 : vague

wAwA, EG, 559 : considérer, penser, délibérer

n'sùa ou n'sűa, DKF, 775 : barre, bâton

wīisa, DKF, 1098: puissance propre à rendre un peuple ou les individus attentifs et obéissants ; autorité, influence, juridiction; pouvoir, contrôle, tribunal, etc.

bwazi, DKF, 90 : lèpre

w-aazi, DKF, 1094 : maladie de la peau du genre de la lèpre

wáazi : blessure de coups, etc.

bwà, DKF, 87 : direction

wūtunu, DKF, 1108 : murmurer

vùku, DKF, 1024 : vague, lame, onde, flot

wáwa, DKF, 1093 : lit d'une rivière

n'wàwa, DKF, 810 : canal, aqueduc, fossé, lit d'une rivière

n'wàwa :mets liquide

bwābumuka, DKF, 88 : bavarder

wáa, DKF, 1089 : interj. exprimant la surprise, la protestation, l'indignation, vraiment, en vérité ? est-ce possible ? comment donc, je me le demande. A une question dont on attend une réponse négative

wā ou āa, : entendre, écouter, prendre garde, comprendre, observer, considérer, saisir, sentir (une odeur) ; percevoir (un son), obeir

wa edi, DKF, 1089 : pourquoi ? Pour quelle raison ? Comment se fait-il que… ? **wa ele nkulu** (w'ele nkutu) avec ou sans **vo,** en vérité, on le dit, par oui-dire

wa nga : … vraiment ex. : (penses-tu) vraiment (faire cela) ?

wAwAt, CDME, 53 : qui est ardent, rougeâtre, fougueux, violent (?)

bwàbwa, na ~, DKF, 88 : teint rose, rougeâtre, couleur de corps d'un blanc

bwàka, DKF, 89 : être, devenir rouge, jaune, mûr ; ardent au feu

bwò, DKF, 93 : fig. au sens d'être rouge, rougeâtre

bwŏmba, DKF, 94 : être rouge, rouge feu, rougir, mûrir

wAx, CDME, 54 : inondation

wunge, DKF, 1106 : pluie fine

wa, CDME, 56 : un

wai : être seul

kí-ntwadi, DKF, 285 : société, association, communauté, confrérie, camaraderie, compagnonnage, participation collective à qqch

waty : seul, unique

ntwādi, DKF, 805 : association ; en commun, ensemble, réuni, unis, rassemblé, en communauté, à parts égales

vi, DKF, 1062 : seul

víta, DKF, 1067 : être, aller, marcher, venir le premier, en tête, à la tête de, devant, de front, au commencement, au premier rang ; précéder, prendre le pas sur ; arriver. **vita** est employé comme v. aux. pour indiquer que qqch doit avoir lieu bientôt, de suite. On emploie **vita** dans les comparaisons dans le sens d'être plus, davantage, supérieur à, préférable à, valoir mieux que ; quand il n'y a pas comparaison, **vita** signifie trop

wáu, DKKF, 722 : celui-ci, celle-là

zūmbadala, DKF, 1176 : se trouver seul

zūmbalala : se tenant élevé, grand, en évidence (comme de grands rochers dans une plaine) ; rester immobile de frayeur, d'effroi ; gêné, embarassé ; se trouver seul

waA, EG, 560 : « speak abuse »

wàla, DKF, 1090 : crier

wālakà, DKF, 1090 : fig. discours mauvais, honteux, scandaleux

wālakà : délire pendant une maladie, près de la mort ; mauvais rêve

wānga, DKF, 1092 : rêve, rêveries, illusions, fantasmagories, délire, vision creuse, rire, réponse, bavardage pendant le rêve, somnambulisme, rêve sans signification

wèdika, DKF, 1094 : parler de, causer, cancaner, bavarder

Wèdika : nom propre = qui cancane

wē-wēle, DKF, 1096 : chuchotement

wōolana, DKF, 1100 : pleurer, crier, appeler

wōlolo-wololo : discours confus, origine de la démence, **na** ~ : figure en tombant, en roulant dehors, qui cause à tort et à travers (comme un insensé)

wōlomoka : nier effrontément haut, à haute voix, bavarder, jaser, jacasser

wòna, DKF, 1101 : grogner, quereller, gronder, gourmander, contredire, nier, ne pas vouloir, ne pas obéir

wónga, DKF, 1101 : bourdonner, murmurer, bruire (au marché)

wab, EG, 560 : (être) pur, propre, **swab** : purifier, rendre propre ; **wab** :(ordinaire) prêtre ; **wabw**, dét. : habits propres ; **wabt**, dét. : place d'embaumement, tombe, sanctuaire, dét. : viande ; **Abw** : purification, **abw-r** ( ) : petit déjeuner

wōngana, DKF, 1101 : quereller à haute voix ; gronder, tracasser, faire du tapage

wōngula : murmurer, bourdonner

wongumuna : donner de la voix (chant, discours, bavardage)

wōnguna, DKF, 1102 : dire **wō-wo-wo** faire la grimace, avoir le visage allongé, étendre la bouche

wūlukusu, DKF, 1105 : bruit, fracas

wúnga, DKF, 1106 : sonner, résonner, gronder (un orgue, une cataracte), murmurer, bruire (au marché), bourdonner

wūtunu, DKF, 1108 : murmurer

wuya : sottise, folie

vímpi, DKF, 1064 : (habituellement au pluriel) santé, salubrité ; salutation, compliments, salut, amitié(s)

wá, DKF, 1089 : neuf

wā, wāa, na ~ : fig. au sens d'être clair, brillant

wā :bon, bien

wába : frapper qqch avec qqch, p. ex. le sol avec le bâton, du linge pour le laver

wába : pâte d'arachides cuite dans des feuilles, **ki ~** : **yuuma** de banane, haricots ou manioc

wāda-wada, diakwa ~ : qui mange n'importe quoi

wākasà, DKF, 1090 : un poisson

wadi : poisson court, noir et osseux, aile de grande chauve-souris (ngembo)

wámba, DKF, 1091 : temps de famine

wàmbula : manger, dîner, etc. (se dit de chefs seulement) wāmbula : soupe bouillie le matin

wèke-wèke, DKF, 1094 : fig. au sens de polir, aiguiser, houer

wéke-wéke : un petit poisson à grande bouche, aux yeux grands et à grosse tête

wémbe, DKF, 1095 : pigeon

wēsi-wesi.na ~, DKF, 1096 : clair, pur (eau)

wùuγa, DKF, 1104 : agiter qqch en l'air, enlever qqch en éventant (de l'herbe etc.), bénir ou unir les fiancés (par **nganga**) en faisant asseoir l'homme et la femme sur une chaise et en les éventant avec des feuilles, etc. tout autour ou les jetant de l'eau, etc.

wuluma, DKF, 1105 : être clair (eau)

waf, EG, 560 : plier, courber

kōfika, DKF, 301 : courber, plier

kōfika : couteau pliant

kòfoko, kòfuka : être incurvé, concave, courbé, fléchi, creux (yeux), plissé, ridé (front) ; creusé, troué

war, EG, 560, fuir ; fugitif

vùda, DKF, 1022 : courir fort, vite, rapidement, vivement (sur le chemin ou dans l'herbe) ; s'enfuir, fuir, marcher, errer, circuler ; courir, s'en aller en courant, ordinairement dans l'herbe (sans chemin) ; ne pas vouloir payer ; refuser, nier

vùdula, DKF, 1023 : laisser s'enfuir, s'envoler, partir, s'échapper

wālaba-walaba, DKF, 1090 : aller vite

wàlumuka, DKF, 1091 : aller, venir en s'élancant (comme un serpent) ; filler, aller vite

wáalala, DKF, 1091 : fig. au sens de passer vite

wart, EG, 560 : jambe

wart, CDME, 58 : division administrative de l'Egypte ; titre militaire

wat (y), CDME, 56 : captif

waw, OC, 278 : soldat

wáalala-wáalala, 1091 : aller vite

wála-wála : faire qqch hâtivement, nerveusement, aller vite

wālubuka : aller lentement en se dandinant

wàlumuna : faire qqch vite et négligemment ; faire passer vite, filer rapidement (comme une souris) ; faire élancer ; pousser hors terre

wàlu-wàlu, na ~ : en hâte, rapidement

kúulu, DKF, 328, jambe, pied de derrière (animaux)

bwàddi, DKF, 88 : une vieille place de village abandonnée, touffe de palmier (où a été un village)

bwàla, DKF, 89 : village, ville ; cour ; pl. cimetière

Bwali : pays de Loango

mwádi, ~ bwala, DKF, 643 : endroit où était un village, un ancien village ; place du village

mw-ai, DKF, 643 : esclave, domestique, prisonnier

wái, kiwai, DKF, 1090 : esclavage

wáayi, DKF, 1094 : esclavage

wáayi : celui qui sera enterré au marché, esclave en général

wītakana, DKF, 1098 : être enchevêtré çà et là, à tort et à travers

wuwumuka, DKF, 1108 : travailler fermement

726

wbA, EG, 560 : ouvrir, dégager

búlu, DKF, 69: fosse, trou, creux, cavité, caverne; terrier; puis

vábu, DKF, 1043: trou, marquee, cicatrice (après une maladie éruptive, un coup) ; chose ébréchée, fêlée, qui porte la marque d'un choc ; assiette, marmite qui a des bords entaillés, qui est brisée

vúuba, DKF, 1022 : large nasse

vūbudi, DKF, 1078 : trou (dans une étoffe), boutonnière

vúlu, DKF, 1079 : trou, ouverture, cavité, creux, baie, ouverture d'une porte (ou porte) ; chas, œil (trou d'une aiguille) ; boutonnière ; couloir ; éraillure, égratignure, marque, rayure, raie

wàa, na ~, DKF, 1089 : qui pousse, croît, s'élance, qui tombe, glisse (p. ex. dans un trou)

wābudi : maille, trou, dans un filet, etc.

wádi, DKF, 1090 : trou (petit), narine maille ; boutonnière

wādidika : ouvrir entièrement une porte

wādilà : très petit trou, petite maille

wàala : croître, pousser, agir rapidement, arracher du toit

wàala : se remplir être plein, déborder

wālalala : être ouvert

wāla-wala : grande ouverture (d'un

wālika : cacher avec soin

wàlumuka : pousser [hors de terre], s'épanouir, croître en masse [les feuilles]

wòbuka, DKF, 1099 : se faire un trou ; être percé

wōlolo, i ~, DKF, 1100 : dans le trou, au fond de la fosse

wōlumuna : lâcher, laisser glisser dans une fosse, dans un trou ou un ravin ou sur un tronc, sur une pense, dans un sac, etc.

wōwo, DKF, 1103 : grand anneau de pied [creux]

wūbuka: être percé

wùla, DKF, 1104 : briser, casser, écraser, manger, mâcher

wúlu: trou, fosse, creux ; caverne, antre ; jour, ouverture, trou qui laisse tomber des gouttes

wūlukusì, wūlukusù, DKF, 1105 : trou, cavité dans des arbres, creux où il reste de l'eau ; esp. de sauterelle qui vit dans des trous [**Stenocrobylus ornatus. Catantops esp.**]

wúri, wúru, DKF, 1107 : trou

𓃀𓃀𓃀𓃀𓃀 wbAyt, CDME, 58 : jeune servante

wamba, DKF, 1091 : esclave, serf, attaché à la glèbe

Wamba: nom propre = qui est attaché, esclave

𓃀𓃀𓃀 wbd, EG, 560 : brûler

búmba, DKF, 71 : moisir, rouiller

būmbuka, DKF, 72 : plein de saleté, moisi, rouille, terre, cendre

bumbumuna : griller, brûler ; cuire parfaitement

vúba, DKF, 1022 : noircir au feu, griller, faire faner, flétrir, faire mollir sur le feu [des feuilles vertes, qu'on met dans une marmite sur le feu] avant de les piler, de les broyer

vùmba, DKF, 1026 : brûler, roussir, ne pas bien cuire, rôtir en plaçant p. ex. du poisson à terre et un tison allumé par-dessus, cuire enveloppé dans une feuille [p. ex. une banane au lieu de la mettre dans une marmite] ; brûler, rôtir dans une feuille [des insectes qui se mangent ou des poissons qui sont mous, à demi-pourris avec des épices] vùmba, DKF, 1027 : mets que l'on fait rôtir entouré d'une feuille

vúmpa, vūmpula : brûler, cuire, roussir

vúmvu, DKF, 1028 : petit brin, flammèche d'herbe de l'incendie de prairie

wàlumuka, DKF, 1091 : être consumé par le feu

wēnzubula, DKF, 1096 : se brûler

wèeta : tirer des bouffées de fumée d'une pipe

wìdama, DKF, 1097 : brûler [le feu]

wòmbika, DKF, 1100 : fumer de la terre

wúda, DKF, 1103 : tirer [de la poudre avec bruit, p. ex. en cas de décès]

wumba, DKF, 1105 : cuire sous la cendre

wbn, EG, 560 : briller, se lever [soleil] ; dét. [tas de blé, de maïs] : déborder, trop-plein.;

wbnw : plaie

búmba, DKF, 71 : mouler, faire des objets de poterie, mouler des briques, créer, faire, bâtir, bâtir un nid [de terre] ; amonceler, amasser avec la pelle [plates – bandes, couches] ; élever une terrasse, mettre de la terre [au pied des arbres, etc.]

búmbu, DKF, 72 : outil de potier, tour de potier, outil sans pointe

búmbu : motte de terre, tas masse, groupe d'arbres, une foule d'hommes

vùmbuka, DKF, 1027 : se lever, s'éveiller, se dresser, surgir, émerger, être dressé, levé [de la position couchée] ; se détendre, s'asseoir, se mettre sur son séant, être relevé, érigé, debout, s'en aller

vùmbula : dresser, ériger, mettre debout, droit, redresser [ce qui est courbé couché gisant], mettre sur son séant, asseoir, soulever [une partie du corps]

wā, wāa, na ~, DKF, 1089 : fig. au sens d'être clair, brillant

wākaka, wākaka-kàa, na ~, DKF, 1090 : clair

wākalala : être clair

wākanga, na ~ : éclairage ; billant, clair, qui dissipe les ténèbres

wāla-wala, na~, DKF, 1091 : clair, brillant, éclantant ; mince, transparent, diaphane [étoffe, etc.]

wēnzula : éclairer, faire jour ; **~ wiisi**, dissiper les ténèbres

wōsoso, DKF, 1102 : clarté, qui est lumineux, bien éclaire

wúba, DKF, 1103 : amasser [des provisions, des propriétés] ; avoir du bonheur, de la chance

wúbidi : gourmand

wūbuka : sortir, se montrer, paraître

wūbuka : se lever comme la perche d'un grand piège, brûler, s'enflammer, jeter des flammes comme la poudre quand elle est allumée

wúmba, DKF, 1105 : former, façonner, créer [la glaise], faire de la poterie, **~ n'kala**, préparer des plates bandes [dans un jardin] des monticules, des tas ;**~ ntoto**, entasser, la terre faire des remparts, des diques

wúmbi, DKF, 1105 : potier

wúmbi : tertre

wūmbika : entasser, accumuler, rassembler

wúmbu : abcès, tumeur

wúmbwa : récipient en terre glaise, en argile, poterie

wuya, na ~, DKF, 1108 : clair, lumineux, transparent

wūyama : être blessé

wūyika : blesser

wbn, CDME, 59 : s'éloigner brusquement

vùba, DKF, 1022 : fuir

wD, PAPP, 150 et 153 : contrôler

landulula, DKF, 108 : contrôler

wD, CDME, 73 : commander

vàdi, kiv., DKF, 1043 : insistance, prière instante, sollicitation [pour obtenir qqch]; grand désir, envie de qqch

túma, DKF, 993 : envoyer, expédier ; faire parvenir, communiquer ; offrir, ordonner, avertir ; prescrire, donner un ordre ; avertir au sujet de qqch ; retentir ; dominer ; commander ; faire naître, causer

vāndula, DKF, 1049 : obliger, forcer à, contraindre à

wD, CDME, 74 : pot, cruche

m'vùngu, DKF, 639 : cruche à eau, bouteille à eau [en terre] ; gargoulette ; carafe réfrigérante [en terre poreuse]

vanda, DKF, 1018 : tonneau, cruche

vwadi, CDME, 1035 : grande dame-jeanne

wD, CDME, 74 : inscription

funda, dif., DKF, 163 : dessin

túmba, DKF, 994 : ressemblance, image, photographie, statue, buste, figure de porcelaine [pour des tombes] ; qqch qui périt bientôt

vúndu, DKF, 1029 : tache, les raies, les lignes du pelage de l'antilope **nkabi**

wDA, CDME, 75 : aller, partir

tūula, DKF, 999 : arriver, aborder, atteindre, parvenir à ; aborder, entrer au port [un bateau]

vìla, DKF, 1019 : se perdre, périr, disparaître, s'égarer ; être [avoir] disparu, perdu, invisible ; se tromper, oublier ; mourir, s'en aller, partir

vùda, DKF, 1022 : courir fort, vite, rapidement, vivement [sur le chemein ou dans l'herbe] ; s'enfuir, fuir, marcher, errer, circuler ; courir, s'en aller en courant, ordinairement dans l'herbe [sans chemin] ; ne pas vouloir payer ; refuser, nier

vúla, DKF, 1025 : s'avancer, se frayer un passage ; se faire jour, sortir en hâte [d'un trou] ; être perméable, non étanche ; couler, fuir, perdre ; être connu, répandu, raconté, divulgué

vùluka : s'écouler

vùmuka, DKF, 1028 : changer de place ; changer qqch de place, déplacer qqch ; voler, s'évoluer, s'envoler, partir [oiseau]

vūmvula : s'enfuir, s'envoler, se sauver vite, rapidement ; mettre de côté ; se débarrasser de ; abandonner [habitude, coutumes, usage] ; marcher, cheminer, excurssionner, rôder, errer autour de ; s'égarer, se fourvoyer, se tromper de route, se perdre, faire fausse route ; se précipiter dans… et être pris [filet, etc.]

yènda, DKF, 1127 : aller

𓅱𓊝𓂝 wDA, OEP, 391 : être sauf, prospère

𓅱𓊝𓂝 wDA, CDME, 74 : [adj.], en bonne santé, non blessé, prospère

𓅱𓊝𓂝𓏲 wDAw, CDME, 75 : bien-être, prospérité

bwándi, DKF, 89 : état d'amélioration, assez bien portant [après une maladie] ; bien-être, impression de se bien porter) ; joie de vivre

bwāyi, DKF, 90 : chose mauvaise, chose qu'on ne peut pas manger ni toucher

bwē, DKF, 91 : bonté ; bon, beau

bwékka : bonté, bien fait

bwékke : bonté, paix ; bonjour

bwétte, DKF, 92 : bonté, etc.

déwa, DKF, 112 : force, bonté, santé

lwénga, DKF, 468 : être sage, sagace, raisonnable, intelligent, instruit, malin ; prendre garde, se tenir sus ses gardes, comprendre ; être perspicace, calculateur ; rendre tranchant, aiguiser

mbóte ou **m'bote**, DKF, 537 : bonté, bienfaisance, qqch de bien, de juste, d'excellent ; bon, bien, admirable, supérieur, beau, agréable, propre, fin, joli, exact, mignon, noble, équitable ; utile, convenable, applicable à ; bienveillant, de bon goût, enchanteur ; frais, fraîche (eau) ; gentil, honorable, pudique, sûr ; piquant

mbóte : c. interj., termes de bienvenue, salutation

mbóte : c. adv. beaucoup, combien

mbóte : avec la négation **ka ~ ko** (avec inf. ou subst.) : combien… pas, quelle quantité de

m'móte, DKF, 572 : pers. jolie, au visage beau et agréable, qui est beau, joli, agréable, gentil

mvwáma, DKF, 641 : richesse, fortune ; homme riche

m'vwé, DKF, 642 : propriétaire, possesseur (de qqch)

ndwénga, DKF, 677 : intelligence vive ; sagesse, finesse, ruse, pouvoir, qualité, disposition, talent, adresse, habileté, tact

ntúnndu, DKF, 802 : noix de palme vertes au bout

tùluka, DKF, 992 : être gras, volumineux, grand, avoir de l'embonpoint ; personne dodue

túnnda, DKF, 997 : noix de palmier rouges et vertes

tūndubà : une sorte de noix de palmier, verte au sommet, ce qui fait penser qu'elles portent préjudice à celui qui les mange

Tūndubà : nom de cours d'eau, de montagnes qui ressemblent à des noix de palme vertes aux sommets

tūndubudi : une sorte de petites perles rouges

vùda, DKF, 1022, prendre de l'embonpoint, prospérer

vùdila, DKF, 1023 : être abondant, **na ~** : abondant, à profusion, épais (cheveux, herbe)

vùla, DKF, 1025 : être débarrassé, libéré de qqch (travail, procès, maladie) ; être bien portant, en bonne santé, aller bien, se remettre, être soigné, se guérir

vùluka, DKF, 1025 : être, devenir gros, gras, obèse, épais, grand ; s'engraisser ; être élastique, reprendre sa forme (comme une balle après qu'on l'a pressée) ; être épais, bouffants (p. ex. des cheveux retroussés)

vūmuka, DKF, 1028 : être gras

vwā, DKF, 1035 : posséder, avoir, être en possession de

vwā : propriété, immeuble, domaine, possession, bien-fonds (pas ce qu'on achète) ; richesse ; honoraires en général, honoraires de médecin, payement pour un traitement médical

vwā : propriétaire

vwàma, DKF, 1037 : avoir, posséder beaucoup de biens, de grandes richesses, vivre dans l'abondance, le luxe ; être riche

vwìla, DKF, 1042 : richesse, abondance

vwīla : être abondant ; avoir assez de qqch

vwīsa, **vwīsisa**, DKF, 1042 : posséder ; être riche, avoir en abondance

wéte, DKF, 1096 : qualité de ce qui est fin, délicat, distingué ; gourmandise, friandise, bonté, beauté, commodité, confort, aise, joie, enchantement, bonheur ; convenances ; qqch qui réjuit et satisfait ; fin, exquis, délicat, joli, beau, agréable, charmant, aimable, captivant, ravissant, convenable, comme il faut

wéte, wawéte : interj., bien fait, bien

wète-wete : bonté

wDa, PAPP, 43 et 44 : séparer

wDa, CDME, 75 : 1. couper (des cordes), 2. juger, 3. ouvrir (une porte), discerner, enlever

w-óte, DKF, 1103 : bonté, amabilité, le bien

wóte : félicitation, bienfait

yèla, DKF, 1124 : être mûr, mûrir, être entièrement développé, grand et fort, devenir adulte, avoir le poids voulu, être lourd, être satisfait, être parfait, exactement comme il faut (même au point de vue moral), commencer à engraisser, prendre de l'embonpoint, être ferme, sûr, tout à fait applicable (au point de vue légal, etc.), passer pour, suffire, faire loi, être intelligent, adroit, entendu, avisé

bàla, DKF, 11 : penser, méditer, calculer

bàala : enfoncer, fendre, scier, couper ; fig. raconter, dire, révéler ; mettre en circulation (une histoire) ; commencer à bâtir un endroit

bàluka, DKF, 12 : écailler, se désagréger, se détacher, laisser tomber (couleur, mortier qui tombe du plafond, mur)

bàlula : méditer, réfléchir à, calculer, combiner, imaginer, peser, prendre en considération

bàlula : soulever, hisser, élever, porter en haut, surélever ; élever, augmenter les prix

bàlula : couper en pièces, scier des planches ; couper (bois de chauffage), tailler

būula, DKF, 67 : ouvrir, dépécer (un animal) ; couper en long ; ouvrir un abcès ; faire couler ; livrer passage à (de l'eau) ; détourner (un courant) ; creuser des fossés d'écoulement ; commencer à houer un champ

fúnda : rapporter ; accuser ; poursuivre, traduire en justice

tūula, DKF, 992 : couper, tondre les cheveux ; raser (tous les cheveux)

vàkama, DKF, 1045 : s'accrocher (à un clou, etc.), s'attacher, être pris, accrocher, tenir ferme, adhérer, fortement

vūula, DKF, 1025 : ôter, enlever, dévêtir, déshabiller ; dépouiller ; retirer, arracher (vêtements, habit, plumes) ; se déhabiller, se dévêtir

vúndu, DKF, 1081 : trou, orifice, ouverture, embouchure, entrée, aussi obscène

vwádi, DKF, 1084, trou, maille dans un filet

wádi, DKF, 1090 : trou (petit), narine, maille ; boutonnière

wāla-wala, DKF, 1091 : grande ouverture (d'un pot à anse, d'une échaupe, etc.)

wele-wele, na ~, DKF, 1095 : gros, ouvert (trou)

wēngelè : trou

wéngo : trou rond, etc.

wēngula : trouer, manger une partie de…, tondre (les cheveux) ; couper de travers

wēngula : couper, enlever de

wēngumuna, DKF, 1096 : faire un trou rond

wúdi, DKF, 1103 : trou

wúmpu, DKF, 1105, trou dans un arbre

wúnndu, DKF, 1106 : trou, ouverture, cicatrice de variole, trou dans une étoffe ; trou de rat

wúndu, kiw. : espace intermédiaire, entre-deux (p. ex. entre les doigts)

𓃂 **wDb**, var. 𓅱𓂧𓃂 **wdb**, EG, 563 : tourner

bàluka, DKF, 12 : se tourner, changer (de couleur, etc.) ; être traduit, rétrograder

𓃂 **wDb**, CDME, 76 : replier, tourner

bàlula : fouiller et ameublir la terre, changer, retourner, tourner, altérer ; transformer, fausser, traduire, raisonner, examiner point par point, faire la somme totale, résumer le contenu principal de qqch

wDb, CDME, 76 : rive d'une rivière ; « riparian lands »

wDh, EG, 563 : enfant

wDnw, EG, 563 : torrent, inondation

vīlakana, DKF, 1063 : être tordu, tortu, tourné, avoir tourné (la clé dans la serrure)

vūtakana, DKF, 1032 : repartir

vūtu, DKF, 1033 : de retour, de nouveau, encore une fois

vūtudila : recourber ; replier, détourner

vùta, vùuta, DKF, 1083 : rappeler à la vie, ranimer, exciter, stimuler, recommencer (une vieille querelle) ; revenir sur (une ancienne décision, projet)

m'vìnda, DKF, 635 : tresse, bord, rive d'une forêt ; couture, lisière, bord d'étoffe ; bord ou tresse d'une corbeille ; raies comme ornement autour des cruches, des poteries ; modèle de coiffure

wűndula, DKF, 1102 : nourrir, élever

yùndula, DKF, 1147 : nourrir, entretenir ; alimenter ; donner, procurer des aliments à qqn ; élever, faire l'éducation de, pourvoir à

wānduka, wāndula, mvula ya ~, DKF, 1092 : ondée

wòndama, DKF, 1101 : être trempé, amolli

wòndika : humecter, laver mal, mettre, tremper pour amollir

wòndumuna : tremper, amollir dans l'eau, mal blanchir

wūndula, DKF, 1030 : rendre mou, tendre ; ramollir (en mettant dans l'eau) ; faire enfler, gonfler, emplir (un sac) ; patauger dans la rosée

wūndundu, na ~ : mouillé, froid et humide ; sans goût

𓏲𓂧𓅭 **wDt**, PAPP, 66 et 69 : ordonner, commander

landulula, DKF, 108 : contrôler

túma, DKF, 993 : envoyer, expédier ; faire parvenir, communiquer ; offrir, ordonner, avertir ; prescrire, donner un ordre ; avertir au sujet de qqch ; retenir, dominer, commander, faire naître, causer

vàdi, kiv., DKF, 1043 : insistance, prière instante, sollicitation (pour obtenir qqch); grand désir, envie de qqch

văndula, DKF, 1049 : obliger, forcer à, contraindre à

𓏲𓂧𓆑𓅭𓂻 **wdf**, plus tard occasionnellement, 𓏲𓂧𓆑𓂻 **wDf**, EG, 563 : rester en arrière, traîner, retarder

vùnda, DKF, 1029 : se reposer, prendre un moment de repos ; chômer, se délasser ; s'arrêter pour se reposer ; aller lentement, se calmer ; (se) ralentir

vùnda : s'arrêter, cesser de croître, d'être développé

wódima, DKF, 1092 : marcher en trottinant

wătuka, DKF, 1093 : marcher comme une personne malade, très faible

wúnda, DKF, 1106 : sommeiller, dormir, se reposer toute la nuit ou plusieurs nuits, séjourner, demeurer

wúndana : marcher comme un cochon

𓏲𓂧𓎛𓏥 **wdH**, CDME, 73 : vider, verser

wōtuka, DKF, 1103 : tomber, tomber à petites gouttes

𓏲𓂧𓂻 **wdi**, EG, 563 : mettre, pousser, tirer, infliger, émettre (un son)

𓏲𓂧𓏴 **wdi**, PAPP, 339 : placer

bànda, DKF, 15 : frapper, taper, marteler ; claquer ; faire du bruit ; gronder, fouetter, donner la verge ; rompre, briser

bànda : éclats de tonnerre, petit coup de fusil

bànda : tambour ; mesure, rythme

tūula, DKF, 992 : poser, déposer, placer ; mettre sur, dans, sous, exposer, mettre en avant, en évidence (sur une table) ; représenter

vàtama, DKF, 1052 : être assis, couché être accroché, suspendu au milieu de (p. ex. d'une fourche, d'une branche fourchue, entre les doigts) ; être fixé, pris dans, être serré, coincé, pincé (comme une pierre dans une fronde, comme une pierre à fusil dans le fusil, dans la batterie) ; pousser, faire avancer entre (comme un épi de maïs)

vàtika : placer, mettre, poser solidement entre ; cheviller, enfoncer, suspendre, accrocher, agrafer, piquer (les abeilles) ; mettre (les couvercles) ; poser, appliquer sur, imposer (une chose, un travail)

vàtimisa : attacher, boutonner ; fixer solidement

wā ou **ūa**, parfait : **wīlu, wiidi**, DKF, 1089 : entendre, écouter, prendre garde, comprendre, observer, considérer, saisir, sentir (une odeur) ; percevoir (un son) ; obéir

wadika, DKF, 1090 : ranger

wála : crier

wànda, DKF, 1091 : frapper, frapper sur, heurter, tapoter, fouetter ; jeter de l'eau en l'air vivement avec une chope ou avec la main ; boire ; s'accoupler

wìdi, DKF, 1097 : trompette de guerre ou d'alarme

wídi, na ~ : silencieux, dépeuplé

wīdikila : écouter, prêter l'oreille mais ne pas vouloir répondre ou obéir

wīdila, na ~ : bruit faible de qqch ; erreur d'ouïe

wīdi-widi : inattention, distraction ; entendre sans tenir compte de, ou ne pas comprendre ce qui a été dit ; personne qui ne veut pas obéir wĩla : écouter, obéir

wĩla : celui qui entend mais ne veut pas répondre, obéir ou comprendre ; pluriel : les mânes ; de méchantes personnes, des gens bêtes

wdn, EG, 563 : être lourd

víndu, DKF, 1065 : qqch de lourd, gros, massif qui tombe avec fracas, force, chute, fracas (de qqch de grand)

vóndo, 1074 : qqch de lourd, poids, qqch qui tire en bas ; fondation d'un mur

wàadisa, DKF, 1090 : remplir

wàala : se remplir, être plein, déborder

wdn, EG, 563 : offrir, faire des offrandes, offrande

bónda, DKF, 53 : consoler, faire taire ; dodeliner, caresser (un enfant) ; exhorter, tranquilliser, prévenir une mêlée, etc.)

bónda : amie

bōndila : réconcilier

bōndidila : adorer

vandika : remettre

wónda, DKF, 1100 : consoler, tranquilliser, apaiser, calmer

wdpw, CDME, 1. maître d'hôtel, 2. cuisiner

wāda-wada, dia kwa ~, DKF, 1089 : qui mange n'importe quoi

wfA, OEP, 378 : poumon

fúla, DKF, 159 : souffler, rendre par la bouche et par les narines

fúlu, DKF, 160 : souffler

fúlu : poumon, organe respiratoire, vessie natatoire

𓃂𓂝𓄿𓀁 **wfA**, EG, 560 : parler, parler de, discuter

tòya, DKF, 987 : être bavard ; causer, jacasser ; cancaner

túba : dire, parler, mentionner, raconter

vóva, DKF, 1077 : parler, exprimer, expliquer ; dire, résonner ; montrer, manifester ; produire, émettre, rendre un son ; exposer son avis, sa pensée ; (se dit aussi des animaux) ; siffler, chanter, gargouiller (oiseaux) ; crier, glapir, hurler (animaux) ; partir (fusil)

𓃂𓎼𓃀 **wgb**, CDME, 71 : lever (du soleil)

wāngalala, DKF, 1092 : ce qui est ou ce qui tient du crépuscule (du matin ou du soir)

𓃂𓎼𓎼 **wgg**, CDME, 71 : faiblesse, misère

wángi. kiw., DKF, 1092 : grande détresse

𓃂𓎼𓀁 **wgi**, CDME, 71 : mâcher

𓃂𓎼𓏭𓏏 **wgyt**, OEP, 378 : mâchoire

mbánga, DKF, 521 : mâchoire, os maxillaire ; joue, opescule

n'yáka, DKF, 836 : gourmandise ; personne gloutonne ; gros mangeur

wúka, DKF, 1104 : sucer, tirer le suc de

𓃂𓎼𓅓𓏌 **wgm**, CDME, 71 : broyer (le grain), grain broyé

wāangilà, DKF, 1092 : sésame (**sesamum indicum**)

𓃂𓎼𓋴 **wgs**, CDME, 71 : ouvrir en coupant « cut open »

we, na ~, DKF, 1094 : fig. au sens de couper, blesser d'un couteau

wèka : couper, enlever de, trancher

𓃂𓉔𓄿𓀜 **wHA**, EG : 562, « pull up (papyrus, flax), hew (stones) »

bùkuta, DKF, 66 : manger, mâcher en faisant craquer (qqch de dur)

dét. 𓆰 ,CDME, 66 : cueillir (des fleurs, des plantes) ; couper (les récoltes)

búkutu, na ~: onomatopée pour craquer, manger qqch de dur

𓅨𓄿𓏏𓎼 wHAt, CDME, 66: chaudron

𓅱𓄿𓏏𓈅 wHAt, PAPP, 232: oasis, région d'oasis

𓎼𓂝𓊨𓀜 wHa, EG, 562 : « break off work (interruption d'un travail ?) » ; dét. démêler, expliquer ; dét. 𓀗 pêcheur

būkuna : couper, casser en deux, en morceaux, briser

būkunu : morceau, pièce

būkuzuna : couper en petits morceaux

mu-kulu-ngunzu, DKF, 600 : se briser, se casser en deux ; être mâché

mūkuna, DKF, 601 : briser, casser en deux (souvent sans qu'on l'entende), manger la bouche remplie, mâcher lentement

wáka, DKF, 1090 : frapper, jeter

wànga, DKF, 1092 : frapper

wèka, DKF, 1094 : couper, enlever de, trancher

wíka, DKF, 1097 : frapper (en général d'une badine) ; sifflet, mugir (vent)

nzùngu, DKF, 833 : marmite, casserole, ordinairement une marmite européenne ; chaudière

wúku, DKF, 1104 : grenouille

wūkuba : boire beaucoup d'eau

vùka, DKF, 1023 : cesser, s'arrêter (de parler) ; ôter, couper la parole à qqn, interrompre (le discours de qqn) ; empêcher, mettre obstacle à, faire échouer (un plan, etc.) ; annuler, abroger, mettre fin à, rompre, résilier, casser, infirmer, supprimer

vuka : interrompre

wākasà : un poisson

wūkula, DKF, 1104 : faire l'hypocrite, mentir, ne pas dire la vérité à qqn

𓎃𓀁𓏛 **wHa-ib**, CDME, 66 : capable d'action ; talentueux

wúku, DKF, 1104 : chance, fortune

𓅯 **wHm**, PAPP, 66 et 69 : répéter

vúka, DKF, 1023 : v. aux. refaire qqch, faire à, de nouveau, encore une fois, recommencer, encore plus, continuer à.

waka mpe, DKF, 1090 : en outre, de plus

𓅯𓎛𓋴 **wHs**, CDME, 67 : couper (les cheveux) ; tuer des ennemis, réprimer (une révolte)

vùka, DKF, 1023 : cesser, s'arrêter (de parler) ; ôter, couper la parole à qqn, interrompre (le discours de qqn) ; empêcher, mettre obstacle à, faire échouer (un plan, etc.) ; annuler, abroger, mettre fin à ; rompre, résilier, casser, infirmer, supprimer ; brouter ; ~ **nsuki** : couper les cheveux

vuka : interrompre

𓅯𓎛𓅯𓎛𓏴 **wHwH**, CDME, 66 : disparaître (d'une inscription)

vùka, DKF, 1023 : dépouiller, priver, voler

vùka, DKF, 1078 : emporter, prendre, saisir, enlever de

wākama, DKF, 1090 : être caché

wakika : cacher

wúka, DKF, 1104 : arracher qqch à qqn ; dépouiller, enlever, ôter, priver, accaparer, délivrer, sauver, sauver du pouvoir de qqn

𓅯𓏥𓊖 **wHyt**, PSM, 27 : famille, clan

𓅯𓏥𓊖 **wHyt** : établissement, communauté villageoise

bòko, DKF, 49 : place public du village où se discutent les intérêts publics et où l'on tient les palabres ; où les étrangers se reposent et où se tiennent quotidiennement de petits marchés ; lieu de repos ; village

bōoka, DKF, 49 : être très nombreux ; augmenter, s'accroître, agrandir ; croître, pousser ; devenir gras, corpulent

Bőko, DKF, 50 : nom de village

whb, CDME, 65 : percer ; trou

whi, EG, 562 : s'échapper, rater, échouer

wht, CDME, 65 : échec, raté, défaillance

vóoka, DKF, 1069 : village

wòoka, DKF, 1099 : être, devenir nombreux, augmenter, multiplier

vōkika, DKF, 1070 : excaver, creuser

wākanga, na ~, DKF, 1090 : creux, sans contenu, vide, sans valeur

viku, DKF, 1019 : mensonge, fausseté, menterie, tromperie, duperie

wùuka, 1104 : s'élancer, se précipiter sur la route ; courir en avant et en arrière

wūka-wuka : bruit fait en volant vite, en s'élançant vite, bruit de ce qui passe, coule, se précipite (se dit d'une foule, etc.)

wūkika : faire le sourd

wūkika : faire l'hypocrisie, ne pas dire la vérité, mentir, faire semblant

wūkika : franchir, sauter par-dessus

wukula : rater, manquer (se dit d'un fusil)

wūkula : faire l'hypocrite, mentir, ne pas dire la vérité à qqn

wūkumuka : courir en hâte, fuir ; danser beaucoup ; se passionner de la danse

wāngala, DKF, 1093 : s'en aller, se sauver, fuir, déguerpir

wúnguka, DKF 1106 : s'en aller, partir, s'éloigner, déménager, émigrer, s'absenter

wūngula : passer vivement, se précipiter, filer, prendre ses jambes à son cou

wūngumuka : disparaître, s'éclipser, s'en aller (en grand nombre)

wūngumuna, DKF, 1107 : manger, boire ou agir en hâte

wunga : entasser et emporter (des pierres, des débris)

wūngama : avoir peur, être effayé, se terrer, prendre la fuite comme un chien battu ou une personne au regard fuyant et gêné

𓅃𓍯𓈖𓏴 **whn**, EG, 562 : renverser

hùngila, DKF, 192 : aller penché et courbé ; se pencher de côté (comme les branches, les arbres par le vent)

vùngama, DKF, 1081 : tomber (d'épuisement)

vùngila : être amolli, affaissé, affaibli, faible (un malade) ; vaciller, chanceler ; être vacillant, chancelant, incertain, mal équilibré ; flotter, onduler au gré du vent

𓅃𓏭 **wi**, EG, 560 : momie, enveloppe d'une momie

mvumbi, DKF, 638 : cadavre, personne morte

Mvumbi: nom d'un enfant à cause de **bandoki**

nzámbi, DKF, 821 : euph., cadavre ; lèpre éléphantiasis

wádi, DKF, 1090 : ci-devant, se met devant le nom d'un décédé, N. le bien heureux, l'endormi, le décédé, le défunt

wédi, DKF, 1094 : ci-devant, feu (un tel)

wìdi, DKF, 1097 ; ci-devant feu un tel, feu, le feu roi

𓅃𓏭𓊝 **wiA**, CDME, 56 : barque sacrée

bwàta, DKF, 90 : canot

bwàtu : pirogue ; canot, grand canot

wòota, DKF, 1103: ramer, pagayer

𓅃𓇋𓈖 **win**, OEP, 388: mettre de côté, rejeter

tùna, DKF, 997 : mépriser, dénigrer ; se moquer de ; insulter, conspuer ; refuser, contredire ; démentir ; s'opposer à, dénier ; renier ; désobéir

𓅨𓏠𓏏 **wmt**, OEP, 391 : épais

𓅨𓏠𓊡𓏏 **wmt**, CDME, 60 : porte

𓃹𓈖𓏏 **wn**, EBD, 91 : ouvrir

wìna, DKF, 1098 : fausser (la bouche) ; mettre à une place fausse, se tromper de place

wòna, DKF, 1101 : grogner, quereller, gronder, gourmander, contredire, nier, ne pas vouloir, ne pas obéir

váma, DKF, 1047 : frapper, battre, asséner un fort coup à

vāama : être fort, vigoureux, solide, robuste

vāama, kiv. : grande (personne)

wáma, DKF, 1091 : être fort, vigoureux

wáma : force, pouvoir

wāama : se dit des bêtes qui n'avancent pas là où l'on se trouve pour les tirer

wámba : être beaucoup, abondant

wōmbula, DKF, 1100 : vomir, tirer beaucoup de qqch

būula, DKF, 67 : ouvrir, dépécer (un animal) ; couper en long ; ouvrir un abcès ; faire couler ; livrer passage à (de l'eau) ; détourner (un courant) ; creuser des fossés d'écoulement ; commencer à houer un champ

búlu, DKF, 69 : fosse, trou, creux, cavité, caverne ; terrier ; puits

būuluka : s'ébouler, s'écrouler ; se fendre, se crevasser (sol) ; avoir diarrhée forte

būlukusa : grande crevasse, fosse ; trou souterrain ; dépression ; sphéricité, terrier de rat (avec des ouvertures partout)

m'vúngu, DKF, 639 : trou ; tuyau, cheminée

vàngula, DKF, 1050 : séparer, isoler, désagréger, détacher de ; désunir, distinguer ; partager, mettre dehors, prendre à part ;

couper, diviser, répartir ; distribuer, donner en partage ; assigner à, conférer, accorder ; élargir, déboucher ; se terminer ; pouvoir, munir, procurer ; mettre, à côté, à l'écart ; cacher, soustraire, dérober, choisir ; élire, mettre à part ; sanctifier, honorer

vànuna, DKF, 1051 : fendre, déchirer, séparer, achever (d'ouvrir, de déchirer), élargir ; dépouiller, retourner (les paupières

vúda, DKF, 1078 : trou

vúdi : trou, creux (p. ex. dans un arbre) ; boutonnière

vúlu, DKF, 1079, trou, ouverture, cavité, creux, baie, ouverture d'une porte (ou porte) ; chas, œil (trou d'aiguille) boutonnière ; couloir ; éraillure, égratignure, marque, rayure, raie

vúndu, DKF, 1081 : trou, orifice, ouverture, embouchure, entrée, aussi obscène

vwádi, DKF, 1084, trou, maille dans un filet

wádi, DKF, 1090 : trou (petit), narine, maille ; boutonnière

wāla-wala, DKF, 1091 : grande ouverture (d'un pot à anse, d'une échaupe, etc.)

wele-wele, na ~, DKF, 1095 : gros, ouvert (trou)

wēngelè : trou

wéngo : trou rond, etc.

wēngula : trouer, manger une partie de…, tondre (les cheveux) ; couper de travers

wēngula : couper, enlever de

wēngumuna, DKF, 1096 : faire un trou rond

wúdi, DKF, 1103 : trou

wúmpu, DKF, 1105, trou dans un arbre

wúnndu, DKF, 1106 : trou, ouverture, cicatrice de variole, trou dans une étoffe ; trou de rat

wúndu, kiw. : espace intermédiaire, entre-deux (p. ex. entre les doigts)

wn, CDME, 61 : être dépouillé

bùuna, DKF, 74 : enlever, dépouiller, écorcer, écorcher (de la peau, etc.) ; ôter ses vêtements, se déshabiller ; peler ; ouvrir, enlever qqch qui recouvre

mpéne, DKF, 579 : nudité ; partie sexuelle de l'homme ou de la femme ; qui est nu, déshabillé, dépouillé, raclé, misérable ; sans ressources ; nu (se dit des graines, des fruits qui n'ont plus leur enveloppe)

Mpéne : nom propre = déshabillé, nu

mpēnene : envie des biens d'autrui

mpénza, DKF, 580 : nudité, qui est découvert, dégagé

vūula, DKF, 1025 : ôter, enlever, dévêtir, déshabiller, dépouiller ; retirer, arracher (vêtements, habits, plumes) ; se déshabiller, se dévêtir

vūuna, DKF, 1029 : écorcer, enlever (l'écorce, la peau, etc.)

wùunu, na~, DKF, 1107 : qui est nu, dégarni ; sans ornements

wnb, CDME, 61 : fleur

mvűma, DKF, 638 : fleurs, en fleurs ; bouton de fleur ; fleurs et grains de tabac et du houblon

vùma, DKF, 1026 : fleurir ; être en fleur ; devenir vert, frais, prospérer de nouveau ; devenir humide, ramoli

wnDw, EG, 561 : bœuf à cornes courtes

búlu, DKF, 69 : animal sauvage, grand quadripède (les fourmis, etc. ne se désignent pas sous le nom d'animaux)

𓈖𓃀𓅆𓀀𓏥 **wnDwt**, EG, 561 : « subjects, people »

𓈖𓅆𓀀𓏥 **wnDwt**, OEP, 413 : associés

vùnga ou **vunga**, DKF, 1081 : mener paître, paître, garder, conduire ; chasser, écarter, poursuivre (en gardant le bétail)

búla, DKF, 67 : village

bùlu, DKF, 69 : village, descendance

Búulu : nom de village ; **Na ~** : nom de clan, de famille

húnda, DKF, 192 : un vieux, le plus âgé de la famille

n'kánngu, DKF, 710 : armée, suivant, partisan, masse, foule, quantité ; qui est nombreux

vùnda, DKF, 1029 : lier ensemble, joindre, replier, mettre ensemble ; trousser

𓈖𓃀𓏏𓊌 **wndwt**, CDME, 63 : creux, dépression

būula, DKF, 67 : ouvrir, dépécer (un animal) ; couper en long ; ouvrir un abcès ; faire couler ; livrer passage à (de l'eau) ; détourner (un courant) ; creuser des fossés d'écoulement ; commencer à houer un champ

búlu, DKF, 69 : fosse, trou, creux, cavité, caverne ; terrier ; puits

būuluka : s'ébouler, s'écrouler ; se fendre, se crevasser (sol) ; avoir diarrhée forte

būlukusa : grande crevasse, fosse ; trou souterrain ; dépression ; sphéricité, terrier de rat (avec des ouvertures partout)

fùnda, DKF, 163 : fouiller, fouger (comme le porc)

vàla, DKF, 1045 : creuser, fouiller, piocher, gratter (la terre avec ses pattes comme les poules) ; fouiller la terre (pour chercher des arachides

vála : creuser, évider, excaver, entailler, fendre, tailler, découper, sculpter (sur bois) graver (sur bois) ; xylograver, nettoyer, polir, tailler avec un couteau (p. ex. une plume), raboter, tailler

vúda, DKF, 1078 : trou

vúdi : trou, creux (p. ex. dans un arbre) ; boutonnière

vúlu, DKF, 1079, trou, ouverture, cavité, creux, baie, ouverture d'une porte (ou porte) ; chas, œil (trou d'aiguille) boutonnière ; couloir ; éraillure, égratignure, marque, rayure, raie

vúndu, DKF, 1081 : trou, orifice, ouverture, embouchure, entrée, aussi obscène

vwádi, DKF, 1084, trou, maille dans un filet

wádi, DKF, 1090 : trou (petit), narine, maille ; boutonnière

wāla-wala, DKF, 1091 : grande ouverture (d'un pot à anse, d'une échaupe, etc.)

wúdi, DKF, 1103 : trou

wúdu, DKF, 1104 : trou

wúlu : trou, fosse, creux ; caverne, antre ; jour, ouverture, trou qui laisse tomber des gouttes

wúmpu, DKF, 1105, trou dans un arbre

wúnndu, DKF, 1106 : trou, ouverture, cicatrice de variole, trou dans une étoffe ; trou de rat

wúndu, kiw. : espace intermédiaire, entre-deux (p. ex. entre les doigts)

wnf, EG, 561 : être content, gai

fwàma, DKF, 171 : être mécontent

fwèma, DKF, 174 : se fâcher, se mettre en colère

fwèma : scandale (reçu) ; déplaisir, chagrin, contrariété, colère

𓃹𓈖 wni, EG, 561 : passer, dédaigner, wn, dét. faute, défaut

fùna, DKF, 163 : dire un mensonge

kwènda, DKF, 356 : aller, marcher, s'approcher de ; se diriger, avancer, aller en avançant ; aller de l'avant, se porter en avant, s'en aller ; voyager, aller à, partir pour ; se mettre en route ; revenir, aller en arrière, refluer (reflux) ; baisser (eau d'un fleuve)

lu-vùnu, DKF, 460 : mensonge, tromperie, déception, fraude, imposture ; supercherie, hypocrisie, fausseté, défaut : défaut, imperfection ; trompeur, menteur, faux, hypocrite

mvìlakana, DKF, 634 : faute, oubli, mérpis ; faute de plume, d'écriture, d'orthographe ; erreur

m'vílangani : fausseté, injustice, perversité ; qui est faux, pervers ; corrompu (d'une personne)

mvùdi, DKF, 637 : qqn qui s'enfuit ; qui a commis quelque faute, une erreur, un crime ; qui est envieux, méchant ; barbouillage

ngunu, DKF, 695 : mensonge, fourberie

ványa, DKF, 1051: vanterie, ostentation, fanfaronnade

vánza : vantardise

vēnene, DKF, 1058 : fierté, arrogance

vìlakana, DKF, 1063 : être oublié, omis, négligé ; faire une erreur, une faute ; se tromper, oublier, s'oublier

vùda, DKF, 1022 : courir fort, vite, rapidement, vivement (sur le chemin ou dans l'herbe) ; s'enfuir, fuir, marcher, errer, circuler ; courir, s'en aller en courant, ordinairement dans l'herbe (sans chemin) ; ne pas vouloir payer ; refuser, nier

vúna, DKF, 1029 : se vanter ; être vaniteux

vūnana : se vanter, marchander

vūnanana : se tenant courbé, recourbé, arqué, sinueux, crochu ; se hérisser de ; se courber, se plier, se tordre, fléchir ; marcher, s'asseoir penché

vùna, DKF, 1080 : dire un mensonge ; mentir ; induire en erreur ; faire l'hypocrite ; dissimuler

vūndula, DKF, 1030 : déshonorer, manquer de respect à qqn

vùnga : être mauvais (sens moral) ; méchant ; faire ce qui n'est pas bien, pas juste, ce qui est mal, le mal ; pécher, commettre un péché (vol, adultère) ; se sentir méprisé, dédaigné, déshonoré (comme une méchante personne) ; avoir honte ; se sentir, éprouver une grande honte ; grande honte, déshoneur, scandale

vungya, DKF, 1082 : trahir

vuni : avoir envie de, avoir du goût à, mentir ; disposition à la méchanceté, à faire mal (p. ex. à arracher les racines de manioc d'autrui, etc.) ; mensonge, fausseté

vūni-vuni : fierté

vùnu : mensonge, contre-vérité, fausseté, tromperie

vùnumu-vununu, DKF, 1032 : qui s'avance penché, orgueilleux, avec arrongance

vūnya-vunya : fierté

wūlama : courir en sautant, bondir (comme l'antilope **mvundi**)

wúna, DKF, 1106 : mentir, ne pas dire la vérité, tromper, faire semblant de, escroquer, abuser

wungalala : être orgueilleux, gonflé (de vanité)

wungana : courir

wunguka : s'en aller, partir, s'éloigner, déménager, émigrer

𓃀𓄿𓏤𓃽 **wnm**, OEP, 397 : bœuf engraissé

𓏺𓄿𓀁 **wnm**, OEP, 410 : manger, consommer

𓃀𓄿𓏺 **wnmy**, OEP, 378 : main droite

𓏺𓄿𓏭𓏤𓏺 **wnmyt**, OEP, 401 : flamme dévorante

wunu, DKF, 1107 : mensonge

yènda, DKF, 1127 : aller

vānnga, DKF, 1049 : être, devenir grand, gros, haut (un arbre, les gens)

vònga, DKF, 1074 : être, devenir gros, gras, épais, corpulent, obèse ; gagner en volume, en capacité ; augmenter de grosseur, d'embonpoint, s'engraisser, s'arrondir ; gras, gros, épais, grossier ; épaisseur, embonpoint, obésite, corpulence, grosseur

vòngonono, DKF 1075 : épaisseur, embonpoint

vúmba, DKF, 1027 : boisson, potion

vúmpa : manger (injurieux) ; coït

vūmpula : boire avidement

vumu : estomac, ventre, abdomen, bas-ventre ; sein de la mère, grossesse, gestation, utérus ; bourrelet de chair (sous le doigt, sous l'orteil) ; mollet ; toute la nourriture, tout ce qu'on gagne par sa vie ; famille, souche, descendants de la même mère ; auge (pour en boire)

Vúmu ou **Navumu**, DKF, 1028 : Monsieur ventre ; monstre légendaire sans jambes

lu-néne, DKF, 436 : la droite ; Est, Orient ; (à) l'Est ; (à) droite

n'néne, DKF, 680 : côté droit, l'est ; **kuna ~ wa** : à droite, à l'est, **kooko kwa ~** : (à) main droite

néene, ku ~ : très loin

nàma, DKF, 655 : prendre feu, brûler

[hiéroglyphes] **wnn**, EG, 561 : être

[hiéroglyphes] var [hiéroglyphes] **wn** : être (nom)

vunga, DKF, 1030 : brûler

-èna, DKF, 145 : être

-èti, DKF, 146 : verbe auxiliaire, être, en être à, être sur le point de

hòna, DKF, 191 : v. aux. être

-ina, DKF, 195 : être

kuru, DKF, 341 : est

-kìni, DKF, 270 : v. aux. être encore

kí-ini : ombre, image reflétée par une glace, un miroir ; image, rêve de l'imagination ; image trompeuse ; photographie, portrait, tableau ; visage, front, expression du visage ou ressemblance (avec le père ou la mère) ; figure, décoration, image posée sur la tombe ; **babiini**, les ombres, les morts (la vie des), ombres humaines, des esprits ; âme, vie intérieure (invisible) ; **ndikibongele ~ ye veeni kyo kwa bafwa, nkanda amuntu kaka weti lambalala va ntanda** = le sorcier a pris le **kiini** et l'a donné aux morts (aux esprits des morts), la peau seule du défunt reste (est couchée) sur le lit

ki-níini, DKF, 271 : ombre, reflet

-kìnu, -akinu, DKF, 286 : exister, être encore, survivre

kí-inu : ombre, réflexe

kí-ita, DKF, 292 : ombre, chose qui à distance ressemble à un homme

mùntu, DKF, 619 : personne, individu, homme, qqn, l'un ou l'autre, on (pron.) au gén., poss., esclave

Muntu : s'emploie souvent comme nom pronom, incertain, désignant soit un autre, soit soi-même

Muntu : avec négation **ka ~ ko** : personne, nul ; **ka ~ muntu dyaka ko** : plus un vivant ;

sans espoir, qqn compté déjà parmi les perdus ; les morts parmi les réprouvés ; les inhumains, ceux qu'on ne peut plus considérer comme de vrais humains

Muntu : nom d'enfant qui est mort

mù-utu, DKF, 627 : homme, gens

mw-èla, DKF, 647 : esprit, souffle haleine, âme, air, vent (d'un soufflet) vapeur (d'un engin) atmosphère, vessie natatoire

veune d'eau ; fil d'eau, bonheur, fortune

mw-èle, DKF, 648 : esprit

-nā, DKF, 654 : verbe auxiliaire

-nā : suff. qui s'ajoute aux pron. dém. pour exprimer la distance, l'éloignement, **dyādina** : celui-là, tout là-bas

nāaba-naabi ou **nà-bīi-nà-bīi**: démonstratif simple

n'náni, DKF, 658 : pron. interr. ; ~ **ye** ~ : qui ? quel ? à qui ?

náani : une certaine personne

-ta, DKF, 942 : verbe auxiliaire, voir **èti**, p. ex. **bata** ou **beti kwenda** : ils se mettent à partir

-ùru, **-ùdi**, DKF, 1016 : est

vánga, DKF, 1049 : faire, fabriquer, confectionner, construire, former ; arranger, réparer ; s'acquitter de, achever, produire ; causer, occasionner ; commettre, exécuter, accomplir, déterminer, décider ; se conduire, se comporter à l'égard de ; montrer, manifester, témoigner (p. ex. de la bienveillance, de la miséricorde)

vánga, kiv. : faiseur

vánga : action, acte, fait

wà, DKF, 1089 : est, n'a que cette forme d'où tirées plusieurs autres, telles que **wena**, **wina**, **weti**, **widi**, **wadi**, etc.

wèna, DKF, 1095 : est

wèti, DKF, 1096 : s'emploie pour exprimer le présent progressif ; **ngyeti dia** : je mange (je suis en train de manger)

wuna, DKF, 1106 : être

w-ùntu, DKF, 1107 : nature humaine, qualité humaine, humanité (de J-C), charité

wnnt, CDME, 62 : en effet, réellement

búuna, DKF, 74 : ainsi, de même ; précisément la même chose, comme

wnS, CDME, 63 : chacal

mfwénge, DKF, 561 : petit animal carnassier (**Mungos ichneumon parvidens**) ; espèce de poisson

Fwénge, DKF, 175 : nom propre = **mfwenge** (animal)

wnS, CDME, 63 : traîneau

wúnga, DKF, 1106 : entasser et emporter (des pierres, des débris) ; fig., épouser plusieurs femmes

wnt, CDME, 62 : que

vo, DKF, 1068 : que ordinaire de subordination

wnwn, CDME, 61 : balancer; faire un signe de la tête; voyager

fumfa, DKF, 162 : aller de bonne heure ; qui s'en va de bonne heure

fūmfula, tâtonner, tâter ; ne pas savoir où l'on va

vūmvumuna, DKF, 1028 : remuer, bouger, soulever, faire voler (la poussière) ; mettre en mouvement, agiter, faire mouvoir ; faire monter, lever ; sortir de façon à ce que cela aille en l'air ; effrayer, effaroucher, faire lever le gibier, faire courir, émouvoir, soulever, éveiller, provoquer, animer

vumununa : faire des signes des simagrées

vūmvula : s'enfuir, s'envoler, se sauver vite, rapidement ; se débarrasser de ; abandonner (habitudes, coutumes, usage) ; marcher, cheminer, excursionner, rôder, errer autour ; s'égarer, se fourvoyer, tromper de route, se perdre, faire fausse route ; se précipiter dans… et être pris (filet, etc.)

yènda, DKF, 1127 : aller

wnw, PGED, 47 : enfant, adolescent

mw-ána, DKF, 645 : enfant, descendant, progéniture, postérité, fils, fille, parent, garçon fillette, gamin, cousin, chevreau, cabri, jeune chien, sujet, ressortissant, inférieur esclave d'un chef, agneau, veau, petit, jeune (d'un animal) ; fruit (des arbres) ; tambour au son élevé

wnwt, EG, 561 : heure

vúnu, DKF, 1082 : aujourd'hui, en ce moment

wunu, DKF, 1107 : aujourd'hui, maintenant, na ~ : tout de suite, immédiatement

wnx, PAPP, 331 et 332 : luxation

wēngula, DKF, 109 : couper, enlever de

wnx, EG, 561: être habillé

vīika, DKF, 1019 : habiller, revêtir, ceindre de

vúnga,1030 : recouvrir en partie, couvrir, envelopper, voiler

vúnga : feutre, couverture, ce dont on se sert pour se couvrir, pour se préserver du froid, châle, couverture de voyage, plaid, étoffe de laine

vúnga : pièce d'étoffe qui se met sur la poitrine

vūngana : se couvrir

wànnda, DKF, 1091 : pagne (dans la toilette féminine)

⋃□✕ **wpi**, GE, 302 : ouvrir

⋃□✕ **wpi**, EG, 462 : diviser, ouvrir ; CDME, 59 : ouvrir, inauguer, séparer, diviser, juger, discerner (un secret) ; distinguer, prendre (sa place)

⋃✕ **wpS**, CDME, 60 : éparpiller, répandre ; disperser ; se disperser

wéni (**ee**), **wénya**, DKF, 1096 : cordons d'herbe que les femmes portent autour de la poitrine ou du ventre ; ruban tressé, corde, aussi la plante grimpante dont on fait des anneaux, etc. d'ornement

wéno (**ee**) : des rubans autour de la taille (des garçons)

hamana, DKF, 187 : être séparé

hámba : découper et distribuer (poisson, etc.)

mpáiku, DKF, 573 : issue, sortie

mpúta, DKF, 590 : plaie

mpùti : grotte, trou

pwālangasa, DKF : 857 : trou, cavité, fosse dans la terre (ordinairement invisible)

pwāmpwanya : couler (les larmes), baver (la salive)

pwàpula : blesser, couper, trancher

vúuba, DKF, 1022 : large nasse

vàama, DKF, 1046 : séparer, détacher, désunir ; exhaler, dégager, sécréter ; verser, répandre de la sueur, transpirer, se répandre, se répandre (p. ex. le sang)

vámba, DKF, 1047 : ôter de la viande d'un animal tué pour la rôtir et la manger tout de suite

vaula, DKF, 1053 : séparer, diviser, partager ; prendre à part ; isoler ; couper de, retrancher ; mettre de côté, changer, échanger, troquer, changer de ; se frayer un passage

vāu-vau : entrer et sortir (d'une maison)

vúba, DKF, 1022 : couper des branches d'un arbre pour y mettre un piège, un lacet ; s'asseoir, se percher, s'installer sur la terre (se dit de grands oiseaux) ; verser (de l'eau) ; se fermer sans prendre (un piège)

wpt, OEP, 378 : sommet de la tête

wpty, ipwty, OEP, 406 : messager

Wp-wAwt, EG, 560 : le dieu chacal ; DSDE, 178 : « Le nom Upuauet signifie "celui qui ouvre le chemin", et peut-être se réfère à la manière victorieuse en bataille. La massue et l'arc, qui sont ses attributs, en confirment le caractère belliqueux.(…) à Abidos, le dieu précédait le cortège funèbre (…) »

wpw-Hr, OEP, 409 : excepter

wr, CDME, 63 : avaler

vúuba : large nasse

vūbudi, DKF, 1078 : trou (dans une étoffe), boutonnière

wúmpu, DKF, 1105 : trou dans un arbre

wūmpulu : grand trou dans les arbres

mbàta, DKF, 524 : zénith, sommet, point culminant ; cime, partie supérieure

pātala, DKF, 845 : laisse aller, délivrer

pùusa, DKF, 896 : se hâter, se dépêcher, aller vite

pùuta, DKF, 856 : tromper

bwàta, DKF, 90 : ne pas pouvoir donner le jour à un être vivant ; faire une fausse couche, qui est mort par suite de couches trop longues

bwata : épée

mpe, na~, DKF, 577 : ardent (à chercher), inquiet (pour qqch de perdu)

pwàta, DKF, 857 : inciser ; ~ **mwana** : mettre au monde, enfanter un enfant mort-né

pwàtata : blesser grièvement

pwatutu, na ~ : blessé grièvement

vèta, DKF, 1060 : chasser (avec des chiens), aller à la chasse, tirer, tuer, tendre l'arc

pàka, DKF, 841: gratter, fouiller, écarter (avec les pattes comme p. ex. une poule qui cherche sa nourriture)

kólo, DKF, 306 : bouchée

wr (r), CDME, 63: grand, beaucoup, important ; **wr** : grandeur, suffisance (en nourriture) ; excès (de réserve) ; combien ?

wr, EBD, 93: le Grand, le Puissant ; CDME, 64 : « les grands » = « divinités d'un lieu » (« the great ones » = « gods of a place ») » ; chef d'une terre étrangère

vūndi, DKF, 1029 : gourmandise

wudidi, DKF, 1103 : gourmandise

wūdinga, kiw., DKF, 1104 : pomme d'Adam

búla, DKF, 67 : devenir adulte, pubère (femme), avoir ses premières règles ; s'épanouir ; épier ; porter les premiers fruits (p. ex. plantations des bananes) ; commencer à porter des fruits

bula : barque, grand canot ; nageoire de poisson

búla : corpulent ; dignité ; prestige ; importance ; important, considérable

búta, DKF, 83 : chef du plus haut rang, un grand serpent

bwē, DKF, 91 : fig. au sens d'augmenter, ajouter, continuer

bwēla : augmenter, ajouter, donner davantage, faire bonne mesure ; mettre par-dessus, amonceler ; refaire qqch, recommencer, reprendre à nouveau frais ; redoubler ; récidiver ; de nouveau, encore, plus

húnda, DKF, 192 : un vieux, le plus âge de la famille, plus les anciens

kama, DKF, 207 : antilope qui ressemble **zobongo** mais il est plus grand

kàmata, DKF, 208 : épaisseur, grosseur, consistance, densité

kàmba, DKF, 208 : une sorte d'igname comestible (grande et ronde)

kamba : un grand et haut arbre (**clorophora excelsa**)

kòla, DKF, 305 : être fort (se dit aussi du vin) ; être dur, solide, serré ; s'endurcir, coriace ; s'enraciner, adhérer à : être solidement fixé ; être résistant ; être en bonne santé ; fig. être entêté, opiniâtre, difficile à convaincre, à persuader ; persistant, constant, ferme (dans ses pensées)

kóola : la dernière pluie ; ~ **kyamwini** : fort, beaucoup de soleil

kòlama : désobéir, être désobéissant, insoumis ; être rétif ; dédaigner, mépriser ; désobéissance, insubordination

kōlika, DKF, 306 : corriger ; châtier ; punir

kőlo : désobéissance, insoumission, mépris, obstination

kolo : grand'mère

khombe, khombi, DKF, 309 : très grande marmite

kósi, DKF, 317 : boire beaucoup, énormément ; ne pas vouloir ; être désobéissant ; abréger

kúdi, DKF, 323 : très grand arbre servant de colonne, d'étai contre une maison

kúla, ba ~, DKF, 327 : les anciens

kūlazi ou **kulázi**, DKF, 328 : paquet de perles bleues comprenant 10 **sanga** (colliers) de 100 perles chacun, valeur = 10 centimes ; mille

kùlu : une grande espèce de poisson **nsangi**

kúlu : très grand arbre servant de colonne, d'étai contre maison ou pour un barrage dans le fleuve (pour le poisson), ou pour la construction des pièges aux **bangembo**

kúlu : vieillesse, grand âge ; ancienneté (les temps anciens), (l') antiquité, (le) vieux temps, loin dans le passé ; mode surannée (paroles, coutumes, etc.) ; vieux

kūlukutu, DKF, 330 : grandeur, grosseur

kūmunù, DKF, 335 : grand arbre à bois rouge (**Coula edulis**)

lundu, DKF, 436 : une centaine de mille

lùnga, DKF, 436 : suffire, qui suffisant ; arriver ou venir à sa demeure, à son chiffre, à son but ; pleine lune ; être au complet ; être juste, légal, honnête ; être en nombre suffisant ; être exact, précis ; être tout trouvé, tout venu

Mé, DKF, 548 : mot de révérence p. ex. **Me Nzambi**

mbúta, DKF, 543 : qqn de plus âgé ; un aîné ; senior, parent âgé ; un notable, un meilleur ; la fleur ; chef, préfet, commandant, magistrat, directeur, intendant ; mère, maternel ; adulte, vieux, plus âgé, plus distingué

mpú, DKF, 587 : puissance, dignité, commandement en chef, droit de chef

mpùnga, DKF, 589 : notoire

mpunga : fonctionnaire envoyé par un chef pour exiger la remise d'un criminel : scherif

mpunga : taille

mpúngu : le plus haut, le plus grand, le plus distingué ; suprême ; il accompagne **Nzambi** ou d'autres mots pour exprimer les qualités les plus hautes

mu-holomba, DKF, 596 : grandeur

mu-hombolo : une eau grande

mwé, DKF, 647 : abréviation de **mwéne**, monsieur, maître ; le grand

mwéne, DKF, 648 : titre honorifique ; noblesse ; monsieur, maître, chef, seigneur, sire

né, **ná**, DKF, 679 : particule de respect qu'on ajoute aux noms d'hommes et d'animaux et même des choses pour exprimer le respect. **na-ngo** : monsieur le léopard

né : raffinement, subtilité

néne ou **n'néne**, DKF, 680 : grandeur, proportions, corpulence, grossièreté, grosseur, importance, largeur, étendue, poids, signification, magnificence, dimensions ; grand, étendu, large, énorme, grossier, plein, gras, corpulent, le plus important, le plus grand, puissant, réputé, considéré, honoré

n'néne : le plus grand chef, le plus honoré

ngelo, DKF, 686 : fragile

ngòlo, DKF, 690 : violence, force, énergie, puissance, vigueur, résistance, dureté, fermeté, santé, fort, puissant, vigoureux, ferme, violent, sain

ngūdu-ngudu, DKF, 694 : ventre serré

n'konzi, ~ **abakala**, DKF, 728 : personne grande, aux membres lourds

n'kukulù, DKF, 731 : qqch de grand, difficile, embarrassant, méchant

nkukulu : chef, roi

n'kúlu, DKF, 732 : quantité, abondance ; qui est grand, important

n'kūluntu: pers. âgée, ancien ; chef, supérieur, commandant, président, directeur, capitaine, administrateur, principal ; le plus distingué des vieux, un vieillard, sénateur, gouverneur

n'kùmbi, DKF, 733 : esp. de grand arbre (**Lannea Welwitshii**) ; qui est employé comme poteau dans les maisons ; tronc d'arbre, bloc pour prisonnier ; râpe, arbre employé pour le rapage des fueilles

Nkūngulù, DKF, 735 : nom de montagne, eau ; qqch de grand

vúnda, DKF, 1081 : révérence, respect ; renommé ; qui inspire du respect, très respectueux ; apparence, air, aspect ; grandeur ; grande, vieille personne inspirant du respect, imposante (se dit aussi des animaux, d'une maison)

wàala, DKF, 1090 : croître, pousser, agir rapidement ; arracher, p. ex. de l'herbe du toit

wr, EBD, 104 : viande

wrD, OEP, 391: être fatigué

wrd, PAPP, 81 et 86 : prendre tant de peine

wàala : se remplir, être plein, déborder

w-éene, DKF, 1095 : dignité, office (public)

wu-nene, DKF, 1106 : impôt, contribution, tribut

dwéle, DKF, 137 : un poisson

kóole, DKF, 306 : sabot, corne (des pieds) ; pied (fendu) ; griffe, ongle

kólo : hauteur, taille (d'un animal) ; longueur ; longueur de la patte (d'un animal) ; pattes en général (porc, poule)

kólo : dos, échine ; bout, fessier ; fin ; quartier de gibier

kúulu, DKF, 328 : jambe, pied de derrière (animaux)

kólo, DKF, 306 : devenir fatigué, las ; être tourmenté ; peine

kólo : être, devenir étourdi dans la tête ; être ivre ; être rassasié ; ivrogne, ivre

kúudu, kik., DKF, 324 : vieille houe

kūdu : état émoussé (de fer tranchant) ; émoussé, non affilé, vieux couteau émoussé, que les femmes emploient pour peler du manioc

latika, DKF, 384 : tomber par terre (de tout son long)

wadi, DKF, 1090 : hélas ; ~ **meno**: malheur à moi!

wālangana, DKF, 1091 : être malade, plus mal ; être perdu ; aller se perdre, disparaître, manquer, mal équilibré

wála-wála : être mal fixé, mal emmanché ; être mal posé, mal équilibré

weela, DKF, 1095 : languir

w-óolo, DKF, 1100 : paresse, mollesse, nonchalance, fainéantise, lenteur

wrH, EG, 561 : être oint de

kúsa, DKF, 341 : graisser, enduire, frotter (d'un corps gras) ; plâtrer ; oindre, badigeonner, barbouiller, étendre sur, frictionner, faire entrer en frottant

kūsula, DKF, 342 : frotter, polir, faire luire, rendre lisse

nkúla, DKF, 731 : pommade rouge faite avec le bois rouge d'un arbre mêlé d'huile et qui s'emploie aussi en poudre pour s'embellir ; couleur rouge, huile rouge pour oindre, graisser

vìnza, DKF, 1020 : frotter, enduire de, oindre, masser, se frotter (les mains, les genoux) ; frotter en cercle, en rond sur, avec les mains

wr-ib, CDME, 64 : insolent

wobori, DKF, 1099 : délire

wrryt, CDME, 65 : chariot

kala, DKF, 204 : anneau (de fusil aù la courroie est attachée) ; manche, anse

kàalu, DKF, 206 : cercle de fer (pour les tonneaux) ; anneau, virole (sur le fusil) pour la courroie ; roue, char, charrette, voiture ; bicycle

wrS, CDME, 65 : passer le jour, gaspiller son temps

bòlo, bòolo, DKF, 51 : paresse, mollesse, faiblesse ; délicatesse ; apathie ; embêtement

mò-olo, DKF, 570 : un paresseux ; indifférence, paresse ; flâneur, fainéant ; pareusseux, qui est vaniteux, mou, lourd

vwádda, DKF, 1035 : faire qqch négligemment, sans soin, de façon embrouillée, confuse, peu claire, indistincte, le

wrs, EG, 561: « head-rest », oreiller

wS, CDME, 70 : tomber (des cheveux) ; désoler (une place)

wSA, EG, 562 : engraisser; dét. « heap (praises) »

wSA, CDME, 70 : prononcer (des applaudissements **Hswt**) ; réciter (des éloges **Hknw**)

plus souvent pour tromper, pour faire illusion, faire qqch comme en jouant

vùndalala, DKF, 1081 : être couché ; être étendu

vundidika : étendre ; pencher en arrière, pencher de côté, coucher sur

vùka, DKF, 1023 : cesser, s'arrêter (de parler) ; ôter, couper la parole à qqn, interrompre (le discours de qqn) ; empêcher, mettre obstacle à ; faire échouer (un plan, etc.) ; annuler, abroger, mettre fin à ; rompre, résilier, casser, infirmer, supprimer ; brouter

vùka : dépouiller, primer, voler

vuka : interrompre

vùza, DKF, 1034 : arracher, extirper ; tirer, cueillir avec les racines ou tout à fait ; déraciner (une mauvaise herbe, un clou, etc.) ; aider qqn à sortir d'embarras, de la gêne ; se servir de nourriture sans en demander la permission

vusa, DKF, 1082 : troubler

bósa, DKF, 55 : parler, parler beaucoup ; bavarder, jacasser, plusieurs qui parlent

husa, DKF, 193 : être silencieux, calme, se taire

husuna : ne pas répondre

kòsa, DKF, 317 : parler beaucoup

kósa : tromper, leurrer, attraper, duper

koso, DKF, 318 : qui est grand (marmite, etc.)

ngūzi, DKF, 696 : paroles insolentes et méchantes, affront, outrage, insultes, injure, calomnie, malédiction ; qualité d'être bouillant

ngwèdi, DKF, 697 : bavardage

váka, DKF, 1044 : être grand, gros, épaix, gras, replet

vākama : être gras, gros ; pousser, grandir, croître

vūukama, DKF, 1024 : être grand et gros

vūnguta, DKF, 1031 : murmurer (entre ses dents) ; maugréer ; marmotter, grommeler, parler bas, à voix basse, de façon indistincte ; chanter ou jouer la basse ; bourdonner (une foule au marché) ; gronder (comme un chat, un léopard) ; battre sourdement, rendre un bruit sourd (tambour) ; chantonner, solfier, prendre le ton ; grogner ; se parler à soi-même, se dire en soi-même

vūkulila, DKF, 1079 : ne pas répondre quand on appelle

vūkulula : inviter, appeler, aller chercher, faire venir qqn, aller à la rencontre

vukumunu : incantation

vwàsa, DKF, 1038 : parler, bavarder en délirant

vwása : délire, bavardage insensé

vwénzi,~ dyamwana, DKF, 1041 : un gras, dodu, enfant rond

váka, DKF, 1044 : être grand, gros, épaix, gras, replet

vākama : être gras, gros ; pousser, grandir, croître

wèdika, DKF, 1094 : parler de, causer, cancaner, bavarder

wésa, DKF, 1096 : raconter, répandre une histoire ; **nkungu** bavarder, converser, s'entretenir

wési, na ~ : bruit, fracas

wosa, DKKF, 729 : parler

yàata, DKF, 1120 : causer, bavarder (ordinairement des vétilles)

yòsa, DKF, 1142 : parler bruyamment, causer haut ; avoir une forte voix ; balbutier (bébé)

yősi : disposition au bavardage, commencement de folie ; qqn qui boufonne, qui fait rire, qui fait le fou ; railleur, du vacarme

𓅨𓏭𓏭𓏭𓅨𓏏𓏛 **wSAw**, CDME, 70 : obscurité

bw-isi, DKF, 93 : obscurité, crépuscule, nuit

fúka, DKF, 157 : ténèbres, crépuscule

fúku, DKF, 158 : nuit, soir ; le matin de bonne heure, à l'aurore

kàwa, na ~, DKF, 223 : rouge

kòsi, DKF, 317 : foncé, sombre (ciel, etc.)

vìki-vìki, na ~, DKF, 1063 : noir

vìkuka : être noir, sombre, foncé

vìku- vìku, na ~ : sombre, obscur, brumeux, noir

vūnguka, DKF, 1031 : être éclairé, devenir clair (la nuit) ; faire jour, s'éclairer (le ciel après la pluie)

vūnguku : aube

wākalala, CDME, 1090 : être clair

wākanga, na ~ : éclairage ; brillant, clair, qui dissipe les ténèbres

wĕsi-wesi, na ~, CDME, 1096 : clair, pur (eau) ; clair, lumineux, clarté qui grandit

w-ísi (**wisisi**), 1098 : brouillard, brume, ténèbres

wSa, EG, 562 : mordre, mâcher

wōsoso, CDME, 1102 : clarté, qui est lumineux, bien éclairé

wusya, na ~, CDME, 1107 : clair, luisant

bósa, DKF, 55 : mâcher une chose dure ; écraser, heurter, casser ; piétiner ; broyer, moudre ; pétrir

kòsa, DKF, 317 : concasser, piller, casser en morceaux ; grignoter, ronger, moudre, briser ; subjuguer, dompter, réduire à rien, anéantir, annihiler ; se dessecher

kòsi-kosi : écrasé, moulu très fin

kòso-koso, na ~ : DKF, 318 : écrasé en morceaux, en miettes

vàsa, DKF, 1051: faire sauter en morceaux, voler en éclats, fendre, déchirer, dévorer

wèka, DKF, 1094 : couper, enlever de, trancher

wénza, DKF, 1096 : mâcher

wēnzi –wenzi, na ~ :tranchant, perçant

wēnzuka : être tranchant, aigu

wésa : manger, raconter, répandre une histoire

wēsika, wēsinga, wēsula, wēsumuna :manger

wéte : gourmandise, friandise

wósa, DKF, 1102 : manger, mâcher : remplir la bouche, fig. calomnier

wúnza, DKF, 1107 : croquer, gruger, grignoter, mâcher qqch de sec, de dur

wūnzinga : croquer, grignoter, manger qqch de dur, de sec

wūnzula : barboter, manger comme un canard dans l'eau sale ; avaler jusqu'aux dernières gouttes

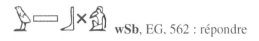 wSb, EG, 562 : répondre

wùuta : boire beaucoup, sucer, absorber, lumer, pomper

bōoka, DKF, 49 : appeler, crier, s'écrier ; tempêter, pousser des cris (même pour être secouru) ; pleurer, sangloter ; proclamer ; mugir (des animaux)

bósa, DKF, 55 : parler, parler beaucoup ; bavarder, jacasser, plusieurs qui parlent

husa, DKF, 193 : être silencieux, calme, se taire

husuna : ne pas répondre

kòsa, DKF, 317 : parler beaucoup

kósa : tromper, leurrer, attraper, duper

ngűzi, DKF, 696 : paroles insolentes et méchantes, affront, outrage, insultes, injure, calomnie, malédiction ; qualité d'être bouillant

ngwèdi, DKF, 697 : bavardage

vūnguta, DKF, 1031 : murmurer (entre ses dents) ; maugréer ; marmotter, grommeler, parler bas, à voix basse, de façon indistincte ; chanter ou jouer la basse ; bourdonner (une foule au marché) ; gronder (comme un chat, un léopard) ; battre sourdement, rendre un bruit sourd (tambour) ; chantonner, solfier, prendre le ton ; grogner ; se parler à soi-même, se dire en soi-même

vūkulila, DKF, 1079 : ne pas répondre quand on appelle

vūkulula : inviter, appeler, aller chercher, faire venir qqn, aller à la rencontre

vukumunu : incantation

vwàsa, DKF, 1038 : parler, bavarder en délirant

vwása : délire, bavardage insensé

wèdika, DKF, 1094 : parler de, causer, cancaner, bavarder

wésa, DKF, 1096 : raconter, répandre une histoire ; **nkungu** bavarder, converser, s'entretenir

wési na ~ : bruit, fracas

wosa, DKKF, 729 : parler

wūsuna, DKF, 1107 : prêter l'orielle mais ne pas vouloir répondre ou obéir

yàata, DKF, 1120 : causer, bavarder (ordinairement des vétilles)

yòsa, DKF, 1142 : parler bruyamment, causer haut ; avoir une forte voix ; balbutier (bébé)

yősi : disposition au bavardage, commencement de folie ; qqn qui bouffonne, qui fait rire, qui fait le fou ; railleur, du vacarme

wSbw, CDME, 70 : conforté (?)

búka, DKF, 63 : pratiquer la médecine, traiter un malade

kòso, DKF, 317 : la médecine **bonzo**

vūuka, DKF, 1023 : être sauvé, se tirer de, échapper à (un danger) ; se sauver, s'échapper ; ménager, épargner, respecter ; être épargné, préservé, conservé (en vie, en santé) ; être sans crainte, assuré, tranquille, sûr, en sûreté, à l'abri (du danger) ; avoir la vie sauve ; survivre ; être nu

wúka, DKF, 1104 : guérir ; donner une médecine, un remède

wSd, PAPP, 205 et 206 : réciter ; CDME, 71 : parler à qqn, poser des questions à qqn

bōoka, DKF, 49 : appeler, crier, s'écrier ; tempêter, pousser des cris (même pour être secouru) ; pleurer, sangloter ; proclamer ; mugir (des animaux)

bósa, DKF, 55 : parler, parler beaucoup ; bavarder, jacasser, plusieurs qui parlent

husa, DKF, 193 : être silencieux, calme, se taire

husuna : ne pas répondre

kòsa, DKF, 317 : parler beaucoup

kósa : tromper, leurrer, attraper, duper

ngűzi, DKF, 696 : paroles insolentes et méchantes, affront, outrage, insultes, injure, calomnie, malédiction ; qualité d'être bouillant

ngwèdi, DKF, 697 : bavardage

vūnguta, DKF, 1031 : murmurer (entre ses dents) ; maugréer ; marmotter, grommeler, parler bas, à voix basse, de façon indistincte ; chanter ou jouer la basse ; bourdonner (une foule au marché) ; gronder (comme un chat, un léopard) ; battre sourdement, rendre un bruit sourd (tambour) ; chantonner, solfier, prendre le ton ; grogner ; se parler à soi-même, se dire en soi-même

vūkulila, DKF, 1079 : ne pas répondre quand on appelle

vūkulula : inviter, appeler, aller chercher, faire venir qqn, aller à la rencontre

vukumunu : incantation

vwàsa, DKF, 1038 : parler, bavarder en délirant

vwása : délire, bavardage insensé

wèdika, DKF, 1094 : parler de, causer, cancaner, bavarder

wésa, DKF, 1096 : raconter, répandre une histoire ; **nkungu** bavarder, converser, s'entretenir

wési na ~ : bruit, fracas

wosa, DKKF, 729 : parler

wūsuna, DKF, 1107 : prêter l'orielle mais ne pas vouloir répondre ou obéir wSm, CDME, 70 : mêler

wSm, OEP, 378 : gosier

wSnw, CDME, 70 : volaille

yàata, DKF, 1120 : causer, bavarder (ordinairement des vétilles)

yòsa, DKF, 1142 : parler bruyamment, causer haut ; avoir une forte voix ; balbutier (bébé)

yŏsi : disposition au bavardage, commencement de folie ; qqn qui bouffonne, qui fait rire, qui fait le fou ; railleur, du vacarme

kósa, DKF, 317 : ramasser, tirer à soi, placer ensemble

vùka, DKF, 1023 : être réuni, rassemblé, accumulé, mis ensemble, en tas ; être résumé, condensé, abrégé (une description, etc.) ; réunir, cumuler ; joindre, unir ensemble ; ajouter, mélanger, remuer, mêler ; lier, attacher ensemble

vùkama, CDME, 1024 : être joint ; être ajouté

vwetula, DKF, 1038 : ramasser, accumuler

wúka, CDME, 1104 : amasser, avoir la chance d'amasser (des biens, etc.), mettre ensemble, rassembler

kōsula, DKF, 318 : tousser

wáasa, DKF, 1093 : poitrine (de femme)

wèeta : tirer des bouffées de fumée d'une pipe

wōngodi, DKF, 1101 : grande cavité, creusée dans une montagne, grande fosse ; **na** ~ : trou profond ; ventre enfoncé

wùka, DKF, 1104 : sucer, tirer le suc de

nkùsu, DKF, 736 : perroquet (non générique) ; ~ **nsi** : oiseau (**Spermospiza guttata**)

nsúsa, DKF, 780 : poules

nsúsu : poule, poulet, oiseau domestique, volaille

susu-bwila, DKF, 929 : très petite poule

wSr, EG, 562 : se tarir, être stérile

vùka, DKF, 1023 : cesser, s'arrêter (de parler) ; ôter, couper la parole à qqn, interrompre le discours de qqn) ; empêcher, emttre obstacle à, faire échouer (un plan, etc.) ; annuler, abroger, mettre fin ; rompre, résilier, casser, infirmer, supprimer ; brouter

wāsisa, DKF, 1093 : dessécher, etc.

ws, CDME, 68 : 1. fente ; 2. petite fenêtre

mw-àsi, DKF, 647 : trou, ouverture, orifice ; qui est troué, ouvert ; à découvert

wānzi, na ~, 1092 : ouvert, tout à fait ouvert

wāsalala, na ~, DKF, 1093 : être ouvert (porte, etc.)

wāsuka : se fermer sans attraper (trappe)

wōsuka, DKF, 1102 : glisser en bas par une fente, un trou

wsf, EG, 562 : être désœuvré, désœuvrement

fwènta, DKF, 175 : être assis, oisif, inoccupé

fwèntama, DKF, 176 : être oisif

fwesama : être assis

wi, DKF, 1097 : lenteur, indolence

wsi, CDME, 68 : scier

vàsa, DKF, 1051 : faire sauter en morceaux ; voler en éclat ; fendre ; danser à côter de qqch, de deux côtés ; diviser, séparer, distinguer, partager, répartir

vēsila, DKF, 1060 : éclat, parcelle, écharde, morceau, bout, miette de qqch ; fragment, débris

vēsuna : couper un morceau ; détacher ; détacher, ôter, casser, prendre (un morceau) du

𓊨𓁹𓀭 **Wsir**, EG, 500 : Osiris ; CRE, 76 : « **Ausar** (Osiris), "**celui qui manifeste le bien et la vérité**", est venu sur la terre pour le bienfait de l'humanité »

𓊨𓁹⸺ **wsr**, EBD, 102 : vigueur

bord de (marmite, assiette) ; entamer, entailler le bord de qqch

vēsuna : petits morceaux, bouts, parcelles, sciure (de bois)

Nzala, EB, 164 : « Nzala Mpanda est venu du ciel, Nzambi Mpungu l'en laissa tomber »

bànda, DKF, 15 : frapper, taper, marteler ; claquer ; faire du bruit ; gronder, fouetter, donner la verge ; rompre, briser

bánda : être solide, ferme ; se figer, congeler, épaissir (nourriture, etc.)

bōselela, DKF, 56 : avoir du pouvoir sur ; gouverner (avec énergie), exercer le pouvoir suprême sur

swá, DKF, 930 : autorité

vánza, DKF, 1051 : frapper, tomber sur, à bras raccourcis ; frapper fort sur

vása : frapper fort sur ; asséner un coup à

vósa, DKF, 1076 : frapper sur, contre, avec ; faire un bruit, du fracas, marcher en frappant des pieds, ou de façon à ce que les pieds heurtent les pierres ou le sol

wànda, DKF, 1091 : frapper, frapper sur, heurter, tapoter, fouetter ; jeter de l'eau en l'air vivement avec une chope ou avec la main ; boire, s'accoupler

wása, DKF, 1092 : frapper l'herbe avec un bâton, mettre en fuite

wēnzengele, DKF, 1096 : bruit, fracas

wési, na ~ : bruit, fracas

wsr, EG, 562 : pagaie

wsrt, EG, 562 : cou

wsŠ, var. WST, EG, 562 : uriner

wsŠ, CDME, 69 : disparaître (d'une race)

wsT, CDME, 69 : être dilapidé ; dilapidation

wísa, DKF, 1098 : jeter, lancer p. ex. une étoffe par-dessus l'épaule, jeter de l'eau rapidement en l'air avec une chope ou avec la main

wúla, DKF, 1104 : briser, casser, écraser, manger, mâcher

wòota, DKF, 1103 : ramer, pagayer

wútula, ~ **ndangi**, DKF, 1108 : enfoncer la pagaie profondement, ramer fortement

wáasa, DKF, 1093 : poitrine (de femme)

wésa, DKF, 1097 : manger, raconter, répandre une histoire

wèeta : tirer des bouffées de fumée d'une pipe

wéte : gourmandise, friandise

wósa, DKF, 1102 : manger, mâcher : remplir la bouche, fig. calomnier

wúnza, DKF, 1107 : croquer, gruger, grignoter, mâcher qqch de sec, de dur

wūnzinga : croquer, grignoter, manger qqch de dur, de sec

wūnzulula : barboter, manger comme un canard dans l'eau sale ; avaler jusqu'aux dernières gouttes

sùba, DKF, 918 : pisser, uriner, aller aux cabinets, au W.C.

visuka, DKF, 1097 : disparaître

wāsisa, DKF, 1033 : dessécher

𓅱𓋴𓍿𓈖𓂻 **wsTn**, plus tard 𓅱𓋴𓏏𓈖𓂻 **wstn**, EG, 562 : marcher à grand pas, se promener librement

𓂝𓍲𓏌𓎯 **wsx**, PAPP, 55 et 56 : se dilater

𓅱𓋴𓐍𓎯 **wsx**, EG, 562 : (être) large

𓅱𓋴𓐍𓋛 **wsx**, CDME, 69 : collier

𓅱𓋴𓐍𓊞 **wsx**, CDME, 69 : barge

fwánzi, DKF, 173 : cupidité ; rudesse dans le traitement (d'une personne) ; sordide pour le paiement ; avarice

weza-weza, DKF, 1097 : pauvreté, indigence, misère

nyātuka, DKF, 814 : marcher en tapinois, tranquillement, sur la pointe des pieds, se glisser prudemment et à longs pas

wàsa, DKF, 1093 : viens, viens ici, dépêchez-vous par ici ! vite !

wàsala : presser sa marche

wàséeti : dépêchez-vous par ici

wàsula : dépêcher

wātuka : marcher comme une personne malade, très faible

mw-àsi, DKF, 647 : trou, ouverture, orifice ; qui est troué, ouvert ; à découvert

wānzi, na ~, 1092 : ouvert, tout à fait ouvert

wāsalala, na ~, DKF, 1093 : être ouvert (porte, etc.)

wāsuka : se fermer sans attraper (trappe)

wōsuka, DKF, 1102 : glisser en bas par une fente, un trou

vánza, DKF, 1051 : (pièce de) monnaie, bouton ; médaille

mw-ànzu, DKF, 647 : canot

súwa, DKF, 930 : bateau, embarcation, barque, canot, bateau à vapeur, vaisseau, navire

𓅨𓏌𓏲𓀜 wTs, EG, 562 : soulever, porter, s'habiller, dét. 𓀢 porter plainte, dénoncer

swá ou **maswa** : bateau à vapeur

tási(-aa-),DKF, 95 : enfant dont la figure est tournée vers le haut

tàasa, DKF, 954 : penser, croire, compter, réfléchir sur ; repasser dans son esprit ; peser, considérer, songer à, méditer sur ; se creuser la tête, rêver, ruminer ; aviser, trouver, regarder ; prendre estimer, réputer ; être d'avis, juger ; vouloir dire, entendre, avoir en vue, viser à, prendre en considération ; examiner, peser, calculer

táasila, DKF, 955 : délibération, consultation

tōola ou **tóla**, DKF, 980 : nommer, mentionner ; dénommer, appeler ; faire des reproches, des observations contre ; reprocher, calomnier, maudire

tōosi, DKF, 985 : expression

tusa, DKF, 1002 : oublier

vutu,DKF, 1033 : alors ! (impatience), en vérité ; **kansi** : mais vois !

vwàsa, **vwàza**, DKF, 1038 : parler, bavardder en délirant

vwása : délirer, bavardage insensé

vwāta, DKF, 1039 : s'habiller, (se) vêtir ; couvrir ; être habillé en ; porter, user, employer (des vêtements, un anneau, etc.) ; figure de la terre qui commence à se couvrir d'herbes après l'incendie d'herbes ; habits, vêtements

vwāta : vêtement, costume habituel, ordinairement consistant en une pièce d'étoffe servant de pagne ; d'où une brasse, 1 mètre d'étoffe

wànnda, DKF, 1091 : pagne (dans la toilette féminine)

𓅨𓏏𓃀𓀀 wt, EG, 562 : envelopper, bander ; dét.

𓎺 wtAw : bandage

𓅨𓏏𓊖 wt, SVAEA, 101 : l'enveloppe corporelle, les bandelettes du corps momifié

mpusu, ba dya ~, DKF, 590 : palmier Raphia avec ses fibres ; on fait des étoffes qui se nomment tissus de **mpusu**, étoffe indigène, qui sert pour les vêtements et comme monnaie, branche, feuille du même palmier

m'víla, DKF, 634 : suie

m'vílu : suie ; noir de fumée ; tache de suie ou **ndoba** ; graisse de deuil

mvìndu, DKF, 635 : saleté, malpropreté, souillure, graisse, boue, ordure ; qui est Sali, souillé, barbouillé, poissé

-ūtu, DKF, 1017 : suff. adj. signifiant gris, sale (couvert de cendre) ; **nafūmfutu** : gris, grisâtre

vílu, DKF, 1064 : suie noire (sous une marmite) ; on en fait une pommade en mélangeant ce noir avec de l'huile et l'on s'en frotte les cheveux et le visage en signe de deuil

vílu : graisse de deuil ; suïe

vùsu, DKF, 1082 : coton ; coton en bourre, cru

wúsu, DKF, 1107 : coton, bourre

𓅨𓏏𓂋 wtr, OEP, 378 : sang, vin

mù-ulula, DKF, 603 : saignement de nez

mū-ululu : saignement de nez ; liquide (d'un mets, d'aliments)

mú-nturi, mu-nturu apinda, DKF, 619 : sangsue

𓅨𓏏𓍿, 𓅨𓏏𓍿 wtT, PSM, 38 : engendrer

búta, DKF, 83 : engendrer ; nourrir, entretenir la vie ; enfanter, féconder, porter, donner des fruits ; procurer l'existence ; donner la vie à ; faire une histoire, inventer ; pondre

guta, DKF, 184 : engendrer

wúta, DKF, 1107 : enfanter, engendrer, produire, fructifier, faire prospérer ; être fertile, couvert des fruits (se dit des gens, des animaux et de la végétation) ; rapporter, rendre, engendrer, faire de petits (d'un chien)

wúta : petit-fils, garçon, petite-fille, mon cher enfant

wtx, EG, 562 : fuir

vūtakana, DKF, 1032 : repartir

vūtu, DKF, 1033 : de retour, de nouveau

vūtula : rendre ; ramener, reconduire, faire revenir, retourner ; redonner, renvoyer, reprendre, rechercher, aller rechercher ; retirer, rejeter ; repousser, remettre, raccourcir ; replacer, rapporter, réexpédier ; mettre au cran d'arrêt, au repos (un fusil chargé)

vūtula : répondre, répliquer ; faire revenir à la santé, reverdir, engraisser ; guérir ; ranimer, renouveler ; faire revivre, revivifier, devenir juteux, succulent, plein de jus, de suc, moelleux, humide, ramolli (comme la terre après la pluie) ; revenir (la maladie ou autre chose qu'on a eu) ; se rouvrir (blessure)

wātuka, DKF, 1093 : marcher comme une personne malade, très faible

nyātuka, DKF, 814 : marcher en tapinois, tranquillement, sur la pointe des pieds, se glisser prudemment et à longs pas

wx, EG, 562 : nuit

fúka, DKF, 157 : ténèbres, crépuscule

fúku, DKF, 158 : nuit, soir ; le matin de bonne heure, à l'aurore

kàwa, na ~, DKF, 223 : rouge

vìki-vìki, na ~, DKF, 1063 : noir

vìkuka : être noir, sombre, foncé

vìku- vìku, na ~ : sombre, obscur, brumeux, noir

780

wxA, CDME, 67 : forte (?) (tempête)

wxA, CDME, 67 : jeter (la terre, etc. de soi même) ; vide ; secouer (un linge) ; frapper (un mat) ; purger (le corps)

wxA, EG, 562 : avoir besoin de, demander ; CDME, 68 : chercher

wxA, EG, 562 : (être) ignorant ; folie

vūnguka, DKF, 1031 : être éclairé, devenir clair (la nuit) ; faire jour, s'éclairer (le ciel après la pluie)

vūnguku : aube

wākalala, CDME, 1090 : être clair

wākanga, na ~, DKF, 1090 : éclairage brillant ; clair, qui dissipe les ténèbres

vúuka, DKF, 1023 : orage, tempête

wúka, DKF, 1104 : mugir (tempête)

wúka : tempête

wūka-wuka : onomatopée pour le bruit du vent, de la tempête, de l'eau qui bouillonne fortement, bruit fait en volant vite, en s'élançant vite, bruit de ce qui passe, coule, se précipite (se dit d'une foule, etc.)

wòkunga, DKF, 1099 : vomir, rendre

vukisa, DKF, 1078 : appeler, faire venir, mander

vùkula : apprendre, s'instruire, se mettre au fait, au courant de

vūkulila : ne pas répondre quand on appelle

vūkuluka : être appelé, invité, alléché, attiré

wokolo, DKF, 1099 : lunette d'approche

vùkula, DKF, 1078 : apprendre, s'instruire, se mettre au fait, au courant de

𓅱𓎛𓏛 **wxA**, EG, 562 : (en bois) colonne ; dét. ▭ salle des colonnes

vuuku, kiv., DKF, 1078 : chambre extérieure

𓅱𓐍𓂧 **wxd**, EG, 562 : souffrir, supporter patiemment ; peine

vūkumuna, DKF, 1097 : faire souffrir, causer de la douleur ; avoir mal, souffrir

𓅱 . **wy**, EG, 560 : « ending added to adj. preds. with exclamatery force, how »

𓅱 **wy**, CDME, 56 : particule admirative comment…! Comme (c'est)…! que (c'est)…! « admirative part. how »

wàa, DKF, 1089 : interj. exprimant la surprise, la protestation, l'indignation, vraiment, en vérité ? est-ce possible comment donc ? je me le demande. A une question on attend une réponse négative

wo, na ~, 1099 : qui fait l'éloge de qqch

⬭ X

𓆛𓅱𓃀 **XAb**, CDME, 200 : courbé ; courbure ; de manière courbée

kémvo, DKF, 231 : courbure, cambrure, sinuosité, creux, concavité

kóba, DKF, 299 : lèvre, bec, goulot ; bord, pan d'une marmite (généralement chose courbée) ; menton

kòmpa, DKF, 310 : rendre uni, aplanir ; raboter ; gratter (une marmite) ; creuser, évider, rendre concave

kōmvama : être courbé

kōmvika : courber, plier

𓆛𓅱𓂋𓀀 **XAk-ib**, EG, 586 : « disaffected rebellions, rebel »

kháaka, DKF, 202 : qui autrefois a tué plusieurs hommes, barbare

kímba, DKF, 247 : être vaillant

𓄡𓄿𓅓𓏌𓂺 XAmi, EG, 586 : s'incliner, incliner (bras, dos)

𓄡𓅓𓋴 Xms, PAPP, 150 et 153 : plier

𓄡𓄿𓂋 XAr, EG, 586 : sac, une large mesure de capacité

𓄡𓄿𓂋𓏏𓁏 XArt, var. 𓄡𓄿𓂋𓏏𓁏 xArt, EG, 586 : veuve

𓄡𓄿𓏏𓏱 XAt, EBD, 31 : cadavre

𓄡𓄿𓏏𓅠 XAt, PAPP, 311 : maladie

𓄡𓄡𓄡𓏏𓊃 XAXAti, EG 586 : tempête

𓄡𓄿𓇋𓅪 XAy, CDME, 200 : contrecarrer qqn

kōndama, DKF, 311 : être courbé, recourbé, plié, crochu

kōnzakana, DKF, 316 : marcher comme une veille personne (courbée, etc.)

n'kòoto, DKF, 728 : toile, étoffe à canevas, à sac à tribut

nkwĭdi, DKF, 740 : veuf, veuve

kākalà, DKF, 202 : cadavre, chose morte

kála, DKF, 204 : défunt

káta, DKF, 221 : personne éclopée, qui ne peut pas marcher, ni faire qqch ; bancal ; estropié ; personne impotente, enfant dont les jambes ne sont pas assez fortes pour porter le corps

nkātabà, fwa ~, DKF, 731 : s'engourdir

nkātangà : crampe, engourdissement (d'une jambe) ; manie d'écrire, crampe des écrivains ; paralysie

kàkaba, na ~, DKF, 202 : sombre, obscur, nuageux (ciel) ; en colère, furieux, amer (goût)

kákàmba, na ~ : ciel obscur, sombre, en colère

kákùvwa, na ~, DKF, 204 : ciel sombre, nuageux, en colère

kāyisa, DKF, 224 : tourmenter, embarrasser, obséder ; ennuyer, vexer

Xam var. xam, EG, 586 : approcher (obj., avec une intention malveillante)

kámba, DKF, 208 : couper, croiser, courir, aller, marcher, tendre un guet-apens, une embûche à qqn ; être en travers de ; être sur le chemin de qqn (le gêner) ; recevoir, résister, s'opposer à ; arrêter, couper le chemin à une balle –à jeu) avec le pied

kámba, kik. : inimitié

Xaqw, CDME, 201 : barbier

kēngele, DKF, 232 : tête toute rasée

Xkr, EG, 587 : être orné

kēkuka, DKF, 228 : être beau, élagant, coquet, orné, paré, décore

kēkula : orner, décorer, parer

Xn, CDME, 201 : avoir des ampoules

nkána, DKF, 708 : plaies de **mpele**

n'kánndi, DKF, 709 : enflure, tuméfaction ; reins

nkanya, DKF, 712 : plaies **mpele**

Xn, CDME, 201 : tente

kénde, DKF, 232 : sorte d'étoffe blanche ; drap de lit, serviette, etc.

kùndu, DKF, 337 : pièce d'étoffe qui coûte 5 francs

Xn, EG, 586 : approcher

nyèka, DKF, 814 : s'asseoir, s'approcher

nyeka, ~ **muna** : arriver à, venir

nyekina : s'asseoir près, sur

nyèkuka : se mouvoir, se déplacer

Xni, CDME, 201 : ramer ; aller par eau

n'kānda-n'kanda, DKF, 709 : surface de l'eau

𓃒𓏤 **Xnm**, EG, 587 : joindre, être joint 𓃒𓂝𓏏𓏤
Xnmw : camarades, associés

𓃒𓂝𓏏𓏤 **Xnmw**, DME, 202 : citoyens

𓃒𓏤 **Xnm (t)**, CDME, 202 : gardienne d'enfant « (dy-)nurse »

𓃒𓂝𓈖𓏤 **Xnm**, CDME, 202 : bassin (?)

kànga, DKF, 213 : lier, relier (un livre) ; nouer, serrer, attacher, bander, conclure, lacer, sangler, ficeler, fermer (au moyen d'un lien) ; durcir, coaguler, se figer, geler, emprisonner, charger de liens ; marcher lentement, arrêter ; persévérer

kàngu, DKF, 215 : ami, fiancé, fiancée ; amitié, union, convention, accord, traité, alliance, contrat

kòna, DKF, 310 : aller en bande, en troupe, en masse ; être en quantité, en abondance ; aller, couler loin (eau) ; fig. parler longtemps, très en détail

kóna : plier, ployer ensemble, replier, recourber, aplatir ; fermer, serrer (un piège) ; être serré, pressé ensemble, comprimé ; rassembler

kóna, DKF, 311: rouler, mettre en boîte, lier ensemble qqch de raide (herbe, paille, etc.)

ma -kàngu, DKF, 480 : ami

n'kángu, DKF, 710 : esclave, serf, sujet, ressortissant, qui appartient à qqn

n'kúndi, DKF, 734 : ami, compagnon ; relation, connaissance

kènga, DKF, 232 : veiller sur, monter la garde, soigner ; surveiller, inspecter, regarder attentivement, avoir l'œil sur, épier, prendre soin de (ou que) ; se grader de, prendre garde à ; économe, soigneux

kèngila : veiller sur… fidèlement, avoir grand soin de ; inspecter, observer ; épier, espionner, explorer, faire une reconnaissance (dans une marche, pour voir si on peut avancer)

kóndi, DKF, 311 : bassin ; sorte de truble

Xnmt : puit, citerne

Xnn, EG, 587 : détruire, troubler

nkīndi-nkindi, DKF, 720 : qui est instable, qui branle, vacille

nkíndu : rixe, bruit, vacarme, tumulte, querelle, sens dessus desous, soulèvement populaire

Nkíndu : nom propre = combat à coups de poings

Xnnw, EBD, 108 : séparation

kāanuna, DKF, 218 : déchirer

kòona, DKF, 310 : couper (de), détacher de ; ôter, enlever, raser (cheveux, barbe) ; arracher (p. ex. l'herbe d'un toit de chaume, etc.) ; recueillir, récolter, moissonner ; plumer (un oiseau) ; écorcher, blesser (avec un couteau) ; raser, ratisser

Xnt, CDME, 201 : cacher, peau

n'kanda, DKF, 708 : peau, cuir, écorce, croûte, enveloppe, couverture ; peau de bête dont on enveloppe les étoffes, le tabc, etc., delà : cuir, parchemin, document, note, facture, lettre de change

Xnt, CDME, 201: « burial chamber (?) of tomb »

ngúdi, DKF, 694 : motte de terre

n'kànda, DKF, 708 : tertre, tombeau, sépulture

Xnty, CDME, 203 : statue

téki (è), DKF, 960: statuette, statue; statue de fétiche (en bois); simulacre, idole, image

Xnw, CDME, 202 : intérieur ; maison, demeure, domicile

ngúdi, DKF, 693 : partie intérieure, centre, en dedans ; domaine intérieur, l'intérieur, le milieu ; le cœur, le noyau, la capsule

kùnda, DKF, 335 : aller, se rendre à la maison, se sentir chez soi, s'habituer à ; être, se trouver bien, se plaire quelque part ; habiter, demeurer, faire un séjour

kùndu, DKF, 337 : demeure, habitation, résidence ; (lieu de) séjour, domicile ; billot de bois, bloc, souche (pour s'asseoir) ; siège ; lieu de repos dans le bois

kúnu, DKF, 340: adv. loc., ici, là, de ce côté-ci, par ici, par là, de là, en deça de ; ici dedans, près d'ici

nkùnda, DKF, 734 : demeure, foyer, intérieur (où l'on demeure, où l'on se plaît)

Xnw, EG, 587 : rivière, ruisseau

kōnuna, DKF, 316 : enlever une partie d'un liquide

kōnuka : baisser (eau)

Ngúdi, DKF, 694 : une eau ; un grand cours d'eau où d'autres se déversent

n'kóko, DKF, 723 : eau, courant d'eau, ruisseau, rivière ; rapide

nkúuna, DKF, 734 : le dernier broc du vin de palme dans une calebasse

XpA, EG, 586 : nombil, cordon ombilical

kova, DKF, 319 : nombril ; nœud

kúmmba, DKF, 332 : nombril, proéminent ; hernie ombilicale

kúmmba : chapeau (de champignon) ; bout d'une feuille de palmier qui reste au tronc

kúmmba : serrure, cadenas, verrou, loquet, esp.; de tomate

Kúmmba : nom propre = grand nombril

n'kúmmba, DKF, 733 : nombril ordinaire, cordon ombilical

n'kúmbu : reins, dos

Xpa, CDME, 201 : mâcher

kàfa, DKF, 200 : manger beaucoup ; boucher, bourrer (une pipe)

kēefuna, DKF, 227 : manger beaucoup

kuufu, kik., DKF, 324 : interdiction pour une famille de manger une chose ou une autre

Xpn var. xpn, EG, 586 : graisse

kumbi, DKF, 332 : dessin de tatouage

Kumfu, DKF, 333 : idole

nkāmbidika, DKF, 707 : grosse bûche

ab. Xpw, EG, 586 : reliefs sculptés

kámpu, DKF, 210 : carré, carreau, panneau, modèle, patron, dessin

kùuvu, DKF, 345 : figure sur les tapis

Xqs, CDME, 205 : être blessé

kēnguna, DKF, 233 : couper en travers, entailler (p. ex. un palmier avec un couteau)

kénka : frapper, couper, entailler, blesser ; renverser, abattre

Xr, EG, 587 : prép. sous, qui porte

kí-ila, DKF, 246 : pieu, support de cloison

kí-ila : chose certaine qu'on ne veut pas dire

Xrd, EG, 587 : enfant

kánnda, DKF, 211 : être tortu, de petite taille

kánnda : personne qui grandit lentement

Xr (t)-nTr, var. EG, 587 : nécropole

n'kàla,(nkala), DKF, 706 : massif de jardin, plate-bande, bandes de terre, ados, sillon, tertre, tombe, tertre de tombe, tombeau, sépulcre ; ovale, elliptique

Xrt, EG, 587 : devoir (d'un homme), devoir

n'kolo, DKF, 724 : affaire, ce qui doit être soigné, fait avec soin

Xrw, CDME, 203 : « relatives of family »; habitants d'une terre

ngánda, DKF, 683 : ville, village avec beaucoup de gens

Ngánda a Kongo : nom de San-Salvador qui est la capitale de ce pays

Ngánga-moona : village ; beaucoup de gens

(le déterminatif pour testicules présent ici ne figure pas dans le Sign-list de Gardiner) Xrwy, SH, 240 : testicules

kàta, DKF, 221 : scrotum ; testicule

XsA, CDME, 204 : être oint

kúsa, DKF, 341 : graisser, enduire, frotter (d'un corps gras) ; plâtrer ; oindre, badigeonner, faire entrer en frottant

Xsi, EG, 587 : (être) faible

kàsa, DKF, 219 : être maigre, mince, petit, arrêté dans sa croissance, rabougri

kàsu, DKF, 220 : maigreur, fort amaigrissement

khèsa, DKF, 234 : chagrin

Xss, PAPP, 269 : angle

ki-nkose, DKF, 275 : cheville

kósa, DKF, 317 : ramasser, tirer à soi, placer ensemble

kòsi: nuque; occiput

kóso, DKF, 318 : courber

kōsuka, DKF, 318 : être assis, être replié, s'asseoir

soko, DKF, 909 : articulation, jointure; hanche

|Xt, PAPP, 79 et 85 : sein

|Xt, EG, 586 : corps, ventre ; dét. groupe de gens, génération

Xtb, CDME, 205 : renverser

x, CDME, 182: placenta; enfant; var. : être enfant

kháta, DKF, 221 : giron, sein

lónga, kil., DKF, 406 : foule, multitude, caravane en marche

ndónga, DKF, 672 : tas, quantité, foule de gens, grande assemblée, grand rassemblement, multitude ; en suite, à la file, de même famille, de même race (membres plus jeunes et plus âgés) ; ligne, règle

n'lónga, DKF, 747 : toute espèce de ligne ; rangée, rang, raie, barre, une foule de fourmis voyageuses (qui marchent sur plusieurs rangs) ; quantité, grand nombre (de porteurs) ; caravane

nkáta, DKF, 713 : genoux, giron, sein

kìndula, DKF, 265 : renverser, retourner, mettre, placer sens dessus dessous ; culvuter ; plier, courber, pencher, faire signe de la tête, saluer, avaler qqch de chaud

kītubuka, DKF, 294 : s'élancer, se précipiter (parlant des animaux sauvages)

kūtubuka, DKF, 344 : se secouer la poussière (comme les poules)

káha, DKF, 201 : être rabougri, de petite taille, fluet

ké, DKF, 225 : petitesse ; petit, mince, peu épais, faible, médiocre, humble, fin, étroit, serré, étriqué

ké : état d'être étroit, serré

kēkama, DKF, 227 : être, devenir plus petit ; cesser à grandir, dépérir

kēeke : petit, chétif

kheeke : qui est petit

ki-, DKF, 236 : préf. de la cl. ki-

n'kéka, DKF, 714 : enfant au berceau, bébé, petit enfant

nkēkenè, DKF, 715 : personne très petite

nkénga, DKF, 720 : petite corbeille de la faàon **mpidi**

nkòkoto, DKF, 723 : personne économe, prudente, avare

n'kōnkutu, DKF, 727 : petit poisson

𓐍𓄿𓉻 xA, EG, 583 : office administratif

ká, ki-ká, DKF, 197 : lieu, place

ké, DKF, 225 : pron. locatif, à, au, chez, etc.

kō, DKF, 299 : dém. loc. là

kú-, DKF, 321 : préf. locatif de **kuuma**, place, endroit

kú : c. prép., adv. locatif, de, d'entre, d'avec, vers, à, où, là, de ce côté, par ici, d'ici ; où, où que, là où, par où

kūku, DKF, 326 : pron. dém. et locatif, justement, précisément ici, là ; **ku-kuku** : ici

kúuma, DKF, 331 : place, endroit

𓐍𓄿𓀔𓅆 xA, CDME, 183 : être jeune, petit

káha, DKF, 201 : être rabougri, de petite taille, fluet

ké, DKF, 225 : petitesse ; petit, mince, peu épais, faible, médiocre, humble, fin, étroit, serré, étriqué

ké : état d'être étroit, serré

kēkama, DKF, 227 : être, devenir plus petit ; cesser à grandir, dépérir

kēeke : petit, chétif

kheeke : qui est petit

ki-, DKF, 236 : préf. de la cl. ki-

n'kéka, DKF, 714 : enfant au berceau, bébé, petit enfant

nkēkenè, DKF, 715 : personne très petite

nkénga, DKF, 720 : petite corbeille de la faàon mpidi

nkòkoto, DKF, 723 : personne économe, prudente, avare

n'kōnkutu, DKF, 727 : petit poisson

xAa, DKF, 184 : le fait d'uriner

kivu, DKF, 296 : latrines

xAb, CDME, 184 : être courbé (de bras)

kóba, DKF, 299 : lèvre, bec, goulot ; bord, pan d'une marmite (généralement chose courbée) ; menton

xAb, EG, 584 : hippopotame ; REAN, 55 : hippopotame

ngúvu, DKF, 696 : hippopotame

xAbas, CDME, 184 : le ciel étoilé

kába, DKF, 198 : briller, étinceler, jeter des rayons

xAD, CDME, 185 : pâte

kádi, DKF, 200 : gluant

xAi, EG, 583 : examiner (un malade)

káya, DKF, 224 : recueillir (récolter) des plantes médicinales

kéya, DKF, 236 : avertir, exhorter, prendre soin de, veiller attentivement sur

𓇋𓄿𓅓𓂝 **xAm**, PAPP, 150 et 153 : courber

𓇋𓄿𓅓𓂝 **xAm**, CDME, 184 : plier le bras comme attitude de respect

𓐍𓄿𓋴𓈋 **xAs**, CDME, 185 : se bousculer pour (avoir) (?)

𓐍𓄿𓋴𓏏𓀀𓁐𓈉 **xAstyw**, PAPP, 80 et 86 : étrangers

𓈉𓐍𓄿𓏏𓏤 **xAst**, EG, 584 : pays de montagne, pays étranger ; **xAstyw** : habitants du désert

𓈉𓐍𓄿𓏏𓏤 **xAst**, CDME, 185 : montagneux, terre étrangère, désert

𓐍𓄿𓏏𓏥 **xAw**, EG, 583 : plantes de lotus ; plantes en général

𓐍𓄿𓏌 **xAw**, CDME, 184 : pot

kámba, DKF, 208 : honneur, respect

kámbu, DKF, 209 : gloire, honneur, respect

kémvo, DKF, 231 : courbure, cambrure, sinuosité, creux, concavité

kīnzakana, DKF, 287 : s'enfiler dans un chemin, s'élancer dans ; pénétrer ; s'enrouler ; aller en zigzag, enfoncer à travers ; se faufiler à travers ; s'échapper, disparaître

kīnzakani, na ~ : qui entre à la hâte (dans une maison)

záka, DKF, 1151 : prendre, saisir, empoigner, happer (pendant la fuite, en passant) ; chercher à attraper, à mordiller ; interrompre qqn, couper la parole à qqn

kānzu, na ~, DKF, 218 : qui saute par-dessus

kānzuka : sauter, bondir par par-dessus ; être levé, soulevé pour passer par-dessus

kānzula : lever, soulever, aider qqn à passer par-dessus (p. ex. un tronc d'arbre, une barrière)

kwá, DKF, 346 : patate, gros tubercule

nkòvi, nkòvya, DKF, 729: feuille de chou, de cassave; un tronc, une feuille de chou

n'kóvo: esp. d'arbre; un champignon

kávu, DKF, 223 : calebasse sans col (cou, goulot) ; carafe de terre cuite ; une petite calebasse de vin de palme (se dit aussi d'une grande pour se montrer modeste)

𓐍𓄿𓅱𓏏 **xAwy**, EG, 583 : nuit, soirée tardive

𓐍𓄿𓐍𓏏𓏥 **xAxt**, EBD, 86 : rapide

𓐍𓄿𓐍 **xAx**, EG, 584 : se dépêcher, aller rapidement

fúka, DKF, 157 : ténèbres, crépuscule

fúku, DKF, 158 : nuit, soir ; matin de bonne heure, à l'aurore

kàwa, na ~, DKF, 223 : rouge

vìki-vìki, na ~, DKF, 1063 : noir

vìkuka : être noir, sombre, foncé

vìku- vìku, na ~ : sombre, obscur, brumeux, noir

kàkala, DKF, 202 : ramper, aller lentement ; traîner la jambe

kākaba : marcher lourdement comme un buffle

kākaka ou **kākakaka** : promptitude, vitesse

kàkasa : prendre et emporter avec soi

kàkila, DKF, 203 : venir, aller

kākumuna, DKF, 204 : (se lever), lever en l'air, (se dit d'une chose grande, très répandue, p. ex. le bouillard)

kóka, DKF, 301 : tirer, traîner, entraîner, emporter de force, attirer à soi, haler, ramasser et enlever (des rebuts, des feuilles)

kóka, 302 : chemin, route, grande route, route nationale

kokunina, DKF, 305 : aller à cheval.

kúka, DKF, 325 : prendre, emporter (ordinairement tout ensemble), nettoyer la maison, faire place nette, voler, dérober, piller en butinant

kūkuka, DKF, 326 : être emporté, enlevé, emmené, etc. ; courir, s'enfuir, couler (rivière)

kūkumuka, DKF, 327 : être emmené, emporté en masse ou avancer, flotter (sur l'eau),

𓆼𓄿𓏭𓏏𓀒 **xAyt**, EG, 583 : tuer, massacrer

𓈎𓏤 **xa**, CDME, 184 : colline

𓊃𓅓𓂝𓏏𓄑 **xamw**, CDME, 186 : gorge

𓈍𓂋𓏤𓀉 **xar**, EG, 584: être fou de rage

marcher en roulant (une femme enceinte) ; courir, couler en bas, en descendant vite

yáta, DKF, 1120 : frapper

yātama : faire du bruit en tombant, donner contre ; être frapper

yànda, DKF, 1116 : frapper, battre, fouetter

kí-ika, DKF, 243 : monture, lieu, endroit de la maison où les grands cadavres **nyombo** sont ensevelis ; au-dessous sont des troncs **misenga** et au-dessus des nattes ; lit, place de lit ; couche, selle

n'kúnka, DKF, 735 : faîte de la maison, sommet, hauteur

nkúnki : gibosité ; bosse, qui tombe, penche (toit) ; crochet, courbure ; sinuosité, détour. N. : nom propre

kàamuka, DKF, 210 : crier à haute voix, à voix perçante ; en frappant la bouche

kàdi, DKF, 200 : amertume, âcreté ; aigreur, goût écœurant (qui donne des nausées, envie de vomir p.ex comme le sel d'Epsom) ; âpreté, propriété astringente (médecine), amer, âcre, aigre, âpre, écœurant

khadi : colère

kí-nkala, DKF, 271 : coup de pied ou de condyle (du doigt)

kúdi, DKF, 321 : colère, violence, impétuosité, mauvaise humeur.

kúdu, na ~, DKF, 324 : inquiet, agité, fâché

kúdu : colère

xaw, PAPP, 78 et 84 : le lever

xai, EG, 584 : briller, apparaître (du soleil, dieux, ou roi); **xaw** dét. ||| : apparition en gloire

xaw, CDME, 186 : couronne

xbA, CDME, 187 : détruire, ravager

xbd, EG, 584 : blâmer, marquer sa désaprobation pour

kéya, DKF, 236 : luire, sortir (le soleil) ; briller, rayonner

kèzima, DKF, 236 : luire, briller, scintiller, rayonner

kīa (**kyā**, **kīya**), DKF : 236, faire jour, devenir clair, poindre ; s'éclaircir (le ciel, le temps) ; être clair, pur, brillant ; paraître (le jour)

kwà, DKF, 346 : force, vigueur pouvoir ; **sa**~ou**mákwa** : fortifier

káfi, DKF, 200 : bouchon ; bourre

kávi, DKF, 223 : bonde, bouchon ; bourre ; être introduit dans qqch (un bouchon, une cheville, une bonde)

kúba, DKF, 321 : heurter (contre), donner des coups (de cornes)

khúba : coup ; coup blanc, manqué

nkúba, DKF, 729 : coup formidable, dont on peut mourir ; raclée ; coup de malheur, calamité

kāabilà, DKF, 198 : colère montrée par le battement des mains

kàmba, DKF, 208 : montrer, désigner du doigt ; parler de (sur) qqch ; annoncer, prêcher, raconter ; avertir (qqn de qqch) ; dire, ordonner (qqch à qqn) ; prescrire, recommander, conseiller

kàmba : interj., pas ainsi ! n'est-ce pas ainsi ? comme cela ! oui, certainement ! souvent employé pour introduire une question

kēdiba, DKF, 226 : se quereller, se disputer, se chamailler

𓊖𓃀𓏴 **xbi**, OEP, 385 : réduire, soustraire

kàba, DKF, 198 : partager, diviser, sectionner

kàbula, DKF, 199 : être partagé entre, cesser (de), finir (de), s'arrêter de (p. ex. pleuvoir) ; venir à rien, échouer, ne pas se faire

𓊖𓃀𓀞 **xbi**, EG, 584 : danser

kábu, DKF, 199 : bond, saut ; **dumuka** ~ : bondir, sauter

nkàba, DKF, 704 : jeu de **mbele** et mouvement de danse ; celui qui perd au jeu de **mbele**

kūbula, DKF, 323 : danser (habituellement seul) au milieu devant des gens rassemblés

𓊖𓃀𓈖𓏴 **xbn**, EG 584 : (être) coupable

ka-bùnga, DKF, 199 : méfait, mauvaise action

nkúmbi, DKF, 733 : tromperie

𓊖𓃀𓋴𓎂 **xbs**, EG, 584 : cultiver

kámmpa, DKF, 210 : bêcher, piocher, creuser

nkámba, DKF, 707 : une sorte d'herbe (mauvaise herbe)

n'kámba : bord de défrichage, du champ

𓊖𓃀𓋴𓏏𓆮 **xbst**, EG, 584 : queue, barbe

ki-mbàka, DKF, 247 : cordon d'ornement, anneau, cordon, tresse autour du coup

ki-mbàka : cordon, ruban, tresse

𓇯𓏭𓏭𓏐𓏥 **xDy** (**xwdy** (?), CDME, 200 : richesses

kádi-kádi, DKF, 200 : le jour du marché **nkenge**

𓎡𓃀𓀒 **xdb**, EG, 587 : tuer

kéda, DKF, 226 : frapper, abattre à coups de (bâton, hache, etc.), dépecer (un animal)

kóda, DKF, 300 : battre, frapper

797

𓄿𓃀𓏏𓏛 xdDw, DKF, 200 : gibier d'eau

𓄿𓂧 xdi, PAPP, 79 et 85 : descendre le courant

𓄿𓅓𓎌 xfAt, CDME, 190 : nourriture

kúda, DKF, 323 : frapper contre

kwàda, DKF, 347 : couper

ngódya, DKF, 689 : esprit d'un mort

ngónda, DKF, 691 : meurtre, qui est mortel

ngóndolo: meurtre

vónda, DKF, 1073 : tuer, faire mourir, immole, abattre (un animal) ; assommer, mettre à mort ; endormir, anesthésier (pour une opération) ; assassiner, exécuter, supplicier ; massacrer, fusiller ; abîmer, détruire, endommager gravement, gâter, briser, casser, mettre en pièces, ruiner ; rendre inutilisable, réduire à néant ; laisser se perdre, se détruire

kāda-kada, DKF, 199 : oiseau semblable à **tyokula**

kōdima, DKF, 300 : marcher, aller, s'avancer en masse, en foule, en longne ligne, en cortège, en procession, en bande

kodobo : ramper (enfant)

kòdya, i ~, DKF, 301 : fig. au sens d'aller vite dans (le canot) ; **na ~** : au sens de s'asseoir à la hâte

nkőofi, DKF, 722 : plante de chou

nkòoha : feuille de chou

nkòhe : chou feuillu ; chou vert ou non pommé ; chou pommé (cabus)

nkòvi, nkòvya, DKF, 729 : feuille de chou, de cassave ; un tronc

nkòoya : chou, feuille de chou, chou vert ; feuille de manioc, concombre

𓈖𓂝𓃀 **xfa**, EG, 584 : saisir, attraper, s'emparer de; étreinte, poigne, prise, empoigner; étreindre; emprise

kàa, DKF, 197 : fig. au sens de saisir, s'emparer de

kāfama, DKF, 200 : être saisi, étreint

kāfinina, DKF, 201 : se saisir de, empoigner, s'accrocher à, se cramponner à, tenir, tenir ferme, serré (par la main)

kófi, DKF, 301 : coup de poing

kūfama, DKF, 324 : être noué, fermé (de la main)

kūfika : nouer, fermer (la main)

𓈖𓂝𓊌 **xfa**, CDME, 190 : un gâteau

nkàwa, DKF, 713 : manioc ; cassave

𓈖𓏏 **xft**, EBD, 1 : quand

𓈖𓏏 **xft**, EG, 584 : devant ; au temps de, quand

kúfi, DKF, 324 : près, trop près, autour, dans le voisinage de, à proximité de

lu-kúfi, ~ ye, DKF, 425 : près

𓈖𓏏𓏭 **xfty**, CDME, 190 : ennemi

kámba, DKF, 208 : inimitié

ngàma, DKF, 682 : $ etre, se mettre en colère, se fâcher ; devenir acide (du vin de palme) ; rouler, gronder, tourner (le ciel)

ngáma : colère, irritation ; vin de palme acide ; roulement, tonnerre

𓈖𓈖𓈗 **xfxf**, CDME, 190 : inondation

kifàa, DKF, 242 : onomatopée pour crac ! tout d'un coup dans l'eau

kīfama : tomber dans l'eau

ngàami, DKF, 683 : inondation, débordement

𓈖𓄿𓅓 **xm**, CDME, 190 : chaud

kála, DKF, 205 : sécheresse ; grande chaleur, temps sec, siccité, absence (manque) de pluie

𓂁𓅓𓌟 **xm**, CDME, 190 : être sec

ngāluka, ngāluluka, DKF, 682 : chaleur brûlante, blanche ; chauffer à blanc

kála, kik., DKF, 205 : saison humide sans pluie, ciel d'airin, pénurie d'eau ; sécheresse

kála : sécheresse ; grande chaleur, temps sec, siccité, absence (manque) de pluie

kōmpokoto, kik., DKF, 310 : vieille femme, personne ; noix de palme vieille et sèche

kōmvuna, DKF, 310 : sécher, dessécher, essuyer, épousseter

kúuma, DKF, 331 : se sécher

yùma, DKF, 1146 : se sécher, se dessécher, être sec, s'évaporer

𓂁𓅓𓂝 **xm**, EG, 584 : ne pas connaître, (être) ignorant de

kama, DKF, 207 : abandonner (la partie), renoncer à

kámba, DKF, 208 : manquer de

kámbwa, DKF, 209 : manquer, être privé de, ne pas avoir, être sans, faire défaut

kambwa : être inactif, oisif

kamwa, DKF, 209 : être inactif, oisif

kémbwa, DKF, 231 : ne pas avoir, être sans, dénué de, manquer de ; être dépourvu de

kóndwa, DKF, 312 : v. nég. dép., ne pas avoir ; être sans, dépourvu de, privé, manquer de, faire défaut ; être en perte, à court de, dénué de ; être défectueux, en mauvais état ; être loin, hors de, absent, parti, éloigné

𓂁𓅓𓊪 **xm**, CDME, 191 : démolir (des bâtiments) ; faire du tort à qqn

kìima, DKF, 247 : prendre, ôter, enlever, voler, dérober, prendre qqch à qqn

𓂁𓅓𓊛 **xm**, EG, 584 : lieu de pèlerinage

800

xm, CDME, 191 : image sacrée

xma, CDME, 191 : saisir

xmn, PAPP, 392: huit

xmt, EG, 585 : prédire ; s'attendre à, penser

xn, CDME, 191 : rebelle

kúmbi, DKF, 332 : un initié aux mistères d'**Elongo** ou d'**Eseka**

nkímba, DKF, 719 : une société secrète ; personne qui est initiée à ces mystères ; enchanteur

kúma, DKF, 331 : endroit, lieu ; coin (aussi d'un panier)

kúmbi : place, endroit, lieu, un certain endroit, quelque part, en un certain lieu

Kumfu, DKF, 333 : idole

kàmata, DKF, 208 : saisir, tenir ferme ; se jeter sur avec les griffes et les dents ; reprendre avec violence ce qu'on vous doit ; faire, opérer une saisie

kìmata, DKF, 247 : saisir ; mordre (un chien)

tàmata, DKF, 948 : saisir, prendre, saisir avec les deux poings

náana, DKF, 656 : huit

kàmba, DKF, 208 : parler de (sur) qqch ; annoncer, prêcher, raconter ; avertir (qqn de qqch) ; dire, ordonner (qqch à qqn) ; prescrire, recommander ; conseiller

kàmba : interj., pas ainsi ! n'est-ce pas ainsi ? oui, certainement ! souvent employé pour introduire une question

kèna, DKF, 231 : marchander (impoliment) ; refuser, ne pas vouloir recevoir, mépriser, dédaigner, critiquer ; examiner, déprécier (ce qui appartient à autrui, etc.)

kènya, DKF, 233 : mépriser, rabaisser, faire fi de (ce qui ne vous appartient pas) ; dédaigner, refuser, ne pas vouloir (nourriture) ; grimacer

ngàma, DKF, 682 : être, se mettre en colère, se fâcher ; devenir acide (du vin de palme) ; rouler, gronder, tonner (le ciel)

ngàna, DKF, 683 : colère

ngáni, DKF, 684 : colère ; acidité, aigreur

ngànina : irriter, injurier

ngánya, DKF, 685 : contredire, braver, mépriser

ngòna, DKF, 691 : contredire, se refuser à, ne pas consentir, braver ; être en colère et parler à tort et à travers

ngùma, DKF, 694 : humeur irritable, voilence ; sensibilité (corporelle) ; murmure de beaucoup de gens, mugissement

nkanyi, DKF, 712 : énergie, fermeté, hardiesse, valeur héroïque

xn, CDME, 192 : discours, mot

ngàna, DKF, 683 : exemple, adage, proverbe, dicton, comparaison, apologue, fable, allégorie, légende, parabole, conte

n'kénda, DKF, 716 : histoire, nouvelles, récit, commérage, manie de jaser ; **ta ~** : bavarder, jaser

nóngo, DKF, 750 : nom d'un chant entonné dans les palabres lorsqu'on raille ; qu'on couche qqn en joue ; parabole, proverbe, fable, conte

xnd, EG, 585 : marcher

kènda-kènda, DKF, 231 : parcourir une petite distance (et après se regarder)

☉ 〰️ 🪵 (le déterminatif montrant un bois tordu ne figure pas dans le Sign-list de Gardiner) **xnd**, CDME, 195 : bois courbé

kandakana, DKF, 212 : être flexible, souple

kōndakana, DKF, 311 : qui peut être replié (chemin) ; courbé ; serpenter, être dupé à venir ; faire un détour

kōndama : être courbé, recourbé, plié, crochu

☉ 〰️ 🐦 **xni**, EG, 585 : descendre, faire halte

kànkika, ~ **mambu**, DKF, 217 : arrêter une procédure (par mauvais vouloir), l'entraver

kènkita, DKF, 233 : cesser, finir, s'arrêter (pluie)

kènkita: aller, marcher doucement, lentement, chercher, avancer à pas lents, de façon incertaine, d'un pas mal assuré, en glissant (par suite de l'état glissant des chemins)

kēnkolo, DKF, 233 : ligne, trace, limité, borne

☉ 〰️ 🐦 **xni**, CDME, 192 : jouer la musique

kína, DKF, 262 : danser, sauter, gesticuler comme à la danse

ngongo, DKF, 692 : sorte de danse

☉ 〰️ 🐦 **xnm**, EG, 584 : 1. sentir, 2. faire plaisir à (qqn)

khenda, DKF, 231 : désir de plaire

ngòna, DKF, 691 : ronfler, priser, renifler (comme lorsqu'on dort)

ngònya, ngonye, DKF, 692 : ronflement

☉ 〰️ **xnms**, CDME, 193 : ami

kàngu, DKF, 215 : ami, fiancé, fiancée ; amitié, union, convention, accord, traité, alliance, contrat

kúndi, DKF, 336 : amitié, respect, affection, attachement, dévouement ; faveur, grâce, bienveillance (se dit aussi de **nkisi**) ; louangé et aimé (homme avec lequel les femmes veulent bien se marier) ; favorite (femme)

xnr, EG, 585 : contenir (to restrain)

xnr, CDME, 193 : harem

xnS, EG, 585: puer

xns, EG, 585 : « fare through (marshes, etc.) »

xns, (xnz), CDME, 193 : traverser (une région) ; voyager, répandre (une maladie)

ma-kàngu, DKF, 480 : ami

n'kúndi, DKF, 734 : ami, compagnon ; relation, connaissance

Nkúndi : nom propre (personne, montagne, eau) ; ami

kála, DKF, 204 : empêcher (de différentes manières) ; saisir, tenir qqn (qui veut se battre, etc.) ; aider, secourir qqn (en danger) ; sauver ; donner un coup de pied

kàna, DKF, 211 : menacer, défendre, interdire

kánda : supplier, exorciser pour empêcher la pluie de tomber au moyen de nkisi

kāndama : DKF, 212 : être prohibé ; être ensorcelé, enchanté, fasciné ; être à l'abri d'un mal grâce à un nkisi

nkódi, DKF, 722 : prisonnier

nkóle, DKF, 724 : prisonnier

kónzo, DKF, 316 : nom d'un jour de marché, foire

Konzo : nom de femme

kūnzilà, DKF, 341 : monogamie, une seule femme dans le mariage (se dit seulement de la femme)

kana, DKF, 211 : haleine mauvaise

hāngama, DKF, 188 : marcher avec les jambes écartées comme quand on a des abcès dans l'aine

kāngala, DKF, 214 : marcher, cheminer, s'en aller, voyager (pour son plaisir, pour faire du commerce) ; se promener, partir en voyage,

𓇳𓏤𓃀𓀾 **xnsw**, EG, 585 : Khons, le dieu-lune à Karnak

NNC, 222 : « Khon, dieu du ciel pour les Ethiopiens, signifie arc-en-ciel en valaf. Il existait aussi une terre de Khons sur le Haut Nil. "Khon devant être entendu dans le sens de : mort de l'autre monde mais par encore parvenu à la condition divine". Khon signifie mourir en Sérère »

𓍿𓊌𓏥 **xnt**, EG, 585 : partie de devant

𓍿𓏥 **xnt**, CDME, 194 : un casier (pour des jarres)

𓍿𓏥 **xntw**, EG, 585 : filets pour des pots d'eau

𓍿𓊌𓏤𓊝 **xnty**, PAPP, 79 et 85 : remonter le courant

𓍿𓊌𓏤 **xnt (y)**, OEP, 396 : sud, austral

faire un tour ; être en congé ; roder, errer, vagabonder, flaner ; se traîner

n'kùnzi, DKF, 736 : porteur, amabassadeur, envoyé

di-kóngo, DKF, 117 : grand et riche chef, qui est mort (récemment ou depuis longtemps)

Di-kóngo : un **nkisi**

Kóngo ou **Na ~**, DKF, p. 313 : sorte d'idole (faux-dieux) ; un grand **nkisi**

khòngolò : cercle

kōngolo-kongolo : arc-en-ciel

lu-kōngolò, DKF, 424 : en forme d'anneau, arc-en-ciel

ngònda, DKF, 691 : lune, mois

kóngi : boucle à (ou par) laquelle on suspend qqch

ngánda, DKF, 683 : place ouverte et nettoyée dans un village ; la place publique ; cour ; extérieur ; palais (du roi) ; **ku ~** : dehors, sur la place ouverte ; **mu ~ mbazi** : au dehors

nkónzi, DKF, 728 : botte de calebasses nouées ; grand nombre en fille (des chiens à la chasse)

kāndana, DKF, 212 : aller lentement, se retarder, être longtemps parti

kandika : embarquer, fréter

kēnkolo, DKF, 233 : ligne, trace, limite, borne

𓏠𓏠𓏠𓊪𓏌𓏛 **xnty**, OEP, 407 : à côté, en dehors de (en parlant d'une place)

𓈖𓅱𓉐 **xnw**, EG, 585 : habitation, chapelle

𓊹𓅽𓂝𓏥 **xpdw**, CDME, 190 : fesses

𓊹𓂻 **xpi**, EG, 584 : marcher, se promener, rencontrer ; **xpt**, det. 𓂽 , 𓌙 : mort

𓊹𓊪𓊪 **xpp**, CDME, 188 : inconnu, inaccoutumé, étrange

kēnkolo, DKF, 233 : ligne, trace, limite, borne

kana, DKF, 211 : faîtage d'une maison, pignon

kàndu, DKF, 213 : endroit où l'on mélange (brasse) le vin de palmier, endroit dans la forêt où l'on boit le vin de palmier sous la protection du **nkisi** ; demeure, abri

khandu : endroit découvert, ouvert (où les garçons jouent)

ki-bùku, DKF, 239 : reins, le bassin, partie inférieure du dos (d'animal) ; croupion

kìba, DKF, 237 : se remuer, s'agiter, vivre, avoir de la vie ; tourner autour, aller saluer ; marcher, cheminer, errer, se promener ; vagabonder ; aller avec fierté

kìiba : branler, se secouer comme quand un animal meurt

kìba-kìba ou **na ~** : voyageur, homme errant

ki-phingu, DKF, 290 : mort subite

kōbakana, DKF, 299 : aller, marcher tout droit, marcher en se dressant de toute sa taille (se dit d'une personne de haute stature)

nkába, **fwa ~**, DKF, 704 : mourir de mort violente

Kí-mpi, DKF, 257 : nom de **nkisi**, esprit revenant, etc.

ki-mpílu : monstre, enfant difforme, aux jambes courbées, etc.

Ki-mpilu : nom de femme = qui fausse qqch

806

xpr, EBD, 4 : révolution ou venue à l'existence

xpri : Khepri (Le créateur des dieux [soleil] levant et brillant)

xprS, EG, 584 : la couronne bleue

Ki-mpidi : un **nkisi**, idole

ki-mpidi : qqch d'inconnu, de mystérieux ; ~ yo ? réponse : enfant dans le sein de sa mère (= il est inconnu, on ne sait s'il est un garçon ou une fille)

nkómbe, DKF, 725 : qqch de mystérieux ; raillerie, poisson d'avril (attrape)

n'kúmbi, DKF, 733 : miracle, prodige, étonnement

ki-mpidi : de qqch qui revient toujours (impôt, procès) ; qqch qui ne cesse pas bientôt

ki-mpíini, DKF, 258 : état, propriété de pouvoir prendre la forme d'un animal comme **kindoki**

ki-pàdi, DKF, p. 290 : matin, matinée ; demain, à demain ; point du jour ; au matin

ngàmbula, DKF, 683 : tourbillon, tournant (dans l'eau)

vìlula, DKF, 1064 : tourner, retourner, remuer, mouvoir, donner une direction opposée, contraire ; modifier, changer, réformer, amender, altérer, échanger, varier, troquer, permuter ; changer de place, muer, changer de peau, déménager, déplacer, attiser (le feu), retirer

vīlula : faire passer vite

vīnda-vinda, DKF, 1065 : être variable ; prendre ou commencer tantôt l'un tantôt l'autre, celui-ci, celui-là ; être changeant, variable (temps), tantôt couvert, tantôt clair ; disputer fortement

ki-bàta, ki-bàti, DKF, 238 : coiffure en forme de casque, touffe de plumes sur la tête des oiseaux, tresse de cheveux

⊕□𓂝 **xpS**, CDME, 189 : cuisse

⊕□𓂝𓀜 **xpS**, CDME, 189 : bras fort ; force, pouvoir

⊕𓂋 **xr**, CDME, 195 : et, en plus

⊕𓂋 **xr**, CDME, 195 : tomber

kúba, DKF, 321 : appliquer sur, peindre, colorer

kúbu, DKF, 322 : sabot (fendu) ; pied (fourchu)

n'kubila, teela ~, DKF, 729 : trébucher

sāakubà, DKF, 867 : contre-coup, heurt, choc (des pieds), faux pas

ngàafi, DKF, 682 : qui agit avec vigueur, puissance, persévérance ; forube, canaille

kúbu, DKF, 323 : coup de la main ; soufflet ; gifle

nkávi, DKF, 713 : personne forte, vigoureuse

káasi, DKF, 220 : préposition et conjonction, ensuite, après, depuis, dès, à partir de, à dater de

kúla, DKF, 327 : pousser, croître, grandir, se développer

nkūndubulu, DKF, 734 : colline ; figure de petite taille ; ombre des morts, esprit du défunt ; nain, pygmée

nkùtu, DKF, 736 : colline saillante, sommet de montagne où l'on bâtit souvent le village

kada, DKF, 199 : plisser

kīdiba, DKF, 241 : jouer, s'amuser, faire du tapage, du vacarme, du bruit ; marcher, courir de long en large, de côté et d'autre, aller et venir ; sauter comme les chèvres

kīdibita : jouer, s'amuser, sauter, grimper, ramper les uns après (sur) les autres ; bruit, vacarme, jeu

kìnduka, DKF, 265 : être sens dessus dessous, être renversé, retourné, passer la crête d'une montagne

kìndu : renversement, culbute

kìndu : plaisanterie, raillerie, badinage, jeu

kindubuka : être renversé, tête en bas

kìndubula : mettre l'entrée en bas, p. ex. d'une nasse, renverser

kìndukila : s'étendre en bas de

kìndula : renverser, retourner, mettre, placer sens, dessus dessous ; culbuter, pencher, faire signe de la tête, saluer, avaler qqch de chaud

kóda, DKF, 300 : plisser, froncer (étoffe) ; enrouler, rouler (corde) ; mettre en écheveau (fil, cordon) ; mettre sur une même ligne, mettre par ordre

kóda : battre, frapper, heurter, abattre (mettre par terre, jeter par terre) (à coups de hache)

kódāa : rien ! nul !

kōdama : être battu, renversé, jeté à terre ; tomber brusquement à la renverse, rouler à terre, tomber (fruit)

kodama : interj., non, pas du tout

xrp, OEP, 401 : contrôler, administrer, conduire un troupeau

kála, DKF, 204 : empêcher (de différentes manières), saisir, tenir qqn (qui veut se battre, etc.) ; aider, secourir qqn (en danger) ; sauver, donner un coup de pied

kàmba, DKF, 208 : montrer, désigner du doigt ; parler de (sur) qqch, annoncer, prêcher, raconter ; avertir (qqnde qqch) ; dire, ordonner (qqch à qqn) ; prescrire, recommander ; conseiller

kàmba : honneur, respect

kàmba : inimitié

𓏧 **xrw**, EG, 499 : voix

kūdidila, DKF, 323 : secourir, subvenir, aider

kála, DKF, 204 : enroué

kálalala, DKF, 205 : (être enroué), être sec, desséché, dur ; être enroué, avoir une voix aiguë, perçante

kása, DKF, 219 : criailler

kāaza, DKF, 225 : crier, appeler d'une voix perçante, hurler, dire pour injurier

kāaza : vanterie, cri, appel

kāzala : parler à haute voix ; invoquer le secours de qqn ; prier qqn à haute voix, avec force (p. ex. pour mourant) ; crier avec force et menacer celui ensorcelle un parent

kósa, DKF, 317 : parler beaucoup

kōsula, DKF, 318 : tousser

kuru-kuru, na ~, DKF, 341 : bruit de coup de fusil au loin

𓏧 **xsf**, EG, 586 : repousser, opposer

kāasa, DKF, 219 : ne pas entendre, désobéir

kusumuna, DKF, 342 : renvoyer, pousser, chasser, pourchasser (les poules, etc.)

sáfa, DKF, 864 : renvoyer

𓏧 **xsr**, var. 𓏧 **Xsr**, EG, 586 : chasser, repousser

kāasa, DKF, 219 : ne pas entendre, désobéir

kusumuna, DKF, 342 : renvoyer, pousser, chasser, pourchasser (les poules, etc.)

𓏧 **xt**, OEP, 412 : branche

𓏧 **xt**, EG, 586 : bois, bâton, arbre

kí-tha, DKF, 292 : branche

kúdi, DKF, 323 : très grand arbre servant de colonne, d'étai contre une maison

kúla, kik., DKF, 327 : souche pour s'asseoir

810

kúla katende, DKF, 328 : essence d'arbre

n'katu, DKF, 713 : espèce d'arbre

n'kisu, DKF, 721 : essence d'arbre (**Eugenia owariensis**)

nta, DKF, 784 : branche

nti, DKF, 793 : arbre, bois, poutre, tronc ; bâton, perche ; buisson, pousse, morceau de bois ; cube, pieu, poteau, pilotis, colonne (de bois) ; mât, mât de pavillon, mât de cocagne ; de bois, qui ressemble au bois

xt, EG, 30 : chose

kìta-kìta, DKF, 292 : chose qui se représente (en l'esprit) aussi clairement que si elle était présente réellement devant les yeux

xt, EG, 586 : feu

xt, EBD, 65 : flamme

kandana, DKF, 212 : brûler (le croûton)

kāsuka, DKF, 220 : être bien cuit

kāsula : cuire, brûler

kitima, DKF, 293: s'enflammer

kozi, na ~, DKF, 320 : noirci (par la fumée), sombre, noir (fruit, ciel)

kūzila, DKF, 346 : malpropre, sale ; noir

xtA, OEP, 390 : monter en rampant

hāatuka, DKF, 188 : monter (mont)

kodobo, DKF, 300 : ramper (enfant)

xti, EG, 586 : se retirer ; **xtxt** : se retirer, être inversé

dèka, DKF, 110 : aller ça et là, aller en rond, faire un détour ; route indirecte (p. ex. autour d'une montagne)

dèka : revenir de nouveau (un procès, etc.)

dèka : aller chercher des aliments divers pour le ménage

dèkama, DKF, 110 : aller chercher des aliments divers pour le ménage

dèkisa, DKF, 111 : faire un détour, autour (d'une montagne)

dèkuka : aller autour (d'une montagne) ; faire un détour, un crochet, se déplacer à côté ; laisser passer qqn

kītu, DKF, 294 : changement de forme et d'apparence ; métamorphose (insecte, etc.) ; transformation ; esprit, génie, démon (des morts)

kītula : changer en ; modifier, transfomer en ; métamorphoser, contre-faire, régénérer, réformer, refondre, changer (la couleur) ; échanger, réduire à rien ; faire échouer

xti, EG, 586 : tailler, sculpter

dika, DKF, 115 : graver

kāata, DKF, 221 : couper, couper pour faire tomber

kātakana : pouvoir être emporté, enlevé, ôté

kātuka, DKF, 222 : se détacher, tomber de, disparaître

kātula : enlever, extraire, retirer, arracher, soustraire

kùuta, DKF, 342 : nom d'un **nkisi**, idole, mausolée

téki (è), DKF, 960 : statuete, statue ; statue de fétiche (en bois) ; simulacre, idole, image

xtm, CDME, 199 : « valuables (?) »

kúta, DKF, 343 : héritage

kúta : bien, richesse, propriété (ce qu'on a dépensé pour se procurer p. ex. une foule d'esclaves) ; esclave ; chef très riche

xtm, EG, 586 : fermer ; cachet ; cacheter

káda, DKF, 199 : coaguler

kàta, DKF, 221 : plier, replier

kháta : giron, sein

kātama : être resserré

kùtama, DKF, 343 : se contracter ; sécher, se dessecher, se rider, se froncer, se recroquéviller, se refermer (fleurs) ; être assis accroupi (comme quand on a froid) ; souffrir du froid

nkáta, DKF, 713 : genoux, giron, sein

nkata : cercle, enroulement de fil de fer, de lianes, d'un serpent ; anneau, œillet, nœud coulant par quoi qqch est passé

nkātabà, fwa ~ : s'engourdir

nkātanga : crampe, engourdissement (d'une jambe) ; manie d'écrire, crampe des écrivains ; paralysie

nkātikà, fwa ~ : s'engourdir

xwd, EG, 584 : (être) riche

kūdidila, DKF, 323 : secourir, subvenir, aider

kūdika : renchérir sur, mettre sur, ajouter, agrandir la mesure, donner, offrir plus, davantage ; augmenter, multiplier

kūdikila, DKF, 324 : mettre sur, donner plus, faire davantage ; en outre, de nouveau

kúta, DKF, 343 : héritage

kúta : bien, richesse, propriété (ce qu'on a dépensé pour se procurer p. ex. une foule d'esclaves) ; esclave ; chef très riche

xwi, EG 586 : protéger ; xw : exclusion

kùuta, DKF, 342 : mettre de côté, épargner, ménager, garder, économiser, respecter, protéger, sauvegarder, sauver, conserver

kùuta : avare

𓊖𓅱𓊨 **xwsi**, EG, 584 : construire, accomplir

𓊖𓅱𓅱 **xww**, PAPP, 161 et 163 : bassesse

𓊖𓅱𓅱𓏥 **xww**, EG, 584 : mal (« evil »)

𓊖𓏏 **xx**, EG, 585 : gosier

𓊖𓀔𓀀 **xy**, EBD, 215: l'enfant

𓊖𓏭𓏭 **xy**, BEC, 95, tel ; **xy**, CDME,185 : quoi? **xy qd.k** : comment vas-tu ? **xy... xy ...** « as .... so ... »

kùza, 345 : faire qqch avec effort

kùzika, DKF, 346 : solide, fixe ; consolider

kúdi, DKF, 323 : colère, violence, impétuosité, mauvaise humeur

kūvala, na ~, DKF, 345 : qui est sale, etc.

nkúwa, DKF, 737 : grand serpent aquatique

láka, DKF, 377 : cou, col, gorge ; partie de qqch qui ressemble au cou ; p. ex. la partie étroite d'un chandelier, d'un pied de table tourné, etc.

ngó, DKF, 689 : qui est long

ngóyo, DKF, 693 : qui est très long

nkáki, n'nua ~, DKF, 705 : avaler un bouillon, se noyer

nkànka, DKF, 711 : se noyer ; **nwa ~** : avaler un bouillon

ké, DKF, 225 : petitesse ; petit, mince, peu épais, faible, médiocre, humble, fin, étroit, serré, étriqué

ké : état d'être étroit, serré

ci-, DKF, 101 : préf. et pron. de la cl. **ci**

kī, DKF, 236 : pron. de la cl. **ki** ;pers. subj., il, elle ; dém. simple 1e posit., ce, cette, rel., qui

kīki, DKF, 244 : pron. dém 1e posit., il, **ki**, celui-ci, celle-ci

nkeo-nkeo, DKF, 717 : ambiguité, doute, scrupule

nki, nkyá, DKF, 718 : quel ? lequel ?

yH, EG, 556 : interj. « hey ! »

yhy, CDME, 28 : Oho!

ym, EG, 556 : mer

íēe, DKF, 195: interj., hé! hó!

yē-è, DKF, 1122 : interj.

yéehe, DKF, 1123 : interj. négative

yèese, DKF, 1129: interj., nég., je ne sais pas, j'ignore

ma-yīmbi ou ~ **tiiti**, DKF, 513: grande pluie

yába, DKF, 1109 : marais, marécage

yámba, DKF, 1114 : larme, goutte, reste d'un liquide

Yámbi : nom d'une eau

yambazala : tomber (dans l'eau, etc.)

yīma, DKF, 1134 : être chargé de pluie

INDEX
(L'index ne reprend que les mots kikongo du lexique)

A

a, 244, 257
á, 58
-á-, 383
áà, 283
ăà, 283
-áaku, 328
-àaku, 328
-āakulù, 73
-áama, 258
-áame, 258
-áami, 258
áani, 180
-áani, 180
-àani, 258
-āani, 347
áaù, 710
abé, 87
ábé, 87
âbè, 87
abu, 58
abū mpyà, 58
aka, 94, 106
-áka, 345
akaana, 81
akala, 251
-ākala, 345
akama, 71
-ākana, 330, 338
-akinu, 753
aluka, 263
alula, 70
-āma, 362
amama, 262
amba, 67
ambizi, 68, 262
-āna, 101
-ānana, 290
-angani, 338
ánsi, 289
ánsye, 289
-asa, 72
asuka, 70, 303
asula, 305
-ata, 72
āu, 710
-āu, 710
áù, 710
aula, 118, 718

awá, 710
àwâ, 710
azima, 71

B

ba, 436, 437
bá, 58, 85, 347, 359, 434, 437
bà, 58, 434
bā, 123, 426
bà'a, 87
bàa, 272, 434
bàaba, 426
bāaba, 85, 268
bàabila, 133
bàabu, 426
bàaka, 62, 125
báaku, 125
bàakuna, 62
bàala, 107, 270, 734
bāala, 131
bāana, 436
bāanga, 123
báasa, 441
bàasa, 140, 441
Bàasa, 441
bàasuka, 441
bàasuna, 441
bāata, 128, 133
bāatila, 142
báazu, 140
bába, 58, 84, 87, 133, 272
bàba, 58
bábá, 291
bàbakana, 291
bàbala, 58
bābala, 58
bābama, 123
bābasa, 58
bābika, 123
bàbila, 84
babu, 85
bàbula, 85
báda, 676
bāda-bada, 68
bādama, 426
bádi, 123
badika, 135
bādika, 426
bādukulu, 426

bāika, 192
báka, 126, 133, 145, 192, 359
báká, 139
bàkala, 126
bākanga, 125, 132
bākasa, 126
bākatala, 133
baku, 355
bála, 272
bàla, 107, 130, 167, 270, 274, 734
bàlala, 274
bàluka, 107, 270, 734, 736
bàlula, 107, 167, 270, 734, 736
bàlumuna, 107, 270
bàmba, 85, 268, 272
bàmbalakasa, 125, 132
bámbu-bámbu, 274
bàmbula, 274
bámu, 125, 132
bana-bana, 436
bánda, 138, 277, 418, 426, 431, 775
bànda, 119, 124, 138, 277, 738, 775
bándi, 418
bándika, 426
bándila, 418
bándu, 426
bānduka, 426
banga, 124
bánga, 125, 127, 129, 145, 353, 445
bànga, 125, 126, 138, 145, 445
bānga, 61
bāngala, 62, 132
bāngati, 353
bàngi, 125
bángu, 126, 138, 355
bāngu–bangu, 127
bàngula, 62, 132
bàngula, 138
bankwa, 246, 532
bānsala, 437
bànza, 547
bānzala, 437
bānzama, 437
bánzu, 122
bānzu, 437
bānzula, 437
basa, 139
bása, 441
basala, 88
bàsika, 140
bāsinga, 128
báta, 142
bàta, 434
báu, 710
bāuka, 61

bāwa, 61
bàya, 87, 126, 129, 272
báza, 440
bàzala, 441
bázi-bázi, 441
bàzima, 141, 441
be, 436
bé, 58, 87, 131, 426, 710
bè, 122, 274
beba, 268, 274
bèba, 122, 274
bēbalala, 87
bēbama, 85
bèbe, 122
bēbika, 85
béda, 131
bēdakani, 131
béde, 123
bēdidika, 141
bèe, 61, 122, 131, 142, 274
bèebe, 133
bēedi-beedi, 142
bēela, 142
bèele, 138
bèene, 138
béene-béene, 137
beeno, 138
bēeta, 119, 131, 305
bēevudi, 131
béka, 62, 125, 132
bèka, 125, 132
bèkama, 135
bèke, 135
békete, 138
bèki, 136
bēkuka, 133
bēkula, 133
béla, 142, 349, 370
bèla, 142
bēla-bela, 142, 349, 370
bēlakana, 142
bēlama, 142
bélé, 142
bēle-bele, 142
bēleme, 142
bēlemene, 142
bélo, 139
bémba, 85, 268, 272
bèmba, 130
bēmbama, 85
bembeke, 130
bembekete, 85
bēmbele, 123
bēmbelè, 130
bemvuna, 85

818

bemvwene, 85
bēnda-benda, 136
béndo, 136
bēndo-bendo, 136
bēnduka, 136
bènga, 144
bénga-bénga, 144
bènge, 144
bèngenge, 144
béngi, 144
béngi-béngi, 144
bēngo, 137
bénnda, 136
bénnga, 144
bénza, 441
bésa, 441
bēsama, 140
bese, 141
bēsika, 140
besumuka, 141
bèta, 131
bétakani, 131
bètama, 140
bete, 132, 141
bète, 60, 124, 129
bēte-bete, 124, 129
béti, 124, 129, 141
bètika, 124, 129, 140
bētula, 60
bètumuka, 140
bētumuka, 140
bètumuna, 140
bèya, 131
béya-béya, 131
bi, 135, 436
bí, 58, 121, 133
bídi, 275
bídika-bídika, 141
bidiki, 135
bīi, 135
bìidi, 136
bīila, 349
bīiva, 317
bīivila, 317
bīivisa, 317
bíka, 136, 270
bi-kála, 328, 451
bíki, 60, 272
bi-kóoyi, 337
bìla, 64
bilumuna, 139
bìmba, 78
bìnda, 151, 387
bìndakana, 387
bìndi, 130

bíndu, 137, 138
bìndu, 137
bìndumuna, 137
binga, 275
bínga, 144, 275
Bínga, 144
bīngu, 275
bīngula, 275
bísa, 139, 140
bíta, 434
bi-témo, 670
bi-vanda-vanda, 317
biza, 139
bó, 436
bő, 115
boba, 130
bőbo, 129
bőboko, 129, 239
boka, 718
bőki, 132
bōkika, 132
bòko, 127, 132, 136, 743
Bőko, 127, 136, 743
bőko-bőko, 338
bőkongo, 338
bòla, 115
bòlo, 123, 765
bòmba, 58
bombe, 58
bőmbe, 389
bónda, 166, 740
bónde, 128
bōndidila, 740
bōndila, 166, 740
bōndilila, 166
bòndo, 138, 316
bòndula, 320
bònga, 126
bongo, 428
bōnso, 302
bòo, 61
bòoba, 58
boòba, 61
bōobo, 121, 143, 436, 710
bōoka, 212, 718, 743, 770, 771
bóota, 61
bósa, 128, 766, 769, 770, 771
bōselela, 775
bota, 142
bòta, 248
botaka, 60
bòto, 248
bóza, 141
bu, 58, 143, 230, 297, 436, 444
bú, 713

bù, 121, 143
buánsi, 143
buba, 121, 143
búba, 88
bùba, 87, 89
bu-bolo, 123
bu-boola, 123
būbu, 143
búbú, 143
bu-hè, 254
búka, 771
bùka, 121, 143
bu-kādi, 213
búku, 124, 240
bukudi, 240
būkuka, 130
būkula, 130
būkuna, 62, 132, 240, 741
būkungù, 239
būku-ngù, 136
būkunu, 741
bùkuta, 741
búkutu, 741
būkuzuna, 741
bula, 759
búla, 117, 131, 748, 759
būlalala, 119
būlama, 119
búlu, 119, 123, 726, 746, 748, 749
bùlu, 748
būlukusa, 746, 749
bululu, 274
búmba, 123, 719, 728
búmbu, 728
būmbuka, 719, 728
bumbumuna, 719, 728
bu-mpanda, 429
bu-mpàti, 429
búna, 386
bunda, 137, 143, 439
bùnda, 138, 320, 713
bùnda, 320
bùnda mpambu, 320
būnda-bunda, 713
bùndi, 131
bùndika, 320
bunga, 61
būngula, 275
bungutuna, 62
búnu, 386
bu-sáfu, 304, 572
bu-sèwa, 544, 549, 568
búsi, 534
būsusu, 60
búta, 325, 759, 779

bútutu, 143
buuba, 58
bùuba, 58, 123
búubu, 143, 276
bùubu, 58, 123
būubu, 121, 143
būuka, 130, 136, 240, 321
bùuku, 181
būula, 130, 321, 734, 746, 749
Búulu, 748
būuluka, 746, 749
búuna, 436, 755
bùuna, 747
būuza, 549, 568, 607
bùwa, 89
bu–wèle, 242
bu-wèlo, 242
bu-wòya, 89
bu-wòyo, 89
bu-zēkelè, 655
bu-zēketenè, 655
bu-zēngelè, 655
bu-zéngi, 655
bwà, 121, 143, 720
bwā, 216, 712
bwáada, 143
bwáadi, 143
bwābu, 121, 143
bwābumuka, 721
bwàbwa, 61, 721
bwàddi, 725
bwáfu, 144
bwàka, 61, 721
bwàkuluka, 61
bwàla, 143, 725
Bwali, 725
bwāna, 422
bwándi, 713, 732
bwánsi, 139
bwánsì, 143
bwata, 759
bwàta, 713, 745, 759
bwàtu, 128, 713, 745
bwáya, 58
bwāyi, 58, 713, 732
bwazi, 720
bwé, 444
bwē, 386, 713, 732, 759
bwédi, 444
bwēfu-bwefu, 58
bwékka, 713, 732
bwékke, 713, 732
bwēla, 759
bwèle, 242
bwènde, 317

820

bwétte, 713, 732
bwéyi, 444
bwì, 531
bw-ími, 80
bwínu, 323
bw-isi, 768
bw-ísi, 531
bwìta, 531
bw-ívi, 272, 317
bwò, 721
bwőmba, 721
byá, 68
byāda-byada, 68
byádda, 68
byàula, 271
byēka, 253
by-éntula, 134
byénza, 134
byētula, 134
byēula, 134
byéya, 134
byēyila, 134

C

ci-, 814
cīcilà, 309
cíici, 309
cúda, 565
cú-dá, 565
cúku, 526
cúnga, 655
cūngila, 649

D

dá, 90, 146, 670
dà, 146, 171, 173, 488, 549
dáada, 91, 474
dàada, 91, 146, 163, 670
dàadata, 670
dàadu, 63
dàaduka, 63
dáakala, 176, 709
dàanuna, 173
dāatana, 149, 154
dāatisa, 154
dába, 467
dàbu, 544, 549, 568
dàbula, 544, 549
dàda, 62, 163
dàdakala, 670
dadakazyana, 146
dàdika, 670
dàdikila, 670

dàdila, 62, 163
dáfa, 63
dākalala, 170, 494
dākidika, 170
dàkula, 494
dáma, 357
dámi, 357
damina, 175
dàmu-damu, 171
dámuka, 171
dámuna, 171
dàmuna, 171
dāmuna, 171
damva, 172, 376
dámva, 63, 146, 172
damvu, 164
danda, 172
dàndala, 376
dandalala, 376
dandumuka, 63, 172
dánga, 146
dànga, 168
dànga-dànga, 168
dángala-dángala, 168
dàngalala, 168
dàngikika, 168
dāngila, 149, 481
dāsanana, 148
dasasa, 159, 692
dàsika, 148
dàsila, 148
dásu, 148
dàsuka, 148
dàsula, 148
dáu-dáu, 161
dàuka, 161
dàuna, 161
daɣa, 670
dé, 90, 152, 277
dè, 170
déba, 166, 461
dèba, 387
dèbama, 90
dèbila, 387
dēbuka, 145
dēbula, 145
débwa, 151
deda, 690
dēdakana, 145
dede, 90, 147
dēde, 163
dēdede, 90
dé-dé-dé, 145
dédé-dédé, 145
dedesana, 163

dèdiba, 147
dèdima, 62
dēdumuka, 145
dēeda, 90, 91, 152, 163, 277
dèedama, 90
déede, 464
dēedita, 145
dèeka, 177, 473
dēeka, 145, 494, 677, 695, 699
dèezo, 325
dèfa, 72, 108, 155
dèfana, 108
dèfangana, 108
dēfu, 167
dēfula, 167
déka, 170
dèka, 169, 811
dēka-deka, 170
dēkalala, 494
dèkama, 811
dēkama, 170
déke, 170
dèkisa, 811
dèkuka, 169, 811
dèkula, 169, 170
déle, 157
dēle-dele, 157
dèmana, 367
dēmana, 172
dēmangana, 172
dèmba, 152
démva, 152
denda, 276
dènda, 173, 466
dénga, 169
dènga, 168
dènga-dénga, 168
dēngana, 169
dénnza, 158
dénza, 152, 159
dēnzinga, 158
desuka, 159
déva, 178, 357
dèva, 151, 155
dēvula, 178, 357
déwa, 713, 732
di, 690
di-, 690
dì, 149, 175
dīa, 146
dìba, 165
dībalala, 165
dibanga, 138
dibàtà, 69
dìbila, 165

dìbiɣa, 165
díbu, 152
dìbu, 175
dìbuka, 175
dìbula, 175
di-bumi, 151
dìbuɣu, 165
didi, 164, 276, 690
dídi, 277
dídí, 690
dīdidi, 278
dìdima, 149
dīfu, 165
diidi, 146, 152
dúidi, 467
dīidi, 690
díimi, 469
díina, 471
díini, 409
di-isu, 300
dika, 176, 812
díka, 709
dìka, 176
dìkalala, 494
dìkama, 494
díki, 494
dīkita, 156
dikitila, 494
di-kóngo, 804
Di-kóngo, 804
dīkula, 156
dila, 150, 159, 471
dìla, 301
dìlu, 301
díma, 171, 172, 355
dìma, 310
dimba, 156, 173
dìmba, 470
dīmbila, 124
dímbu, 155, 469
dìmbu, 177
dīmbu, 311
dí-me, 469
dí-mi, 469
dìmina, 310
dīmina, 355
dìmmba, 469
dí-mpa, 429
dimu, 357
dìmu, 310
dīmuka, 355
dīmuna, 355
dímva, 155, 355
dímvu, 310
dīmvu, 155

dīmvuka, 155, 156
dīmvula, 156
dīmvuna, 156
dīmvungà, 164
dìnda, 148
dí-ndeso, 300
di-ndezo, 300
dínga, 174, 216, 494
dìnga, 494
dìngama, 169
dingi, 176
díngi, 176
dìngidika, 174
dīngina, 174
dinguluka, 494
dínnda, 164, 172
dínnga, 168
dí-nsanga, 469
dínsangaza, 469
di-nyōka-nyoka, 468
dinza, 470
dīnzama, 475
diŋina, 174
disuka, 159
disula, 692
disúuku, 650, 658
díta, 150, 154, 158
dite, 380
dītu, 154
dītula, 154
di-vungu, 151
di-wú, 500
dó, 154
dò, 152
dō, 152, 161
dòba, 165
dòbama, 165
dòbika, 165
dòbo, 165
dóda, 154, 160
dòda, 155
dōdikila, 494
dódo, 158
dòdo, 146, 158
dododo, 152, 161
dōdoko, 145
dodokolo, 152, 161
dōduka, 155
dōdukuta, 145
dōdula, 155
dóka, 472
dōkalala, 472
dóma, 357
dōndolò, 469
dōndongolo, 173

dōndubudi, 173
dondumuka, 173
dondumuna, 173
dondya, 173
dónga, 172, 173
dòngumuka, 178
dōnguna, 176
dōnika, 602
dōnzongolo, 157
dòoda, 146, 152, 155
dōoda, 154
dōodo, 152, 160, 161, 171, 177
dōododo, 171, 177
dōodokila, 160
dóoma, 357
dooso, 159
dóva, 178, 357
dú, 164, 165, 179
dù, 165
dúba, 165
dùba, 165
dūbalala, 165
dùbama, 165
dúbi, 151, 165
dùbika, 165
dùbu, 165
dúbú, 165
dùbuka, 165
dùbula, 165
dūbula, 165
dùda, 179
dūdikila, 72
dūdila, 145, 171
dūdudu, 145, 171
dū-du-du-du, 145, 171
dūduka, 465
dūdula, 171
duduma, 171
dūfalala, 63
dūfika, 156
dūfuka, 147
dúka, 494, 498
dúkakani, 709
dūkingà, 709
duku, 709
dùkumuka, 178, 709
dùma, 178, 357
dűma, 357
dūmbalala, 156
dūmbika, 156, 469
dùmuka, 173
dúmva, 472
dùmva, 177
dūmvakana, 311
dùmwa, 472

823

dùna, 594
dunda, 152
dùnda, 165
dunga, 168
dúnga, 168
dùngalala, 168
dùngama, 168
dúngi, 170
dùngidika, 168
dùngulu, 161
dùngumuka, 178
dunguta, 174
dūnu, 179
dūnuna, 179
dusuna, 161
dúta, 161
dùu, 164
dùudu, 149, 164
dūudu, 465
dūududu, 161
dūuduka, 161
dūudula, 161
dūukila, 465, 709
dūuna, 179
dūvalala, 63
dūvika, 63, 162
duvula, 161
dūvula, 357
dwá, 161
dwàba, 478
dwata, 161
dwè, 161
dwē, 161
dwèba, 478
dwebula, 161, 178, 357
dwēdo, 161
dwédwe, 161
dwèdwedwe, 161
dwéle, 764
dwèta, 161
dwèza, 161
dyá, 469
dyà, 147
dyā, 146
dyādya, 258
dy-áki, 649
dyála, 616
dyala-dyala, 469
dyalu, 616
dyanga, 164
dyàta, 147
dyē, 558
dyénga, 558
dyénza, 685
dyénzi., 685

dyónga, 324

E

e, 180, 314
é, 257
ĕ, 257
ēe, 257
eeta, 119, 305
ēeta, 259, 305
eka, 92
ékà, 106
ekwa, 246, 532
-èna, 753
enga, 106, 289
énsi, 289
-èti, 753
evoka, 117
evola, 117
ezína, 471

F

fáama, 91
fi, 92, 180, 181, 188, 503
fí, 180, 181, 184
fīa, 184
fíba, 184
fīdila, 280
fidingina, 280
fififi, 321
fīfimika, 321
fi-fye, 188
fīika, 445
fīikika, 188
fíila, 181
fīita, 181
fíiti, 181
fīituna, 187
fīka, 189, 332, 445
fīkama, 188
fīkama, 188
fīkana, 188
fíki, 188
fīkika, 188, 189
fīkila, 332
fīku, 335
fīku, 189
fíla, 91, 280, 394
fīna, 185
fīnama, 280
findu, 186
fīngitina, 189
fīngumuna, 184
físa, 184, 443

físi, 186
físuka, 183
fíta, 154, 186
fìta, 181
fítakani, 181
fìti, 186
fíya, 184
fíyasana, 184
fòkoka, 435, 445
fòkola, 435, 445
fōkoto, 181
fòkula, 445
fònga, 182
fósa, 183
fōsakani, 183
fú, 182
fùda, 187
fùdakana, 187
fùdangana, 187
fúdi, 280
fūdidika, 185
fufuka, 571
fùfula, 91, 411
fúka, 182, 332, 335, 768, 780, 793
fūkama, 182, 335
fūkamana, 182, 335
fuku, 256
fúku, 768, 780, 793
fùku, 185
fúla, 185, 395, 397, 740
fűla, 397
fúlu, 185, 397, 740
fùlu, 143, 437
fúlwa, 395
fumana, 182
fúmba, 182
fumfa, 756
fūmfula, 756
fúna, 186, 397
fùna, 750
funda, 731
fúnda, 91, 154, 185, 186, 280, 734
fùnda, 749
fùndi, 182
fùndu-fùndu, 187
fúnga, 184, 188
fùni, 435
fúnnda, 64, 91, 280
fúta, 186
fùta, 119, 181
fúti, 186
fūula, 397
fúutu, 188
fwā, 73
fwàba, 73

fwàfala, 73
fwama, 182
fwàma, 750
fwàna, 73
fwankalakana, 181
fwánzi, 776
fwàssa, 73, 187, 304
fwède, 73
fwéle-fwéle, 182
fwēlele, 182
fwèma, 750
fwembo, 73
Fwénge, 756
fwènta, 774
fwèntama, 774
fwèpe, 73
fwesama, 774
fwìkila, 73
fwòbangana, 73
fwoluka, 73
fwònga, 182
fwōngono, 182
fyá, 180, 184
fyà, 92, 184
fyālula, 185
fyāmfyana, 185
fyāsa, 72
fyàta, 92
fyāta, 72
fyāuka, 185
fyé, 184
fyè, 92, 184
fyó, 184
fyò, 92, 184, 323
fyòddo, 323
fyòdongo, 323
fyómba, 181
fyónze, 181
fyòta, 323
fyóti, 181
fyōti-fyoti, 181
fyōtuna, 181
fyúma, 181
fyunga, 181

G

gembo, 130
genga, 224
gengalala, 224
guta, 779

H

ha, 85, 244

hāaha, 282
hàata, 82
hāatasa, 209
hāatuka, 245, 811
hābalala, 216
hadi-hadi, 208
hàdisa, 215, 249
há-há, 244, 257, 282
há-hàa, 244, 257, 282
háka, 251
hàka, 206, 218
hàkala, 218
hàkana, 218
hākatà, 243
hākila, 243
hàkula, 218
hála, 196
hàla, 215, 249
hālangà, 254
hamana, 183, 758
hámba, 758
hámbi, 220, 251
hamuka, 219
hāngala, 222, 251
hāngalà, 254
hāngama, 221, 804
hàngana, 225
hángi, 219
hása, 234
hàsa, 235
hātu, 207, 242
hàza, 235
hebele, 228
héebulu, 349
hèeha, 349, 410
hèeka, 217
hèeke, 217
Hèeso, 235
héfulu, 349
hèhe, 217
hé-hèe, 257
he-he-e-e, 257
héhehe, 217
hēhele, 217, 228
hèhila, 349
hého, 206
hèhula, 349
hèhulu, 349
heka, 217
hèka, 349
hèka-hèka, 349
heke, 206, 217, 243
hekede, 206, 243
heki, 217
hekidi, 206, 243

hèkila, 217
hēleme, 228
hēmangana, 194
hèmeke, 220
hēmene, 223
hèmenge, 220
hèmuke, 254
hènde, 225
hènga, 223
hèngamana, 221
hèngele, 224
hengomoni, 251
hì, 205
hī-i, 205
hinga, 223
hinzili, 66
hōkutina, 206
holokoso, 208
holokoto, 208
hòna, 753
hōndakani, 65, 208
hōndalala, 467
hònga, 217, 382
hóngo, 223
hòngodi, 223
hōngo-hongo, 223
hòngudi, 223
hōnuna, 223
hòosa, 207
hóso, 65, 208
hōtana, 250
hòto, 208, 235
hőto, 207
hototo, 208, 235
hòtumuka, 245
hóza, 207
hūbuka, 247
hūbula, 248
hūhudila, 282
húku, 228
hūkulù mbiti, 228
húlu kyangana, 242
húmba, 253
humbu, 253
hunda, 225
húnda, 748, 759
hūndila, 222
hūndula, 222
hùngila, 467, 744
húnngu, 225
husa, 766, 770, 771
husuna, 766, 770, 771
hūututù, 219
hwá-hwá, 238
hwà-hwà, 238

Hwàla, 209
hyà, 245, 283
hyó, 205
hyòngula, 243

I

i, 244, 257, 258, 314
ia, 222
ìà, 244, 257
íēe, 257, 814
ikà, 106
ikala, 314
-ina, 753
ínga, 106, 289
ingeta, 106
-ingi, 118
is, 303
-īsa, 534
-īsisa, 534
itiza, 264

K

ká, 235, 243, 330, 336, 791
kā, 328, 345, 451
káa, 447
kàa, 335, 447, 798
kāabila, 248
kāabilà, 796
káada, 345, 497, 672, 678
kāahala, 205
kàaka, 65, 96, 113, 282, 283, 337, 448, 676, 677
kāakula, 337, 447
kàala, 232
káala-káala, 232
kaalala, 66, 202
kàalu, 203, 460, 765
kàaluka, 232
kàama, 454
kàamu, 245
kàamuka, 795
kāani, 383
kāanuna, 786
káasa, 524
kāasa, 520, 683, 685, 810
kaasi, 333
káasi, 524, 808
kàata, 424
kāata, 424, 489, 496, 670, 686, 812
kàaza, 233, 234, 523
kāaza, 205, 809
kába, 192, 216, 248, 484, 792
kàba, 74, 349, 492, 796
kàbaba, 677

kābakana, 247
kābalala, 193
Ka-bata, 514
kábi, 63
kábu, 249, 797
kàbu, 74
kābudì, 492
kābuka, 328, 451
kàbula, 74, 796
kābula, 249, 328, 451
ka-bùnga, 797
ka-bwínu, 323
káci, 208
kada, 192, 204, 214, 494, 498, 682, 798, 808
káda, 345, 346, 672, 812
kàda, 266
kādaba, 212, 345
kāda-kada, 498, 682
kāda-kada-kada, 266
kādama, 345
kádi, 229, 330, 792, 797
kàdi, 170, 795
kādulu, 451
káfa, 336
kàfa, 63, 788
kàfalala, 193
kāfama, 335, 798
káfi, 332, 335, 796
kàfidika, 193
kāfinina, 335, 798
káfu, 193, 515
kàfuka, 193
kāfuka, 453
kàfuna, 193, 515
kāfuna, 453
káha, 94, 111, 210, 790, 791
kaika, 486
kaka, 93, 94, 111, 204, 327, 677
káka, 94, 235, 346, 488
kàka, 75, 76, 94, 106, 111, 328, 329, 488
kakaba, 204
kàkaba, 327, 338, 783
kākaba, 794
kākafu, 95
kàkafù, 76
kākaka, 95, 794
kākakaka, 794
kāka-kaka, 281
kàkala, 106, 482, 794
kākala, 92
kākalà, 328, 451, 783
kàkalala, 206
kákàmba, 677, 783
kàkasa, 794
kākatì, 93

káki, 93, 482
kàkila, 794
kàkinina, 206
kàkisi, 113
Ka-kóngo, 338
kákùfwá, 94, 111
kàkumuka, 676, 677
kākumuka, 337
kākumuna, 794
kakungu, 328, 451
kákùvwa, 783
kákùvwá, 677
kala, 120, 536, 728, 765
kála, 328, 338, 451, 783, 799, 800, 804, 809
kàla, 214, 228, 515
kàlaka, 232
kalala, 682
kálalala, 809
kālangà, 254
kālangana, 221, 254
kālangi, 332
ka-lóndo, 464
kálu, 332
kālu-kalu, 255
kālumuna, 196, 344
kama, 759, 800
káma, 206, 220, 221, 338, 486, 502
kàma, 220
kāmama, 282, 340
kàmata, 206, 759, 801
kamba, 218, 219, 249, 282, 341, 485, 759
kámba, 207, 211, 213, 282, 455, 485, 678, 784, 792, 799, 800
kàmba, 194, 219, 424, 759, 796, 801, 809
kāmbakazi, 341
kāmbana, 282
kámbu, 211, 792
kāmbukasa, 341
kāmbula, 282
kambwa, 800
kámbwa, 800
kàmika, 344
kámmpa, 248, 797
kāmpè, 455
kámpu, 788
kāmpuka, 248
kámu, 195
kàmuka, 194
kāmuka, 195
kāmuku, 344
ka-mu-nkaka, 194
kàmvuna, 336
kamwa, 800
kana, 242, 328, 345, 804, 805
kána, 330

kàna, 222, 284, 330, 455, 804
kànama, 222
kanda, 297, 453, 525
kánda, 266, 361, 507, 804
kànda, 225, 226
kandakana, 802
kāndama, 361, 804
kāndamena, 361
kandana, 811
kāndana, 214, 805
kandanya, 525
kándi, 510
kándibila, 343
kandika, 805
kāndila, 507
kándu, 507
kàndu, 507, 805
kándu-bíndu, 215, 249
kàndula, 197
kanela, 506
kanga, 222, 224, 400
kánga, 202, 222, 224
kànga, 103, 221, 222, 342, 400, 785
kánga-kánga, 222
Kánga-kánga, 222
kāngala, 221, 501, 804
kāngalà, 486
kāngalakana, 221
kangelelo, 221
kàngu, 785, 803
kani, 455
kánka, 223, 341
kànka, 503, 510
kànkala, 92
kānkala, 228
kànkalakana, 342
kankalakani, 338
kànkama, 402
kànkana, 400
Kànkana, 402
kānkatana, 223
kánki, 93
kànkika, 803
kānkinya, 678
kánku, 340
kánnda, 214, 284, 788
kànnda, 498
kánndu, 681
kánndu, 215, 249
kánsa, 224, 523
kānsa-kansa, 224, 523
kānsansa, 224, 523
kánsi, 219, 306, 330
kānsi-kansi, 224
kánti, 219

828

kànuka, 252
kànuna, 252
kànunu, 341
kanya, 509
kànya, 252, 341
kányè, 330
kánza, 341, 678
kānzakana, 224, 341
kānzakani, 224, 341
kanzi, 341, 683, 685
kánzi, 521
kanzikisa, 341, 344
kānzu, 793
kānzuka, 793
kānzula, 341, 521, 793
kānzuna, 678
kànzungu, 521
kapa, 207
kāpitau, 228, 514
kása, 111, 331, 515, 683, 685, 809
kàsa, 94, 111, 233, 234, 516, 523, 789
kāsakana, 331
kasanzyana, 344
ka-séka, 521
kási, 208, 233, 333
kàsi, 683, 685
kàsila, 523
kásu, 449
kàsu, 789
kāsuka, 811
kāsula, 460, 811
káta, 111, 255, 333, 424, 783
kàta, 333, 789, 812
kātakana, 812
kātama, 208, 812
kātata, 266
ka-tendi, 706, 708
káti, 208, 210, 333, 489, 496
katibila, 208
kātika, 208
kāti-kati, 333
katikila, 333
katikina, 333
kātikisa, 333
kátu, 210, 333, 489, 496
kātuka, 812
kātula, 812
kátwa, 333
kátya, 333
kàu, 209
káula, 211
kàula, 209
káva, 209, 216
kàvama, 332
kāvanga, 209, 216

ka-vēngelè, 246
kávi, 335, 796
kà-vó, 246
kávu, 209, 253, 514, 793
kāvula, 484
kavuna, 484
kàwa, 75, 209, 450, 673, 768, 780, 793
kāwala, 211
kāwudi, 209, 488
káya, 203, 205, 210, 251, 330, 334, 337, 483, 491, 792
kàya, 488
kāyakana, 337
kāya-kaya, 338
kāyaya, 210
kayé, 448
ka-yénge, 448
ka-yēngele, 448
kāyisa, 203, 783
káza, 524
kāzala, 809
ké, 189, 229, 243, 254, 336, 345, 790, 791, 814
kè, 338
kéba, 192, 253, 674
kēbeke, 513
kēbo, 331
kēboke, 513
kēbolo, 253
kēbuka, 331
kēbula, 331
kéda, 214, 489, 496, 797
kēde-kede, 489, 496
kedi, 215, 249
kédi, 195, 213, 215, 249
kēdiba, 215, 249, 796
kēdika, 77
kēdikà, 298, 333, 354
kedika-kedika, 354
kēdi-kedi, 213
kédi-kédi, 213
kèdima, 213
kédimisa, 213
kédinga, 213
kēdo, 214
kēefuna, 63, 453, 788
kēeke, 790, 791
kēekele, 114, 337
kēekila, 114, 189, 398
kèela, 231, 682
kéema, 338
keene, 343
kéfa, 336
kēfele, 453
kéfo, 453
kēfo-kefo, 453
kéka, 114, 245, 330, 486

kèka, 677
kēkama, 114, 330, 424, 790, 791
keke, 488
kēkeleka, 337
kēkema, 337
kēkese, 94, 111
kēkete, 482
kēkidika, 189
kēkuka, 784
kēkula, 784
kela, 231, 401
kéla, 196, 231, 459
kèla, 196, 489, 496
kèla nguba, 489, 496
kèlama, 77, 229
kēlama, 77
kéle, 195, 689
kèle, 196
kele-kele, 195
kēlele, 229, 516
kēlelè, 333
kélo, 223, 231
kēlula, 401
kélwa, 518
kéma, 454
kēmanana, 454
kémba, 211, 679
kembakasa, 193, 455
kembe, 211
kémbo, 211
kémbwa, 800
kemina, 194
kēmisa, 454
kempozyoka, 194
kēmuka, 455
kēmukina, 455
kémvo, 782, 792
kèmvuna, 336
kèna, 343, 503, 510, 801
kènda, 214, 802
kēnda, 489
kènda-kènda, 445
kēndalala, 65
kénde, 213, 510, 784
kendi, 213
kēndidika, 65
kendumuna, 513
kénga, 338
kènga, 194, 382, 785
kēngele, 784
kèngidila, 194, 382
kèngila, 194, 382, 785
kèngisa, 382
kèngula, 382
kènguluka, 382

kēnguluka, 382
kèngumuka, 382
kēnguna, 788
keni-keni, 343
kénka, 509, 788
kènkita, 340, 803
kēnkolo, 803, 805
kēnkumuka, 228
kénnda, 77, 343, 456
kénnga, 75
kénsa, 343, 520, 683, 685
kēnto, 225, 226
kènukuna, 503, 510
kènuna, 341
kènunuka, 343
kènununa, 343
kènya, 343, 503, 510, 801
kenyi-kenyi, 343
kenza, 224
kénza, 345, 520
kénze, 341
kénzo, 197, 344
kēnzo, 345
kèsila, 344, 516
kéta, 198, 236, 345, 524
kētalala, 246
kètama, 345
kētama, 246
kéte, 333, 345
kéti, 333
kētidika, 246
kētika, 333
kēti-keti, 333
kētikila, 333
kētikisa, 333
kéto, 236
ketokolo, 246
kéya, 203, 521, 792, 795
kèzima, 795
khá, 235, 336
khaaka, 94
kháaka, 337, 782
khàaka, 206, 331
khàala, 232, 338
khàanu, 195
khadi, 170, 215, 249, 795
khadulu, 451
khàka, 106, 204
khàla, 232, 338
khama, 340
khanda, 498
khandu, 805
khánga, 106
khangi, 196
khani, 455

khāni, 221
khanza, 224
kháta, 789, 812
khàya, 202
khàyi, 491
kheeke, 790, 791
khèela, 229, 254
khéeni, 343
khēeto, 225, 226
khéme, 456
khenda, 343, 803
khènene, 343
khényi, 343
khénzo, 341
khèsa, 789
khētika, 333
khéwa, 193
khini, 256
khombe, 759
khombi, 759
khòngolò, 804
khónzo, 532
khóobi, 674
khóodi, 215, 249
khoome, 680
khopa, 211
khósi mvwandi, 512
khota, 209
khúba, 241, 796
khufi, 240
khúfu, 500
khúuma, 660
khwála, 453
ki, 327, 346, 790, 791, 814
kí, 217
kì, 217
kī, 327, 814
kia, 267, 526
kīa, 267, 526, 795
kíba, 336
kí-ba, 135
kìba, 228, 247, 806
ki-bàkala, 126
kìba-kìba, 806
ki-bánga, 145
ki-bàta, 807
ki-bàti, 807
ki-bé, 123
ki-béde, 123
ki-bèka, 136
kibota, 248
ki-bùku, 806
kībula, 64
kīdiba, 216, 808
kīdibita, 216, 808

kìdikila, 494
kidùnga, 168
kifàa, 799
kīfama, 799
kihaaha, 282
kùiba, 806
kí-ika, 795
kīika, 106, 245
kùiku, 449
kīiku, 453
kí-ila, 380, 788
kìima, 454, 800
kí-inga, 144
kí-ini, 753
kīini, 256
kí-inu, 753
kí-ita, 531, 753
kí-iti, 641
kíiza, 482
kika, 206, 337
ki-ká, 243, 791
ki-khaani, 455
kīki, 327, 814
kīkita, 206
ki-kokekwa, 66
ki-kūtu-nkutu, 209
kila, 354
kíla, 573
kili, 461
ki-lu, 452
kìma, 359
kimàna, 365
kìmata, 801
kímba, 782
ki-mbàka, 797
kīmbama, 114, 194
kímbu, 212
kí-mpa, 134
Kí-mpeete, 296
Kí-mpi, 806
ki-mpidi, 806, 807
Ki-mpidi, 806
ki-mpúini, 807
Ki-mpilu, 806
ki-mpílu, 806
ki-mpùmbulu, 143
kimwindu, 323
kína, 256, 282, 803
kí-na, 464
ki-ná, 464
ki-nàma, 67
ki-náni, 362
kináníyo, 362
kínda, 446, 507
kīndakasì, 77

ki-ndénde, 276
ki-ndíndi, 493
kíndu, 445
kìndu, 445, 808
kindubuka, 808
kìndubula, 808
kìnduka, 808
kìndukila, 808
kìndula, 197, 445, 790, 808
kīndula, 445
ki-ngándi, 102
ki-ngòdi, 222
kīngumuka, 445
kí-ngunda, 445
kí-ngundukulu, 445
kini, 256
-kìni, 753
ki-níini, 753
ki-nkádi, 459
kí-nkala, 795
ki-nkáni, 343
ki-nkose, 789
ki-nkùta, 209
ki-nkùti, 209
ki-nkùtu, 209
ki-nòna, 98
ki-nsòda, 644
kí-nsumbà, 484
kí-ntwadi, 722
kinu, 256
-kìnu, 753
kínya, 256
ki-nyùmba, 386
kinyyumba, 386
kīnzakana, 793
kīnzakani, 793
kí-nzònzi, 559
ki-pàdi, 807
ki-pálu, 68
ki-phingu, 806
kisa, 536
kisá, 482
ki-sáva, 547
ki-séka, 612
kisiki-fuka, 622
kisíu, 530
kí-su, 528, 618
kìsu, 528, 618
kì-su, 535
kīsuka, 483
kiswa, 543
kita, 77, 199
kíta, 487
kìta, 237, 487
kìta-kìta, 811

kītama, 199
kitéte, 692
kí-tha, 810
ki-tí, 641
kītika-kitika, 199
kitima, 811
kìtima, 236
ki-tònda, 649
kītu, 811
kītubuka, 790
kītula, 811
ki-twīdi, 237
kívàa, 211
kīvama, 211
kivu, 190, 792
ki-vú, 472
kiwa, 260, 317, 719
kiwai, 726
kìya, 283
kīya, 267, 526, 795
ki-yi, 272
ki-zá, 482
kō, 243, 791
kóba, 782, 792
kòba, 484
kōbakana, 247, 806
kòbana, 107
kòbo, 107
kòbuka, 245
kòbula, 227
kōbula, 245
kòbunga, 191, 682
kóda, 214, 215, 249, 346, 797, 808
kódāa, 808
kodama, 808
kōdama, 808
kódi, 214, 493
kòdi, 255
kōdika, 216
kōdima, 798
kódo, 215, 249, 495, 498
kodobo, 678, 798, 811
kódya, 495, 498
kòdya, 798
kófi, 336, 798
kōfika, 724
kofoko, 334, 500
kòfoko, 724
kòfuka, 724
kōfula, 336
kōholo, 336
kōhula, 336
kóka, 94, 111, 189, 206, 337, 794
kōkama, 189
kóke, 331

kokekwa, 66, 487
kóki, 93, 331
kōkila, 189, 206
kōkilà, 189
kōkolà, 329
kōkolò, 94, 111
kōkoma, 238
kokomesa, 238
kōkosì, 329
kōkosò, 329
kōkula, 206
kokunina, 794
kóla, 254
kòla, 214, 759
kòlama, 214, 759
kolata, 502
kōlika, 759
kolo, 759
kólo, 254, 255, 495, 498, 759, 764
kōlo, 759
kólo ngonzo, 498
kolobo, 203, 495, 498
kōlobōndo, 203, 495, 498
kòlofi, 495, 498
kōlokoso, 495, 498
kōlokotò, 214
kōlotò, 213
kóma, 573
kòma, 340, 455, 456, 573
kòmama, 340
komba, 412
kómpa, 334
kòmpa, 782
kōmpokoto, 800
kōmvama, 782
kōmvika, 456, 782
kōmvuna, 486, 501, 800
kona, 330
kóna, 226, 456, 785
kòna, 785
kōnanana, 226
kónda, 509
kōndakana, 802
kōndama, 456, 782, 802
kondeleka, 456
kóndi, 195, 225, 509, 785
kóndwa, 800
konga, 224, 341
kónga, 341
kóngi, 804
Kongo, 338
Kóngo, 804
kòngolo, 338
kòngolo-kongolo, 804
kòngula, 338

kòngumuka, 338
kónko, 449
kònko, 449
kōnsi-konsi, 523
kōnuka, 252, 787
kōnuna, 252, 787
konya, 195
kōnya, 252
konyya, 252
kōnzakana, 782
Konzo, 804
kónzo, 804
kóobi, 676
kóobila, 88
kóobisa, 88
kóodo, 495, 498
kōoduka, 199, 215
kóoko, 78
kòoko, 66
kōokoma, 189
kookoyakooko, 217
kookoyakuna, 217
kóola, 232, 759
kóole, 764
kòona, 196, 786
koopama, 675
kòoto, 66, 495, 498
kóoyi, 338
kòoyi, 198
kósa, 198, 201, 766, 770, 771, 773, 789, 809
kòsa, 766, 769, 770, 771
kòse, 519, 623, 628
kósi, 759
kòsi, 233, 531, 768, 789
kōsika, 198, 201
kòsi-kosi, 769
koso, 766
kóso, 198, 201, 789
kòso, 232, 520, 771
kòso-koso, 769
kōsuka, 789
kōsula, 773, 809
kóta, 209
kòta, 106, 345, 700
kōtana, 77
kóté, 255
kova, 787
kòva, 484
kōvolo, 515
koya, 337, 338
kōyama, 198, 201
koyo, 331, 483
kōyo, 198, 201
kóyó, 331, 337
kóza, 524

kōzama, 198, 201
kozi, 811
kōzika, 198, 201
kōzo, 198, 201
ku-, 684
kú, 229, 243, 791
kú-, 243
kú-, 791
kúba, 212, 213, 241, 244, 245, 248, 249, 337, 344, 513, 796, 807
kùba, 213, 248, 332
kūbakana, 244
kúbi, 239
kūbilà, 239
kúbu, 212, 213, 241, 248, 332, 676, 807, 808
kūbuka, 239
kūbukulu, 248, 515
kūbula, 245, 797
kúda, 210, 214, 797
kúdi, 215, 249, 494, 759, 795, 810, 813
kūdidila, 809, 813
kūdika, 813
kūdikila, 813
kúdu, 215, 249, 795
kūdu, 214, 764
kúfa, 240
kūfama, 798
kúfi, 216, 240, 453, 500, 799
kūfika, 240, 798
kufu, 216, 500
ku-fu, 73
kūfuma, 240
kúha, 217, 485, 689
kuka, 448
kúka, 92, 94, 111, 206, 245, 255, 448, 794
kùka, 92
kùkama, 424
kūkama, 111
kúki, 423
kuku, 240, 243, 448, 791
kúku, 239, 251, 256, 284, 329, 448
kùku, 113, 239, 448, 528
kūku, 80, 243, 791
kúkú, 238
kùkuba, 530
kūkuba, 241, 449
kúkubi, 239
kúkudu, 239
kūkuka, 794
ku-kuku, 80
kūkula, 241
kūkuma, 238
kūkumuka, 794
kula, 245
kúla, 687, 688, 759, 808, 810

kùla, 229, 494, 574, 688
kúla katende, 810
kūlazi, 111, 759
kulázi, 111, 759
kúlu, 759
kùlu, 111, 759
kūlukuta, 197
kūlukutu, 111, 759
kūlula, 231
kūluta, 518
kúma, 220, 347, 454, 502, 660, 800
kùma, 660
kumangana, 660
kūmata, 660
kúmba, 335, 402, 513
kùmba, 248
kumbi, 788
kúmbi, 220, 251, 335, 338, 501, 800
kùmbi, 251
kūmbi-kumbi, 251
Kumfu, 220, 788, 801
kúmfu, 336
kúmmba, 335, 787
Kúmmba, 787
kúmmva, 660
kùmpa, 253
kúmu, 220, 327, 660
kūmunù, 759
kúmvi, 220
kúna, 242
ku-náana, 383
kúnda, 77, 231, 232, 252, 456, 495, 498, 681, 687
kùnda, 77, 230, 232, 687, 786
kundana, 680
kúndi, 343, 803
kúndu, 77, 191
kùndu, 77, 191, 784, 786
kūndubà, 681, 687
kundufu, 191
kùndulu, 77
kūnduvwà, 191
kúngu, 191
kúnka, 58
kúnki, 58
kúnkika, 58
kúnnda, 688
kúnu, 786
kùnza, 687
kùnza, 233, 234
kūnzama, 687
kùnzi, 322, 664
kūnzilà, 804
kuri, 229
kúri, 229
kuru, 753

kúru, 229
kuru-kuru, 809
kúsa, 197, 765, 789
kùsa, 197
kūsama, 197
kúsi, 197
kúsu, 583
kūsuka, 197
kùsula, 521
kūsula, 765
kusumuna, 810
kúta, 360, 812, 813
kùta, 96, 236
kūtalala, 236
kùtama, 812
kùtila, 236
kutu, 203
kútu, 373, 524, 526
kutu mpandi, 498
kūtubuka, 790
kūtula, 236
kūtumuna, 236
kutwa, 236
kútwa, 236
kúubu, 212, 213, 676
kúudu, 485, 764
kùufa, 73
kuufu, 63, 788
kūuka, 245
kùukhu, 94, 111
kúuku, 241, 251, 256
kūuku, 113
kúukutwa, 114
kūula, 229
kúulu, 725, 764
kúuma, 243, 347, 660, 791, 800
kūumi, 355
kúumu, 220, 660
kùumu, 660
kūuna, 242
kùuta, 524, 812, 813
kùuvu, 788
kuva, 488
kúva, 216, 256, 488
kūvala, 239, 813
kūvana, 256
kūvanga, 485
kuvi, 74
kūvisa, 485
kúvu, 190, 239
kuwa, 256
kūyana, 256
kuza, 523
kùza, 197, 813
kūzama, 684

kùzika, 813
kūzila, 811
kwa, 196, 246, 532
kwá, 246, 345, 532, 793
kwà, 96, 241, 795
kwâ, 710
kwàda, 797
kwálala, 65
kwáma, 65
kwámbula, 85, 271
kwāminina, 362
kwa-náana, 383
kwánga, 74
kwànga, 74, 239, 334, 460
kwánza, 74
kwànza, 74
kwáta, 243
kwàta, 210, 346
kwātakana, 243
kwàti, 710
kwātuna, 243
kwāya, 238
kwé, 246, 532
kwèka, 201
kwènda, 750
kwenya, 199
kwènza, 201
kwèta, 199
kwēta, 199
kwètama, 199
kwete, 199
kwètinina, 199
kwèza, 199
kwézo, 199
kwīka, 199
kwīkama, 199
kwīkila, 199
kwīkita, 199
kwīku, 199
kwīkulu, 199
kwīkutu, 199
kwìlu, 409
kwīma, 121
kwìnka, 190
kwìnku, 190
kwìnta, 190
kwìta, 190, 199
kwìza, 318
kwìzi, 318
kwòna, 284
kyá, 217
kyà, 217
kyā, 267, 526, 795
ky-adi, 208
ky-ādi, 208

kyamwini, 759
ky-ānzala, 149
ky-ási, 111
ky-áta, 111
ky-àvu, 80
ky-àvulu, 80
ky-éla, 110
kyéle, 110
kyélo, 110
ky-élo, 110
ky-élo, 461
ky-èlo, 110
kyélu, 110
ky-élu, 110
kyēsa, 474
ky-ése, 474
ky-òsi, 233
ky-òzi, 233
ky-ūfu, 183
ky-ūfuta, 183
ky-uka, 185
ky-úla, 459
ky-úlu, 90
ky-ùvu, 238

L

là, 99
lāafika, 63
lāala, 473
láammba, 393
lāasya, 392
lāaza, 152, 461
lába, 83, 166, 167, 272, 461
làbika, 63
làbuka, 99
lābula, 175
lābu-labu, 175
lābuzuka, 175
ládi, 158
làdi, 70
láfi, 108
lāfika, 108
láka, 400, 447, 814
làka, 176, 400, 481
làkama, 176, 338
làkanga, 338
làkani, 338
làkata, 389, 467
láki, 109
làkisa, 465
làkitisa, 467
láku, 479
làkuka, 467
làkula, 389, 467

làkumuka, 467
làkumuna, 467
lála, 463, 473
làla, 70, 146, 163, 473
lā-labu, 152
lālama, 152
lālu, 145
lālubuta, 146
làluka, 473
lāluka, 145
lālula, 146, 463
lālumuna, 146
làma, 67
lāmangani, 338
lámba, 66, 469
làmba, 151, 291, 472
lambaka, 393
làmbala, 408
làmbalala, 408
lambula, 393
làmmba, 151, 291, 393, 407, 469
Landa, 412
lànda, 150, 412
làndata, 159
landulula, 730, 737
lánga, 468
latika, 764
lāu, 271
Lāu, 271
lāuka, 271
lava, 83
lawi, 178
láza, 367
lázi, 157
lāzi-lazi, 157
lazya, 157
lázya, 367
lè, 464
lèa, 99
léba, 166, 167, 272
lèba, 167, 387
lēbakana, 387
lèbama, 291, 387
lēbama, 166
lèbidila, 166
lèbika, 166, 387
lēbita, 175, 461
lēboto, 175
lēbuka, 166
lèbula, 387
lēdidika, 152
lēdika, 461
lèe, 383
léedi, 405
lèeka, 479

lĕeka, 406, 473
léeki, 109
lĕeki, 406
lèekita, 472
lèeko, 479
léela, 263
léele, 147
lĕele, 152, 461
léelo, 461, 464
Léelo, 464
lèema, 310
lĕesa, 415
lĕesama, 415
léeta, 158
lĕetila, 158
léeza, 177, 415, 416
léezi, 177, 416
léezya, 416
léfo, 461
lèha, 461
léka, 109, 467, 472
lēkama, 480, 481
lekila, 109
lēkila, 109
lēkilà, 109
lēkisa, 472
lèkita, 473
lēkita, 109, 467, 472
lèko-lèko, 461
lékoto, 473
léla, 152, 263, 383, 461
lèla, 263, 473
léle, 263
lēle-lele, 165, 461
lelu, 461
lemba, 387
lémba, 387
lèmba, 702
lémbe, 387
lèmbi, 287
lémbo, 469
lèmbo, 702
lèmbwa, 702
lēmo-lemo, 220
lēmuka, 220, 387
lēmu-lemu, 220
lēmvuka, 387
lénda, 475
lènda, 475
lèndo, 412, 476
lénga, 168, 221
lènga, 168
lènge, 176
lénnga, 168, 221
lénnza, 414

lènto, 414
lēntuka, 414
lénza, 471
lèsika, 415
léta, 414
lētama, 414
lētika, 414
lēto-leto, 414
lētubula, 414
lĕula, 178, 357
lèva, 387
lēvama, 151, 175
lèvika, 151, 175
lēvi-levi, 175, 300
lēvita, 175, 300
lĕvula, 178, 357
lewo, 178, 357
lēwula, 178, 357
léya, 175
lèya, 99, 414
lèyo, 415
lèyula, 415
lèza, 177, 416
lèzima, 415
li, 461
li-luuli, 463
lima, 463
limata, 470
lló, 464
ló, 299, 387, 464
lò, 452, 461, 464, 473
lõ, 299
lóba, 387
lòba, 388, 461
lōbalala, 461
lōbi-lobi, 388
lōbolo, 461
lōdyana, 461
loe, 388
lòka, 109, 461
lōkalala, 467, 472
lòkana, 109
lokola, 461
lōkoto, 467
lòkuka, 480
lòkula, 472, 480
lōkula, 467
lokumuna, 461
lōkuta, 467
lòkwa, 109
lóla, 461
lŏlo, 463
lōlubuta, 461
lōlula, 461
lomba, 84

lómba, 166, 461
lòmba, 149, 390
lombama, 287
lòmbe, 390
lombika, 287
lómbo, 166
lòmbo, 437, 702
lòmbwa, 702
lònda, 279
lőndo-lőndo, 279
lònga, 479
lőnga, 481, 789
lòngi, 479
longo, 340, 479
lòngo, 479
lőngo, 479
lōnguta, 479
lòo, 461, 464
lóoba, 388
lòoba, 461
Lōobila, 388
lōobula, 388
lóoka, 461
lōoka, 461, 467
lōola, 461
lòoso, 474
lòoto, 474
lòotwa, 474
loozi, 474
lòta, 474
lo-ti, 299
lu-, 421, 707
lu-balamu, 429
lu-bànzi, 610
lu-bòta, 248
lūbuka, 477
lu-dēede, 152
lu-dēeke-deeke, 494
lúdi, 465, 466, 477
lūdika, 466, 477
lūdikila, 465, 476, 477
lūdikilwa, 477
lu-dími, 357
lūdisa, 477
lūfula, 155, 168
lu-kàaka, 65
lu-kēngezi, 338
lu-kēngezyà, 338
lu-keni, 338
Lu-keni, 338
lukeni-keni, 338
lu-kíka, 293
lu-kóbe, 528, 674
lu-kobi, 528, 674
lu-kōngolò, 804

lùku, 231, 239, 401
lu-kufi, 240
lu-kúfi, 799
lūkuka, 477
lūkula, 472, 477
lūkuta, 467
lúla, 477
lūlama, 477
lu-lèndo, 412, 476
Lu-lèndo, 412, 476
lūlika, 477
lu-lūduku, 477
lúluka, 477
lūlumuka, 477
lūlumuna, 477
lúma, 470
lumbi, 438
lùmbu, 437
lumi, 470
lúmmbu, 464
lu-monso, 259
lu-mooso, 259
lú-mpiini, 389
lu-mpìmpila, 104
lùnda, 412, 476
lūndalala, 477
lundu, 759
lu-nduku, 146
lu-néne, 288, 753
lùnga, 759
lúnnda, 477
lúnzi, 576
lúsa, 357
lu-sába, 484
lu-sábi, 484
lu-sábu, 484
lu-safa, 304
lu-sáfi, 548
lu-sàka, 415
lūsakana, 357
lu-sàki, 415
lu-sàkimu, 415
lu-sàku, 415
lu-sála, 532
Lu-sála, 532
lūsama, 310
lu-sàngi, 469
Lu-sàngi, 469
lu-sángu, 559, 589
lu-se, 617, 625
lúse, 617, 625
lu-sé, 474, 617, 625
lu-sèka, 584
lu-sénde, 615
lu-sèsa, 626

lu-sési, 626
lu-sínga, 598
lu-sònso, 523
Lu-sònso, 523
lu-sooso, 523
lu-súki, 225, 669
lùta, 147, 477, 689
lu-tēngo, 475
lu-tēngolo, 475
lu-téte, 258
Lu-téte, 258
lu-tóndo, 706, 708
lūuka, 109, 477, 479
lūula, 476
lūusa, 357
lu-váati, 610
lu-vànzi, 610
lu-véete, 296
lu-vémba, 394
lu-ví, 272
lu-vìla, 61
lu-vùnu, 750
luwasumu yangalala, 719
lu-yāntiku, 207
lúza, 357
lu-zála, 101
lūzama, 310
lūzana, 310
lu-ze, 617, 625
lu-zèvo, 502
lu-zìnga, 102
lu-zìtu, 708
lwãla, 164
lw-élo, 276
lwénga, 713, 732

M

m'baazi, 136
m'bánda, 74
m'bánga, 62, 127
m'bangu, 139
m'bángu, 127
m'báti, 131
m'bīdi-m'bidi, 386
m'bīilu, 349
m'bīlulu, 349
m'bísu, 139
m'bote, 713, 732
m'bú, 378
m'búba, 85, 268
m'félele, 394
m'físu, 154, 186
m'fóte, 154, 186
m'fùfudi, 411

m'fula, 117, 394
m'fùmfula, 397, 411
m'mínga, 359
m'mingu, 360
m'mìni, 287, 366
m'mólo, 370
m'móte, 713, 732
m'pala, 105
m'páti, 410
m'póodi, 69
m'vabi, 430
m'véete, 296
m'véle, 710
m'véti, 296
m'vèya-m'vèya, 426
m'víibwa, 351
m'víla, 779
m'vìla, 411
m'vílangani, 750
m'vílu, 779
m'vìlu, 411
m'vìmba, 318
m'vìmba-m'vìmba, 318
m'vīmbila, 318
m'vímbu, 318
m'vimpi, 318
m'vóni, 422
m'vú, 472
m'vúmbi, 378
m'vúngu, 746
m'vùngu, 731
m'vwé, 713, 732
m'vwìla, 378
ma, 360, 383
má, 347
ma -kàngu, 785
máa, 348
màaka, 380
máala, 369
màangisa, 349
maatu, 128
máazi, 357
máazu, 371
ma-baata-baata, 128
ma-biibi, 135
mabìla, 64
ma-būtumuna, 140
ma-būuku, 355
ma-fùku, 185
ma-fúta, 706
maháha, 282
maháka, 251
ma-hālakasa, 94, 359
maka, 352
máka, 286, 328, 451

màka, 371
Makai, 331
mākama, 361
mākana, 351, 371
Mākana, 371
ma-kánga, 202
Ma-kánga, 202
ma-kanga-ma-kanga, 202
ma-kangila, 202
ma-kàngu, 360, 803
ma-kàsi, 331, 575, 581
Makayi, 331
Ma-kēdikà, 354
ma-kénko, 360, 361
makìima, 359
ma-kínga, 382
mākuka, 361
mākuna, 359, 361
Ma-kúta, 360
ma-kuti, 354
ma-làla, 369
ma-làvu, 117
ma-lōola, 369
máma, 362
ma-màa-mánga, 97
mamánga, 97
ma-mánga, 97
mámba, 97, 124, 129, 378
māmba, 82, 364
mambisa, 359
má-mvūmina, 363
mana, 287, 365, 366
màna, 365
manáka, 366
mānama, 365
mánga, 366
mànga, 364
māngama, 352
manga-manga, 381
mānga-manga, 362
mānganana, 355
ma-ngau, 94
ma-ngòngo, 359
màngu, 67
mānguka, 359
ma-ngùndu-ngúndu, 359
Mani, 364
mānika, 365
ma-nkànka, 204
ma-nkúndi, 325
ma-nkúndya, 325
mànnga, 356, 380
mànta, 354
má-ntè, 380
ma-ntìndi, 364

ma-nzàkala, 375
mása, 371, 375
ma-sàada, 373
ma-sāasama, 488
ma-samba, 584
ma-sāmpasala, 587
ma-sànya, 502
ma-sēnga-senga, 372
mási, 375
ma-sīika, 234
ma-sína, 370
ma-sínnsa, 377
ma-súnya, 502
maswa, 322, 777
mata, 375
ma-ta, 352
máta, 310
Má-ta, 352
màta, 354
ma-taafi, 354
ma-táaza-matáaza, 696
má-te, 380
ma-tonti, 419
ma-toto, 376
ma-yéna, 348
ma-yīdingi, 289
ma-yīmbi, 815
ma-yíngidi, 289
ma-yìngila, 289
máza, 349, 375
ma-záma, 367
ma-zúnya, 502
mbáafu, 128
mbádi, 131
mbádi mbáadi, 131
mbala, 62, 105, 122
mbála, 105, 274
mbàla, 122
Mbàla, 349
mbamba, 78, 98, 231, 389
mbámba, 98, 352
mbāmbalà, 121, 143
mbàmbi, 74, 121, 143, 348
mbàmbuluka, 58
mbánda, 136
mbándu, 426
mbanga, 124
mbánga, 364, 366, 741
mbàngala, 364
mbāngala, 353
mbànga-mbànga, 364
mbāngatala, 353
mbāngazi, 353
mbàngi, 125
Mbángu, 409

mbánza, 437
mbàsa, 128
mbási, 437
mbāsinga, 128
mbáta, 443
mbàta, 434, 759
mbàwu, 353
mbāwu, 353
mbáza, 140
mbázi, 137, 437
mbàzima, 441
mbàzu, 441
mbé, 444
mbèe, 437, 438
mbé-é, 444
mbèele, 410
mbēelo, 123
Mbēelo, 123
mbēevo, 131
mbéeza, 126, 129
mbéka, 131
mbéla, 137, 142, 349, 370
mbèla, 142
mbēla-mbela, 349
mbéle, 348
mbemba, 58
mbèmba, 411
mbèmbo, 135
Mbèmbo, 135
Mbenza, 68
Mbénza, 386
mbése, 140
mbéte, 140
mbèya, 131
mbèyeye, 131
mbi, 58, 135, 347
mbídi, 386
mbínda, 105, 135
mbísa, 139
mbísu, 139
mbízi, 514, 553
mbo, 286, 347, 710
mbó, 58
mbònde, 122
mbóndi, 389
mbòndi, 122
mbòndo, 137
mbóngo, 226
mbongoni, 428
mbòta, 248
Mbòta, 248
mbŏta, 248
mbóte, 713, 732
mbōtya, 389
mboze, 137

mbú, 67, 85, 268
mbù, 85, 268
mbú., 67
mbúbi, 411
mbùka, 129, 447
mbúla, 370
mbúlu, 293
Mbumbulu, 293
mbúndu, 165
mbúngu, 88, 248
Mbúngu, 88
mbúta, 759
mbwá, 293
Mbwá, 293
mé, 347
Mé, 759
mè, 258
mèe, 122
méela, 355
mēeme, 122
mēemita, 97
méene, 362
mēetanana, 371
mēetasi, 373
méeza, 356, 371
méka, 355, 361, 371
méke, 358
mēkuka, 359, 361
mema, 66, 122
méma, 362
mēma-mema, 362
memata, 97, 286, 347
mémo, 80, 87
mèna, 362
mènama, 362, 365
mènana, 365
mène, 366
mène ya mène, 362
mène-méne, 366
ménga, 66
mènga, 381
mèngana, 381
mēnganana, 364, 381
mēnge, 364, 381
mēngene, 364, 381
méngi, 94
mēnguka, 364, 365
mēnguna, 364, 381
mènika, 362, 365
méni-méni, 362
ménnga, 66
mèno, 258
mèntana, 373
mènu, 258
meseta, 373

841

mesta, 373
mēsuna, 68
méta, 380
mfinda, 280
mfísa, 186
mfísi, 186
mfīsikila, 154, 186
mfiti, 186
Mfiti, 186
mfùfula, 397
mfula, 397
mfúla, 397
mfúlu, 526
Mfúlu, 395
mfùlu, 395
mfūlututu, 526
mfűmfu, 394
mfúmu, 293
mfūula, 397
mfwásani, 304
mfwàsi, 304
mfwàti, 304
mfwénge, 756
mì, 258
mia, 354
mi-díka, 356
mi-idila, 369
mì-ina, 364
mīita, 354
míka, 358
mìka, 371
mìkana, 371
mi-kéle, 381
mi-kélo, 381
mi-kyēno, 381
míla, 357, 367
mili, 369
míma, 67, 97
mìmana, 285
mīmi, 284
mìna, 287, 366
mi-ngádi, 367
minika, 287, 366
mìnu, 258
mìnuka, 366
miswa-kaka, 218
mmonga, 358
mòka, 102
mómo, 362
móna, 348
mongongi, 360, 361
móni, 348
mòno, 258
mònyio, 314
mònyo, 314

mònyyo, 314
mòoka, 355
mōola, 367
mò-olo, 765
mò-oyo, 314
motuku, 356
mpā, 353
mpáadi, 428, 431
mpáana, 78
mpáati, 610
mpadi za mazunu, 293
mpàha, 351
mpáiku, 758
mpáka, 121, 332, 432, 434
mpàka, 85, 445
mpākasà, 133
mpalakana, 139
mpalakani, 139
Mpámba, 395
mpándi, 88, 428, 431
mpāndukwa, 88, 428, 431
mpāngala, 127, 136
mpángu, 126
mpāngu, 432
mpangula, 353
mpata, 410
mpàta, 410
mpāta, 429
mpáta tuuta, 429
mpātaba, 429
mpati, 429
mpáti, 88
mpāula, 395
mpàva, 351
mpāvala, 395
mpe, 759
mpē, 85
mpēdinga, 394
mpèeko, 435
mpéete, 296
Mpéete, 296
mpéeve, 349
mpèke, 435
mpekidi, 434
mpéko, 332
mpèle, 352
Mpèlo, 352
mpémba, 104, 394
Mpémba, 104
mpémbe, 58, 394
mpèmbe, 394
mpémbe-mpémbe, 58
mpéne, 352, 395, 747
Mpéne, 395, 747
mpēnene, 395, 747

mpénza, 395, 747
mpénzi, 441
mpè-phénga, 441
mpèse, 106, 441
mpetamu, 434
mpèvele, 349
mpévo, 349
mpēvo, 349
mpèvola, 349
mpèvolo, 349
mpēvuka, 349
mpèvula, 349
mpèwa, 349
mpèwola, 349
mpèwula, 349
mpéya, 426
mpí, 272, 317
mpīàa, 133
mpídi, 154, 186
Mpídi, 154, 186
mpíka, 85, 293
mpîka, 126
mpìla, 360
mpīmbidi, 67
mpìmbisi, 104
mpìmisi, 104
mpìmpa, 104
mpīmpikitì, 104
mpìmpila, 104
mpī-mpīndì, 104
mpīmpisi, 104
mpīmpitì, 104
mpíwa, 351
mpòka, 85, 445
mpóko, 429, 445
mpòko, 85, 445
mpòta, 443
mpōtidi, 395
mpóto, 395
Mpóto, 395
mpotolo, 397
mpōtori, 395
mpú, 293, 759
mpúku, 437
Mpúku, 437
mpunga, 759
mpūnga, 378
mpùnga, 759
mpùngi, 293
mpúngu, 759
mpusu, 369, 779
mpúta, 758
mpùti, 758
mpùtu, 242
mpúva, 378

mpūyungu, 378
mpwāsu, 434
mpwīlu, 435
mpyàka, 58
mpyáppu, 133
mpyàpuka, 133
mpyàpuzuka, 133
mpyátu, 133
mu, 288, 347, 362, 444
mu-díka, 356
mu-hānanà, 94
mu-holomba, 759
mu-hombolo, 759
mu-kànka, 457
mu-kùlu, 467
mu-kulu-ngunzu, 741
mūkuna, 741
mu-kúulu, 467
mu-kyeto, 225, 226
mu-lánda, 370
mu-lùla, 370
Mu-lúmba, 370
mu-mpîka, 126
mú-mpīmpikiti, 104
mūmu, 347, 362
muna, 361
mu-náni, 362
mu-ngánnda, 219
mu-ngu, 242
mungwa, 219
Mungwa, 219
mùngwa, 219
mu-nsàmbu, 514, 553
Muntu, 753
mùntu, 753
mú-nturi, 779
mu-nturu apinda, 779
munu, 258
mùnya, 464
mùnyia, 464
munyya, 464
mu-pè, 394
mu-sa, 373
mu-sénzi, 561
mu-sísi, 375
múti, 380
mú-ula, 352, 370
mù-ula, 355
mù-ulu, 370
mù-ulula, 779
mū-ululu, 779
mù-utu, 753
mu-vúmbi, 378
mu-vungisi, 378
mu-wá, 380

843

mu-wélo, 110
mu-ɣombo, 359
mu-ɣongole, 94
mvéete, 296
mvéla, 710
mvìla, 61
mvìlakana, 750
mvimbikita, 318
mvimpa, 318
mvímvi, 318
mvìndu, 323, 779
mvíndu-mvíndu, 323
mvíta, 439
mvíwa, 351
mvùdi, 280, 750
mvùla, 378
mvűma, 748
mvumbi, 745
Mvumbi, 745
mvwáma, 713, 732
mvwèla, 717
mw'enani, 362
mw-abi, 351
mwádi, 725
mwādika, 323
mwādika-mwadika, 323
mw-ai, 726
mw-áka, 96
mw-ála, 369
mw-álu, 369
mwa-m'wánndu, 351
mwàmuna, 378
mw-ána, 757
mw-ànda, 349
mwànga, 321, 378
mw-ànzu, 777
mw-àsi, 774, 777
mwé, 759
mw-èla, 753
mw-èle, 753
mw-élo, 110, 464
mwéne, 759
mw-enze, 373
mw-énzi, 373
mw-ìdila, 369
mw-ìla, 369
Mw-ìla, 369
mw-índa, 323
mwíndu, 323
mw-índu, 323
mw-ìndu, 323
mw-ini, 464
mw-isi, 128
mw-íssi, 373
mya, 354

myatu, 128
myoyo, 314

N

n, 258, 382, 395
n', 444
n'daa, 99
n'dàadu, 99
n'dáaza, 385
n'dànzengene, 392
n'dèeke, 424
n'dēekele, 424
n'diba, 391
n'díida, 99
n'díla, 150, 557
n'dìla, 157
n'dìlu, 157
n'dímba, 124, 163, 277, 393
n'dímbu, 155
n'dimvu, 156
n'dínda, 385
n'dínzi, 160
n'diti, 147
n'dìtu, 391
n'dōdilà, 314, 377
n'dokula, 412
n'donguti, 479
n'dònngi, 481
n'dúuma, 386
n'dyādya, 258
n'gámmbu, 191
n'kàaka, 453
n'káati, 111, 406
n'káda, 515
n'kádi, 514
n'kákala, 412
n'kākalà, 76
n'kàla, 232, 788
n'káma, 78, 335
n'kàma, 220
n'kamba, 120, 493
n'kámba, 236, 250, 450, 514, 553, 797
n'kambula, 502
n'kámvi, 206, 403
n'kanda, 78, 786
n'kánda, 156, 170, 255, 356, 520
n'kànda, 786
n'kanda-n'kanda, 225
n'kānda-n'kanda, 203, 784
n'kānda-nkanda, 494
n'kándu, 381
n'kàndu, 204
n'kangu, 75
n'kángu, 785

n'kànka, 457
n'kánndi, 784
n'kánngu, 748
n'kánu, 195
n'kàsa, 449, 454
n'kási, 233
n'katu, 403, 810
n'káwa, 120, 228
n'káza, 235
n'kázi, 233, 235
n'kéfwa, 672
n'kéka, 790, 791
n'keke, 338, 456
n'kèke, 96
n'kèki, 96
n'kéle, 459
n'kéło, 450, 460
n'kémba, 220, 403
n'kénda, 685, 802
n'kénge, 76
n'kengi, 76
n'kēnto, 225, 226
n'kese, 361
n'kévo, 672
n'kīdibita, 492
n'kídi-ndongo, 498
n'kīiku, 453
n'kíka, 293
n'kíla, 223, 365
n'kimbikiti, 402
n'kinda-n'kinda, 381
n'kínga, 328
n'kīngiki, 448
n'kísi, 417
n'kisu, 810
n'kíta, 458
n'kìti, 231
n'kodo, 525
n'kóko, 787
n'kőle, 231
n'kolo, 788
n'kóło, 452
n'kómbe, 448
n'kómbi, 448
n'kombombo, 119, 454
n'komo, 660
n'kóndo, 250, 451
n'kóngo, 338
n'kōnkutu, 360, 790, 791
n'konzi, 759
n'kónzi, 460
n'kòoto, 783
n'kóvo, 793
n'kuba, 527
n'kúbi, 239

n'kűbi, 413
n'kubila, 807
n'kubu, 414
n'kúbu, 239
n'kúbulwa, 528
n'kúdu, 414, 458
n'kùka, 255
n'kukulù, 759
n'kúlu, 228, 759
n'kùlu, 228, 414, 467
n'kulu-n'kulu, 232
n'kūluntu, 759
n'kúma, 660
n'kúmbi, 450, 806
n'kùmbi, 759
n'kúmbu, 359, 787
n'kūmbulà, 359
n'kúmmba, 787
n'kúna, 242
n'kúndi, 107, 343, 785, 803
n'kúngu, 328
n'kūngulu, 449
n'kúnka, 447, 527, 795
n'kúnu, 532
n'kùnzi, 804
n'kūruntù, 228
n'kūrutù, 228
n'kùsi, 233, 235
n'kusu, 234, 460
n'kùsya, 235
n'kúta, 490
n'kùtu, 527
n'kuukula, 533
n'kūulutù, 228
n'kuvu, 532
n'kúvu, 26, 27, 239
n'kúya, 75, 210
n'kùya-n'kùya, 75
n'kúyu, 75, 210
n'kwá, 26, 246, 532
n'kwâ, 246, 532
n'kwáyi, 199
n'kwèkwe, 532
n'kwēnina, 528
n'kwènko, 532
n'lábu, 389
n'láki, 389
n'láku, 389
n'lámba, 469
n'làmba, 469
n'làmbala, 291
n'làmba-n'lamba, 291
n'làmbu, 469, 552, 710
n'làmbu-n'làmbu, 710
n'landabala, 291

n'làngu, 409, 4̶8̶1̶
n'léeke, 424
n'léle, 110
n'lémbo, 152
n'lémvo, 387
n'lŏmbe, 390
n'lòmbo, 390
n'londa, 152
n'lònda, 287
n'lŏnga, 172, 481, 789
n'lòngo, 479
n'lúmba, 701
n'lúmi, 470
n'lúngu, 380
n'naku, 400
n'nánga, 401, 403
n'nànga, 102, 481
n'náni, 753
n'nàni, 407
n'néne, 288, 753, 759
n'ngadi, 391
n'ngádi, 236, 400
n'ngàdidi, 411
n'ngwâ, 710
n'nínga, 463
n'nónga, 422
n'nóngo, 422
n'nŏnzika, 326, 405
n'nŏnzingila, 326, 405
n'nŏnzinginina, 326, 405
n'nŏokani, 423
n'nū, 461
n'nūa, 461
n'nùni, 470
n'nùnisi, 420
n'nùnu, 420
n'nwa, 461
n'nyēnya, 464
n'sá, 413
n'saabu, 551
n'sáala, 576
n'sāala, 614
n'sàana, 506
n'saasa, 520
n'sabala, 552
n'sàbila, 484, 548
n'sabingi, 551
n'sabingini, 571
n'sàfi, 589
n'sàka, 415
n'sáku, 501, 620
n'sámbu, 514, 553
n'sàmbu, 552
n'sámpa, 592
n'sànda, 306, 506, 565, 576

N'sànda, 306
N'sánda-n'sánda, 306
n'sánga, 562, 574, 583
n'sánga-n'sánga, 574
n'sangu, 559
n'sangunya, 559
n'sani, 634
n'sánsa, 413, 576
n'sanu, 506
n'sanya, 506, 634
n'sánzu, 416, 535, 634
n'sasa, 519, 623, 628
n'sásu, 519, 623, 628
n'sàtu, 491
n'savu, 540
n'sèesa, 626
n'sèese, 626
n'séeti, 644
n'sēndebele, 516
n'sèndo, 490
n'sénga, 612
n'senga-n'senga, 612
n'séngi, 631
n'sénsi, 561
n'sèyi, 554
n'síila, 557
n'siku, 417
n'sínda, 150, 578
n'sìnga, 291, 623, 628
n'sìngu, 510
n'sínnza, 377
n'sínzu, 377
n'sítu, 489
n'sìtu, 565
n'soa, 417
n'sóma, 585
n'sómbo, 555
n'sómfi, 514, 553
n'sómo, 555
n'sòngo, 631, 651
n'sóni, 602
n'sónya, 602
n'sónya- n'sónya, 602
n'sónzi, 527
n'soti, 559
n'soya, 491
n'sùa, 720
n'súa, 720
n'súlu, 523
n'sūma, 551
n'súmba, 471
n'sumbala, 306
n'súmbu, 591
n'sŭmmpu, 656
n'sùnda, 601

n'súndi, 471
n'súnga, 519, 623, 628
n'súngu, 519, 623, 628
n'súngwa, 519, 623, 628
n'súnsa, 527
n'súnza, 414, 520
n'súnzu, 527
n'súudya, 646
n'sūuka, 526
n'swa, 417
n'swá, 417
n'swálu, 70, 516, 648
n'syèsina, 521, 629
n'syūka, 526
n'tàani, 312
n'tádi, 474
n'takala, 102
n'tālafu, 101
n'tàlazi, 314, 377
n'támbu, 276
n'tàni, 312
n'tánta, 417
n'tántu, 312
n'táva, 97
n'téba, 97
n'tèeto, 692
n'tēleki, 377
n'tēmbìlà, 701
n'tēmpeketè, 375, 672
n'témvo, 148, 701
n'tēndila, 314, 377
n'tète, 258
n'tídi, 405
n'tídidi, 405
n'tīini, 375
n'tima, 348
n'tíma, 295
n'tīntakani, 295
n'tīntibidi, 295, 356, 678
n'tīntu, 356
n'tinu, 645
n'tínu, 418
n'tómo, 701
n'tòota, 418
n'tóto, 691
n'tòto, 418
n'tūndibìlà, 716
n'wàwa, 316, 721
n'wōlodo, 422
n'yáka, 741
n'yámba, 163
n'yóndi, 651
n'záaka, 635, 657, 668
n'zaaza, 519, 623, 628
n'zànda, 576

n'zánga, 657, 668
n'zánnza, 601
n'zánza, 295
n'zēngelevwa, 538
n'zēngete, 657, 668
n'zénze, 617, 625
n'zénzo, 510
n'zìngu, 510
n'zònde, 405
n'zonza, 524
n'zùka, 657
n'zululu, 325
n'ɣeti, 296
ná, 258, 383, 759
nà, 222, 258, 383
-nā, 383, 753
nāaba-naabi, 383, 753
náaka, 403
nāaka, 401
náako, 401
nāakuna, 423
naana, 383
náana, 801
nàana, 383
náani, 362, 753
nà-bīi-nà-bīi, 383, 753
nafuna, 397
naka, 400
nākuka, 423
nàma, 67, 408, 753
nambu, 388
nàmbukisa, 67, 386
Nambwa, 293
nàmitina, 408
ná-mpàa, 410
ná-mpòo, 410
nàmuna, 171
nàmuzuka, 171
nán'ete, 383
nana, 407, 464
nàna, 179, 383, 409
nānaba, 101, 290, 408
nànama, 67
nānamana, 101, 408
na-nana, 383
nandi, 407
náng'eeti, 401
nánga, 102, 104, 290, 401, 403
nāngamwa, 399
nàngana, 423
nánge, 398
nangi, 99, 399
nángi, 401
nángu, 401
nàngu, 385

nāniba, 290
na-nu-nanu, 464
na-nwā-nwā, 421
nànza, 420
nànzakana, 420
nànzana, 409
náŋe, 398
nàta, 266, 290, 385
nate ye (ya) kuna, 461
nàti, 290
nàtu, 290
Navumu, 753
ndá, 99
ndà, 99, 393
ndáakala, 176
ndáala, 176, 393
ndába, 167
ndábi, 99
ndàbu, 277, 393
ndadi, 159, 418
ndádi, 99, 279, 418, 631
nðaði, 631
ndáka, 176, 400
ndàka, 99
ndākala, 400
ndáku, 176
ndàla, 157
ndálu, 375
ndamba, 151
ndámba, 151
ndàmba, 151, 393
Ndàmba, 164
ndámbu, 277, 469, 552
ndàmbu, 151, 407, 552
ndàmbuka, 393
ndamvu, 99, 393, 408
ndànda, 150
ndà-ndà, 99, 393
nda-ndambu, 277
ndàndu, 150
ndánga, 391, 392
ndánngi, 573, 584
ndánzakani, 392
ndāsakani, 392
ndasi, 392
ndáta, 391
ndávi, 385
ndávila, 385
ndazi, 150, 357
nde, 289, 420, 690
ndé, 159, 436, 690
ndè, 99, 393
ndebakani, 387
ndébangani, 387
ndébe, 99

ndèbila, 99
ndebo, 152
ndèedi, 405
ndēedila, 391
Ndéeke, 424
ndéeko, 479
ndéfi, 177
ndèfwa, 393
ndēke-ndeke, 424
ndēkibà, 99
ndela, 99, 386
ndélo, 63
ndēmbo, 99, 164, 408
ndēmi-nona, 672
ndende, 100
ndènde, 391
ndēnde, 100, 357, 690
ndè-ndè, 99
ndéndende, 99
ndèndiba, 99
ndénga, 221
ndenge, 173
ndéngi, 173
Ndéngi, 173
ndéngo, 90
ndènnde, 99
ndēnsangene, 392
ndéo, 698
ndèvo, 698
ndēvo, 178
ndēwula, 178
ndēyo, 698
ndèza-ndéza, 357
ndèzi, 276, 516
ndíbu, 152
ndibwa, 99
ndìfinga, 99
ndíitu, 157
ndika, 709
ndiki, 692, 709
nðila, 150, 557
ndíla, 150, 557
ndilanga, 157
ndilu, 157
ndìlu, 157
ndíma, 310, 355
ndīmba-ndimba, 124, 163
ndimbu, 155
ndímbu, 155
ndími, 357
ndīmina, 355
ndimva, 310
ndindi, 154, 356
ndíndi, 493
ndīndii, 158, 356

ndī-ndimbà, 100
ndīndimini, 158, 356
ndīndindi, 158
ndínga, 461
ndingwa, 99
ndinza, 357
ndíti, 392
nditu, 157
ndìvo, 698
ndobi, 391
ndola, 279, 392, 477
ndómba, 166
ndòmba, 390
ndòmbe, 390
ndőmbe, 149, 390
Ndőmbé, 149
ndòmbolo, 149
ndònda, 279
ndòndidila, 279
ndónga, 90, 481
ndònga, 479
ndőnga, 789
ndòngeleka, 481
ndóngi, 479
Ndóngi, 479
ndòngo, 160
ndòngokolo, 479
ndòngolo, 479
ndōnguta, 479
ndòosi, 474
ndòozi, 474
ndose, 474, 617, 625
ndóso, 392
ndúba, 99
ndùba, 151, 393
ndùbi, 151, 393
Ndùbi, 151
nduda, 159
ndudikilwa, 279, 477
ndűmba, 390
ndúmbu, 392
ndùnda, 90, 422
ndūnda-ndunda, 477
ndùndu, 91
Ndùndu, 91
ndùnga, 479
ndùngu, 346
ndūsakani, 357
ndúta, 147
ndùti, 147
ndùtulu, 147
ndūuka, 479
ndúuna, 386
nduwa, 476
ndwā, 461

ndwélo, 276
ndwénga, 713, 732
ndyaddi, 258
ndyàfu, 63
ndyàta, 149
ndyōdyo, 320
né, 759
ne-bwe, 390
nèeka, 406
nèena, 409
néene, 753
néka, 404, 406
nēkisina, 406
nèna, 463
néne, 409, 759
nénga, 403
ne-ngandi, 102
nénnga, 423
nesi, 417
nevo, 394
ngà, 330
-ngā, 330
ngàafi, 193, 336, 808
ngáakina, 411
ngáama, 97, 195
ngáami, 218
ngàami, 252, 799
ngáani, 102
ngáanu, 421
ngáati, 197, 421
ngāati-ngaati, 197
ngáatu, 197, 401, 421
ngàbi, 192
ngabu, 64, 191, 388
ngádi, 236, 391, 400
ngàdila, 411
ngāluka, 459, 799
ngāluluka, 459, 799
ngáma, 799
ngàma, 193, 346, 799, 801
ngàmba, 219
ngambaka, 191
ngámbu, 97, 192
ngàmbula, 807
ngambwila, 280
ngàmbwila, 227
ngàmi, 392
ngámi-ngámi, 392
ngàna, 385, 503, 510, 801, 802
ngánda, 196, 225, 226, 242, 252, 573, 789, 805
Ngánda, 242
ngànda, 242, 281
Ngánda a Kongo, 242, 789
ngándu, 371, 457, 497, 503
nganga, 217

ngánga, 75, 391, 399, 503, 510
Ngànga, 217
ngangala, 457
Ngánga-moona, 789
ngānganyà, 76
ngāngini, 189, 402
ngàngu, 217
ngani, 392
ngáni, 102, 801
ngànina, 801
ngánya, 503, 510, 801
ngànya, 195, 503, 510
ngànyanga, 75, 459
ngànyanya, 75, 459
ngányi, 230, 392, 503, 510
ngányina, 459
ngánza, 459
ngánzala-ngánzala, 459
ngánzanza, 459
nganzi, 503, 510
ngánzi, 230, 503, 510, 683, 685
ngànzi, 190, 230, 575, 683, 685
nganzi-nganzi, 503
ngānzi-nganzi, 683, 685
ngánzu, 459
ngátu, 197
ngatuka, 230
ngau, 190, 247, 710
ngàu, 190, 281
ngàvi, 192
ngawa, 247
ngàwa, 190, 281
ngèbe, 272, 399
ngèdi, 272
ngēdi, 391, 457
ngèedi, 213
ngèela, 196, 366
ngèele, 196, 366
ngéle-ngenze, 231
ngelo, 759
ngémba, 236
ngémbo, 192, 450
ngémvo, 509
ngenda, 198
ngènga, 75
ngènge, 76
ngèngele, 391
nge-ngenge, 457
ngèngi, 391
ngéngo, 75
ngèngo-ngèngo, 75
ngénguluka, 338
ngénza, 152
ngènza, 221, 457, 493
ngèta, 106, 252

ngète, 106, 252
ngèye, 328
ngézi, 159, 196, 197, 198, 366
ngézi-ngézi, 159, 197
ngí, 199
ngì, 398
ngididi, 231
ngīidi, 457
ngìmba, 509
ngīndi-ngindi, 493
ngìngi, 189
ngīngimà, 398
ngìsi, 417
ngíta, 230
ngìtulu, 234
ngó, 814
ngodi, 452
ngódi, 231
ngòdi, 343
ngódya, 797
ngofo, 399
ngofwila, 399
ngòlo, 158, 230, 759
ngolokoso, 226
ngòma, 341
Ngòma, 341
ngòmbe, 226, 335
ngòmbo, 226
ngòmo, 251
ngòna, 801, 803
ngónda, 797
ngònda, 804
ngóndolo, 797
ngóngi, 201
ngongo, 803
ngóngo, 447
ngòngo, 343
ngōngo, 341, 343
ngòngongo, 532
ngōnguluka, 457
ngòni, 455
ngōno, 447
ngònya, 455, 803
ngonye, 803
ngónza, 457
ngonzi, 199
ngónzi, 198, 201
ngōnzi-ngonzi, 198, 201
ngónzo, 198, 201
ngóvo, 281, 399
ngòvo, 241
ngówa, 238
ngóyo, 814
ngóɣo, 238
ngōɣolo, 238

ngúba, 191
ngùbi, 398
ngubu, 191
ngúbu, 191
ngùbu, 191
ngúdi, 191, 226, 409, 786
Ngúdi, 787
ngùdi, 232
ngùdu, 230
ngūdu-ngudu, 199, 759
ngùdya-ngùdya, 191
ngùlu, 485
ngùlubu, 485
ngùma, 801
ngūmanì, 455
ngumbe, 448
ngumbi, 192
ngùmbi, 192, 450
ngūmvungulu, 195
ngúna, 213
ngùna, 402, 458
ngunda, 249, 425
ngùnda-ngùnda, 250
Ngunga, 201
ngùnga, 201
ngúngi, 189, 401
ngungu, 337
ngúngu, 223
Ngúngu, 324
ngùngu, 201
ngúngu, 189
ngù-ngù, 201
ngungula, 189
ngūngula, 255
ngungulu, 189
ngunu, 750
ngunza, 238, 400
ngúnza, 403
ngùnza, 198
ngùnzu, 239
nguti, 239
ngūuvu, 199, 241
ngúvu, 792
ngūvulu, 199, 241
ngūzi, 766, 770, 771
ngùzuka, 201
ngwa, 201
ngwá, 246, 532
Ngwá, 409
ngwà, 710
ngwáda, 710
ngwádi, 192
Ngwádi, 192
ngwamba, 190
ngwángwa, 190

ngwánnza, 190
ngwáwa, 190
ngwé, 246
ngwèdi, 766, 770, 771
ngwèwu, 161
ngweyu, 161
ngwi, 425
ngwí, 241
ngwìi, 199, 241
ngwómi, 191
ngyengye, 390
nīfuka, 410
níini, 404, 425
níka, 423
nìka, 424
nìkina, 404
nìkuna, 424
níma, 101
nìmba, 386, 407
Ními, 364
nínga, 404, 424, 461
nìnga, 399, 404, 465
nīngina, 99
nīnginina, 404
nīngi-ningi, 461
Ninsi ngumba, 405
nitu, 159
nítu, 293
nká, 457
nkāabalà, 450
nkāabilà, 450, 515
nkáaka, 336, 425
nkàaka, 96, 448
nkàaku, 423
nkàakulu, 423
nkàala, 232, 338, 414, 453
nkáanu, 456
nkāatu, 424
nkàayi, 202, 491
nkába, 195, 450, 806
nkàba, 202, 797
nkāba, 282
nkābalà, 448
nkábi, 194
nkábu, 228
nkádi, 459
nkàdi, 170
nkadita, 328, 451
nkādulu, 328, 451
nkaka, 76, 203, 453
-nkáka, 346
nkákaba, 425
nkáki, 814
nkàku, 93
nkàkula, 93

nkala, 232, 788
nkála, 460
nkalala, 157
nkālalà, 459
nkala-nkala, 333
nkálu, 99, 253, 414, 451, 458
nkama, 456
nkáma, 340, 455
nkàma, 220
nkámba, 797
nkāmbidika, 788
nkamfu, 335, 501
nkàmpa, 207, 332
nkámu, 454
nkāmunu, 206
nkámvi, 403
nkana, 503, 510
nkána, 784
nkánda, 93, 196, 203, 508
nkanda nkombo, 93, 203
nkàndi, 203
nkāndikila, 204
nkándu, 93, 204, 381
nkāndukulu, 204
nkángu, 99, 342, 456
nkáni, 338, 455
nkanka, 75, 413, 423, 489
nkánka, 93
nkànka, 204, 331, 814
nkànku, 423
nkānkula, 92, 507
nkánkwa, 532
nkánngi, 401, 402
nkanu, 456
nkanya, 784
nkanyi, 801
nkánza, 456, 520
nkàsa, 449, 454
nkási, 449
nkàsi, 235
nkásu, 460
nkata, 812
nkáta, 246, 459, 789, 812
nkātabà, 199, 783, 812
nkātanga, 812
nkātangà, 199, 783
nkáti, 111, 406
nkātikà, 812
nkātiti, 406
nkátu, 487
nkàtu, 487
nkávi, 246, 424, 808
nkáwa, 210
nkàwa, 239, 460, 799
nkāwa, 238

nkáwu, 120, 228, 246
nkáya, 246, 483
nkàya, 488, 674
nkāya-nkaya, 210
nkáyi, 194
nkazi, 233
nkàzi, 235
nkéedi, 459
nkēekila, 398
nkéelo, 252, 459
nkéfo, 413, 453, 672
nkéka, 457
nkēkenè, 790, 791
nkéla, 252, 459
nkele, 252, 459
nkéle, 460
nkéle ngenze, 468
nkēlele, 398
nkēmbila, 211
nkéme, 456
nkémi, 413, 456
nkémo, 413, 456
nkēmuki, 220, 335
nkénda, 236
nkènda, 65, 236
nkène, 413
nkēnene, 456
nkēnenga, 450
nkénga, 790, 791
nkénge, 338
nkéngesi, 76
nkéngezi, 76
nkéngisila, 413, 491
nkéngo, 75, 342, 456, 473
nkéni, 343, 413, 447, 456
nkēnkete, 457
nkento, 198, 226
nkēnto, 225, 226
nkényi, 343
nkénza, 221
nkēnzengele, 198, 201
nkénzo, 343, 460
nkéo, 193
nkeo-nkeo, 327, 814
nkèsi, 683, 685
nkesi-nkesi, 521, 623, 629
nkētani, 361
nkéte, 236, 366
Nkéte, 366
nkéwa, 193, 346
nkéwo, 193, 346
nki, 327, 814
Nkíla, 223, 365
nkíma, 193, 346
nkímba, 800

nkímbi, 284, 501
nkínda, 381
nkindi, 380
nkīndi-nkindi, 786
nkíndu, 445, 786
Nkíndu, 786
Nkisi, 417
Nkita, 458
nkíta, 458
Nkíta, 458
nkìta, 237
nkìti-nkìti, 236
nkivo, 698
nkódi, 310, 804
nkofo, 689
nkòhe, 798
nkòkoto, 790, 791
nkóla, 221, 493
nkóle, 215, 249, 310, 804
nkolo, 380
nkólo, 310
Nkólo, 338
nkōlo-nkolo, 338, 342
nkóma, 456
nkómba, 485
nkòmba, 412
nkómbe, 450, 806
nkómbi, 450
nkòmbila, 411
nkómbo, 104, 119
Nkómbo, 104
nkóme, 456
nkóndi, 226
Nkóndo, 250
nkōndo-nkondo, 250
nkőnga, 341
nkónzi, 805
nkonzo, 197
nkónzo, 198, 460
nkōnzongolo, 198, 201
nkőofi, 798
nkòoha, 798
nkookila, 338
nkóoli, 310
nkőotolo, 96
nkòoya, 334, 798
nkòoyi, 334
nkósi, 512, 660
nkòsi, 234
nkòto, 96
nkòvi, 334, 484, 793, 798
nkòvia, 484
nkòvya, 334, 793, 798
nkúba, 212, 241, 249, 337, 414, 451, 796
nkùbi, 497

nkūdi-nkudi, 491
nkúdu, 414
nkúfi, 240
nkūfukulu, 240
nkúka, 113, 255
nkùka, 255
nkūkudu, 239
nkukulu, 759
nkūkutu, 70
nkúla, 232, 765
nkúma, 120, 660
Nkúma, 660
nkùma, 660
nkúmba, 220, 390, 402
nkūmbala, 360
nkumbi, 485
nkúmbi, 219, 220, 485, 797
nkumbila, 450
nkúmbu, 660
nkúmpa, 220
nkúna, 242
nkúnda, 342, 381
nkùnda, 786
Nkúndi, 343, 803
nkūndubulu, 380, 808
Nkūngulù, 759
nkúnki, 316, 795
nkunku, 113
nkùsu, 773
Nkùsu, 235
nkutu, 209, 231
nkútu, 209
nkùtu, 380, 808
nkúuba, 527
nkūuka, 70
nkuukulu, 532
nkúuna, 787
nkúwa, 813
nkwa, 710
nkwála, 453
nkwánki, 532
nkwása, 199
nkwīdi, 783
nkyá, 327, 814
nkyévo, 698
nlambu, 74
nnéki, 406
nnèmba, 408
nnū, 422
nóka, 359, 423
nóko, 359
nōkoso, 481
nòma, 408
nomana, 363, 408
nomanana, 407

nòmba, 149
nòmika, 407
nòna, 98, 409, 464
nònama, 408
nōnanga, 409
nonga, 408
nónga, 422
nōnga-nonga, 402, 423
nongo, 98, 399
nóngu, 399
nōngu-nongu, 399
nōnguta, 479
nònima, 408
nònumuna, 407
nōo, 420
nòoka, 423
nóosa, 416
nōosina, 416
nóoso, 416
nsá, 413, 640
nsáadi, 542
nsáafi, 570
nsàaku, 486, 657, 668
nsàamanu, 572
nsáamo, 572
nsáana, 506, 597
nsāaya, 540
nsabala, 550
nsábi, 501, 548, 549, 568, 607
nsābi-nsabi, 515
nsá-bóola, 484
nsábu, 484
nsābungù, 484
nsàdi, 505, 613
nsáfi, 548, 570
nsàka, 415, 662
nsākalala, 622
nsàka-nsàka, 415
nsàki, 657, 668
nsála, 300, 483, 524
nsalaba, 416
nsālafu, 373
nsamba, 367
nsámba, 514, 544, 549, 572
nsāmbanù, 572
nsàmbi, 501
nsàmbila, 548
nsāmbodyà, 572
nsambu, 607
nsàmbu, 588
nsāmbwadì, 572
nsāmbwalì, 572
nsámfi, 586
nsámpi, 500
nsàmpu, 588

nsánda, 506, 564, 565, 597
nsànda, 506, 564, 565, 576
nsandanda, 602
nsanga, 562, 604
Nsanga, 562
nsánga, 598, 618, 634
Nsánga, 604
nsangala, 604
nsàngala, 486
nsángu, 631
nsàngu, 559, 589
nsánsa, 515, 576, 618, 631, 691
nsànsa, 413
nsansabala, 516
nsánsi, 631
Nsánya, 503, 510
nsánza, 537
nsànzangala, 625
nsánzu, 416, 634
nsà-páati, 676
nsasa, 542
nsàsa, 617, 625, 630
nsāsala, 535
nsāsi, 632
nsāsu, 516
nsasu-nsasu, 516
nsàti, 640
nsátu, 148, 491, 541, 614
nsáu, 66
nsàvu, 543
Nsé, 534
nsè, 415
nséba, 551
nsebo, 551
nsébo, 554
nsédi, 614
nsèdinga, 614
nsédya, 516
nsèemo, 310
nseese, 626
nsēese, 521, 623, 629
nseka, 573
nsèka, 521
nsēkani, 663
nséke, 669
nsèke, 669
nsēkeni, 663
nséki, 559, 575
nsèki-nsèki, 521
nsèla, 614
nséle, 614
nsēlelè, 516
nsēlongò, 516
nsènda, 416, 498, 642
nsénga, 584

854

nséngani, 516
nsèngele, 491
nsèngelele, 491
nsèngenene, 491
nsèngezele, 491
nséngisila, 491
nséngizila, 491
nséngo, 368
nsēnsenge, 413
nsē-nsēnge, 413
nsēnsense, 521, 623, 629
nsēnse-nsense, 521, 623, 629
nsénsi, 559
nsēresì, 516
nsèsa, 626
nsēsi, 632
Nsēsi, 632
nsèvi, 554
nsèvila, 554
nsèvokosa, 554
nséyi, 554
nsi, 691
nsí, 366
nsía, 301
nsìa, 613
Nsìa, 613
nsíika, 657, 668
nsìitu, 565
nsíka, 374, 584
nsìka, 374, 584
nsìka-nsìka, 374, 584
nsila, 150
nsímpa, 413
nsímu, 469
nsīnda-nsinda, 601
nsíndu, 494
nsínga, 291
nsingu, 606
nsíngu, 606
nsingusunu, 593
nsíni-mbwa, 579
nsínnda, 597
nsì-nsíka, 584
nsínu, 696
nsīnuku, 696
nsinunu, 507
nsìsi, 575
nsīsila, 632
nsīsilà, 516
nsísu, 559
nsita, 503, 510, 635
nsíta, 526, 706, 708
nsóba, 610
nsőba, 492, 610
nsòbani, 610

nsōba-nsoba, 492
nsòbo, 610
nsodila, 498
nsofi, 394
nsóko, 631
nsolo, 373
nsōlokoto, 525
nsóma, 368
nsòma, 368
nsómbe, 591
nsōmbe-nsombe, 584
nsòmbo, 553
nsomi, 554
nsómi, 589
nsòmono, 368
nsómvi, 394
nsóna, 71
Nsóna, 71
nsōnama, 602
nsònde, 606
Nsőnde, 606
nsóndo, 636
nsónga, 593
nsőngedi, 653
nsőngi, 653
nsòngo, 631
nsōngula, 593
nsóni, 597
nsőni, 597
Nsőni, 597
nsónsa yo, 559
nsònso, 523
nsonsolo, 604
nsōnzi-nsonzi, 606
nsòola, 645
nsopo, 609
nsopodi, 609
nsosa, 559
nsose, 559
nsòsolo, 559
nsòto, 519, 623, 628
nsùdi, 512, 595, 636
nsùdika mbemba, 636
nsúdu, 532, 646
nsūdu-nsudu, 646
nsúka, 532, 538
nsukami, 528
nsuki, 669
nsukidi, 656
nsúku, 527, 537
nsūkubula, 545
nsùmba, 514, 553
nsúmbu, 488
nsuna-nsuna, 532
nsùnda, 527

nsúndi, 471, 475, 614
Nsúndi, 475
nsúnga, 595
nsúngi, 598
nsúnsi, 532
nsúnsu, 527
nsunsu aito, 631
nsunsuba-nsunsuba, 597
nsúsa, 773
nsúsu, 532, 773
nsùti, 642
nsuuku, 657, 668
nsūuma, 586
nsùuza, 631
nswa, 710
nsyensi, 405
nta, 810
ntàanina, 312
ntaazi, 706
ntádi, 418, 474
Ntádi, 474
ntailu, 279
ntàlu, 682
ntáma, 702
ntándu, 681, 687
Ntángu, 311
ntàngu, 311
ntángwa, 311
ntánta, 417
ntántani, 377, 405
ntáva, 97, 378, 419
ntáya, 277, 378
ntéba, 97, 419
ntébe, 97
ntéelo, 152
Nteesa, 685
nteeto, 692
ntéka, 277
ntéke, 419
ntēleka, 418
ntēleko, 377
ntempa, 701
ntémpo, 167
nténdo, 157
ntēndo, 378
ntēndoko, 378
ntēntebelè, 419
ntènteni, 311
nténzi, 311, 678
ntènzi, 300
ntēsolo, 685
nteta-nteta, 258
nti, 810
ntì, 690
ntìinu, 578

ntīinu, 578
ntìinu-ntìinu, 578
ntíka, 419
ntùngini, 312, 375
ntingi-ntingi, 375
ntíngu, 312, 375
ntíni, 375
ntínta, 678, 696
ntínti, 295, 378
ntīnti, 158, 295, 312, 356, 378
ntīntibidi, 158, 295, 356
ntipu, 419
nto, 418
ntó, 418, 705
ntōba, 419
ntōbani, 419
ntódi, 418
ntódya, 418
ntófa, 418, 419
ntofo-ntofo, 397
ntóma, 701
ntōmpo, 419
Ntòotila, 689, 696
ntòoto, 691
ntòtila, 689, 696
ntú, 705
ntúba, 73
ntūbuku, 705
ntùmpa, 705
ntundu-ntunda, 419
ntúnndu, 713, 732
ntwādi, 722
nu, 464
nūa, 422, 461
nùfu, 420
nùkuna, 406
nűmba, 390
Númbi, 405
Nùmbi, 390
Númbu, 405
Nùmbu, 390
nùmbuna, 390
nùmvika, 378
nùna, 420
nunga, 422, 424
núnga, 422, 424
nùngana, 408
nùngika, 410
nùngikina, 410
nùngina, 408
núni, 463
nùnina, 420
nùnu, 420
nùufata, 404
nùufuka, 404

856

nùufuna, 404
nùufuta, 404
nùuka, 403
nūunama, 420
nūunika, 420
núu-núnga, 423
nùutuna, 161
nwa, 461
nwā, 421, 422, 461
nwàna, 164, 420
nwáni, 386
nwàta, 161, 323
nwātanana, 421
nwātuka, 421
nwātu-nwatu, 421
nwekolo-nwekolo, 422
nwēngimina, 420
nwewu, 161
nwì, 385
nyāfuna, 63
Nyaka, 400
nyàka, 400
nyalata, 163, 299
nyáma, 398
nyanya, 404
nyānya, 404, 464
nyánza, 418
nyātuka, 777, 780
nyāu, 361
nyé, 403
nyéfa, 83, 270
nyèfa, 398
nyēfa, 394
nyēfisa, 394
nyefuka, 395
nyēfu-nyefu, 397
nyeka, 467, 677, 784
nyéka, 678
nyèka, 699, 784
nyekina, 784
nyèkina, 677, 699
nyekita, 677
nyèkuka, 784
nyenya, 404
nyènya, 404
nyēnya, 464
nyénye, 403
nyēnye, 403, 404
nyēnyekenè, 403
nyèva, 394
Nyìmi, 364
nyōfi, 321
nyōfinga, 321
nyofingi, 321
nyofita, 321

nyofiti, 321
nyofunga, 321
nyofungu, 321
nyofuta, 321
nyofutu, 321
nyóka, 468
Nyóka, 468
nyóko, 468
nyòmba, 401, 402
nyómva, 63
nyōmvuna, 63
nyòngoto, 468
nyōngufa, 321
nyōngufi, 321
nyònguta, 468
nyònguzuka, 468
nyūfuta, 321
nyūfutuna, 321
nyùmva, 398
nyunga, 401, 402
nyùnga, 266, 402
nyűnga-nyűnga, 266
nyúngu, 402
nyùtuna, 161
nyyàlala, 163, 299
nyyalata, 163, 299
nyyama, 398
nyyàma, 163
nyyani, 163
nyyefa, 394
nzá, 464, 691
nzà, 464
nzàaka, 598
nzaaku, 635, 657, 668
nzáana, 605
nzádi, 279, 418, 604, 651
nzàila, 101
nzáki, 635, 656, 657, 666, 668
nzākila, 636
Nzala, 775
nzàla, 148, 541, 614
nzáli, 604
nzàmba, 61, 601
nzámbi, 745
Nzámbi, 287
nzàmbu, 492
nzándi, 283
nzánga, 539
nzangala, 598
nzánnza, 618, 625
nzánzu, 632
nzási, 631
nzàu, 61
Nzazi, 631
nzázi, 631

857

nzébe, 493
nzédi, 493
nzéeta, 614
nzéete, 614
nzèfo, 179, 502
nzéla, 102
nzéle, 102
nzēnene, 598
nzēngele, 538
nzēngelè- nzēngelè, 538
nzēngelè-nzēngelè, 667
nzèngo, 109
nzénza, 479, 510
nzénze, 631, 634
nzēnzenze, 510
nzénzo, 510
nzeolwelu, 520
nzèvo, 179, 502
nzíla, 150, 369, 557
nzìni, 493
nzínzi, 519, 623, 628
nzó, 306, 405
nzóki, 657, 668
nzòko, 657, 668
nzómbo, 514, 515, 553
nzóndo, 636
nzónzi, 295
nzònzi, 524
Nzònzi, 524
nzùndu, 325
nzúnga, 374
nzùngu, 346, 742
nzúnza, 516, 632
nzúnzu, 516, 632
nzùuza, 631
nzùzama, 631
ŋa ŋana, 383
ŋwewu, 161

O

o, 436
oela, 88
ola, 101
ombulula, 272
ona, 101
onza, 326
-òole, 595

P

pāadada, 426
páadi, 68, 428, 431
pāaka, 433, 439, 445
páakala-páakala, 432

páakala–páakala, 434
pāaku, 428
pāakudi, 428, 433
páala, 430, 438
pāala, 438
pàapa, 410, 426
pàdika-padika, 68
padi-padi, 431
pádu, 430
paka, 447
pàka, 429, 447, 759
pākala, 434
pǎkalala, 432, 439
páka-páka, 439
páki, 428, 432, 433
pākidika, 439
pākidila, 432
pākula, 429
pàla, 105, 438
pàlakasa, 437
pàlana, 439
pàlangana, 438
pámu, 219
pàmuka, 219
pàngalakasa, 433
pāngi, 135, 445
pàngila, 433
pángu, 433
pàpa, 410, 426
pāpata, 296
pása, 440, 441
pàsa, 440, 441
pàsuka, 441
pāsula, 441
pàsumuka, 440
pàsumuna, 440
pàsuna, 441
pātala, 141, 759
pātama, 443
pàtata, 430
pātata, 410, 430
pātela, 141
pātika, 443
paù, 430
paùu, 430
pàya, 126, 129
pè, 394, 426, 710
pédi, 394, 440
pèdima, 440
pèdyama, 440
pēeka, 434
pèepa, 410, 426
pèepe, 410, 426
pèe-pèe, 426
pèepo, 426

péka, 434
pèka, 432
pèkakana, 434
pèkana, 434
pèke-pèke, 435
pēkuka, 432
pèkumuka, 434
pèkumuna, 445
pela, 438
pene, 443
peno, 437
pepe, 426
pèpele, 426
pèpila, 426
pèpili, 426
pèpumuka, 426
pèsa, 443
pése-pése, 440
pètama, 443
pfúdi, 280
phàapa, 296
phāapa, 296
phàatu, 431
pháka, 121
pháki, 432
phamu, 219
phéela, 439
phèepe, 426
phèepi, 426
phèezo, 440
phēpelà, 426
phepele, 426
phèse, 441, 443
phèsi, 441, 443
phéto, 430
phíipha, 104
Phingi, 446
phípidi, 104
phòka, 445
phóko, 433
phú, 429
phùlula, 430
phúsu, 442
phyàka, 58, 133
Phyàka, 58
Phyákala, 58
pīdila, 58
pīdi-pidi, 58
pìdumuka, 68
píi, 58
pìita, 436
píka, 428, 433
pìka, 432, 434
píki, 447
pìla, 438

pīlama, 58
pìlangana, 438
pìndula, 437
pinngu, 446
pipa, 104
pípa, 104
pìpa, 104
pípakani, 104
pipalala, 104
pìpana, 104
pípidi, 104
pípiti, 104
pìta, 104
pītakana, 443
pīta-pita, 443
pódi, 69
pòka, 433
pōkika, 432, 434
pòla, 438
pòoka, 433
pōoka, 433
póola, 439
pōola, 437
pòpata, 296
pōpodì, 69
pósa, 429, 440
pōsa-posa, 440
pōsika-posika, 429, 440
póso, 429
pòsumuna, 440
pōtama, 443
póto, 443
pú, 58
pùda, 68
pùda-pùda, 439
pùdila, 68, 434
pùdumuka, 68
púka, 127, 428
pūku, 434
pūkudi, 428, 433
pūkuka, 434
pùkumuka, 434
pùla, 68, 426
pùlumuna, 426
pùpa, 426
pùpumuka, 426
pùpumuna, 426
Púudi, 68
pùududu, 68
pùuka, 433, 434
pūuka, 433
pùusa, 759
pùusu, 442
pùuta, 759
puɣa, 445

859

pwãlangasa, 758
pwãmpwanya, 758
pwàpula, 758
pwàta, 429, 759
pwàta-pwàta, 429
pwàtata, 759
pwatutu, 759
pyá, 133
pyàka, 58, 133
pyàkulu, 58
pyàla, 133
pyàpuka, 133
pyàpula, 133
pyàpumuka, 133
pyàpumuna, 133
pyàpuzuka, 133

S

s'áu, 534
sa, 540
sá, 111, 482, 534, 632
sà, 488
sã, 300, 483
saaba, 550
sáaba, 544, 568, 571, 607
sãabalà, 492, 544, 568, 571, 607
saabanga, 554
sáabi, 484
sàada, 614
sàadada, 613
sãadisa, 631
sãaka, 71, 620, 650, 656, 658, 666
sáakila, 558
sãakila, 650, 658
sãakubà, 538, 807
sãakubã, 581
sãakuna, 620, 650, 658
sáala, 489, 641
Sáala, 641
sãala, 616, 641
sáala-na-mwana, 489
sãamika, 589
sãaminina, 547
sãamu, 310
sãamuka, 310
sáasa, 111, 305, 524, 535, 537
sàasa, 302, 483, 488, 536, 559, 620, 630, 642
sàasala, 374, 536
sàasama, 111
sàasana, 111, 601
sáasu, 70, 516, 632
sàasu, 616
sàasuka, 618
sãasuka, 543

sàasula, 630
sãasula, 543
sàata, 503, 510, 524, 526, 636, 640, 643
sãata, 524
sàatu, 638, 645
sáatu-sáatu, 640
sãaya, 540
sáayi, 540
sáazu, 70, 516, 632
sãazuka, 70
sãazula, 70, 516
saba, 607
sába, 111, 484, 492, 514, 548, 555, 570
sàba, 111, 535, 544, 549, 568, 607, 608
sãbakana, 538
sãbalala, 514, 538
sãbama, 555
sãbanga, 550
sàbata, 550, 609
sabi, 492
sábi, 484, 548, 555, 608
sábidi, 484
sãbika, 555
sàbila, 484
sãbila, 110, 264, 484
sãbisa, 484
sãbi-sabi, 484
sábu, 484, 551, 552, 606
sãbuka, 538, 552
sãbula, 538, 552
sãbunuka, 513, 538
sada, 562, 614
sáda, 516
sàda, 494, 555, 562, 566
sadada, 492
sàdangana, 489, 496
sàdi, 505, 568, 613
sãdika, 483
sadikwa, 483
sàdumuna, 561
sádya, 516, 562
sáfa, 642, 810
sàfi, 592
sáfu, 304, 572
sàfuka, 571
sàfula, 304, 571, 572
saka, 630, 635, 657, 668
sáka, 111, 539, 559, 622, 626, 637, 646, 656, 662, 666
sàka, 544, 546, 575, 581, 621, 648, 663, 666
sãkadi-sakadi, 75
sakala, 584, 616
sàkala, 641, 663
sãkalà, 663
sakalala, 637, 646
sãkalala, 75, 581, 637, 646

sakambwa, 626
sàkana, 559, 662
sàkanya, 662
sàkasa, 662, 666
sáka-sáka, 584, 656, 667
sàka-sàka, 584, 658, 667
sakasi, 575, 581, 650, 657
sàkata, 662
sākata, 581
sàkatala, 662
sākati, 581
sàkesa, 662
sáki, 581
sākidika, 581, 637, 646
sàkidila, 539, 638
sàkila, 75, 521, 539, 583, 623, 629, 638, 640
sākila, 626, 637, 646
sàkima, 415, 521, 623, 629, 640
sàkimina, 544
sàkisa, 662
sākitika, 637, 646
sàku, 415, 581, 618, 657, 668
sākudi, 581
sākuka, 581
sakula, 630, 638
sākula, 575, 581, 635, 663, 669
sàkulu., 641
sākumuka, 75
sàkununu, 662
sála, 489, 505, 546, 613, 641, 642
sàla, 505, 524, 613, 614, 645
sàlabūuna, 505, 613
sālalala, 561
sàlamana, 70
sálamènta, 506
sālana, 518, 615
sàlu, 505, 613, 615
sāluka, 516
sālula, 534
sālumuna, 580
sáma, 310, 485, 486, 547, 585
sàma, 577
sāmama, 546
sāmanana, 310
samba, 579
sámba, 492, 544, 549, 552, 568, 571, 579, 584, 589, 591, 596, 600, 607, 609
sàmba, 591, 610
sámba lili, 610
sāmbakana, 549
sāmbana, 549
sāmbila, 609
sāmbodyà, 584
sambu, 588
sámbu, 514, 547, 553, 584, 589, 597, 609, 610

sámbudulu, 600
sāmbuka, 596
sāmbula, 553, 591
sāmbuzuka, 585
sāmbwa, 584
sàmi, 546
sāmika, 546
sāmina, 589
sampa, 609
sámpa, 587
sàmpa, 610
sàmpalala, 587
sāmpuka, 513, 570, 596, 609
sāmpukulu, 513, 596
sàmpula, 610
sāmpu-sampu, 513
sàmuna, 589
sámvi, 552, 584, 592
sāmvula, 502, 551
sana, 507, 600
sàna, 502, 503, 510, 603
sānamà, 554
sànanana, 502, 593, 594
sánda, 507, 604, 637, 646
sànda, 148, 373, 503, 510, 542
sandi, 506, 597
sàndula, 503, 510, 601, 637, 646
sánga, 316, 482, 595, 651
sànga, 316, 501, 541, 576, 605, 651
sàngala, 581, 603, 605, 669
sàngalala, 656, 666
sangama, 659, 665
sánga-sánga, 573, 667
sàngatala, 593
sāngika, 659, 665
sàngila, 557
sangu, 559
sàngu, 488
sāngu, 102
sānguka, 659, 665
sāngula, 102, 659, 665
sāngulu, 102, 557, 625
sāngumuka, 659, 665
sāngumuna, 618
sānguzuka, 659, 665
sángwa, 605
sani, 584, 597
sànisa, 603
sànisina, 603
sánnzu, 506, 631
sànsa, 537, 633, 634
sànsa, 542, 546, 603, 618, 626, 633
sànsabalà, 535
sansala, 559
sànsala, 374, 536

sànsama, 486, 487
sànsana, 601
sànsika, 634
sànsila, 634
sànsu, 633
sànsuka, 633
sànsumuna, 618
sànu, 502
sànuka, 502
sànuna, 502
sanya, 597
sànya, 502, 576
sánza, 304, 416, 537, 616, 618, 634
sānzakana, 634
sānzala, 537, 592
sānzama, 634
sānzangana, 618, 634
sānzangù, 592
sánzi, 506, 512, 591
sànzi, 592
sānzika, 605
sánzu, 416, 605, 634
sānzungù, 592, 618
sàpa, 606, 610
sapala, 528, 541, 584
sápi, 606
sarila, 464
sasa, 114, 304, 483, 487, 535, 616, 635, 698
sása, 536, 537, 616, 618
sàsa, 303, 523, 536, 616, 632
sāsabalà, 519, 623, 628, 630
sá-saka, 637, 646
sàsakana, 618
sāsalà, 374, 536, 537, 637, 640, 646
sàsala-sàsala, 374
sāsama, 488
sàsangana, 486, 487, 618
sási, 488
sàsi, 488
sàsidika, 634
sàsikisa, 634
sásu, 633
sata, 524
sàtakana, 503, 510, 526
sati, 559
sàtsa, 303, 536, 632
sáu, 534
sāu, 540
saula, 574
sāula, 540, 574
sáva, 543, 642
sávu, 547
sávudi, 488
sàvula, 540
sawowa, 485

saya, 491
sàya, 491
sàzi, 543
sé, 534, 536, 549, 568, 595, 607, 620
séba, 492, 544, 549, 568, 607
sēbana, 500
sébe, 551
sēbe-sebe, 492
sébi, 610
sébo, 492
sēbozola, 492
seda, 564, 565, 630
séde, 489, 496, 555, 562, 566
sēdesi, 555, 562, 566, 646
sèdidika, 495, 498, 524, 637, 646
sèdika, 564, 565
sèdima, 640
sédinga, 489, 496
sèdinga, 485, 564, 565
sēdula, 639
sédya, 516
sèe, 464
sēebuka, 538
sèeda, 566
sēeka, 561, 573, 612, 639
sēekila, 612, 639
sēela, 644
seelo, 70, 614
sèema, 310, 372, 501, 547, 585
séene, 595, 604
sèepuka, 609
sèesa, 535, 588, 626
séese, 626
sēese, 542
sēesi, 623
sēfuka, 571
sēfuna, 571, 597
seka, 575, 581
séka, 573, 574, 575, 581, 584, 612, 617, 623, 625, 639, 658, 659, 665
sèka, 573, 580, 581, 612, 618, 657
sēkama, 659, 665
sēkana, 562, 583, 623, 629, 640
séke, 642, 657, 668
sēkele, 521, 583, 623, 629
sēkelé, 562
sēkelè, 642
sèkese, 657
sèke-seke, 642
sèke-sèke, 562, 583
sēketè, 545
sēkidikisa, 618
sēkidila, 584, 617, 625
sēkima, 562, 583
sèkisa, 581

sēkisa, 581
sēki-seki, 562
seko, 612
sèkokelo, 610, 656, 666
séko-séko, 610
sèkuka, 610
sēkuka, 639, 655
sèkula, 610
sèkuzula, 610
sela, 495, 498
séla, 489, 496, 516, 544, 549, 555, 562, 566, 568, 607
sèla, 541, 614, 637, 646
sēlalala, 564, 565, 630, 649
sēla-sele, 516
séle, 489, 496, 516, 555, 562, 566
sèle, 306
sèlekete, 306
sēle-sele, 555, 562, 566
sèluka, 306, 508, 614
selumuka, 613
sèlumuka, 613
sèlumuna, 613
sema, 587
séma, 371, 587, 588, 589, 590, 609
sèma, 114, 585
semba, 590
sémba, 486, 502, 541
sèmba, 579, 590
sèmbe, 579, 590
sēmbila, 71, 486, 502, 541
sèmbo, 579, 590
sèmfuka, 584
sémo, 585
sēmpekete, 593
sēmpele, 593
sēmpelè, 591
sēmpelelè, 591
sémpo, 591
sēmpuka, 609
sèmuka, 591
sèmuna, 585, 591
sémva, 584, 585, 596, 603
sèmvula, 114
sèna, 505, 601, 602
sēnanana, 593, 594
senda, 498, 601, 615
Senda, 490
sénda, 489, 495, 498, 543, 612, 637, 646
sènda, 490, 498, 543, 605, 646
séndalala, 495, 498
sèndalala, 495, 498
sēndebelè, 557
séndi, 612, 637, 646
sèndubuka, 557
sènduka, 639

sèndula, 604, 637, 639, 646
sendumuka, 559, 585
sendumuna, 526, 559
sèndumuna, 593, 594
sènduna, 605
seneta, 505
sénga, 373
sènga, 596, 605
sēnga-senga, 584
sénge, 555
sengele, 589
sēngele, 600
sengelezya, 598
sèngi, 469
sèngibita, 501
sènginina, 600
sèngubula, 600
sènguka, 585
sèngula, 659, 665
sènguluka, 508, 603
sèngumuka, 600, 603
sèngumuna, 600, 659, 665
sènguzula, 659, 665
sénsa, 509, 536, 620
sènsa, 521, 588, 593, 594, 596, 629
sènsangana, 618
sensemeka, 603, 633
sènsi, 521, 629
sènsika, 521, 629
sénso, 633
sènsolo, 588
sènsuka, 521, 629
sēnsula, 633
sénya-sénya, 513
sènza, 588
senzala, 604
sènzangana, 618
sēnzangana, 521
senze, 618
sēnzebele, 521, 618
sēoka, 620
seola, 620
sèreme, 615
serima, 615
sésa, 536, 541, 620
sèsa, 626
sese, 626, 643
sēsele, 554
sèsolo, 626
sésu, 487, 643
sesuka, 521, 631
sèsuka, 521, 623, 629
séta, 542, 639
sèta, 559
sētama, 542, 639

863

sētika, 542
sēula, 544, 549, 568, 607, 620
sèva, 554
sèvila, 554
sèvo, 554
sèwa, 544, 549, 568, 607
sèzima, 521, 623, 629
sèzi-sèzi, 521, 623, 629
sèzya-sèzya, 521, 623, 629
sí, 483, 534, 575, 691
sì, 372
sīa, 534
síba, 416, 484, 492, 551, 606
sìba, 110, 264, 609
sibavenda, 551
sībizì, 514, 553
síbu, 551
sididi, 302, 642, 644
sididika, 495, 498
sīdika, 585, 641
sìdikita, 555, 562, 566
sifa, 551
sifi, 551
sifuka, 568
síibisi, 609
sīka, 234, 562, 638, 650, 659
sīikila, 656, 664, 666
síiku, 630, 649
sìimi, 591
sīita, 644
sīituka, 308
sika, 305, 664
síka, 234, 530, 656, 659
sìka, 625, 641, 658, 663, 665
sīkalala, 305
sīkama, 641, 663, 664
siki, 622
sìkidika, 659
sīkidika, 664
sìkidikisa, 659
sīkika, 641
sīkila, 305, 538, 573, 641, 663
sīkina, 305
sīki-siki, 581
sìku, 530, 663
sìkuka, 641, 664
sìkula, 663
sīkumba, 642
sīkuzuka, 642
sila, 70, 177
sìla, 555, 562, 566
sīlama, 641
sīlangana, 577
sílu, 555, 562, 566
siluka, 159

síma, 371, 372, 501, 570
sìma, 367, 584
sīmana, 372
sīmanì, 585, 601
sīmanù, 585
sīma-sima, 501, 570, 585
simba, 589
símba, 552, 591
sìmba, 521, 596
simbelele, 587
simbi, 588, 596
sìmbika, 368
símbu, 606
sìmbuka, 575
sīmbukila, 587
sìmbula, 587
sìmbya, 642
sīmina, 372
sīmini, 371
sīminika, 372
sīminina, 372
sīmpula, 521, 538, 572
símu, 370, 588
simuka, 591
símva, 587, 590
sina, 290, 416, 588, 593, 594, 598, 599, 602
sína, 290, 302, 503, 510, 578, 584, 600, 601, 602, 604, 606
sīnata, 525
sínda, 292, 503, 510, 525, 526, 557, 559, 561, 584, 587, 596, 601, 652
sīndakana, 546, 597, 599
sindakanya, 526, 559
sīndalala, 557, 575
sīndama, 557, 578
sìnda-sinda, 577, 601
sinde, 525
sīndika, 557, 578, 603, 638
sīndila, 599
sīndisa, 596
sīnduka, 290
sīndula, 290
síndumuka, 494
sínga, 405, 596, 598, 605, 623, 628, 651, 664
sìnga, 581
sīngama, 606
sìngana, 591
sīngasa, 593
sìngini, 295
sīngini, 589, 655
sīnginika, 603
singinyi, 295
sīngisa, 581, 593
síngu, 664
singuna, 577, 657

síni, 606
sīnisa, 578
sīnita, 606
sínnda, 557, 599
sínnga, 593
sìnnsa, 587
sínnta, 555, 562, 566
sínsa, 586
sìnsa, 622
sīnsakesa, 617, 625
sīnsama, 296
sìnsana, 587
sìnsu, 617, 625
sínu, 578
sīnuka, 578
sīnuna, 578
sinzakesa, 617, 625
sinzika, 617, 625
sinzikila, 617, 625
sinzilwa, 305
sinzuka, 622
sinzula, 622
sisa, 617, 625
sìsa, 575
sísi, 536, 575
sísila, 521, 629
sìsu, 575
sìsya, 575
síta, 71, 643, 644
Síta, 71
situla, 630, 635, 648
síu, 530
sīvama, 500
sívi, 500
sīvika, 500
sīvi-sivi, 500
sivu, 530
sívu, 500
sìvu, 530
sīvudila, 500
sìwu, 530
sò, 464
sóba, 492, 610
sòba, 492, 569, 610
sòbakana, 610
sòbo-sòbo, 553
sòda, 644
sódi, 555, 562, 566
sődi, 489
sōdinga, 636
sōdunga, 636
sódya, 495, 498, 644
sōdya, 636
sòfa, 569
sőfakani, 642

soka, 620, 636, 650, 658
sóka, 519, 574, 617, 623, 625, 628, 665
sòka, 645
sōkana, 669
sokanya, 583, 645, 669
sōkidila, 617, 625, 665
soko, 789
sóko, 631
sōkolo, 665
sőkolo, 519, 623, 628, 657, 668
sōkolola, 665
sōkudila, 665
sōkusa, 583, 657, 668
sòla, 489
solo, 645
sōlokoto, 525
sòma, 368, 546
sómba, 606
sòmba, 579
sómbika, 606
sòmbika, 579
sòmbisa, 579
sòmbisya, 579
sómbo, 553
sombula, 590
sōmiki, 501
sòmpa, 579
sompila, 521
sòmpisa, 579
sòmpuka, 579
sòmpula, 509, 579
sòmpumuna, 579
sóna, 602
sonda, 649
sònda, 503, 510, 542
sōndalala, 641
sōndama, 641
sóndo, 493
sōndoko, 636
sōnduka, 642
sonenwá, 602
sónga, 593, 594, 625, 653, 654
sònga, 605, 653
sòngi, 605
sóngo, 653, 654
sòngo, 653
sőngo, 654
sònguna, 650
sóni, 602
sōnika, 602
sonkulu, 601
sóno, 602
sonsa, 486, 487
sònsa, 536, 620
sònso, 521, 631

865

sōnso, 534, 601
sònsolo, 534
sonsozyoka, 486, 487
sonsuna, 523
sónya, 601
sonyi, 597
soodo, 518
soofi, 571
sōola, 503, 510, 645
sòopa, 579
sóoso, 483, 626
sòoso, 523, 626, 648
sōoso, 534
sósa, 559
sòsa, 114, 523, 542, 559, 621
Sòsa, 559
sose, 534
sosi, 534
sóso, 483, 626
sōsolo, 541, 626
sota, 307
sòta, 564, 645
sotula, 635, 655
sòtya, 642
sóva, 610
sòya, 491
sú, 528, 535, 618
sù, 528, 618
súba, 416, 547, 656
sùba, 515, 776
sùba-sùba, 515
sùbi-sùbi, 515
subu lumpuku, 515
sūbuka, 528
súda, 528, 565
súdi, 533, 616, 654
sùdi, 555, 562, 566
sūdika, 653
sūdila, 559
sùdinga, 636
sùdi-sùdi, 553, 636
sùdunga, 553, 636
sùfuka, 571
súka, 528, 530, 538, 643
sùka, 528, 538
sukama, 669
sūkama, 528
súki, 519, 623, 628
sūkina, 538
súku, 519, 561, 616, 618, 623, 628, 650, 655, 658
sùkula, 574, 647
sūkula, 539
sùkuma, 660
sūkuta, 643
súla, 565

sùla, 555, 562, 566, 644
sūlalala, 639
sùlama, 580
sùlamanga, 580
súlu, 497, 580, 615
sùluka, 580
sùlula, 580
súma, 368, 501, 585, 586, 589, 590
sūma, 546
sūmama, 590
sūmata, 546, 551
súmba, 308, 492, 521
sűmba, 586
sumbu, 572
sūmika, 590
sùmpata, 606
súmu, 528
sūmuna, 590
súna, 578
sùna, 599
sunda, 562
sùnda, 498, 507, 527, 528, 559
sùndakana, 507
sùndikisa, 507
sùndisa, 507
sūnduka, 169
sùndula, 507, 559
sūndula, 169
sundumuka, 507
súnga, 622
sùnga, 651, 653
súngi, 598, 649
sūngila, 649
súngu, 601, 651
sūngula, 599
sūnguna, 599
suni, 601
súnsa, 532
sùnsa, 651
sùnsi, 535, 673
súnsu, 523
sùnuna, 593, 594
sunya, 601
sùnza, 577, 651
sùnzi, 535
sùnzu, 651
sūpupù, 609
sùsa, 417, 631, 640
súsu, 523
susu-bwila, 773
sú-súku, 561
súta, 542, 639, 644
sùta, 642, 655
sútu, 644
sūtuka, 528, 562

sūtula, 648
súuba, 515
súudya, 555, 562, 566
súuka, 539
sūuka, 526
súula, 555, 562, 566
sùula, 531
sūusa, 542
súusi, 113
sūusu, 483
sùusula, 531
sùuta, 542, 655
sūuta, 532
suuzi, 113
súva, 543
sùva, 528, 642
sūvula, 543
súwa, 322, 777
súya, 325
swá, 528, 543, 544, 775, 777
swà, 322
swâ, 648
swáa, 648
swádda, 543
swáka, 528
swáki, 650
swàla, 528
swāla, 654
swàma, 543
swàmuna, 528
swāndana, 528
swánga, 648
swángi, 654
swāngila, 648, 654
swāngula, 648, 654
swāswani, 648
Swatu, 528
swaya, 528
swáya, 648
swé, 528
swèba, 528
swèka, 543
Swèka : nkisi, 543
swèke, 543
swéla, 654
swèla, 528
swénga, 649
swe-swe, 528
swéswe, 544
swētuka, 528
swí, 528
swíddi, 654
swīdela, 528
swīka, 648
swīkisa, 580

swíla, 528
swīla, 654
swínga, 528
swīswiswi, 528
swītama, 528
swiΘi, 532
sya, 528
syá, 534
syālangana, 577
syàtu, 264
syàtuka, 576
syőkolo, 519, 623, 628, 657, 668
syūka, 526, 580
syúnu, 599
syùnuka, 599
syuwa, 580

T

-ta, 753
tá, 309, 690
tā, 72, 152, 352, 488, 549, 568, 575, 607
ta'a, 694
tāaba, 675, 694, 703
táadi, 672
tāadika, 313
Tàafi, 73
tāakana, 115, 678, 699
tāakisa, 670
táala, 157, 691
tāalama, 313
tāamana, 352
tàanu, 171
táasa, 687
tàasa, 685, 777
táasi, 72, 706
tàasi, 685
táasila, 685, 777
tàasila, 683, 685
táata, 309
tàaza, 685, 686
tába, 115, 544, 549, 568, 607, 674, 691, 694
tābaka, 694
tābalala, 674
tābika, 670, 694
tābila, 674, 691
tābitina, 167
tábu, 115, 674
tābula, 167, 694
tābuna, 544, 549, 568, 607
tádi, 294
táfa, 63
tāfuna, 63
tāfwana, 63
táka, 670

tàka, 676, 677
táká, 676, 677
tākalakana, 115, 699
tākalala, 699
tākama, 677, 699
tākana, 670
takata, 670
tākata, 115, 700
táki, 458
tāki, 677
tākila, 676, 677, 699
tākinga, 700
takula, 695, 700
tākula, 675, 703
tála, 474, 682
tāla-tala, 691
tāluka, 176
táma, 702
tàmata, 801
tá-matá, 352
tāma-tama, 702
támba, 352
tāmbala, 672
tāmbalala, 352
támbi, 676
tāmbika, 177
tāmbudila, 352
tāmbula, 676
tàmfuna, 676
támi., 310
támpa, 705
tàmpa, 311, 706
tāmpala, 672
támu, 310
tàmvuka, 702
tàmvuna, 702
tàna, 171, 682
tanda, 110, 702
tánda, 115, 171, 616, 680, 681, 687
tànda, 110, 152, 157, 313, 377, 686
tàndana, 680
tándi, 110
tándu, 311, 681, 687, 706
tàndula, 680
tàndumuna, 680
tanga, 676, 677
tánga, 479
tanta, 405
tánta, 417
tànta, 377, 678
tāntama, 405
tàntana, 377
tànza, 678, 686
tánzu, 686
tási, 72, 687, 706, 777

tata, 111, 309
táta, 72, 691
tàta, 72, 111, 683, 685
tati, 696
tatikinyi, 115
tāula, 167, 691
táva, 178, 357, 695, 709
tāvika, 670
tavula, 175
tāvula, 696
tāwaa, 178
tāwuka, 670
taγa, 692
tè, 301
tē yè (ya) kuna, 461
téba, 694, 709
tēbila, 693
tebo, 551
tèbuka, 693
tèbula, 693
tēeba, 709
tēefuka, 72, 705
tēefula, 705
tèeka, 699
tēeka, 677, 695
tēela, 176, 314
tèema, 310
tèemo-tèemo, 310
téesi, 685
tēeso, 685
tèeta, 670, 681, 687, 688
tēeta, 688, 698
téete, 670
tēevuka, 672, 705
tēeza, 685
téfa, 571
tēfinga, 571
téka, 677, 695, 699, 709
téka n'langu, 709
tēkama, 709
tēkenge, 692, 709
tèketede, 709
téki, 786, 812
tela, 314, 377
téla, 152
téle, 314, 377
tèle, 708
tēlele, 708
tēlula, 691
tèma, 702
tèmba, 679
tembe, 702
tèmbela, 676, 702
tèmbila, 676, 702
tèmbuka, 675, 694, 703

tèmfwa, 72, 701
témo, 670
tèmpa, 72, 311
tempama, 469
tèmpikita, 702
témpo, 167, 704
tèmpo, 72, 701
tēmpo-tempo, 704
tèna, 312, 675, 703
ténda, 157, 173, 311, 314, 377
tèndalala, 465
tēndana, 377
ténde, 173
téndi, 680
tēndula, 673
tēngo-tengo, 710
tēnguka, 710
tēngula, 700, 710
tènika, 311, 677
tēnsakana, 680, 681, 687
ténsi, 175
tēnsika, 680, 681, 687
tènta, 681, 687
tēntika, 680, 681, 687
tèntikila, 681, 687
tèntima, 62
tèntina, 311
tèntinya, 311
tènto, 681, 687
tènya, 311
tènya-tènya, 311
ténzi., 670
téta, 678, 689
tète, 692
tē-tēeka, 308
tètima, 62, 310
tèto, 692
téva, 571, 692
tēwula, 672, 705
teya, 696
tēyama, 696
tháapu, 670, 705
tháapudila, 670
thálu, 682
thànda, 157
thápa, 705
thata, 690
thàta, 683, 685
theka–theka, 174
thénde, 680
théndo, 157
thenye, 311
thénye, 677
thépo, 704
thēvele, 694

thídi, 309
thíitha, 696
thōoto, 309
thwè, 178
tí, 691
tì, 690
tīa, 674
tíba, 705
tìbalala, 693
tídi, 309
tīdida, 682
tīdila, 682
tifa, 705
tìibidi, 693
tíimìna, 348
tīina, 375, 578
tìinina, 312
tiita, 696
tìita, 696
tīita, 672
tíiti, 258
tìiti, 309
tìitika, 309
tìitu, 696
tìka, 692
tíla, 159
tìluka, 159
tima, 310
tíma, 295, 348
tìma, 295
tìma sinza, 375, 672
tímba, 693
tīmbalala, 676
tīmbimbi, 701
tímbu, 312, 348
tīmbu, 675, 694, 703
tīmbuka, 675, 703
tìmbula, 312, 348
tīmbula, 675, 694, 703
tīmbuna, 675, 694, 703
tímmba, 693
tīmpama, 701
tīmpika, 701
tīmpuka, 702
tína, 602
tīngama, 375
tíngu, 312, 375, 695, 700
tìnguka, 312
tìngumuna, 312
tinguna, 312
tìnguna, 375, 695, 700
tíni, 375
tínta, 158, 672
tīnti, 313
tīntika, 672

869

tīntila, 313, 672, 681
tínya, 696
tínzu, 672
titi, 672, 698
títi, 696
tītilà, 309
tíva, 530
tìva, 530
tívàa, 698
tīvalala, 530
tīvama, 571
tīva-tiva, 530
tīvidi, 530
tīvika, 568, 571
tīvi-tivi, 571
tīvuka, 530
tīvula, 528
tíya, 691
tìya, 691
tó, 115, 475, 654
tòbuka, 693
tòbula, 682
tóda, 644
tòda, 644
tōfula, 705
tóla, 683, 777
tòla, 687, 708
tóma, 701
tòma, 701
tómba, 701
tōmbalala, 701
tōmbama, 701
tōmbana, 311
tómbe, 704
tómbo, 378
tōmbuka, 693
tòmbula, 675, 680, 703
tōmbuluka, 693
tóna, 603, 696
tòna, 702, 704
tónda, 706, 708
tònda, 476, 649
tòndula, 476
tōnguna, 176
tònta, 419
tònti, 419
tontikila, 419
tònzi, 419
tōodi, 683
tōola, 683, 777
tōosi, 685, 777
tòota, 689, 696
tòoto, 63
tóta, 154, 620, 688, 696
toto, 376

tòto, 63, 309
tóva, 670
tòya, 740
tsábi, 548
tsamba, 367
tsambi, 501
tsamu, 584
tseda, 564, 565, 630
tsèe, 464
tsisi, 575
tsò, 464
tu-, 684
tūa, 161, 297, 451, 670, 707
tuba, 81, 357, 461
túba, 83, 670, 674, 740
tūbalala, 693
tūbi, 693
tubuka, 693
tūbuku, 693
tūdu-tudu, 682
tūfuka, 689
tūfuna, 694
túhu, 171
túka, 696, 700
tūkama, 696, 700
tūka-tuka, 699
tūkula-tukula, 696, 700
tūkulu, 696, 700
túla, 688
tùla, 687, 707
tulaante, 706, 708
tùlama, 687, 707
túlu, 477
tùluka, 713, 732
tūluka, 176
tùlumuka, 465
tùluza, 176
túma, 730, 737
túmba, 547, 693, 731
tūmbula, 705
tùmpikila, 695
túmpu, 705
tùmpu, 705
tùmpula, 693
tuna, 141
tùna, 141, 312, 703, 745
túnda, 179
tūndubà, 713, 732
Tūndubà, 713, 732
tūndubudi, 713, 732
tūndula, 179, 314
túnga, 297, 451, 707
tùngalakana, 174
tùnganana, 174
tūnganana, 179

tùngika, 174, 707
tūnguna, 297, 451
tungyana, 704
túnnda, 713, 732
tūnsama, 179
túnta, 179, 476
túntalala, 476
túntu, 232, 678
tūntuka, 179, 696
tūntula, 696
tùnuka, 141
tusa, 685, 707, 777
túsa, 686
tūsuka, 692, 707
tūsuna, 707
túta, 155, 696
tùtu, 63
tūuka, 696, 700
tūula, 177, 466, 477, 682, 731, 734, 738
tùuma, 704
tùuna, 704
tùunuka, 678
tùununa, 678
tùuta, 688, 698
túutu, 164
túva, 672
tùva, 672
tùvala, 672
tùvalala, 672
tùvidika, 672
túvu, 672, 682
tùvu, 672
tūvuka, 672
tūvula, 672
tùvya, 691
tuwa, 670
tùwa, 178, 695
tùya, 178, 691, 695
tūyama, 691
twá, 178
twà, 178
twā, 161, 297, 451, 670, 707
twādi, 707
twala, 476
twāla, 670
twālakana, 670
twālumuna, 670
twē, 161, 707
twēdisa, 237
twēla, 237
twēlela, 237
twēlezi, 237
twèma, 672
twéngele, 178
twéngene, 178

twèngula, 178
twènuka, 178
twétwe, 707
twētwentwè, 178
twì, 672
twidi, 161
twīdi, 237
twīdila, 237
twika, 161
twīla, 237
tyàba, 696
tyābula, 576
tyàdika, 313
tyákka, 576
tyàla, 313
tyànza, 313, 576
tyànzuka, 576
tyasa, 576
tyasangana, 576
tyasu, 576
tyasuka, 576
tyasuna, 576
tyàsu-tyàsu, 576
tyàvula, 576
tyàza, 313
tyéba, 694
tyóba, 694

U

ūa, 278, 738
-ùdi, 753
ula, 101
-ūla, 101
-ūlula, 101
una, 101
-ùru, 753
-ūtu, 779

V

vā, 85, 229, 347, 353, 472, 712
vá-ama, 347
vàama, 758
vāama, 58, 83, 745
vāana, 85
vàata, 82
vàava, 217, 296
vāava, 80
vàavulula, 296
vába, 84
vábu, 726
vàdi, 730, 737
váka, 80, 329, 766
vàka, 329

vàkama, 734
vākama, 329, 766
vākasa, 329
vākatì, 329
vála, 196, 749
vàla, 130, 749
valaba, 130
vàlabata, 130
vālangana, 181
vàlata, 80
vālumuka, 130
váma, 98, 117, 745
vámba, 183, 758
vāmbila, 80
vāmisa, 713
vámpa, 97
vāna, 712
vanda, 731
vánda, 119
vandika, 740
vāndula, 730, 737
vánga, 102, 126, 753
vàngula, 746
vāngula, 73, 81
vāngu-vangu, 81
vānnga, 752
vànuna, 746
ványa, 750
vánza, 750, 775, 777
vása, 775
vàsa, 441, 769, 774
vàsuka, 441
vàsuna, 441
vàsu-vàsu, 441
váta, 65, 149, 326, 437
vàtama, 738
vàtika, 738
vàtimisa, 738
vàudi, 395
vaula, 758
vàula, 395
vàuva, 80
vāu-vau, 758
vava, 79
vàva, 58
vàvana, 80
vàvula, 296
ve, 426
vè, 710
vēdinga, 394
vēedila, 394
vèeka, 217, 349, 434
vēela, 395
vèeva, 349, 410
vèeve, 349

véévé, 426
vèevi, 349
véka, 217, 434
vèkama, 349
vèka-vèka, 349
vèke-véke, 327
vèkita, 263, 327, 349
vēkita, 349
vela, 710
véla, 395, 710
vélà, 183
vembo, 130
vèmpa, 83
vènda, 184, 225
véne, 395
vēnene, 395, 750
vènginya-vènginya, 185
vēnsuka, 141
vénza, 441
vēsila, 774
vēsuna, 441, 774
vèta, 759
vétete, 395
vèva, 349
vèvalala, 349
vèvidila, 426
véya, 426
vèya-vèya, 426
vi, 722
vīa, 118
vidru, 716
vīika, 757
vīita, 308
vīivi, 710
víka, 314
vìka, 314
vīkama, 188
vìki-vìki, 768, 780, 793
viku, 743
vìku- vìku, 768, 780, 793
vìkuka, 768, 780, 793
vìla, 731
vìlakana, 750
vīlakana, 736
vílu, 779
vìlula, 807
vīlula, 807
vímba, 318
vìmba, 318
vímbu, 318
vīmbuluka, 318
vīmpakana, 318
vímpi, 318, 723
vīmpikita, 318
vīmpikiti, 318

vīmpiti, 318
vīmvikità, 318
vìna, 185
vìnda, 277, 736
vīnda-vinda, 807
vīndinga, 308
víndu, 739
vìndu, 323
vinga, 319
vínga, 281
vìnza, 187, 765
vìnzi, 482
vísi, 460
visu, 307
visuka, 776
víta, 439, 722
vītu, 308
vītuka, 308
vītula, 308
vītumuna, 308
vívi, 79
vīvidi, 710
vìvila, 439
vo, 299, 756
võkika, 743
vónda, 439, 797
vóndo, 739
vònga, 752
vóngi, 127
vòngonono, 752
vóoka, 743
võovo, 80
vósa, 429, 775
vòta, 443
vóva, 238, 740
vú, 472
vúba, 710, 719, 728, 758
vùba, 730
vūbudi, 726, 758
vúda, 746, 749
vùda, 280, 713, 725, 731, 732, 750
vúdi, 746, 749
vùdila, 713, 732
vùdisa, 64
vùdula, 725
vuka, 742, 766
vúka, 314, 742
vùka, 184, 742, 743, 766, 773, 774
vùkama, 773
vukisa, 781
vùku, 721
vùkula, 781
vūkulila, 766, 770, 771, 781
vūkuluka, 781
vūkulula, 766, 770, 771

vūkumuna, 782
vukumunu, 766, 770, 771
vūkutila, 189
vúla, 64, 430, 472, 731
vùla, 430, 437, 438, 713, 732
vùlama, 430
vúlu, 726, 746, 749
vùlu, 430
vùluka, 430, 713, 731, 732
vululu, 120
vūlumuka, 430
vūluta, 430
vùma, 182, 748
vúmba, 378, 753
vùmba, 719, 728
vúmbi, 378
vùmbuka, 728
vùmbula, 728
vūmina, 378
vúmpa, 719, 728, 753
vūmpula, 378, 719, 728, 753
vumu, 753
Vúmu, 753
vùmuka, 731
vūmuka, 713, 732
vumununa, 756
vúmvu, 728
vūmvula, 731, 756
vūmvumuna, 756
vúmvutu, 378
vúna, 750
vùna, 750
vūnana, 750
vūnanana, 750
vúnda, 178, 228, 759
vùnda, 320, 738, 748
vundakanya, 320
vùndalala, 766
vūndi, 759
vundidika, 766
vúndu, 731, 734, 746, 749
vùndu, 378
vūndula, 178, 378, 750
vūndulà, 378
vunga, 119, 719, 748, 753
vúnga, 757
vùnga, 119, 748, 750
vùngama, 744
vūngana, 757
vùngila, 744
vūnguka, 768, 780
vūnguku, 768, 780
vūnguta, 766, 770, 771
vungya, 750
vuni, 750

vūni-vuni, 750
vúnu, 757
vùnu, 750
vùnumu-vununu, 750
vūnya-vunya, 750
vúnza, 187
vusa, 766
vùsu, 779
vùta, 736
vūtakana, 736, 780
vūtu, 736, 780
vūtudila, 736
vūtula, 780
vúuba, 726, 758
vúuka, 781
vūuka, 188, 771
vūukama, 766
vuuku, 782
vūula, 352, 734, 747
vú-uma, 347
vūuna, 747
vùuta, 736
vùuvuta, 239
vúva, 378
vúvu, 78
vúwa, 240
vùza, 183, 766
vwā, 713, 732
vwádda, 765
vwadi, 731
vwádi, 734, 746, 749
vwadingi, 69
vwáka, 712
vwakada, 712
vwàma, 713, 732
vwangi, 322
vwansa, 187
vwanza, 187
vwànza, 187
vwása, 712, 766, 770, 771, 777
vwàsa, 712, 766, 770, 771, 777
vwàta, 182, 187
vwāta, 182, 717, 777
vwénzi, 766
vwetula, 773
vwìla, 713, 732
vwīla, 713, 732
vwīsa, 713, 732
vwīsisa, 713, 732
vyātula, 134
vyávya, 283
vyòluka, 119
vyònda, 119
vyo-vyo, 609

W

wa, 288, 314, 721
wá, 260, 317, 719, 723
wà, 753
wā, 73, 278, 721, 723, 728, 738
wa nga, 721
wáa, 721
wàa, 712, 726, 782
wāa, 723, 728
wàadisa, 739
wàala, 726, 739, 759
wáalala, 725
wáalala-wáalala, 725
wāama, 745
wāana, 422
wāanana, 422
wāangilà, 718, 741
wáasa, 773, 776
wāaya, 710
wáayi, 246, 726
wáaza, 719
w-aazi, 720
wáazi, 719, 720
wába, 713, 723
wābudi, 726
wacika, 207
wáda, 357
wádáa, 357
wāda-wada, 723, 740
wadi, 723, 753, 764
wádi, 73, 726, 734, 745, 746, 749
wādidika, 726
wadika, 738
wādilà, 726
wái, 726
wáka, 718, 741
wàka, 314
waka mpe, 742
wākaka, 728
wākaka-kàa, 728
wākalala, 728, 768, 780
wākama, 743
wākanga, 728, 743, 768, 780
wākasà, 723, 742
wakika, 743
wàkika, 717
wàla, 725, 738
wàla, 722
wālaba-walaba, 725
wālakà, 722
wālakazi, 115
wālalala, 726
wālangana, 764
wāla-wala, 117, 726, 728, 734, 746, 749

874

wála-wála, 725, 764
wa-lèza, 464
wālika, 726
wālubuka, 725
walumuka, 118
wàlumuka, 725, 726, 728
wàlumuna, 725
wàlu-wàlu, 725
wáma, 745
wamba, 727
Wamba, 727
wámba, 713, 723, 745
wàmbula, 723
wāmbula, 723
wànda, 119, 738, 775
wa-ndele, 464
wānduka, 737
wāndula, 737
wánga, 717
wànga, 81, 717, 741
wānga, 722
wāngala, 743
wāngalala, 740
wangi, 717
wángi, 741
wāngidika, 717
wa-ngwangwa, 717
wànnda, 757, 777
wānzi, 774, 777
wása, 775
wàsa, 719, 777
wàsala, 777
wāsalala, 774, 777
wàséeti, 777
wàsi, 719
wàsila, 719
wàsisa, 719
wāsisa, 719, 774, 776
Wáso, 719
wāsuka, 774, 777
wàsula, 719, 777
wātuka, 738, 777, 780
wáu, 722
waula, 118, 718
wáwa, 84, 316, 317, 721
wāwa, 710
wá-wá, 85
wawéte, 713, 732
wa-wi, 317
wāya, 710
wa-ya-wa, 712
wāyika, 117
wàzima, 71
wāzumuna, 719
we, 741

wé, 314
wédi, 73, 745
wèdika, 722, 766, 770, 771
Wèdika, 722
weela, 764
w-éene, 759
wèeta, 728, 773, 776
wēeta, 119, 305
wèka, 314, 741, 769
wéke-wéke, 723
wèke-wèke, 723
wéla, 117
wele, 117, 716, 734
wéle, 118, 325, 716
wélekese, 716
wèlensi, 716
wèle-nsi, 716
wele-wele, 117, 734, 746
wéle-wéle, 118
wèle-wèle, 717
wèlo, 713, 717
wémbe, 723
wena, 753
wèna, 314, 753
wénga, 201, 717
wènga, 717
wēngelè, 734, 746
wéngo, 734, 746
wēngula, 734, 746, 757
wēngumuna, 734, 746
wéni, 718, 757
wéno, 757
wénya, 718, 757
wénza, 769
wēnzengele, 775
wēnzi –wenzi, 769
wēnzubula, 526, 718, 728
wēnzuka, 769
wēnzula, 526, 728
wésa, 766, 769, 770, 771, 776
wési, 766, 770, 771, 775
wēsika, 769
wēsinga, 769
wēsi-wesi, 723, 768
wēsula, 769
wēsumuna, 769
wéte, 713, 732, 769, 776
wète-wete, 713, 732
weti, 753
wèti, 314, 753
wē-wēle, 712, 722
wèyika, 161
weza-weza, 776
wi, 317, 774
wí, 314

875

wī, 317
wíba, 275
wìba, 272
wìbila, 272
wībula, 275
wībumuna, 275
wìdama, 728
widi, 753
wídi, 738
wìdi, 73, 278, 314, 326, 738, 745
wīdikila, 278, 738
wīdila, 738
wīdi-widi, 738
wīila, 738
wīisa, 720
w-íisi, 531
w-íivi, 272
w-íiwi, 317
wíka, 741
wina, 753
wìna, 745
winga, 321
w-ingi, 118
wísa, 775
w-ísi, 768
wisika, 317
wisisi, 531, 768
wītakana, 726
wi-wi, 609
wī-wi, 317
wiyi, 320
wo, 722, 782
wobori, 765
wòbuka, 726
wódima, 738
wokolo, 781
wòkunga, 781
wòla, 115
wōlolo, 722, 726
wōlolo-wololo, 722
wōlomoka, 712, 722
wòlumuna, 115
wòlumuna, 726
wòma, 719
wòmbika, 719, 728
wombo, 98
wōmbula, 746
wòna, 722, 745
wónda, 740
wòndama, 737
wòndika, 737
wòndumuna, 737
wónga, 722
wōngana, 722
wōngodi, 773

wōngula, 722
wongumuna, 722
wōnguna, 722
wónngi, 718
wòoka, 245, 718, 743
wōolana, 722
w-óolo, 764
wòota, 713, 745, 776
wosa, 766, 770, 771
wósa, 769, 776
wóso, 207
wōsoso, 728, 768
wōsuka, 774, 777
wóte, 713, 732
w-óte, 713
w-óte, 732
wōtuka, 738
wówo, 320
wōwo, 117, 320, 726
wōwula, 712
wōwumuka, 317
wòyo, 314, 317
wú, 713
wúba, 728
wúbidi, 728
wūbuka, 726, 728
wúda, 728
wúdi, 734, 746, 749
wudidi, 759
wūdinga, 759
wúdu, 749
wúka, 717, 718, 719, 741, 743, 771, 773, 781
wùka, 773
wūka-wuka, 743, 781
wūkika, 743
wúku, 718, 742
wūkuba, 742
wukula, 743
wūkula, 742, 743
wūkumuka, 743
wúla, 775
wùla, 117, 726
wūlama, 750
wúlu, 726, 749
wūlukusì, 726
wūlukusu, 722
wūlukusù, 726
wuluma, 723
wúma, 378
wumba, 719, 728
wúmba, 728
wúmbi, 728
wūmbika, 728
wúmbu, 728
wúmbwa, 728

876

wúmpu, 734, 746, 749, 758
wūmpulu, 758
wuna, 753
wúna, 750
wúnda, 738
wúndana, 738
wŭndika, 320
wúndu, 320, 734, 746, 749
wūndula, 737
wŭndula, 737
wūndundu, 737
wu-nene, 759
wunga, 119, 743
wúnga, 722, 756
wungalala, 750
wūngama, 743
wungana, 750
wunge, 722
wunguka, 750
wúnguka, 743
wūngula, 743
wūngumuka, 743
wūngumuna, 743
wúnndu, 734, 746, 749
w-ùntu, 753
wunu, 750, 757
wúnza, 769, 776
wūnzinga, 769, 776
wūnzula, 769
wūnzulula, 776
wúri, 726
wúru, 726
wúsu, 779
wūsuna, 770, 771
wusya, 353, 526, 768
wúta, 325, 779
wúti, 325
wútula, 776
wūtunu, 720, 722
wùuka, 743
wúulu, 718
wúuma, 378
wùunu, 747
wùuta, 769
wūutama, 531
wùuɣa, 723
wuwumuka, 710, 726
wuya, 326, 405, 526, 722, 728
wūyama, 728
wūyika, 728

Y

yá, 180, 383
yà, 222, 244, 257, 314
yā, 118
yáa, 266
yāaba, 547
yāabana, 87, 275
yàadi, 268, 278
yáakadi, 261
yàala, 268, 278
yāala, 82
yāaluka, 278
yàama, 97
yàata, 114, 260, 766, 770, 771
yāata, 308
yáaya, 79, 266
yàaya, 83
yāaya, 205
yāayilà, 79
yáazi, 306
yába, 83, 90, 270, 296, 815
yābakana, 87
yābala, 58, 60, 83, 87, 227, 270, 272, 275
yàbama, 275
yābama, 227
yàbangana, 87
yàbata, 105
yaba-yaba, 87
yàbika, 275
yabuka, 276
yābukisa, 297
yádi, 81, 260
yadika, 260
yàdika, 81, 260
yādika, 290
yàdingisa, 260
yàfula, 184, 216, 247, 280
ya-fúu, 297
yàhula, 83
yáka, 64, 107, 284, 329
yàka, 120
Yàka, 120
yàkáa, 327
yàkala, 126, 251, 256
yākalakana, 111, 261, 302
yakama, 281
yākama, 71, 281
yàkana, 81
yáki, 72, 79, 329
yākimina, 110
yàku, 281
yàla, 79, 260
yàlama, 81, 260
yālama, 290
yàluka, 107, 263, 268, 270, 271, 279
yàlukila, 107, 268, 270
yàlula, 70, 107, 268, 270
yáma, 288

yàma, 262, 285
yāmama, 262
yámba, 815
yàmba, 227, 268
yàmbadala, 287
yàmbakani, 67
yàmbama, 67
yàmbana, 261
yambazala, 815
yámbi, 87, 98, 259, 262, 286
Yámbi, 815
yàmbidila, 227, 268
yambika, 261
yàmbika, 285, 287
yàmbila, 288, 291
yàmbizi, 68, 262
yámbula, 271
yàmbula, 88
yàmmba, 67, 83, 85, 227, 268, 285, 288, 291
yàna, 83
yánda, 124, 277, 290
yànda, 210, 259, 795
yandakana, 99
yāndakana, 288, 292
yāndala, 288, 292
yāndalala, 288, 292
yāndana, 99, 292
yándi, 180, 533
yánga, 92, 94, 96, 98, 106, 266, 284, 296, 324
yànga, 107
yāngala, 96, 118, 270
yāngalà, 102, 204, 211
yāngalakana, 99, 292
yāngalala, 204, 211
yāngama, 92, 121, 316
yāngana, 92
yānganga, 98
yángi, 84, 98, 204, 211, 270, 281
yāngidi, 92
yāngila, 118
yānguka, 262
yāngula, 84, 262
yāninga, 267
yánnda, 266
yánnga, 102, 104, 204, 211, 282
yànnga, 92, 98, 118, 121, 286
yànnza, 101
yánsa, 101
yāntama, 207
yāntika, 207
yānuka, 270
yānuna, 270
yānzalà, 254, 306
yari, 300
yàsa, 320

yasuka, 70, 111, 303
yasula, 305
yáta, 210, 305, 795
yàta, 266
yātakyana, 111
yātama, 210, 795
yātana, 111
yàtata, 114
yàtuka, 264
yàtula, 310
yātula, 63
yàtuna, 264, 320
yáu, 205
yàu, 271
yāuka, 271, 718
yàula, 205, 271
yāula, 118, 718
yava, 83, 118, 319
yāvalala, 320
yàvula, 184, 216, 247, 280, 320
yavulala, 84
yáya, 260
yāya, 205
yá-yá, 205
yàzala, 107, 268, 270
yàzima, 71
yè, 222, 257
yèba, 60, 85, 227, 268, 272
yèbikila, 89
yèbila, 88
yèbita, 89
yebuka, 89
yèbuka, 85, 227, 268
yedika, 302
yèdisa, 300
yèdo, 291
yèe, 283, 464
yē-è, 814
yéebi-yéebi, 297
yèedi, 108, 291
yēedika, 301
yéehe, 283, 814
yēeka, 253, 267, 327
yēeki-yeeki, 327
yēela, 301
yèema, 80, 262
yèene, 138
yèese, 283, 302, 814
yēeta, 70, 259, 305
yēetila, 260
yèeto, 293
yéeye, 117
yéka, 92, 94, 111, 302
yèká, 106
yēkeke, 94, 111

yèkele, 92
yĕkesè, 261
yèkita, 263, 327
yeki-yeki, 110, 218, 264, 282
yĕkuka, 66, 261
yèkula, 92, 327
yĕkula, 267
yela, 301
yéla, 79, 82
yèla, 79, 465, 713, 732
yĕlakana, 298
yĕlakani, 298
yéle, 82
yèle, 298
yĕlekà, 298
yèlekete, 298
yèle-yèle, 278
yèma, 80, 265, 363, 367
yémba, 60, 80, 85, 262, 272, 285, 288, 296
yĕmbadala, 87, 285
yĕmbalala, 87, 285
yembe, 285
yémbe, 67, 262, 285
yèmbelè, 285
yĕmbelè, 291
yĕmbula, 85, 89, 288
yĕmvo-yemvo, 323
yĕmvwa- yemvwa, 323
yéna, 223, 348
yĕnakana, 223
yènda, 731, 750, 756
yende, 278
yèndekele, 102, 265
yĕndiba, 295
yèndika, 254
yéne, 348
yenga, 94
yénga, 289, 320
yènga, 286
yĕngalala, 121
yĕnga-yenga, 322
yenge, 96, 298
yénge, 204, 298
Yénge, 298
yengedele, 94, 111, 118, 298
yĕngele, 298
yéngi, 298
yèngo-yèngo, 205
yènguka, 281
yèngula, 211
yénnga, 66, 118, 121
yénnge, 320
yéta, 264, 305, 309
yètuka, 264, 279
yĕtuka, 264, 309

yètula, 264, 279
yĕtula, 309
yetumuka, 310
yevoka, 117
yevola, 117
yéwa-yéwa, 115
yi, 244, 257, 314
yì, 222
yī, 272, 317
yīa, 118
yìba, 272
yìbama, 259
yibika, 272
yibumuna, 275
yìdama, 265
yìdidika, 263, 265
yìdika, 263
yīdika, 300
yīdikà, 276
yīdikila, 278
yìdima, 276
yìdi-ngíngi, 276
yìdyama, 278
yīika, 110, 264, 283, 302
yìila, 265, 300
yīima, 67, 283, 354, 815
yīimana, 354
yìina, 385
yíiti, 258
yìiti, 309
yīiva, 317
yìiyana, 283
yìiza, 303
yika, 94, 283
yíka, 110, 264, 283, 302
yìka, 94, 111, 298, 314
yikala, 314
yīkana, 81
yiku, 282, 302
yìla, 197, 254
yìlama, 301
yīlama, 300
yìlana, 278
yìlana-yìlana, 278
yílu, 160
yima, 285
yìma, 262, 287
yīmana, 283
yímba, 67, 261, 276
yìmbalala, 67, 352
yīmbama, 261
yìmbi, 67
yìmbila, 274
yímɨ, 262
yīmina, 262

879

yìmita, 262, 287
yímmba, 67, 275
yìmmba, 89, 261, 274, 284
yimpa, 262, 272
yimpi, 262
yìna, 385
Yìna, 385
yìnama, 385
yínda, 271, 274, 295
yìnda, 271, 295, 301
yìndalala, 301
yìnda-yìnda, 301
yīndila, 264
yindu, 292
yinga, 65, 319, 385
yínga, 106, 289
yìnga, 83, 289, 482
yīngana, 289
yìngani, 121
yínga-yinga, 289
yíngi, 118
yìngi, 65
yìngila, 118, 289
yīngila, 283
yìnginina, 289
yingita, 118
yìnika, 254, 286
yinu, 325
yìnzuka, 296, 323
yirima, 300
yísi, 110, 264, 302
yìsika, 303
yìsila, 303
yisima mbundu, 301
yi-sína, 302
yísu, 258, 307
yìsuka, 303
yìsula, 303
yíta, 111, 265, 303
yītakana, 265
yitakyana, 328
yìtalala, 265
yiti, 313
yíti, 278, 328
yītikwa, 82
yītila, 234
yītiza, 264
yitu, 313, 328, 706, 708
yítu, 304, 309
yituka, 134
yītuka, 134
yitula, 328
yītula, 308
yītumuna, 308
yīwulu, 317

yìya, 117, 317
yīya, 257, 317
yìzika, 265
yoba, 85, 227, 268
yòba, 88
yòbana, 85, 227, 268, 272
yobi, 85, 227, 268
yóbi, 88
yòbika, 85, 227, 268
yòbila, 88
yòbisa, 88
Yòbisa, 88
yódi, 88, 260
yòdi-yòdi, 278
yòeka, 88
yòela, 88
yofi, 88, 321
yóka, 81, 83
yòka, 70, 118, 121, 467
yōkika, 81
yóko, 65, 327
yōkongo, 338, 342
yōkoto, 94
yòkuka, 282
yōkuka, 283, 479
yòkula, 282
yòla, 260
yòma, 271, 288
yómbi, 288
yombo, 262
yómbo, 98, 276, 321
yombombo, 80, 262
yombulula, 272
yōmfitila, 285
yōmfo, 285
yōmfuta, 285
yónda, 252
yòndo, 316, 613
yonga, 81
yónga, 223
yōngama, 286, 322
yóngi, 322
yōngika, 286
yōngo, 281, 286
yōngufuta, 281
yònuka, 326
yōnuka, 286
yonza, 326
yónza, 305
yōnzama, 84
yōnzuna, 555, 562, 566
yòoba, 547
yòobama, 85, 227, 268
yòola, 260
yoomuka, 286

yòona, 320
yòono, 326
yooso, 307
yòoya, 115, 260
yòsa, 257, 260, 766, 770, 771
yősi, 257, 260, 766, 770, 771
yōsuna, 305
yóva, 115, 266
yōvana, 260
yòvula, 117
yōvuna, 117
yòwa, 88
yòweka, 88
yòwela, 88
yóya, 115
yòya, 260
yōyelo, 115
yò-yò, 260
yùdi, 265
yúka, 81
yùka, 243
yùkama, 121
yúki, 66, 284
yùkila, 65, 281
yúku, 284
yùku, 243
yùkuta, 114, 325
yùkwa, 243
yula, 243
yúla, 239
Yulu, 160
yúlu, 160
yūluka, 160
yúma, 271
yùma, 271, 800
yùmbula, 253, 322
yúnda, 266
yùnda, 279
yùndula, 737
yúnga, 294
yùnga, 266
yūngana, 82
yùngilu, 266
yùngima, 81
yùngu, 252
yùnguka, 286
yùngula, 286
yűngulu, 120
yūngulù, 94, 111
yúnnga, 82
yúnngi, 82
yúnnsa, 292
yúnnza, 292
yūnsibila, 292
yùsuka, 303

yùsula, 303
yùta, 265
yútu, 279
yùtumuka, 252, 260
yúula, 90, 459
yūula, 238
yuuma, 271, 394
yùuna, 293
Yùuna, 293
yúvu, 238
yūvula, 238

Z

zá, 482
zā, 482
za'a, 540
zāa, 488, 549, 568, 607
zāaba, 547
zàaka, 574
zāaka, 620, 650, 658
zāala, 651
zàama, 367
zàata, 640
zāata, 264, 555, 562, 566, 620, 645
záazu, 535
zāazu, 516
zāazuka, 516, 543
zāazula, 516, 632
zàba, 544, 549, 568, 607
zābata, 550
záda, 264, 555, 562, 566, 636
zādika, 648
zàdu, 149
zādu, 633
zāduka, 636
zadukwa, 641
zādumuka, 636
záka, 622, 663, 793
zakala, 656, 666
zàkala, 375, 641, 663
Zàkala, 375
zàkama, 544, 660
zākama, 656, 666
zākamana, 656, 666
zàkanga, 660
zakata, 640
zāka-zaka, 667
záku, 656, 666
zākulu, 93, 623, 628
zakuna, 650, 658
zála, 616, 651
zàla, 370, 565, 637, 646
zālala-zalala, 541
zàlama, 562

zāla-zala, 541
zālumuna, 636
záma, 367, 550
zāma, 367
zàmba, 82, 370, 492, 509, 565
zàmbaka, 509
zambula, 367
zànda, 565, 576, 588
zàndula, 601
zánga, 482, 651
zànga, 663
zàngala, 660
zāngama, 95, 316
zānganana, 95
zāngata, 95
zángu, 589, 620
zāngu, 656, 666
záni, 509
zànuna, 593, 594
zánya, 509
zānyi-zanyi, 509
zanza, 516
zánza, 509, 516, 616
zànza, 471, 503, 510, 559
zānzaba, 516
zānzabala, 471, 516
zānzabalala, 471, 516
zànzala, 516
zanze-balu, 512, 591
zánzi, 535
zānzila, 652
zánzu, 506, 516, 631, 632
zànzumuka, 516
zànzumuna, 516
zānzumuna, 516
zātuka, 265
zātuna, 555, 562, 566
záya, 540
záyi, 540
záyu, 540
zàza, 149, 536, 544
zàzaba, 536
zāzama, 547
zāzika, 547
zé, 536
zè, 464
zéba, 167, 387
zèba, 387, 570
zèbangana, 387
zēdinga, 614
zéebele, 570
zēene, 651
zèeza, 536, 642
zēkelè, 655
zela, 649

zéla, 566, 614
zēlekete, 614
zémba, 368, 541, 551, 554
zēmbelè-zēmbelè, 570
zēmbetè, 570
zémmba, 493
zenda, 507
zénda, 555, 562, 566
zènda, 489
zēnenge, 651
zénga, 374, 655
zènga, 509, 555, 562, 566, 620, 650, 658
zēnganana, 655
zēngani, 583
zēngelè-zēngele, 667
zēngetè, 94, 111
zéngi, 616, 655
zèngita, 583
zēninga, 651
zēningi, 651
zénnga, 374
zènnga, 374
zénza, 510, 620, 642
zènza, 509, 650, 658
zénzi, 520
zēnzila, 642
zēnzinga, 614
zéta, 555, 562, 566
zèta, 507, 558
zētama, 684
zète, 507, 623, 628, 684
zētika, 684
zētuna, 555, 562, 566
zetwela, 507
zèwa, 321
zéza, 620
zīa, 482, 576
zìba, 482
zìbama, 548, 555
zìbika, 212
zìbila, 548, 555
zībizì, 514, 553
zìbula, 548, 555
zídi, 617, 625
zíiba, 482
zīima, 367
zíku, 583
zìku, 303
zìkuka, 303, 583
zìkula, 303
zíma, 310, 369, 375
zīmbakana, 68
zīmbuka, 303
zími, 586
zimuka, 68

zīmuna, 486, 541
zína, 471
zìnda, 555, 562, 566
zinga, 102, 294
zínga, 109, 294, 598
zīngana, 294
zíngi, 663
zìngila, 663
zíngu, 598
zínnga, 651
zìnnga, 102
zìnngu, 102
zínta, 646
zīnzuka, 620
zīnzumuna, 559
zisu, 303, 520, 540
zìsya, 305
zita, 307, 314, 684, 706, 708
zíta, 307, 487
zìta, 305, 638, 645
zītama, 307, 684
zītika, 307, 684
zītikila, 307, 684
zìtila, 706, 708
zìtu, 305, 638, 706, 708
zìtula, 305
zītula, 307, 684
zizi, 487, 617, 625
zīzi, 631, 634
zīzila, 540
zò, 535
ző, 535
zóba, 571
zòba, 547
zòbalala, 547
zóbe, 482, 528, 555
zōboko, 482
zōdinga, 636
zōdya, 636
zòka, 612, 618, 625
zőki, 663
zóko, 327, 621
zőko, 625
zòkodi, 612
zòkolo, 612
zòkudi, 612
zòkula, 612
zóla, 367
zoma, 501
zóma, 502
zòma, 586
zòmama, 368
zómba, 610
zómbe, 601
zómbo, 514, 553

zōmbuka, 553
zòmika, 368, 586
zomina, 515
zōmina, 502
zóna, 367, 471, 509
zōnanana, 641
zōndalala, 641
zōndama, 641
zondo, 494
zòndo, 368, 502, 613
zōnduka, 636
zònga, 652
zóngi, 653
zōngika, 653
zòngila, 652
zòngo, 652
zōngo, 600
zòngolo, 652
zōngula, 294
zònza, 114, 471, 524, 559
zònzi, 114, 559
zònzo, 559
zōnzubuka, 637
zōnzumuna, 646
zōnzuna, 620
zòodi, 595
zòoka, 502
zòole, 595
zòolola, 653
zóono, 568, 598
zóto, 525
zú, 535, 652, 653
zúa, 305
zúba, 305, 547
zúbu, 606
zúdi, 654
zùdi, 160
zùdika, 160, 673
zùdukwa, 160
zūdunga, 654, 655
zuka, 620, 650, 658
zúka, 658
zùka, 652
zuku, 612
zùkunga, 660
zúla, 160, 325
zùla, 673
zúlama, 160
zúlu, 160
zúma, 586
zūmama, 586
zùmba, 372, 586, 606
zūmbadala, 722
zūmbalala, 722
zùmbi, 606

zúmu, 368
zùmuna, 508
zùna, 594
zúnda, 555, 562, 566
zùnda, 597
zúnga, 322, 374, 651, 663
zūngula, 508, 620, 650, 658
zuni, 600
zùnta, 673
zúnu, 595
zúnza, 516, 632
zunzi, 673
zùnzi, 535
zūnzila, 652
zunzu, 673
zúnzu, 516
zúta, 561
zùta, 161, 532
zūudika, 636
zúudya, 654
zùuma, 550
zúwa, 321
zùzula, 620
zùzuna, 620
zwá, 648
zwābika, 648
zwáda, 648
zwánga, 648, 654
zwāngama, 648
zwāngila, 648
zyá, 482

zyàma, 268, 304, 326
zyámi, 268
zyánda, 370
zyé, 326
zyèta, 507, 558
zyètana, 558
zyètula, 558
zyēzyo, 320
zyó, 326
zyòka, 326
zyòna, 599
zyōngula, 294
zyōta, 599
zyótta, 326
zyúnga, 374
zyúnu, 603

Γ

ɣaama, 83
ɣáapa, 228
ɣakama, 79
ɣáma, 79
ɣangalakana, 79
ɣangana, 79
ɣanganya, 79
ɣaɣa, 80
ɣempuka, 254
ɣéta, 242
ɣéte, 242
ɣéti, 242

TABLE DES MATIÈRES

REMERCIEMENTS 9

PREFACE 11

INTRODUCTION : ADIEU AU PROTO-BANTU 13

PREMIÈRE PARTIE : ETUDE SYNTAXIQUE 17

    I.   Eléments de phonologie du kikongo 17

        A. Les voyelles 17

        B. Les semi-voyelles 20

        C. Les consonnes 21

        D. Les tons 27

    II.   Principes de l'écriture égyptienne 28

        A.   Le système phonétique 28

        B.   Le système auxiliaire 34

    III.   Continuité entre l'égyptien ancien et le kikongo 36

        A.   Absence de l'article 36

        B.   Dépendance, temps et attitude 37

        C.   Voix passive 38

        D.   Adjectifs 38

        E.   Comparatif et superlatif 39

        F.   Formation du passé 39

        G.   Formation du future 40

        H.   Terminaison en y/i 41

        I.   Déclinaison 41

        J.   Génitif 42

        K.   Conjonction 42

        L.   Verbe avoir 43

        M.   Verbe être 44

        N.   Adverbes 44

O.	Discours direct et discours indirect	45
P.	Forme continuative	45
Q.	Réduplication	46
R.	Causatif	46
S.	Impératif	47
T.	Interrogation	47
U.	Omission du sujet	48
V.	Un sujet pour plusieurs verbes	48
W.	Formatif	49

IV.	Innovations du kikongo à partir de l'égyptien ancien	49
A.	Redoublement des consonnes égyptiennes en kikongo	49
B.	Autres innovations réalisées par le kikongo	50

DEUXIÈME PARTIE : ÉTUDE LEXICOLOGIQUE	53
I. Sigles d'études citées	53
II. Les correspondances alphabétiques de l'égyptien ancien et du kikongo	55
III. Lexique r n Kmt – kikongo	58
INDEX	817

Made in the USA
Middletown, DE
03 April 2022